LES POLITIQUES DU TRAVAIL

Frédéric **LALOUE**

LES POLITIQUES DU TRAVAIL

DUNOD

Remerciements

L'auteur tient à remercier chaleureusement Dominique Giorgi, Philippe Labastie, Sophie Lebret, Hervé Léost et Vanessa Vitu, qui lui ont fait l'amitié de partager leurs conseils avisés et bienveillants à l'occasion de la relecture de cet ouvrage.

Concept de couverture et de maquette intérieure : Hokus Pokus Créations
Image de couverture : Evgeny Prokofyev © Shutterstock

11 rue Paul Bert, 92240 Malakoff
www.dunod.com

ISBN 978-2-10-083209-5

Table des matières

Introduction 1

CHAPITRE 1

LES ENJEUX DES POLITIQUES DU TRAVAIL

1 Les principes et institutions des politiques du travail 9

1 L'objet du droit du travail : protéger la partie faible au contrat de travail 9

2 Un droit de la relation de travail 18

3 La spécificité des normes de droit du travail : la place des normes négociées 21

4 Les contrôles du droit du travail 33

2 Problématiques d'hier et d'aujourd'hui 39

1 Les débats « anciens » 39

2 Les nouveaux débats 48

3 La recherche de nouvelles régulations 52

1 La recherche de flexibilité et sa conciliation avec la recherche de sécurité pour les travailleurs 52

2 Les impératifs sociétaux entre contrainte et *soft law* 62

CHAPITRE 2

LES POLITIQUES PORTANT SUR LES RELATIONS INDIVIDUELLES DE TRAVAIL

1 Les principes généraux 74

1 Éléments communs à l'ensemble des contrats de travail 74

2 Principe du CDI et encadrement du recours aux contrats temporaires 81

3 La rupture du contrat de travail est très encadrée 89

4 Les particularités des relations individuelles de travail dans la fonction publique 103

2 Les problématiques 111
1 La recherche d'un assouplissement des conditions de rupture du contrat de travail à durée indéterminée est une constante 111
2 L'extension du recours aux contrats temporaires contribue à la segmentation du marché du travail 115
3 Les contrats temporaires sont de plus en plus courts 119
4 La question des inégalités professionnelles entre les femmes et les hommes 121
5 Le développement du numérique modifie les relations de travail 125

3 Les perspectives 129
1 Les voies de nouveaux assouplissements des modes de rupture du contrat de travail 129
2 La question de la multiplication des types de contrats et l'hypothèse d'un contrat de travail unique 130
3 Une stratégie hésitante concernant la précarité 135
4 Les perspectives de renforcement de la législation sur l'égalité professionnelle 141
5 Les évolutions numériques suscitent une réflexion sur les moyens de protection des salariés et des travailleurs des plateformes 142

CHAPITRE 3

LES POLITIQUES PORTANT SUR LES RELATIONS COLLECTIVES DE TRAVAIL

1 Les bouleversements des principes de la représentativité et du dialogue social 154
1 Les critères de la représentativité : d'une représentativité historique à une représentativité démocratique 154
2 Les modalités de la négociation collective ont été profondément transformées depuis 20 ans, les ordonnances de 2017 marquant une accélération notable du processus 163
3 La représentation syndicale et les instances représentatives du personnel : une simplification radicale par les ordonnances du 22 septembre 2017 179
4 La fonction publique est réformée selon des principes directement inspirés par le droit du travail 184
5 Le droit des conflits collectifs apparaît relativement stabilisé 189

2 Les problématiques 195
1 Le paysage syndical et patronal n'a pas été profondément modifié par la réforme de la représentativité 195
2 La négociation collective doit être rationalisée 202
3 Les instances représentatives du personnel présentent des lacunes 206
4 Dans la fonction publique, les relations demeurent tendues 208

3 Les perspectives 210
1 Conforter la légitimité des organisations syndicales de salariés et d'employeurs 210
2 La question de la place de la négociation collective après les ordonnances du 22 septembre 2017 216
3 La question d'une amélioration de la représentation des salariés dans l'entreprise 220
4 Les discussions autour du droit des conflits collectifs 223

CHAPITRE 4

LES POLITIQUES DE SANTÉ AU TRAVAIL

1 Les dispositifs et les acteurs de la politique de santé au travail 228
1 Les principales étapes de la création du système de santé au travail français 228
2 Les acteurs de la santé au travail 235
3 Les instruments de la politique de santé au travail aujourd'hui 238

2 Les problématiques 244
1 Des résultats médiocres en termes de sinistralité, de pénibilité et d'intensité du travail 244
2 L'efficacité préventive de la couverture ATMP reste questionnable 250
3 L'organisation institutionnelle du champ de la santé au travail demeure confuse 253
4 Certains équilibres passés boulversés par la crise de la Covid-19 256

3 Les perspectives 259
1 Une modification probablement durable de la prise en charge de la santé en entreprise 259
2 Un possible élargissement de la couverture des maladies professionnelles 263
3 Les évolutions de la gouvernance de la santé au travail 268

CHAPITRE 5

LES POLITIQUES DU TEMPS ET DES RÉMUNÉRATIONS DU TRAVAIL

1 Les jalons et principes généraux des politiques du temps et des rémunérations du travail 276
1 La construction des politiques du temps et des rémunérations du travail 276
2 Les notions et principes généraux 280

2 Les problématiques 284
1 Augmenter ou diminuer la durée effective du travail ? 284
2 Comment conjuguer augmentation du revenu disponible et modération du coût du travail ? 286
3 Faut-il décentraliser davantage la négociation sur le temps et les rémunérations du travail ? 293
4 Les questions liées au numérique (rappels) 296

3 Les perspectives 297
1 Une probable augmentation de la durée du travail, combinée avec la recherche de temps choisi 297
2 L'articulation entre les politiques de modération du coût du travail et d'amélioration du pouvoir d'achat 301

Conclusion 305

INTRODUCTION

La notion de « politiques du travail » mérite d'être explicitée d'emblée car elle est encore peu employée par le monde universitaire et par les administrations. Ce n'est pas une appellation courante et on parlera généralement de droit du travail pour aborder les thématiques traitées dans cet ouvrage. Mais il est utile de parler de politiques du travail car la notion permet de déplacer quelque peu le point de vue.

On parlera de politiques du travail comme on parle de politiques sociales ou de questions sociales : c'est un champ, parmi d'autres, de ces politiques et de ces questions. Elles visent des objectifs sociaux et mettent en action des instruments divers, comme c'est le cas des politiques de la famille ou de la santé. Parler de politiques du travail permet d'aborder la diversité de ces objectifs et la diversité de ces outils, qui ne relèvent pas tous strictement du droit du travail et ne sont d'ailleurs pas tous juridiques.

Les enseignements universitaires privilégient généralement la notion de droit du travail, plus restreinte dans son contenu et dans champ d'application, mais beaucoup mieux balisée par un siècle et demi de lois, de jurisprudence et de doctrine. Le droit du travail peut être défini comme l'ensemble des règles juridiques applicables aux relations individuelles et collectives qui naissent entre les employeurs privés et ceux qui travaillent sous leur autorité (les salariés), moyennant une rémunération (le salaire). Il s'agit à n'en pas douter d'un élément constitutif essentiel, incontournable, de l'ensemble plus vaste formé par les politiques du travail : le droit du travail est le droit qui régit les relations de travail dans le cadre du salariat, largement dominant (en France, 69 % des actifs occupés sont des salariés).

Du côté des administrations, la notion de politique du travail demeure également peu utilisée. Le programme budgétaire de l'État correspondant le mieux à cette politique est le programme 111, intitulé « Amélioration de la qualité de l'emploi et des relations du travail[1] ».

Pourquoi adopter cette notion ? Elle complète celle de droit du travail d'un triple point de vue.

Les frontières matérielles des politiques du travail dépassent celles du droit du travail au sens strict puisqu'elles vont embrasser les problématiques du travail dans les institutions tant privées que publiques, et parce qu'elles vont permettre d'aborder la question de la régulation du travail non salarié (celui des indépendants, qu'ils relèvent ou non d'une « plateforme » numérique, et celui des agents publics, contractuels ou fonctionnaires).

....

1. Ce programme budgétaire n'est cependant pas le seul concerné : les questions relatives au travail sont traitées par nombre de politiques sectorielles relevant d'autres programmes budgétaires et d'autres ministères (industrie, agriculture, fonction publique de l'État, des collectivités territoriales ou des hôpitaux, etc.).

En outre, les instruments des politiques du travail ne se limitent pas au droit du travail.

- D'autres domaines du droit sont mobilisés : le droit fiscal par exemple, qui prévoit des taxes pour inciter les employeurs à embaucher des travailleurs handicapés ; ou encore le droit commercial, qui intègre depuis la loi PACTE du 22 mai 2019 la possibilité de définir une raison d'être sociale ou sociétale dans l'objet des entreprises.
- Des leviers non juridiques sont également utilisés :
  - par l'action opérationnelle des services de l'État, qui prend par exemple la forme du ciblage de l'action de l'inspection du travail sur les travailleurs détachés depuis 2015, avec constitution d'unités de contrôle spécialisées alors que le modèle français d'inspection du travail est généraliste ; ou encore par l'action des opérateurs du champ social (on peut mentionner à titre d'illustration la mobilisation des services de santé au travail pour les tests dans le cadre de la gestion de crise de la Covid-19) ; ou enfin l'implication des entreprises dans la réalisation de projets d'intérêt général (la loi « Climat et résilience » du 22 août 2021 prévoit que les comités sociaux et économiques devront être consultés sur l'action de leur entreprise en matière environnementale) ;
  - par l'association des leviers divers dont dispose la puissance publique pour atteindre un objectif de politique sociale. Ainsi, pour développer l'alternance, l'État utilise le droit en prévoyant par exemple une obligation d'emploi au-delà de 250 salariés, mais également des incitations financières en associant un système de bonus-malus de cotisations selon le pourcentage d'alternants dans l'entreprise et des aides à l'embauche, ou encore des ressources de communication en direction des familles et des futurs maîtres d'apprentissage. Les branches professionnelles et les régions déploient également des moyens propres pour développer cette politique, qui relève également de leurs compétences.
- L'analyse des politiques du travail implique ainsi de faire appel à l'économie, à la finance, à la sociologie, à la psychologie, à l'histoire et bien évidemment au droit, dans sa lettre, mais aussi et surtout dans son application concrète. Ainsi, connaître les attributions juridiques du comité social et économique est essentiel, comme il est essentiel de savoir que pour les 20 % de salariés français, qui travaillent dans une TPE[2], il n'existe aucune obligation en la matière et que les relations sociales dans ce type d'entreprise sont structurellement marquées par des particularités dont il convient de tenir compte pour définir le contenu des politiques publiques (proximité des conditions de travail des employeurs et des salariés, faible syndicalisation).

Les objectifs des politiques du travail, enfin, sont plus étendus que ceux que l'on impute traditionnellement au droit du travail. Ce dernier a depuis l'origine vocation à rééquilibrer la relation contractuelle entre l'employeur et le salarié, structurellement défavorable à ce dernier, placé en situation de subordination. Les lois sont venues étayer la relation contractuelle, en permettant, depuis le XIXe siècle, une sédimentation

2. Les très petites entreprises (TPE) sont les entreprises de moins de 11 salariés.

progressive des droits des salariés. En cela, le droit du travail est un droit « ouvrier » dont la finalité première, quasi militante, est de protéger la partie faible au contrat de travail. La préservation de la santé au travail est l'une des finalités premières de ce champ juridique.

Le contexte d'une croissance ralentie depuis la fin des Trente Glorieuses et de développement du chômage de masse ont coïncidé avec une diversification des objectifs des politiques du travail. L'action des pouvoirs publics et des partenaires sociaux vise désormais d'autres buts d'intérêt général : il est possible de citer à ce titre l'adaptation de l'appareil de production aux mutations de l'économie, le maintien et l'amélioration des revenus des actifs, la promotion de l'égalité entre les femmes et les hommes, la lutte contre les discriminations de toutes natures, ou encore la préservation de la santé publique au-delà des seules questions de santé au travail, comme l'a particulièrement mis en lumière le contexte épidémique lié à la Covid-19. Il s'agit de poursuivre une pluralité d'objectifs, parfois complémentaires, parfois contradictoires.

Cet ouvrage entend se placer du point de vue de l'administration, et de la recherche de l'intérêt général, qui est ici, comme souvent, une conciliation des intérêts des parties, mais qui dépasse aussi ce seul arbitrage. Il sera ainsi utile à ceux qui souhaitent aborder ces politiques comme un sous-ensemble des politiques sociales. Cette approche est celle de l'auteur pour la conception des enseignements qu'il dispense dans le cadre des cycles préparatoires aux concours d'accès à l'École nationale d'administration (Institut national du service public en 2022).

Afin de faciliter l'appréhension de la matière, à la fois technique et politique, cet ouvrage associe à chaque grand thème un découpage systématique : une première section présente les institutions et le droit applicable, avec un angle fréquemment historique, une deuxième section relate les problématiques aujourd'hui associées à ces thèmes avant qu'une troisième section s'efforce d'identifier les orientations possibles de réformes à venir pour répondre à ces enjeux.

CHAPITRE 1
LES ENJEUX DES POLITIQUES DU TRAVAIL

SOMMAIRE

SECTION 1 ■ Les principes et institutions des politiques du travail ➤ p. 9

1 L'objet du droit du travail : protéger la partie faible au contrat de travail ➤ p. 9

2 Un droit de la relation de travail ➤ p. 18

3 La spécificité des normes de droit du travail : la place des normes négociées ➤ p. 21

4 Les contrôles du droit du travail ➤ p. 33

SECTION 2 ■ Problématiques d'hier et d'aujourd'hui ➤ p. 39

1 Les débats « anciens » ➤ p. 39

2 Les nouveaux débats ➤ p. 48

SECTION 3 ■ La recherche de nouvelles régulations ➤ p. 52

1 La recherche de flexibilité et sa conciliation avec la recherche de sécurité pour les travailleurs ➤ p. 52

2 Les impératifs sociétaux entre contrainte et *soft law* ➤ p. 62

S'il n'y avait qu'une seule idée à retenir de ce chapitre, elle devrait porter sur l'objet du droit du travail : sa vocation première, et fondamentale, est de protéger la partie faible au contrat de travail, c'est-à-dire le salarié. L'essentiel du contentieux prud'hommal résulte de l'initiative du salarié : c'est lui qui le plus souvent demande la protection du droit du travail.

Et si une seconde idée devait être gardée en mémoire, ce serait que cet objectif fondamental est désormais équilibré par la poursuite d'autres objectifs, au premier rang desquels figurent la nécessité de favoriser le développement des entreprises et l'adaptation de l'appareil de production aux mutations de l'économie, mais également des objectifs plus larges, dépassant le cadre traditionnel d'intervention des entreprises et se rattachant aux questions sociétales et environnementales.

On mesure d'emblée la contradiction potentielle entre les intérêts des salariés et ceux des employeurs, contradiction que les politiques du travail s'efforcent, avec des succès divers, de surmonter.

Il convient de rappeler et de détailler la définition du « droit du travail » déjà évoquée dans l'introduction : il s'agit de l'ensemble des règles juridiques applicables aux relations individuelles et collectives qui naissent entre les employeurs privés et ceux qui travaillent sous leur autorité (les salariés), moyennant une rémunération (le salaire).

- **Règles juridiques** : il s'agit d'un système juridique (le droit) qui prévoit des normes, essentiellement destinées à protéger les salariés (des droits). Comme évoqué dans l'introduction, l'angle retenu ici consiste à s'intéresser au droit tel qu'il est appliqué et non uniquement tel qu'il est écrit dans le Code du travail.
- **Relations individuelles et collectives de travail** : elles concernent pour l'essentiel la conclusion, l'exécution, la fin du contrat de travail (chapitre 2), tandis que les relations collectives de travail s'intéressent à la représentation des salariés et des employeurs, au dialogue social, aux conflits collectifs (chapitre 3).
- **Employeurs privés** : le droit du travail s'applique par principe aux 17 millions de salariés des structures de droit privé (entreprises, associations, fondations, etc.). *A contrario*, il ne s'applique ni aux 5 millions d'agents publics (fonctionnaires et contractuels) ni aux 2,5 millions d'indépendants (fussent-ils placés dans une situation de dépendance économique de fait vis-à-vis de tel ou tel donneur d'ordre). Pour autant, les règles applicables ne sont pas nécessairement différentes entre ces statuts d'emploi et tendent même à converger. Il faut néanmoins garder à l'esprit que le droit du travail, c'est le droit des salariés du secteur privé.
- **Ceux qui travaillent sous leur autorité (salariés)** : le critère principal d'identification d'un contrat de travail est l'existence d'une situation de subordination juridique. Le salarié est placé sous l'autorité de son employeur. Le juge pourra requalifier un contrat commercial en contrat de travail, s'il constate, dans les faits, l'existence de ce

lien de subordination[1]. La jurisprudence en a fixé le contenu (arrêt *Société générale* de la Cour de cassation en 1996[2]) : capacité à donner des instructions, capacité à en vérifier l'application, capacité à sanctionner.

- **Rémunération (salaire)** : le travail salarié se distingue du bénévolat. Ce dernier, même s'il remplit l'ensemble des autres critères précités, ne relève pas du droit du travail.

Ainsi, la notion de droit du travail relève-t-elle pratiquement d'un abus de langage : le droit du travail ne régit pas l'ensemble des relations de travail ; c'est un droit du salariat uniquement, le droit de ceux qui ont un contrat de travail, soit environ 70 % de la population active occupée en France[3].

Cette définition est essentielle car la fixation des frontières du droit du travail constitue un enjeu majeur, et un point de contrôle fondamental du juge, mais également de l'inspection du travail et des URSSAF :

- du point de vue du droit de la relation entre salariés et employeurs, le droit du travail implique des droits et des devoirs à l'intérieur des entreprises (durée maximale de travail, salaire minimum, droit aux congés, à la formation professionnelle, obligation pour les employeurs de veiller à la sécurité des salariés, encadrement des conditions de rupture des contrats de travail…) ;
- du point de vue de la protection sociale applicable, l'existence d'une relation contractuelle de travail salarié implique l'application d'un régime spécifique de cotisations, particulièrement élevées en France (de l'ordre de 50 % de la rémunération de base), contrepartie de droits sociaux élevés eux aussi, qu'elles contribuent à financer, que ces droits soient eux-mêmes liés au travail (assurance chômage, retraites de base et complémentaires, assurance accidents du travail et maladies professionnelles, formation professionnelle initiale et continue, etc.) ou sans rapport direct avec lui (assurance maladie, politique familiale).

Dès lors, les requalifications des contrats commerciaux en contrats de travail, dont le retentissement médiatique est fort s'agissant notamment de l'économie des plateformes numériques[4], constituent un enjeu essentiel, tant pour les travailleurs (intéressés par un statut nettement plus protecteur que celui d'indépendant) que pour les donneurs d'ordre (dont le modèle économique repose largement sur une compétitivité liée à des coûts réduits du fait de la non-application du salariat).

1. La jurisprudence est abondante sur ce point. *Cf.* noramment l'arrêt de la chambre sociale de la Cour de cassation *Société Antar*, 18 novembre 1981.
2. Cass. soc., 13 novembre 1996.
3. Le Code du travail couvre lui-même un périmètre de matières qui excède largement le droit du travail : il régit par ailleurs les politiques de l'emploi et de la formation professionnelle.
4. On se reportera à ce sujet aux commentaires des arrêts de la Cour de cassation *Take eat easy* du 28 novembre 2018 et *Uber* du 4 mars 2020.

Ce premier chapitre est l'occasion de donner une vue d'ensemble sur les politiques du travail, en abordant des questions transversales (les sources, les autorités de contrôle du droit du travail) et en introduisant un certain nombre d'idées qui seront développées dans les chapitres thématiques suivants, sur les relations individuelles et collectives de travail (chapitres 2 et 3), la santé au travail (chapitre 4) et la durée et la rémunération du travail (chapitre 5).

L'objectif de ce premier chapitre est de donner à voir la cohérence globale de la matière et des politiques menées par les pouvoirs publics et les partenaires sociaux dans le champ du travail. Un certain nombre de notions seront donc abordées rapidement ici, à dessein, et le lecteur pourra approfondir ces éléments en se reportant aux autres chapitres de l'ouvrage.

Les ordonnances du 22 septembre 2017 occupent bien évidemment une place considérable dans les développements qui vont suivre, plus que les réformes précédentes des quarante dernières années, tant les changements portés par ces textes récents apparaissent profonds. Il faut en outre et bien évidemment intégrer à la réflexion le contexte lié à la crise de la Covid-19 depuis 2020, qui renouvelle certains enjeux de la politique du travail, en contribuant par exemple à accentuer la diffusion du télétravail et en plaçant la santé publique au cœur de la vie des entreprises.

Présenter les débats autour des politiques du travail implique d'aborder les « fondamentaux » du droit du travail : son objet, qui est à titre principal de protéger les salariés, considérés comme structurellement désavantagés dans la relation contractuelle de travail, son contenu matériel, les textes qui le portent et les autorités qui en contrôlent l'application (1). Dans un second temps, il sera possible de distinguer parmi les grandes questions qui traversent les politiques du travail des débats traditionnels, ayant essentiellement trait aux effets macroéconomiques de la réglementation sur le travail, des débats plus contemporains, qu'il est possible de qualifier de « sociétaux » (2). Enfin, les perspectives qui se dessinent relèvent de la recherche d'équilibres subtils permettant de concilier les objectifs disparates des politiques du travail, par des régulations publiques faisant appel à une palette de moyens (3).

SECTION 1

Les principes et institutions des politiques du travail

Le droit du travail vise d'abord et avant tout à protéger les salariés (1). Il porte tant sur les relations individuelles que sur les relations collectives de travail (2). Les textes qui le fondent s'inscrivent dans un système original, associant des normes édictées par l'État et des normes négociées par les partenaires sociaux (3). Ces normes sont contrôlées par l'inspection du travail, mais également pour certains aspects par les organismes de sécurité sociale, et sanctionnées par les juges de l'ordre judiciaire et de l'ordre administratif (4).

1 L'objet du droit du travail : protéger la partie faible au contrat de travail

Le droit du travail est un élément constitutif de la protection sociale en France. La couverture des risques de sécurité sociale était à l'origine associée au statut de travailleur salarié. Elle a progressivement pris son autonomie, dans une logique d'universalisation. Le droit du travail et la prise en charge socialisée des risques sociaux demeurent cependant intimement liées et forment le socle de la protection sociale.

1.1 Jalons historiques

a Le droit du travail naît réellement au XIXe siècle, avec l'industrialisation française

En 1789, le modèle privilégié par les révolutionnaires est celui de travailleurs indépendants dont il faut assurer la liberté. Cette conception justifie le décret d'Allarde en mars 1791 et la loi Le Chapelier en juin de la même année, qui prévoient la dissolution puis l'interdiction des corporations.

Au début du XIXe siècle, la relation de travail se noue sur la base de la liberté contractuelle, consacrée par le contrat de louage des domestiques et ouvriers du Code civil de 1804. L'article 1781 de ce Code dispose qu'en cas de conflit sur le salaire, l'employeur sera cru sur parole par les tribunaux. Pour la défense du salarié, il existe peu de contrepoids, alors que la loi Le Chapelier a proscrit toute association ouvrière et que la révolution industrielle commence tout juste en France, en retard sur l'Angleterre.

On passe progressivement, au cours du XIXe siècle, d'une conception exclusivement individualiste à une conception collective des relations de travail. Le tout premier jalon du droit du travail est la loi du 22 mars 1841, qui interdit le travail des enfants de moins de 8 ans et fixe la durée maximale de travail à 12 heures par jour, sur 6 jours, pour les moins de 16 ans. Cette première réforme, dont on mesure le caractère évidemment minimal, fait suite aux travaux du docteur Villermé[1] : la monarchie de Juillet entend alors imiter les abus patronaux, particulièrement sur les plus faibles. Elle constitue un pas décisif : l'État se reconnaît le droit de réglementer ce qui se passe dans les manufactures, par dérogation aux principes du droit civil. Ces premières règles ne seront cependant pas respectées et pousseront les pouvoirs publics à créer en 1874 l'institution qui deviendra l'inspection du travail après la loi du 2 novembre 1892.

L'abolition du délit de coalition, en 1864, met fin au régime d'interdiction posé par la loi Le Chapelier. Les grèves, qui sont pratiquées de longue date en dehors du cadre légal[2], ne sont dès lors plus un délit et, si les organisations syndicales ne sont pas encore reconnues, elles sont tolérées. La liberté d'association professionnelle est finalement consacrée par la loi Waldeck Rousseau du 21 mars 1884, à la condition pour les organisations syndicales d'être déclarées. La liberté syndicale est ainsi contemporaine de la liberté de la presse (1881) et intervient bien avant la liberté d'association (1901).

b Le droit du travail s'étoffe et accompagne le développement de la protection sociale au XXe siècle

La protection des salariés prend une dimension nouvelle avec la loi sur les accidents du travail du 9 avril 1898, qui est doublement fondatrice pour le droit du travail et le droit des assurances sociales. Avant cette loi, il revenait au salarié d'apporter la preuve qu'un accident survenu sur le lieu et au moment du travail était imputable à la responsabilité de son employeur. Il en résultait une procédure longue et aléatoire, potentiellement très coûteuse pour les employeurs, si les tribunaux reconnaissaient leur imprudence ou leur négligence. Avec la loi de 1898, c'est un régime de responsabilité sans faute qui est établi : tout accident survenu à l'occasion du travail est réputé être un accident du travail, impliquant la responsabilité de l'employeur. Cette responsabilité de principe

1. La pensée humaniste du docteur Villermé, appuyée sur l'observation de la situation sanitaire déplorable des enfants travaillant dans les manufactures de Mulhouse, est fondatrice tant de la santé publique que de la santé au travail. *Tableau sur l'état physique et moral des ouvriers dans les fabriques de coton, de laine et de soie,* 1840.

2. Par exemple, des grèves massives ont lieu dans les années 1830.

n'a pas besoin d'être prouvée. Elle est cependant limitée par le cadre légal, ce qui va permettre aux employeurs de s'assurer contre ce risque social, d'abord sur une base volontaire, puis obligatoirement à partir de la loi du 31 mai 1905. Ainsi naissent à la fois le principe de responsabilité de l'employeur en matière de santé au travail, et les bases des assurances sociales, que la création de la sécurité sociale en 1945 permettra d'étendre à l'ensemble des salariés.

Le premier xxe siècle coïncide avec la reconnaissance par la loi de droits nouveaux pour les salariés :

- en 1919, les conventions collectives se voient reconnaître une valeur juridique supérieure à celle des contrats de travail individuel. Le ministère du Travail est créé en 1906 et le Code du travail fait l'objet d'une instauration progressive entre 1910 et 1927 ;
- en 1936, le Front populaire mène des réformes décisives dans plusieurs domaines : les relations collectives de travail sont encadrées (les conventions collectives s'imposent désormais pour tous les salariés, et des procédures de règlement des conflits doivent permettre de réguler les grèves), et des avantages décisifs transforment les conditions de vie des ouvriers (instauration des congés payés – deux semaines –, de la semaine de 40 heures, création des délégués du personnel) ;
- la loi du 11 février 1950 libéralise les salaires, crée le SMIG[3] et relance la négociation collective. Elle fixe en outre les principes de la grève avec le maintien du contrat de travail sauf en cas de faute lourde, et la rénovation des procédures de conciliation et d'arbitrage ;
- les accords de Grenelle en 1968 et leurs suites législatives marquent une étape supplémentaire pour les droits des salariés : les accords eux-mêmes induisent de fortes augmentations de salaires, un engagement à réduire progressivement le temps de travail, une reconnaissance des syndicats dans l'entreprise. À leur suite, la loi du 27 décembre 1968 crée les délégués syndicaux, la loi du 2 janvier 1970 crée le SMIC[4], la loi du 16 juillet 1971 crée les institutions et les principes de la formation professionnelle continue des salariés, la loi du 13 juillet 1973 encadre les procédures de licenciement ;
- les lois Auroux interviennent au second semestre 1982 après une première série d'ordonnances ayant pour objectif de réduire la durée du travail (semaine de 39 heures, cinquième semaine de congés payés) et de porter l'âge légal de liquidation de la retraite à 60 ans. Elles visent à mieux assurer l'exercice des libertés dans l'entreprise (droit d'expression, encadrement du règlement intérieur des entreprises), à conforter les relations collectives de travail (obligation d'engager une négociation annuelle obligatoire dans les entreprises et les branches, première mise en place d'accords d'entreprise dérogeant au principe de faveur[5], *cf. infra*) et à mieux assurer la santé et

....

3. Salaire minimum interprofessionnel garanti, ancêtre de notre SMIC.
4. Salaire minimum interprofessionnel de croissance.
5. Le principe de faveur est un principe traditionnel de droit du travail, qui consiste à ne rendre possibles les dérogations à une norme de droit de rang supérieur que si cette dérogation est plus favorable aux salariés.

la sécurité au travail (création du comité d'hygiène et de sécurité des conditions de travail – CHCST –, création du droit de retrait des salariés en cas de danger grave et imminent). Peu après, la loi Roudy du 13 juillet 1983 vise à mieux assurer l'égalité professionnelle entre les femmes et les hommes (création du rapport de situation comparée, mise en place du Conseil supérieur de l'égalité professionnelle).

c À partir des années 2000, une libéralisation du droit du travail et un rythme de réforme frénétique

La législation sur le travail marque une pause après les réformes Auroux. Des ajustements techniques ont lieu, notamment sous l'influence d'accords nationaux interprofessionnels, mais le droit du travail est beaucoup moins utilisé que les politiques de l'emploi qui prennent leur essor : préretraites publiques, contrats aidés et surtout allègements de cotisations sociales sont les instruments privilégiés d'une lutte contre le chômage devenue sans conteste l'objectif prioritaire des années 1980-1990. Seule la directive-cadre du 12 juin 1989 vient profondément marquer le droit de la santé au travail, sous l'influence communautaire, en privilégiant une approche préventive.

C'est finalement à l'aube des années 2000 que la politique du travail va être ranimée sur le plan national, dans une direction inconnue jusqu'alors. Si le droit du travail avait été une construction tout entière tournée vers la protection des salariés, elle devient un dispositif dont les objectifs sont plus ambigus : il s'agit d'utiliser le droit comme un levier de l'activité économique, permettant le meilleur développement des entreprises, dans une orientation clairement libérale. L'objectif de protection des salariés, partie faible au contrat de travail, n'a pas disparu, mais il n'est plus le seul.

Les principales réformes du droit du travail entre 2000 et 2017

Les réformes du droit du travail se sont succédé à un rythme très soutenu pendant une vingtaine d'années. Leurs objectifs se sont diversifiés, en particulier pour assurer une flexibilité plus importante dans la gestion des entreprises. Si des protections supplémentaires ont pu être apportées aux travailleurs, elles ont le plus souvent constitué les contreparties d'assouplissements du droit, visant à renforcer tant la flexibilité interne que la flexibilité externe (*cf. infra*) :

- les lois Aubry du 13 juin 1998 et du 19 janvier 2000 diminuent la durée légale hebdomadaire du travail à 35 heures et prévoient d'importantes diminutions des cotisations sociales et une plus grande latitude d'organisation interne des entreprises notamment par l'annualisation de la durée du travail ;

- la loi Fillon du 4 mai 2004 met en place, à la suite d'un accord national interprofessionnel, le droit individuel à la formation (DIF) et consolide les dérogations au principe de faveur dans le champ de la négociation collective ;
- la loi Larcher du 31 janvier 2007 de modernisation du dialogue social rend obligatoire la consultation des partenaires sociaux avant tout dépôt de projet de loi dans le domaine des relations de travail, de l'emploi et de la formation professionnelle ;
- la loi du 25 juin 2008 portant modernisation du marché du travail introduit dans le droit positif les stipulations de l'accord national interprofessionnel du 11 janvier 2008 : création de rupture conventionnelle du contrat de travail à durée indéterminée, libéralisation de la période d'essai, création du contrat à durée déterminée de projet, portabilité du DIF en cas de changement d'entreprise ;
- la loi Bertrand du 20 août 2008 portant rénovation de la démocratie sociale et réforme du temps de travail prévoit, à la suite d'une position commune des principales organisations syndicales et patronales, une transformation radicale des critères de représentativité des syndicats (remplacement de la présomption de représentativité par l'évaluation de leur audience, principalement fondée sur les résultats obtenus lors des élections professionnelles) et une profonde libéralisation du régime applicable à la durée du travail en entreprise ;
- la loi du 5 juillet 2010 relative à la rénovation du dialogue social dans la fonction publique étend les principes de la loi Bertrand aux organisations représentatives de fonctionnaires, suite aux accords de Bercy conclus le 2 juin 2008 ;
- la loi du 14 juin 2013 relative à la sécurisation de l'emploi reprend les conclusions de l'accord national interprofessionnel du 11 janvier de la même année, crée les droits rechargeables d'assurance chômage et permet aux salariés de capitaliser des droits à formation professionnelle. Elle prévoit par ailleurs une modification des procédures applicables aux plans de sauvegarde de l'emploi, fondée sur la substitution d'un contrôle par l'administration au contrôle judiciaire des plans de sauvegarde de l'emploi, et un assouplissement des conditions de licenciement individuel ;
- la loi Sapin du 5 mars 2014 relative à la formation professionnelle, à l'emploi et à la démocratie sociale étend aux organisations patronales les principes de représentativité fondée sur l'audience et transforme le DIF en compte personnel de formation (CPF) ;
- la loi Rebsamen du 17 août 2015 relative au dialogue social et à l'emploi réforme les relations collectives de travail en rationalisant les négociations périodiques obligatoires en entreprise et en prévoyant la possibilité de regrouper les instances représentatives du personnel ;
- la loi El Khomri du 8 août 2016 prévoit une restructuration du Code du travail en distinguant, matière par matière, ce qui relève de la loi, de l'accord de branche et de l'accord d'entreprise, afin de rationaliser le système de dérogations au principe de faveur, conformément aux recommandations du rapport de Jean-Denis Combrexelle (septembre 2015) sur la négociation collective, le travail et l'emploi. La loi précise en outre les conditions de motif du licenciement économique.

C'est, tout autant que la diversité des objectifs, le nombre de réformes qui marque cette période. Ce rythme frénétique finit par être considéré comme un problème du point de vue de la sécurité des relations de travail et de la capacité des acteurs de l'entreprise à se saisir des changements incessants de la législation.

C'est dans cet esprit que sont conçues les ordonnances du 22 septembre 2017 : cette très profonde réforme du droit du travail français est d'emblée présentée comme devant être la seule du quinquennat afin de stabiliser l'environnement des entreprises du point de vue du droit du travail.

Les cinq ordonnances de 2017 :

- réforment la négociation collective, en créant une nouvelle articulation entre les accords de branche et les accords d'entreprise, au profit de ces derniers, faisant du principe de faveur une exception (*cf. infra*). La périodicité des négociations obligatoires de branche ou d'entreprise devient négociable. Les conditions de conclusion d'un accord d'entreprise sont facilitées en cas d'absence de délégués syndicaux dans l'entreprise (dans les entreprises de moins de 20 salariés, l'employeur peut faire valider un projet d'accord collectif par référendum, à la majorité des deux-tiers) ;
- bouleversent la représentation des salariés dans l'entreprise, en substituant le comité social et économique (CSE) aux instances représentatives existant précédemment (délégués du personnel, comités d'entreprise et CHSCT) et en prévoyant la possibilité de se doter par accord d'un conseil d'entreprise, réunissant les compétences des CSE et des délégués syndicaux ;
- modifient le droit du contrat de travail, en assouplissant le formalisme des licenciements et en encadrant le montant des indemnités pouvant être décidées par le juge en cas de licenciement sans cause réelle et sérieuse. En contrepartie, un décret du 25 septembre 2017 revalorise le montant des indemnités de licenciement ;
- créent la rupture conventionnelle collective du contrat de travail, ainsi que les accords de performance et de compétitivité, facilitant ainsi les restructurations d'entreprises ;
- réforment les conditions de travail, en remplaçant le compte personnel de prévention de la pénibilité (C3P) par un compte professionnel de prévention (C2P) moins étendu et en libéralisant l'accès au télétravail, sur la base d'un simple accord individuel écrit avec le salarié.

Le droit du travail général appliqué par les entreprises est depuis 2017 relativement stabilisé. Cinq autres lois plus spécialisées vont cependant s'ajouter au dispositif de 2017 :

- la loi du 5 septembre 2018 pour la liberté de choisir son avenir professionnel a introduit, en plus des mesures réformant profondément l'assurance chômage et la formation professionnelle, des mesures visant à mieux assurer l'égalité professionnelle femmes-hommes, avec en particulier l'introduction d'un index égalité appliqué progressivement à toutes les entreprises d'au moins 50 salariés ;

- la loi PACTE[6] du 22 mai 2019 assouplit les modalités de recours à l'épargne salariale et à l'épargne retraite des salariés, élargit les obligations de désignation d'administrateurs salariés pour les sociétés de plus de 1 000 salariés et consacre la notion d'intérêt social et la possibilité pour les entreprises de se doter d'une « raison d'être » ;
- la loi du 6 août 2019 de transformation de la fonction publique y transpose les principes des ordonnances de 2017 en fusionnant les instances de représentation du personnel ; elle élargit en outre les possibilités de recours à des agents contractuels dans les services publics et crée à titre expérimental une procédure de rupture conventionnelle ;
- la loi du 2 août 2021 pour renforcer la prévention en santé au travail modifie les conditions de fonctionnement des services de santé au travail ;
- la loi Rixain du 24 décembre 2021 visant à accélérer l'égalité économique et professionnelle fixe des objectifs minima de féminisation pour les postes de directions des entreprises de plus de 1 000 salariés (30 % en 2027 et 40 % en 2030).

1.2 Un droit qui incarne des choix politiques

Avant la rupture opérée à la fin de XXe siècle, le droit du travail français est tout entier dédié à la protection de la partie faible au contrat de travail, le salarié. Il s'agit de compenser l'inégalité fondamentale avec la situation de l'employeur, pour qui le travail est un moyen de production, dont les implications sont sans comparaison moins lourdes que pour le salarié se trouvant sous son autorité, pour qui le travail est un moyen de subsistance.

Le droit du travail, d'essence militante et progressant au gré des lois sociales portées par des gouvernements attentifs aux conditions d'existence des classes populaires, a pu être ainsi qualifié de droit « ouvrier » pendant la première moitié du XXe siècle[7].

La transformation des objectifs du droit du travail s'opère sous l'influence des grandes institutions économiques internationales (Union européenne, OCDE, FMI), qui à la fin des années 1990 incitent les États membres à libéraliser leurs économies et à faciliter leur intégration dans la mondialisation des échanges. Cette évolution va de pair avec la recherche d'un renforcement des protections sociales des salariés, assurées non plus par les obligations de leurs employeurs, mais par la collectivité publique à l'égard de tous les actifs (*cf. infra*).

Les modes traditionnels d'adoption des règles de droit du travail différencient par ailleurs la France d'autres pays occidentaux, comme l'Allemagne, le Royaume Uni ou les États-Unis. Alain Supiot[8] opère une catégorisation qui demeure la référence en la matière, distinguant :

- un modèle britannique et nord-américain, pouvant être qualifié de libéral, dans lequel les syndicats veillent à obtenir des députés idéologiquement proches une abstention

6. Plan d'action pour la croissance et la transformation des entreprises.
7. *Le Droit Ouvrier* est ainsi le titre de la plus ancienne revue française dans le champ du droit social, publiée depuis 1920.
8. Alain Supiot, *Le droit du travail*, PUF, coll. « Que sais-je ? », 2016.

de l'État, leur permettant de déployer les actions revendicatives ouvrant la voie à des acquis sociaux (salaires, conditions de travail) : dans ce modèle, la production du droit du travail relève d'abord de la négociation au niveau de l'entreprise ;
- un modèle allemand, qualifié de communautaire, dans lequel le droit du travail résulte d'une négociation de branche. Issu de la pensée juridique de Gierke, ce droit organise les relations collectives des secteurs économiques et se traduit par exemple dans les principes de la cogestion des entreprises par les employeurs et les représentants des salariés (modèle du conseil d'entreprise, ou *Betriebsrat*, institution unique de représentation du personnel entièrement composé d'élus) ;
- un modèle français, enfin, qualifié de « politique », en ce qu'il résulte d'une conception du droit du travail fondée sur les acquis de lois décidées et mises en œuvre par les pouvoirs publics : c'est l'intervention de l'État qui crée ici le droit du travail, et non la négociation collective.

Ces catégories sont des points de référence utiles qui demeurent des paramètres explicatifs pertinents de certains caractères nationaux du droit du travail[9]. Une idée généralement admise est que l'ensemble de ces législations tend à converger, sous l'influence de la mondialisation et des choix plitiques des grandes institutions internationales (Union européenne, OCDE, mais également Organisation internationale du travail – OIT) : la recherche de la flexibilité contractuelle, la faveur pour la négociation collective aux dépens de la loi, la définition partagée d'un socle de droits minimaux constituent des orientations partagées qui se diffusent à l'ensemble des droits nationaux du travail, quels que soient leurs modèles d'origine. Le rapport consacré en 2015 par Conseil d'orientation pour l'emploi aux politiques du marché du travail en Europe mettait en évidence une très forte homogénéité des options retenues par l'ensemble des pays européens en matière de politique du travail, et ce quelles que soient les dominantes politiques de leurs gouvernements[10].

1.3 Une dissociation progressive du droit du travail et du droit de la sécurité sociale

La loi du 9 avril 1898 sur les accidents du travail (*cf. supra*) est l'origine commune du droit du travail et du droit de la protection sociale[11] : le législateur connecte la responsabilité de l'employeur avec la faculté de mutualiser la prise en charge des risques sociaux, scellant ainsi un véritable « pacte » impliquant des contreparties.

....

9. Comme les catégories générales se rapportant à la nature de l'État providence apparaissent utiles sous la plume de Gosta Esping-Andersen, *Les Trois mondes de l'État providence – essai sur le capitalisme moderne*, PUF, 2007 : cette typologie applicable aux modèles de protection sociale recouvre d'ailleurs largement les analyses d'Alain Supiot sur le droit du travail.

10. Conseil d'orientation pour l'emploi, *Les réformes du marché du travail en Europe*, 5 novembre 2015.

11. Soulignée par exemple par Pierre Rosanvallon, *La nouvelle question sociale – repenser l'État providence*, Seuil, 1995.

La structuration de la protection sociale réserve dans les premiers temps la couverture des risques sociaux aux seuls salariés, en cohérence avec les garanties issues, à partir du XIXe siècle, d'initiatives privées (doctrine sociale de l'église, mouvement mutualiste, paternalisme patronal). Les premières lois sociales (loi du 5 avril 1910 sur les retraites ouvrières et paysannes, loi du 30 avril de 1930 sur les assurances sociales, loi du 11 mars 1932 créant les prestations familiales) bénéficient de la sorte aux travailleurs, matérialisant une forme de salaire indirect.

La protection sociale ne se détache que progressivement du salariat. Le système des ayant droit, permettant aux conjoints et enfants des assurés d'être eux-mêmes couverts, se généralise. Le plan de sécurité sociale de 1945, issu du programme du Conseil national de la Résistance[12], marque le commencement d'une réelle divergence entre le droit du travail, qui demeure centré sur le salariat, et une protection sociale qui tend désormais vers l'universalité, et relie le bénéfice des droits sociaux à la résidence sur le territoire national[13].

L'universalisation progressive de la sécurité sociale (allocations familiales en 1978, prestations maladies avec la mise en place de la couverture maladie universelle en 2000 puis de la protection universelle maladie en 2016, remplacement progressif des cotisations sociales par des impôts depuis la mise en place de la contribution sociale généralisée en 1991) et plus largement celle, encore balbutiante, des autres secteurs de la protection sociale (création du compte personnel de formation en 2014, la loi pour la liberté de choisir son avenir professionnel de 2018 qui marque un premier élargissement de l'assurance chômage aux non-salariés) illustrent un mouvement continu d'émancipation des assurances sociales garanties par l'État d'avec les relations de travail établies entre un employeur et un salarié à un moment donné. Ce mouvement est régulier depuis 1945 et sans aucun doute appelé à se poursuivre à l'avenir : la mise en place d'un système de retraite universel a été suspendue à la suite du déclenchement de la crise sanitaire de la Covid-19 en mars 2020, mais d'autres projets allant dans le sens d'un rapprochement des régimes professionnels de retraite ne manqueront pas d'être présentés à l'avenir.

....

12. En mars 1944, le CNR adopte un programme, initialement intitulé *Les jours heureux*, intégrant un projet complet de Sécurité sociale « visant à assurer, à tous les citoyens, des moyens d'existence dans tous les cas où ils sont incapables de se les procurer par le travail ».

13. Cette approche, revendiquée par les pouvoirs publics dès 1945, s'inscrit en pleine cohérence avec un modèle de protection sociale dit « béveridgien », assuré universellement pour l'ensemble des citoyens, quels que soient leurs statuts professionnels. Elle ne s'est appliquée en pratique que très progressivement, les régimes de protection sociale liés aux professions demeurant vivaces encore aujourd'hui (régime agricole, régimes spéciaux dont celui de la fonction publique).

2 Un droit de la relation de travail

Le droit du travail est généralement scindé en deux parties : les relations individuelles et les relations collectives de travail.

2.1 Les relations individuelles de travail

Le droit des relations individuelles de travail désigne l'ensemble des règles juridiques qui s'appliquent au contrat de travail d'un salarié.

a Les critères du contrat de travail

L'identification de l'existence d'une relation de travail est un déterminant absolument essentiel de la protection sociale dont bénéficiera la personne concernée. En droit, cette reconnaissance résulte en tout premier lieu de l'identification d'un lien de subordination juridique entre l'employeur et le salarié. Ce lien de subordination traduit le déséquilibre fondamental de la relation de travail, entre un salarié dont le travail constitue une condition de subsistance et un employeur susceptible de faire appel à d'autres facteurs de production. Le juge qui identifiera l'existence de ce lien de subordination pourra être conduit à requalifier un contrat commercial en contrat de travail.

Selon une définition jurisprudentielle désormais classique, le lien de subordination est caractérisé par l'exécution d'un travail « sous l'autorité d'un employeur qui a le pouvoir de donner des ordres et des directives, d'en contrôler l'exécution et de sanctionner les manquements de son subordonné » (Cass. soc., 13 novembre 1996, *Société générale*).

Par ailleurs, le juge intégrera dans son raisonnement d'autres critères, à titre secondaire, dans le cadre de l'application de la méthode dite du faisceau d'indices : participation à un service organisé, existence d'une dépendance économique vis-à-vis d'un donneur d'ordre notamment.

Le lien de subordination se constate concrètement dans les faits, et ce quelles que soient la volonté des parties et la nature de la convention qu'elles ont choisi de conclure. La liberté contractuelle ne peut conduire le salarié à renoncer à l'application du droit du travail. Peuvent ainsi requalifiés en contrats de travail un contrat de location de taxis ou les contrats de franchise commerciale. Cette question est centrale pour comprendre le débat en cours sur le statut des travailleurs des plateformes dites de mobilité – véhicules de transport avec chauffeur ou livraison de marchandises en deux ou trois-roues.

b Un droit qui concerne toutes les étapes du contrat

L'ensemble des relations individuelles de travail, c'est-à-dire le droit du contenu du contrat de travail, de son type, de sa passation, de son exécution, de sa rupture, mais également de ce qui relève des pouvoirs de direction de l'employeur, doit être compris comme participant des protections mises en place au profit des salariés, dans cette relation par nature inégalitaire avec l'employeur.

C Les types de contrats

◆ CDI et contrats temporaires

La principale ligne de partage à l'intérieur des contrats de travail est celle qui distingue les contrats à durée indéterminée (CDI) des contrats temporaires, catégorie constituée à la fois par les contrats à durée déterminée (CDD) et les missions d'intérim[14]. On privilégiera ici la notion de contrat temporaire, de portée juridique, à celle de contrat court, qui renvoie à la réalité proprement temporelle du contrat[15].

Le principe général à retenir à ce stade est que le CDI est le principe, et le contrat temporaire l'exception. L'article L. 1221-2 (loi du 25 juin 2008 modifiée par ordonnance du 22 septembre 2017) du Code du travail prévoit que « le contrat à durée indéterminée est la forme normale et générale de la relation de travail ». Sur le plan juridique, le principe est qu'un emploi permanent doit être occupé par un salarié permanent. « Un contrat de travail à durée déterminée, quel que soit son motif, ne peut avoir ni pour objet ni pour effet de pourvoir durablement un emploi lié à l'activité normale et permanente de l'entreprise » (L. 1242-1 du Code du travail). La même disposition est prévue pour les contrats de mission dans le cadre de l'intérim (art. L. 1251-5 du Code du travail). La législation française prévoit précisément les situations dans lesquelles il est licite d'avoir recours à un contrat temporaire (*cf.* chapitre 2).

Il s'agit de très loin de la principale ligne de partage entre les contrats de travail et il convient, lorsqu'on rencontre un type particulier de contrat (il en existe une multitude créée par le pouvoir législatif et réglementaire), de se demander à laquelle de ces deux grandes catégories le cas d'espèce doit être rattaché (par exemple, les contrats de projet sont des CDD, lorsque les contrats de chantier sont des CDI, alors qu'ils présentent au premier abord des caractéristiques comparables).

....

14. Selon les termes de l'article L. 1251-1 du Code du travail, le travail temporaire a pour objet la mise à disposition temporaire d'un salarié par une entreprise de travail temporaire au bénéfice d'un client utilisateur pour l'exécution d'une mission. Chaque mission donne lieu à la conclusion d'un contrat commercial de mise à disposition entre l'entreprise de travail temporaire et l'entreprise utilisatrice d'une part, et d'un contrat de travail, dit « contrat de mission », entre le salarié et l'entreprise de travail temporaire d'autre part.

15. La notion de contrat temporaire fait référence à la nature juridique des contrats de travail limités dans le temps (contrats de travail à durée déterminée, contrat de mission effectué dans le cadre de l'intérim). La notion de contrat court renvoie à la durée effective du contrat de travail, quelle qu'en soit la modalité juridique (CDI ou CDD), inférieure à un seuil généralement fixé par la doctrine à trois mois. Ces contrats courts peuvent être courts parce que leur terme est prévu dès l'origine dans les stipulations contractuelles, ou s'avérer courts *ex post*, quelles qu'aient été lesdites stipulations (fin de la période travaillée au terme fixé dans le contrat, rupture pendant la période d'essai, rupture du contrat quelle qu'en soit l'initiative).

Contrats à temps plein et à temps partiel

Une seconde partition, dont la portée juridique est moindre mais la portée économique et sociale souvent considérable, concerne les contrats de travail à temps plein d'une part et les contrats de travail à temps partiel[16] d'autre part.

Juridiquement, les différences sont ténues : si la quotité de travail n'est pas précisée par les stipulations du contrat, ce dernier sera considéré comme à temps plein. En revanche, aucune condition d'emploi n'est requise pour avoir recours à un contrat à temps partiel, et l'employeur n'aura pas à justifier d'une quelconque raison pour y recourir. Les tentatives de régulation des contrats de travail dont la durée était la plus courte n'ont pas véritablement abouti à des changements tangibles dans la législation[17].

La distinction comporte une dimension économique et sociale bien plus significative car le temps partiel se concentre sur certaines catégories d'actifs (femmes, secteur tertiaire) et peut constituer un facteur explicatif déterminant des situations de précarité et de pauvreté. La notion de temps partiel subi, en particulier, contribue fortement au sous-emploi, c'est-à-dire à une catégorie statistique proche du chômage[18].

Innovations périphériques et frontières poreuses

Les politiques du travail sont un champ d'innovations permanentes, liées à la recherche d'adaptation du droit aux mutations de l'économie. Le droit des contrats de travail intègre nombre de statuts intermédiaires, en forte croissance depuis la libéralisation des années 2000 (portage salarial, contrat à durée indéterminée intérimaire, contrats de chantier ou d'opération, etc.).

En outre, les politiques publiques s'intéressent de plus en plus à la situation des personnes qui, sans être salariées, vont présenter des caractéristiques de dépendance économique à des donneurs d'ordre justifiant la mise en place de protections spécifiques. On pensera ici en particulier à la situation des travailleurs des plateformes de mobilité.

Par ailleurs, les politiques sociales s'intéressent à la situation de personnes qui ne sauraient être rattachées à la catégorie des travailleurs au sens juridique, mais qui se trouvent dans des situations de travail au sens humain du terme, c'est-à-dire dans

....

16. Le salarié à temps partiel est celui dont la durée du travail, obligatoirement mentionnée dans son contrat de travail, est inférieure à la durée légale du travail (35 heures par semaine) ou si elle est inférieure à la durée du travail fixée conventionnellement pour la branche, l'entreprise ou l'établissement.

17. La loi du 14 juin 2013 relative à la sécurisation de l'emploi a mis en place une durée minimale de 24 heures pour les contrats à temps partiel, mais les nombreuses exceptions à ce principe en ont considérablement réduit la portée.

18. Le sous-emploi est recensé dans l'enquête emploi de l'Insee et correspond à l'addition des situations de temps partiel subi et de chômage partiel. En 2020, 12,7 % des femmes en emploi sont en sous-emploi, contre 9,3 % des hommes.

une activité sociale au service d'autrui[19]. La puissance publique va s'efforcer de venir conforter et protéger ces situations, en particulier en fixant les conditions d'un accès à une indemnisation et à des garanties sociales collectives (stagiaires, jeunes en service civique, aidants familiaux).

2.2 Les relations collectives de travail

Les relations collectives du travail régissent les rapports entre les représentants des salariés et les représentants des employeurs. Leur objet est à la fois de réguler les relations sociales et de développer les garanties dont bénéficient les salariés dans leur milieu de travail. On y range donc ce qui a trait à la représentation des salariés dans les entreprises (par les institutions représentatives du personnel), le dialogue social et la représentation syndicale, ainsi que les conflits collectifs.

En France, ce processus associe fréquemment l'État : il ne s'agit alors plus d'une relation duale employeurs/salariés mais d'une relation tripartite, qui s'exerce à différents niveaux (national et territorial) et dans différents champs professionnels (au niveau de l'entreprise, au niveau de la branche professionnelle et au niveau interprofessionnel).

3 La spécificité des normes de droit du travail : la place des normes négociées

Les normes de droit du travail émanent de deux origines :

- une origine « classique », qui se retrouvera dans tous les champs du droit national et qui émane des institutions étatiques (les sources unilatérales) ;
- une origine particulière au droit du travail, qui émane des accords de travail passés entre les représentants des salariés et des employeurs : les sources dites négociées.

L'articulation des normes de droit du travail peut être schématisée au moyen de la représentation graphique suivante, inspirée de la pyramide de Kelsen[20].

Ces normes sont hiérarchisées : les normes de rang inférieur doivent être par principe conformes aux normes de rang supérieur : les lois doivent être conformes aux règles constitutionnelles et internationales, les règlements conformes aux règles constitutionnelles et internationales, ainsi qu'aux lois, etc. Les normes négociées, quel qu'en soit le rang, doivent être conformes aux normes unilatérales.

19. Selon une définition chère à Alain Supiot.
20. Hans Kelsen, juriste autrichien (1881-1973) est le concepteur de cette présentation de la hiérarchie normes.

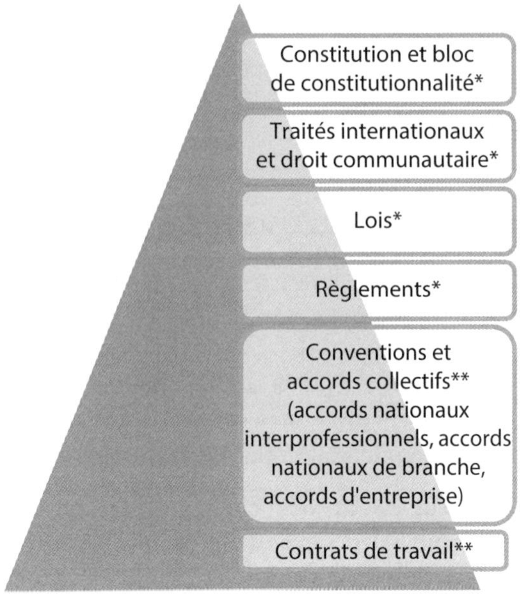

La hiérarchie des normes – présentation des normes de droit du travail inspirée de la pyramide de Kelsen

* Sources unilatérales. ** Sources négociées.

3.1 La hiérarchie des normes unilatérales

La hiérarchie des norms unilatérales n'est pas différente en droit du travail et dans les autres branches du droit. L'ensemble des normes procèdent des normes constitutionnelles. Puis interviennent les normes internationales, dont les normes communautaires, les lois adoptées par le Parlement français et, enfin, les règlements émanant du pouvoir exécutif.

Si d'un point de vue juridique l'articulation des normes unilatérales ne présente pas de spécificité, la comparaison des poids respectifs de ces catégories de normes conduit à souligner la place de la loi, qui demeure prééminente malgré la montée en puissance des normes internationales.

a Normes constitutionnelles

Les normes constitutionnelles se placent au sommet de la hiérarchie en droit du travail. Le Conseil constitutionnel est chargé de vérifier la conformité des lois à ces principes fondamentaux.

Le texte de la Constitution du 4 octobre 1958 contient peu d'articles appliqués en droit du travail. Les principes de répartition des compétences entre le pouvoir législatif et le pouvoir exécutif font référence à la matière (l'article 34 réserve au législateur le soin de fixer « les principes fondamentaux du droit du travail, du droit syndical et du droit de grève »). L'exécutif dispose en théorie d'une large compétence autonome, mais il s'en sert peu et c'est la loi qui est intervenue le plus souvent, y compris lorsque ce n'était pas nécessaire, impliquant à nouveau l'intervention de la loi pour modifier ou abroger les dispositions initialement adoptées par ce vecteur.

Sur le fond, c'est essentiellement le préambule de la Constitution précédente, celle de la IVe République, adoptée en 1946, qui sert de boussole constitutionnelle aux politiques du travail et, plus généralement, aux politiques sociales. Ce texte a été intégré dans l'ordre constitutionnel opposable aux lois en 1971, à la suite de la décision dite Liberté d'association du Conseil constitutionnel[21]. Il fait désormais partie de ce qu'il est convenu d'appeler le « bloc de constitutionnalité », qui permet de fonder des décisions d'invalidation des lois pour inconstitutionnalité[22].

Le préambule de la Constitution du 27 octobre 1946

1. Au lendemain de la victoire remportée par les peuples libres sur les régimes qui ont tenté d'asservir et de dégrader la personne humaine, le peuple français proclame à nouveau que tout être humain, sans distinction de race, de religion ni de croyance, possède des droits inaliénables et sacrés. Il réaffirme solennellement les droits et libertés de l'homme et du citoyen consacrés par la Déclaration des droits de 1789 et les principes fondamentaux reconnus par les lois de la République.

2. Il proclame, en outre, comme particulièrement nécessaires à notre temps, les principes politiques, économiques et sociaux ci-après :

3. La loi garantit à la femme, dans tous les domaines, des droits égaux à ceux de l'homme.

4. Tout homme persécuté en raison de son action en faveur de la liberté a droit d'asile sur les territoires de la République.

21. Conseil constitutionnel, décision n° 71-44 DC du 16 juillet 1971, Liberté d'association.

22. La création de la procédure de question prioritaire de constitutionnalité (QPC), introduite par la réforme de la Constitution du 23 juillet 2008, a ajouté au contrôle traditionnel *a priori* des lois avant leur promulgation la possibilité pour toute personne, partie à un procès, de soutenir qu'une disposition législative est contraire aux droits et libertés que la Constitution garantit. Il s'agit d'un contrôle *a posteriori*, le Conseil constitutionnel examinant le texte de loi parfois plusieurs années après son entrée en vigueur.

5. Chacun a le devoir de travailler et le droit d'obtenir un emploi. Nul ne peut être lésé, dans son travail ou son emploi, en raison de ses origines, de ses opinions ou de ses croyances.

6. Tout homme peut défendre ses droits et ses intérêts par l'action syndicale et adhérer au syndicat de son choix.

7. Le droit de grève s'exerce dans le cadre des lois qui le réglementent.

8. Tout travailleur participe, par l'intermédiaire de ses délégués, à la détermination collective des conditions de travail ainsi qu'à la gestion des entreprises.

9. Tout bien, toute entreprise, dont l'exploitation a ou acquiert les caractères d'un service public national ou d'un monopole de fait, doit devenir la propriété de la collectivité.

10. La Nation assure à l'individu et à la famille les conditions nécessaires à leur développement.

11. Elle garantit à tous, notamment à l'enfant, à la mère et aux vieux travailleurs, la protection de la santé, la sécurité matérielle, le repos et les loisirs. Tout être humain qui, en raison de son âge, de son état physique ou mental, de la situation économique, se trouve dans l'incapacité de travailler a le droit d'obtenir de la collectivité des moyens convenables d'existence.

12. La Nation proclame la solidarité et l'égalité de tous les Français devant les charges qui résultent des calamités nationales.

13. La Nation garantit l'égal accès de l'enfant et de l'adulte à l'instruction, à la formation professionnelle et à la culture. L'organisation de l'enseignement public gratuit et laïque à tous les degrés est un devoir de l'État.

14. La République française, fidèle à ses traditions, se conforme aux règles du droit public international. Elle n'entreprendra aucune guerre dans des vues de conquête et n'emploiera jamais ses forces contre la liberté d'aucun peuple.

15. Sous réserve de réciprocité, la France consent aux limitations de souveraineté nécessaires à l'organisation et à la défense de la paix.

16. La France forme avec les peuples d'outre-mer une Union fondée sur l'égalité des droits et des devoirs, sans distinction de race ni de religion.

17. L'Union française est composée de nations et de peuples qui mettent en commun ou coordonnent leurs ressources et leurs efforts pour développer leurs civilisations respectives, accroître leur bien-être et assurer leur sécurité.

18. Fidèle à sa mission traditionnelle, la France entend conduire les peuples dont elle a pris la charge à la liberté de s'administrer eux-mêmes et de gérer démocratiquement leurs propres affaires ; écartant tout système de colonisation fondé sur l'arbitraire, elle garantit à tous l'égal accès aux fonctions publiques et l'exercice individuel ou collectif des droits et libertés proclamés ou confirmés ci-dessus.

On y trouve des principes fondamentaux structurant le droit du travail : égalité professionnelle entre les femmes et les hommes, droit de grève, liberté syndicale, représentation des salariés dans l'entreprise, indemnisation en cas d'impossibilité de travailler, etc. Certains de ces principes comme le droit à obtenir un emploi (alinéa 5) ne sont pas reconnus comme directement applicables par le Conseil constitutionnel, mais doivent être traduits par des lois. Ils peuvent néanmoins conduire le Conseil constitutionnel à censurer une loi revenant sur des acquis liés aux législations précédemment intervenues dans le domaine concerné[23].

b Normes internationales et communautaires

Le droit international est une source importante du droit du travail. Ces normes proviennent principalement de trois organisations : l'Organisation internationale du travail (OIT), la Conseil de l'Europe et l'Union européenne[24].

◆ L'Organisation internationale du travail (OIT)

L'OIT est l'organisation internationale relevant de l'orbite du système des nations unies, spécialisée dans les questions relatives à la protection des travailleurs. Elle a été créée par le traité de Versailles en 1919. Ses finalités sont à la fois humanitaires, diplomatiques et économiques. Elle présente la particularité unique parmi les organisations internationales d'être dirigée par une gouvernance tripartite, associant représentation des États, des organisations patronales et des organisations syndicales de salariés.

L'OIT, dont le siège est localisé à Genève, dispose d'un organe exécutif permanent, le Bureau international du travail (BIT) et d'une assemblée générale annuelle (la conférence internationale du travail). L'organisation contrôle la bonne application des principes de législation du travail au sein des États membres par un système de rapports annuels et d'observations rédigées par des commissions d'experts, ainsi que sur la base des réclamations adressées par les organisations syndicales. Elle adopte également des documents transverses qu'elle rend publics[25], et des déclarations politiques[26]. Surtout, l'OIT est le cadre de négociation de conventions internationales qui, sous réserve de ratification par les États, ont une valeur juridiquement contraignante.

....

23. Dans une décision du 28 mai 1983, le Conseil constitutionnel a reconnu la responsabilité du pouvoir législatif de « poser les règles propres à assurer au mieux le droit pour chacun d'obtenir un emploi en vue de permettre l'exercice de ce droit au plus grand nombre d'intéressés ». Il s'agit donc d'une obligation de moyens, et non de résultat.

24. Ces normes ne sont pas « unilatérales » au sens strict puisqu'elles résultent fréquemment d'un accord international, de nature conventionnelle. Mais leur applicabilité en droit interne résulte d'une procédure unilatérale de ratification.

25. Par exemple, le rapport *L'emploi atypique dans le monde – identifier les défis, ouvrir des perspectives*, 2016.

26. En 1998, la déclaration relative aux principes et droits fondamentaux du travail a mis en exergue quatre principes (liberté d'association et négociation collective, interdiction du travail forcé, du travail des enfants et des discriminations) devant constituer le socle de droits sociaux universels.

C'est cette dernière source qui comportera des conséquences directes en matière de politique du travail pour la France. L'incompatibilité d'une disposition législative avec une convention OIT régulièrement ratifiée conduira les juridictions suprêmes de l'ordre administratif (le Conseil d'État) et judiciaire (la Cour de cassation) à écarter l'application d'une loi dite « inconventionnelle ». Un des exemples les plus fameux en la matière concerne le contrat nouvelle embauche (CNE), modalité particulière de CDI mise en place par l'ordonnance du 2 août 2005 qui devait faciliter les recrutements dans les entreprises de moins de 20 salariés au moyen d'une période d'essai d'une très longue durée (2 ans). La période d'essai d'un contrat de travail présente la particularité d'autoriser les ruptures de contrats à l'initiative de l'employeur sans que ce dernier ait à justifier d'un motif. Les organisations syndicales ont contesté cette ordonnance, de valeur législative, soulevant son incompatibilité avec la convention OIT n° 158 (1982) ratifiée par la France en 1988, qui prévoit la nécessité de justifier toute décision de licenciement, soit par un motif personnel, soit par un motif économique. Après quelques hésitations jurisprudentielles, la Cour de cassation a fini par écarter l'application de l'ordonnance de 2005, dont l'abrogation a finalement été définitivement actée par la loi du 25 juin 2008 portant modernisation du marché du travail.

Outre la convention n° 158 précitée, les conventions OIT les plus fréquemment invoquées en politique du travail sont les conventions n° 1 et n° 30 limitant la durée du travail dans l'industrie (1919) et le commerce (1930), la convention n° 81 sur l'inspection du travail (1947), la convention n° 87 sur la liberté syndicale et la protection du droit syndical (1948), la convention n° 98 sur le droit d'organisation et de négociation collective (1949), la convention n° 187 portant cadre promotionnel pour la sécurité et la santé au travail (2006).

Depuis 2017, la convention n° 158 est le fondement d'une contestation de la disposition des ordonnances du 22 septembre de la même année consistant à encadrer les montants des dommages-intérêts pouvant être accordés par un juge, lorsqu'un licenciement est dénué de cause réelle et sérieuse.

En novembre 2021, la France a ratifié la convention OIT n° 190 (2019) relative à l'élimination de la violence et du harcèlement dans le monde du travail.

◆ Le Conseil de l'Europe

Le Conseil de l'Europe est une institution internationale créée en 1949, dont le siège est situé à Strasbourg, et qui comprend aujourd'hui 47 États. Sa vocation est politique : il s'agit de promouvoir la démocratie et les droits de l'homme sur le continent européen. Sa principale réalisation juridique est l'adoption en 1951 de la convention européenne de sauvegarde des droits de l'homme et des libertés fondamentales, plus fréquemment dénommée « convention européenne des droits de l'homme », dont le respect est assuré par un dispositif juridictionnel coiffé par la Cour européenne des droits de l'homme.

Certains principes de la convention européenne et de ses protocoles additionnels ont une influence sur la politique du travail française : le droit à un procès équitable (art. 6), la liberté d'expression (art. 10), le droit de mener une vie familiale normale (art. 12), l'interdiction des discriminations fondées sur la nationalité (art. 14 et protocole n° 12). L'intervention de la Cour européenne des droits de l'homme peut avoir un impact sur le contenu des politiques sociales françaises, notamment en matière de travail.

◆ Le droit communautaire

Le droit de l'Union européenne, qu'il émane des traités ou des institutions communautaires (droit dit dérivé), est la source internationale de loin la plus déterminante pour le droit du travail français.

Les compétences de l'Europe en matière de droit du travail sont progressivement reconnues par les traités : l'acte unique de 1986 reconnaît le dialogue social européen, le protocole social du traité de Maastricht en 1992 lui donne une valeur créatrice de droit (les accords-cadres). Le traité d'Amsterdam de 1997 consacre les politiques sociales communautaires : des directives peuvent imposer des prescriptions minimales en droit du travail et en protection sociale, le titre XI du traité porte sur les politiques de l'emploi, que les États membres doivent coordonner au moyen d'une « méthode ouverte de coopération » (MOC), permettant à la Communauté de produire une *soft law* applicable dans le domaine. Le sommet de Luxembourg en novembre 1997 lance la Stratégie européenne pour l'emploi (suivront les lignes directrices adoptées chaque année par le Conseil), dans laquelle les États membres s'inscrivent par le biais de plans nationaux. Le traité de Lisbonne de 2009 est une nouvelle étape : il confère une portée juridique contraignante à la Charte sociale européenne de 2001 et énonce de nouveaux objectifs pour l'Union européenne (plein emploi, progrès social, lutte contre les discriminations, élimination de la pauvreté[27]).

Dans le contenu, l'intervention des institutions communautaires n'a pas cessé de croître : au départ limitée à la mise en application des principes fondateurs de 1957 en matière de libre circulation des travailleurs, elle s'est progressivement étendue à la protection contre les mutations économiques (licenciement économique, mobilité du capital), à la santé et la sécurité au travail, à la participation des travailleurs dans les entreprises (information-consultation, comité d'entreprise européen) ou à la lutte contre les discriminations et aux politiques de promotion de l'égalité femmes-hommes, en particulier en matière de rémunérations.

....

27. Il prévoit également une clause sociale dite « horizontale » (applicable à tout texte) : la définition et la mise en œuvre des politiques et des actions de l'UE doivent tenir compte des exigences sociales suivantes : promotion d'un niveau d'emploi élevé, garantie d'une protection sociale adéquate, lutte contre l'exclusion sociale, niveau élevé en matière d'éducation, de formation et de protection de la santé humaine.

Les compétences réglementaires des institutions communautaires se sont particulièrement exprimées dans certains domaines : santé et sécurité au travail (la directive-cadre du 12 juin 1989 a fondé le renouveau de la politique française en la matière avec un dispositif orienté vers la prévention), temps de travail (directive de 1993, accord-cadre de 2002 sur le télétravail), relation de travail (directive de 1991 sur la nécessité d'un écrit, directive de 2008 sur l'intérim), représentation collective des travailleurs (directive de 1994 sur le comité d'entreprise européen, directives de 2001 sur les instances représentatives du personnel et de 2002 sur les procédures d'information-consultation), protection contre les mutations économiques (principes de procédure pour licenciements collectifs, continuité du contrat en cas de cession d'entreprise), lutte contre les discriminations. L'unanimité est généralement requise pour adopter les textes communautaires[28], qui peuvent être invoqués par les justiciables devant n'importe quelle juridiction, et dont la valeur juridique dépasse celle de la loi.

En revanche, les autres matières de politique du travail relèvent des États, et les institutions communautaires ne disposent pas de la capacité juridique d'imposer des règles communes. Ainsi, la volonté affichée, depuis 2020, par la Commission présidée par Ursula von der Leyen, de mettre en place des principes communs pour les travailleurs des plateformes numériques ou pour la définition du salarie minimum, se heurte à la nécessité d'un consensus entre les États membres.

Enfin, la jurisprudence de la Cour de justice de l'Union européenne est déterminante : elle applique les principes du droit du travail européen sur une base extensive, qui transcende les catégories nationales : ainsi ses arrêts *Viking* et *Laval* sur le travail détaché[29] ont-ils constitué la base d'une dérégulation liée à la volonté de promouvoir les prestations de service internationales que les évolutions des législations nationales et européennes ont peiné à contenir (*cf. infra*).

c La loi

La loi est l'instrument principal d'un droit du travail de nature « politique » en France (*cf. supra*). Elle conserve sa place prééminente, y compris pour des contenus techniques, alors même que la lettre de l'article 34 de la Constitution lui réservait la seule définition des principes fondamentaux.

Il existe traditionnellement un débat en politique du travail sur les frontières de ce qui doit relever des normes unilatérales, dont la loi à titre principal, et ce qui doit relever de la négociation collective. Le rapport rédigé par Jean-Denis Combrexelle en 2015, largement consacré à ce sujet, a inspiré les réformes portées par la loi du 8 août 2016 et

28. Sauf pour certains domaines (sécurité, discriminations, conditions de travail).
29. CJCE, 11 décembre 2007, Viking et CJCE, 18 décembre 2007, Laval.

les ordonnances du 22 septembre 2017[30]. L'idée générale se résume en une clarification des champs d'intervention des catégories de normes et un déplacement de la compétence au profit de la négociation collective.

d Le règlement

La place du règlement (décrets, arrêtés) est relativement limitée en droit du travail, et généralement cantonnée à l'exécution des lois.

3.2 Les normes négociées, de moins en moins articulées par le principe de faveur

Les normes de droit négociées constituent la particularité de l'ordonnancement juridique de droit du travail. Conformément aux principes schématisés par la pyramide de Kelsen, ces normes négociées doivent être compatibles avec l'ensemble des normes imposées qui les surplombent. Elles n'en restent pas moins importantes, d'autant que des domaines entiers du droit du travail leur donnent désormais la priorité.

L'articulation de ces normes est traditionnellement organisée par le principe dit de faveur[31], dont la portée a été érodée au fil des réformes, au point de ne plus être aujourd'hui qu'une exception dont le périmètre est strictement délimité.

a Typologie des normes négociées

Les normes négociées renvoient à l'ensemble des accords collectifs[32]. Il s'agit d'un droit fortement reconfiguré par plusieurs lois s'étageant entre la loi du 4 mai 2004 et les ordonnances du 22 septembre 2017 (*cf. supra*). Il en existe trois grands types :

- les accords nationaux interprofessionnels (ANI). Ce sont les accords les plus importants, négociés et signés par les échelons confédéraux des organisations interprofessionnelles représentatives au niveau national. Ces ANI peuvent être à l'origine de réformes très importantes, nécessitant le plus souvent une transposition législative[33] ;

....

30. Jean-Denis Combrexelle, *La négociation collective, le travail et l'emploi*, rapport au Premier ministre, septembre 2015.

31. Le principe de faveur revient à l'impossibilité, pour une norme de rang inférieur, de déroger à une norme de rang supérieur, sauf si elle est plus favorable aux salariés. C'est un principe législatif énoncé par l'article L. 2251-1 du Code du travail : « Une convention ou un accord peut comporter des dispositions plus favorables au salarié que celles des dispositions légales en vigueur. »

32. En font partie les conventions collectives, qui sont des accords collectifs portant sur un grand nombre de sujets.

33. Ainsi, l'accord national interprofessionnel sur la santé au travail adopté le 9 décembre 2020 a-t-il nécessité le dépôt d'une proposition de loin pour pouvoir entrer en vigueur, tandis que l'ANI consacré au télétravail et adopté le 26 novembre 2020 n'en a pas eu besoin.

- l'accord de branche qui, lorsqu'il prend une dimension générale, est une convention collective nationale de branche (CCNB). Il s'agit des règles qui vont s'appliquer aux salariés et aux employeurs d'un même secteur d'activité, permettant d'y pratiquer des conditions d'emploi et de concurrence homogènes entre les entreprises. Leur place a été réinterrogée depuis les réformes portées par les lois de 2004 et 2008, mais ces accords ont été largement relancés par la loi de 2016 et les ordonnances de 2017 ;
- l'accord d'entreprise, enfin, est le niveau de norme négociée privilégié par les réformes menées depuis 40 ans. Il est devenu le niveau de principe dans nombre de sous-secteurs du droit du travail, à mesure que les réformes ont permis de déroger au principe de faveur.

Les trois niveaux précités sont de loin les plus importants en politique du travail. Techniquement, il existe deux autres niveaux, l'accord de groupe et l'accord d'établissement, qui permettent pour le premier d'appliquer des règles communes à l'ensemble des entreprises d'un groupe et pour le second de cibler une unité de production.

Le contrat individuel de travail est enfin la plus modeste source du droit du travail, mais joue évidemment un rôle fondamental dans le quotidien des relations de travail entre l'employeur et le salarié.

b Le principe de faveur et l'ordre public social

Il convient en premier lieu de définir la notion d'ordre public : elle renvoie à l'idée simple selon laquelle une règle s'impose à tous. Les dispositions qualifiées d'ordre public sont celles auxquelles on ne pourra jamais déroger. La règle de rang inférieur doit toujours être conforme à la règle de rang supérieur.

L'ordre public dit social, qui s'applique en droit du travail, diffère de cette notion d'ordre public en ce qu'il est asymétrique : la règle de rang inférieur pourra déroger à la règle supérieure mais à condition qu'elle offre de meilleures garanties, ou au moins des garanties équivalentes, au salarié.

Il s'agit d'un principe fondamental, également appelé « principe de faveur » (*cf. supra*). Il constitue un instrument de protection et de promotion des intérêts des salariés : plus on descend dans la hiérarchie des normes, plus les droits des salariés s'élèvent.

Ainsi, une convention collective de branche pourra fixer des salaires minima plus favorables que le SMIC légal, mais en aucun cas inférieurs, et un accord d'entreprise ne pourra pas faire moins que ce qu'a prévu la convention collective de branche[34].

....

34. Les minima concernés sont les « salaires minima hiérarchiques », qui intègrent les salaires de base, ainsi que les primes et indemnités que les branches entendent y ajouter. Ce dernier point, longtemps controversé, a été tranché par le Conseil d'État en octobre 2021 (*cf.* chapitre 5).

Le principe de faveur se trouve codifié à l'article L. 2251-1 du Code du travail : « Une convention ou un accord peut comporter des dispositions plus favorables au salarié que celles des dispositions légales en vigueur. » En 1996, le Conseil constitutionnel a dénié au principe de faveur toute valeur supra-législative, de sorte que des lois sont venues y apporter, depuis 1982, de très nombreuses exceptions.

c Un principe devenu exception

Ce principe de faveur, qui aboutit à faire progresser les droits des salariés en descendant dans la hiérarchie des normes, a connu des dérogations législatives progressives qui depuis 40 ans ont mité son champ d'application.

Les exceptions au principe de faveur naissent en 1982, dans une des ordonnances Auroux sur la durée du travail (possibilité de négocier des contingents d'heures supplémentaires). La loi de 2000 sur la réduction du temps de travail marque une nouvelle étape, par la possibilité de prévoir une annualisation conventionnelle de la durée du travail. Ce mouvement accélère nettement avec les réformes libérales des années 2000 : la loi Fillon du 4 mai 2004 étend considérablement le champ des dérogations possibles aux accords de branche par accord d'entreprise. Les partenaires sociaux peuvent retenir une norme différente, donc parfois moins favorable que celle fixée par la loi, sauf si le texte de rang supérieur l'exclut spécifiquement et à l'exception de certaines matières qui ne peuvent faire l'objet de dérogations (classifications, rémunérations, prévoyance collective et formation professionnelle). La logique dérogatoire est encore renforcée par la loi Bertrand du 20 août 2008 : en matière de temps de travail, la dérogation est quasi totale ; l'accord d'entreprise peut toujours déroger à l'accord de branche.

Les évolutions portées par la loi El Khomri de 2016, puis par les ordonnances de 2017 sont préparées par le rapport de Jean-Denis Combrexelle rendu public en 2015 (*cf. supra*), qui prône une modification des lignes de partage de l'ordre public social et de ses dérogations, à des fins de simplification, de lisibilité et de dynamisation de la négociation d'entreprise.

Ce type de dérogations se généralise en Europe. C'est un instrument que l'Allemagne mobilise pour libéraliser son économie après la réunification. L'Espagne ou encore le Portugal l'utilisent à partir de la crise de 2008 pour adapter le niveau des rémunérations et le temps de travail.

La loi El Khomri du 8 août 2016, dite loi « travail », fait l'objet de contestations sociales vigoureuses, mais ne constitue sur le fond qu'un pas limité dans le sens de ces dérogations, achevant ce que la loi Bertrand avait largement initié, à savoir l'institution d'une prééminence de l'accord d'entreprise sur l'accord de branche dans le domaine du temps de travail. Le seul élément de transfert supplémentaire vers le niveau de l'entreprise concerne le niveau de surrémunération des heures supplémentaires, auparavant fixé au niveau de la branche, et désormais décidé au niveau de l'entreprise.

Les ordonnances du 22 septembre 2017 parachèvent ce cycle de réformes, en consacrant une structuration des matières du Code du travail relevant pour les unes du principe de faveur et pour les autres d'un principe de proximité, consistant à donner la priorité à la norme édictée au plus près des employeurs et des salariés, c'est-à-dire au niveau de l'accord d'entreprise. Lorsque ce principe de proximité prévaut, il est loisible à l'accord d'entreprise de fixer des règles plus favorables, neutres, ou même moins favorables pour les salariés que les normes de rang supérieur.

L'ordre public social tel qu'il résulte du texte des ordonnances du 22 septembre 2017 nous met en présence d'un droit du travail structuré de la manière suivante.

- Au niveau du droit unilatéral, l'ensemble des règles, pour l'essentiel fixées par la loi, ont été rédigées de manière à distinguer clairement ce qui est impératif, donc non dérogeable par accord collectif dans un sens moins favorable aux salariés (le SMIC, la durée légale du travail de 35 heures par semaines) de ce qui est dérogeable par accord de branche (le nombre de renouvellements possibles d'un contrat à durée déterminée) et/ou par accord d'entreprise (le nombre maximal d'heures supplémentaires). Les matières dérogeables font l'objet de mesures supplétives dans la loi, qui s'imposent si rien n'est dit par accord collectif (en l'absence d'accord : deux renouvellements de CDD maximum et 220 heures supplémentaires par salarié et par an).
- Au niveau des sources négociées, l'ensemble des matières du droit du travail sont divisées en trois blocs, pour lesquels l'articulation entre accord de branche et accord d'entreprise diffère. L'objectif de cette structuration est la subsidiarité. On privilégie autant que possible l'échelon de la négociation collective d'entreprise, et on ne donne la primauté à l'accord de branche que lorsque cela apparaît indispensable à la protection des droits fondamentaux des salariés :
  - pour un premier bloc de matières, la branche prime sur l'entreprise, et l'accord d'entreprise ne pourra pas comporter de stipulation moins favorable au salarié. C'est le champ de ce qu'on a appelé « l'ordre public conventionnel ». Il s'agit du périmètre, désormais limité, dans lequel s'impose le principe de faveur : les stipulations d'un accord d'entreprise devront comporter, pour une même matière, des garanties au moins équivalentes pour les salariés. Le Code du travail liste 13 domaines dans lesquels cette organisation prévaut, parmi lesquels figurent les salaires minima hiérarchiques et les classifications, les garanties collectives et leur financement (paritarisme, formation professionnelle, complémentaires), les conditions de recours aux contrats temporaires, l'égalité professionnelle entre les femmes et les hommes, les périodes d'essai et les conditions de la poursuite du contrat de travail en cas de mobilité du capital ;
  - pour un deuxième bloc de matières, la convention de branche ne s'impose à l'accord d'entreprise que si elle le prévoit explicitement : c'est ce qu'on appelle les clauses de verrou. Si les partenaires sociaux de la branche souhaitent que le principe de faveur s'applique dans les entreprises pour telle ou telle stipulation, ils doivent l'indiquer explicitement dans leur accord. Sont concernées par cette

règle 4 matières seulement : la prévention de la pénibilité, l'insertion dans l'emploi des travailleurs handicapés, les seuils de désignation des délégués syndicaux et les primes pour travaux dangereux ou insalubres ;
- pour le troisième et dernier bloc, concernant l'intégralité des autres sujets et matières relevant de la négociation collective, c'est l'accord d'entreprise qui prévaut, y compris lorsqu'il est moins favorable au salarié, et l'accord de branche ne peut pas verrouiller les garanties offertes à son niveau. L'accord de branche ne s'applique que de manière supplétive, en l'absence de mesure décidée au niveau de l'entreprise.

Les deux premiers blocs sont donc les exceptions, alors que le troisième bloc constitue désormais la règle : l'accord d'entreprise prime quelle que soit sa date de conclusion, que ses clauses soient plus ou moins favorables, et l'accord de branche n'intervient qu'à défaut d'un accord d'entreprise.

4 Les contrôles du droit du travail

Il convient de porter une attention particulière à la façon dont la règle de droit du travail est appliquée par les employeurs et ceux qui travaillent sous leur autorité, que cette règle soit d'origine étatique ou conventionnelle (*cf. supra*). C'est le rôle des contrôles administratifs d'une part, et des contrôles juridictionnels d'autre part.

4.1 Les contrôles administratifs

a L'inspection du travail

◆ État des lieux

L'inspection du travail est un corps de contrôle de l'État institué par la loi du 2 novembre 1892, à l'origine pour vérifier l'application des premières législations relatives au travail des enfants. Il est aujourd'hui composé de 3 700 équivalents temps plein (dont 1900 en fonction directe d'inspection), répartis sur l'ensemble du territoire national au sein des directions régionales de l'économie, de l'emploi, du travail et des solidarités (DREETS) et des directions départementales de l'emploi, du travail et des solidarités (DDETS), qui ont succédé depuis le 1er avril 2021 aux DIRECCTE[35] et aux DRJSCS[36].

Le modèle français d'inspection du travail est généraliste. Le service contrôle l'application de l'intégralité du Code du travail, et non telle ou telle matière technique

35. Directions régionales des entreprises, de la consommation, de la concurrence, du travail et de l'emploi.
36. Directions régionales de la jeunesse, des sports et de la cohésion sociale.

spécifique. Il relève de l'autorité du ministère du Travail, qui a progressivement absorbé les compétences résiduelles des ministères techniques sur leurs secteurs d'intervention. Ainsi, l'inspection du travail est-elle compétente en matière d'agriculture, de mer et de transports depuis 2009, et a tout récemment intégré une compétence sur les installations hydroélectriques ainsi que sur les mines et carrières non souterraines[37]. Seuls le ministère de la Défense et l'Autorité de sûreté nucléaire conservent des compétences très limitées dans leurs domaines propres. Aussi l'inspection du travail a-t-elle compétence sur la quasi-totalité des employeurs appliquant le droit du travail : lui échappent donc les collectivités publiques[38] et les indépendants.

L'inspection du travail bénéficie d'un statut d'indépendance garanti par la convention n° 81 de l'Organisation internationale du travail, adoptée en 1947.

Les inspecteurs et agents de contrôle opèrent au sein d'une section, qui dispose d'une compétence généraliste sur l'ensemble des entreprises d'un territoire à l'intérieur d'un département. Environ 250 unités de contrôle maillent le territoire national. Ce modèle est une particularité française, qui comporte certaines limites : difficulté à maîtriser l'intégralité de la réglementation, méconnaissance des particularités économiques et sociales de tel ou tel secteur d'activité, faible comparabilité des pratiques, etc. Les inspecteurs du travail peuvent solliciter d'autres agents spécialisés des DREETS et des DDETS pour les assister dans leurs contrôles, comme des ingénieurs.

L'organisation de l'inspection du travail se veut désormais sous la forme de système avec des éléments qui interagissent. Les contrôles peuvent en cas d'infraction déboucher sur un procès-verbal et conduire, le cas échéant, l'inspecteur du travail à saisir le tribunal judiciaire. Il peut également, dans certains cas, prononcer directement des sanctions administratives, évidemment susceptibles de recours. Ces missions de contrôle ne sont évidemment pas exclusives d'une dimension de conseil aux employeurs et aux salariés, également essentielle à la préservation des conditions de travail.

◆ Problématiques

Le ministère du Travail a conduit de profondes réformes de l'inspection du travail au cours des dernières années : le plan de modernisation de l'inspection du travail, en 2007, a entraîné un renforcement important de ses effectifs, les inspections sectorielles des transports, de l'agriculture et de la mer ont été intégrées aux services relevant du ministère du Travail en 2009, et surtout le projet « ministère fort », en 2013-2016, a permis de constituer des sections d'inspection mieux dotées en personnels. Dans ce

37. Décret du 5 février 2021.

38. À l'exception des établissements publics lorsque ceux-ci appliquent le droit du travail : les établissements publics industriels et commerciaux, les établissements publics administratifs pour leurs seuls agents de droit privé, les hôpitaux et établissements sociaux et médico-sociaux uniquement pour ce qui concerne l'application de la quatrième partie du Code du travail relative à la santé et à la sécurité au travail.

cadre, certaines sections spécialisées ont été mises en place dans le domaine agricole et en matière de lutte contre le travail illégal.

Les effectifs et l'attractivité de l'inspection du travail ont néanmoins reculé au cours des dernières années. La Cour des comptes observe une diminution de 9 % des ETP consacrés à l'inspection entre 2014 et 2018, c'est-à-dire depuis la mise en œuvre effective de la démarche « ministère fort[39] ». Le concours d'inspecteur du travail fait l'objet d'une inquiétante désaffection que tente de corriger le ministère.

Les agents de l'inspection du travail opèrent généralement par contrôle inopiné dans les entreprises. Ils intervienent également à titre de conseil et de conciliation, tant auprès des employeurs que des représentants du personnel. Ils ont enfin une compétence administrative d'autorisation, notamment pour permettre le licenciement d'un salarié protégé.

Les priorités du contrôle sont fixées à l'échelle nationale et régionale. Ainsi, le contrôle de l'application du droit relatif aux travailleurs détachés a été privilégié au cours des dernières années (*cf.* encadré, p. 117). Les agents de l'inspection disposent néanmoins d'une large autonomie dans les thématiques et les entreprises qu'ils privilégient.

b Les contrôles des caisses de sécurité sociale

Les caisses de sécurité sociale sont chargées du contrôle du droit de la sécurité sociale, dont l'objet est parfois proche de celui du droit du travail : l'existence d'une relation de travail salarié commande l'application de règles tant en matière de cotisations que de prestations sociales (*cf. supra*).

À ce titre, les URSSAF (Unions de recouvrement des cotisations de sécurité sociale) sont chargées non seulement de la collecte des cotisations sociales[40], mais également du contrôle de la bonne application de la réglementation, portant notamment sur l'existence de travail illégal.

Les CARSAT (Caisses d'assurance retraite et de santé au travail) interviennent au niveau régional pour dispenser conseils et contrôle auprès des employeurs, afin de promouvoir la prévention des risques professionnels.

Dans le régime agricole, les caisses de MSA (Mutualité sociale agricole) assurent les fonctions qu'exercent les URSSAF et les CARSAT dans le régime général.

39. Cour des comptes, *Le bilan de la transformation de l'inspection du travail*, communication à la commission des finances, de l'économie générale et du contrôle budgétaire de l'Assemblée nationale, avril 2020.
40. Allant désormais très au-delà des seules cotisations de sécurité sociale, puisqu'elles recouvrent les cotisations d'assurance chômage, la contribution unique à la formation professionnelle et à l'apprentissage, et à partir de 2023 les cotisations aux régimes complémentaires obligatoires de retraite.

c L'inspection générale des affaires sociales

L'inspection générale des affaires sociales (IGAS) opère des contrôles de second niveau sur l'ensemble du champ relevant tant du ministère chargé du Travail que du ministère chargé des Solidarités et de la Santé.

Elle assure en outre une grande diversité de missions d'évaluation et d'appui donnant lieu à la publication fréquente de rapports utiles à la conception et à la mise en œuvre des politiques sociales[41].

4.2 Les contrôles juridictionnels

Les deux ordres de juridiction, l'ordre judiciaire et l'ordre administratif, connaissent des questions relatives au travail. Néanmoins, c'est bien le conseil de prud'hommes qui instruit le contentieux principal, celui qui oppose le salarié et son employeur, dans le secteur privé, relativement à l'exécution du contrat de travail.

a Les juges du droit du travail

C'est en premier lieu l'ordre judiciaire qui est concerné par l'application du droit du travail. Le conseil de prud'hommes connaît des litiges relatifs à l'exécution du contrat de travail (*cf. infra*). Le tribunal judiciaire, qui a regroupé au sein de ses pôles sociaux à partir du 1er janvier 2020[42] les missions assurées jusqu'alors par les tribunaux d'instance et les tribunaux de grande instance, traite des questions civiles et pénales relatives au droit du travail :

- au civil, par exemple en cas contentieux dans le cadre de conflits collectifs de travail ;
- au pénal, par exemple en cas de travail dissimulé ou de discriminations.

L'appel des décisions des conseils de prud'hommes, lorsque les enjeux dépassent 4 000 euros, et des tribunaux judiciaires, relève des cours d'appel. La Cour de cassation intervient au niveau suprême. La jurisprudence de la chambre sociale de la Cour est une source de droit à part entière, et certains arrêts de la Cour ont largement initié et modelé les évolutions de la législation applicable[43].

L'ordre administratif connaît également des litiges de droit du travail, du fait des nombreuses décisions administratives prises par les fonctionnaires du ministère du Travail, susceptible de faire grief et d'être attaquées par les salariés, les employeurs et leurs représentants. C'est notamment le cas des décisions de l'inspecteur du travail d'autoriser le

....

41. *Cf.* Dominique Giorgi (dir.), *Histoire des politiques sociales – 30 ans d'expertise de l'IGAS*, Presses de l'EHESP, avril 2021.

42. Loi du 23 mars 2019 de programmation 2018-2022 et de réforme pour la justice.

43. Ainsi, la réflexion actuelle sur le statut des travailleurs des plateformes de mobilité est-elle largement le fruit des deux arrêts *Take eat easy* et *Uber* de la Cour de cassation.

licenciement d'un salarié protégé ou de demander le retrait d'une clause du règlement intérieur d'une entreprise, ou de la décision du directeur de la DREETS d'homologuer ou de valider un plan de sauvegarde de l'emploi ou une rupture conventionnelle collective.

Ces décisions administratives sont portées devant le tribunal administratif en première instance, la cour administrative d'appel en appel et devant le Conseil d'État en cassation.

La multiplicité des juges est une source de complexité, et parfois d'incompréhensions, pour les justiciables. Les pouvoirs publics s'attachent à rationaliser les contentieux, en choisissant de confier l'intégralité de tel ou tel bloc de matières à un ordre de juridiction dans un but de simplification. C'est cette logique qui a poussé le législateur à confier au juge administratif les contentieux portant sur les plans de sauvegarde de l'emploi (loi du 14 juin 2013 relative à la sécurisation de l'emploi).

b Le conseil de prud'hommes

Le conseil de prud'hommes est la seule juridiction spécialisée en droit du travail. Il intervient généralement sur la base d'une saisine adressée par le salarié, à l'occasion d'un conflit opposant ce dernier à son employeur, le plus souvent à l'occasion de la rupture de son contrat de travail.

Le conseil de prud'hommes présente la particularité d'être composé de juges non professionnels, issus de la représentation des salariés et des employeurs. Les conseillers prud'homaux employeurs et salariés doivent être renouvelés au 31 décembre 2022, en tenant compte de la représentativité des différentes organisations syndicales et patronales mesurée en 2021 (*cf.* chapitre 3).

Le conseil de prud'hommes est organisé en cinq sections spécialisées en agriculture, commerce, industrie, encadrement et activités diverses, cette dernière section intervenant par exemple pour le champ des particuliers employeurs. Les formations sont paritaires et mettent en présence, selon les cas, un ou deux juges représentant respectivement employeurs et salariés.

La procédure se décompose en une phase de conciliation (assurée pour chaque section par un bureau de conciliation et d'orientation), puis en cas d'échec de cette dernière[44], en une phase de jugement (assurée par le bureau de jugement), toujours paritaire. En cas de partage des voix entre juges non professionnels, il est fait appel à un juge départiteur, magistrat professionnel auprès du tribunal judiciaire. Une procédure d'urgence existe également, permettant par exemple de trancher en référé des situations devant être traitées rapidement telles qu'un refus de congé familial.

....

44. Échec qui correspond au cas le plus fréquent car, en 2018, 13,6 % des affaires seulement étaient réglées en conciliation.

Les parties peuvent se défendre elles-mêmes ou se faire assister ou représenter devant le conseil de prud'hommes par un avocat, un salarié ou un employeur appartenant à la même branche d'activité, ou encore par un « défenseur syndical », inscrit sur une liste établie par le DREETS.

Les pouvoirs publics poursuivent un objectif d'évitement du contentieux prud'homal et de professionnalisation des juges. Au titre de la première idée se rattachent la création de procédures consensuelles de rupture du contrat de travail (rupture conventionnelle individuelle créée en 2008, rupture conventionnelle collective créée en 2017), ou encore la limitation de l'intérêt à saisir la justice par le plafonnement des indemnités susceptibles d'être allouées par le juge au titre des dommages-intérêts en cas de licenciement sans cause réelle et sérieuse, et le raccourcissement à 12 mois du délai de saisine du juge pour contester un licenciement (ordonnances du 22 septembre 2017). À la recherche d'une professionnalisation ont répondu les réformes de la justice prud'homale portées par les lois du 6 août 2015 et le décret du 20 mai 2016, qui ont notamment prévu une obligation de formation pour les conseillers salariés et employeurs.

Les objectifs des pouvoirs publics sont atteints en ce qui concerne la fréquence des recours, puisque le nombre de contentieux diminue continûment depuis 2014 : alors que le nombre de saisines est resté proche de 200 000 par an pendant les années 2004-2013, on enregistrait moins de 120 000 recours en 2018[45]. De même, le taux de recours des salariés inscrits à Pôle emploi après un licenciement est passé de 40,5 % en 2016 à 29 % en 2018.

La qualité des jugements reste plus discutée. Si le taux d'appel recule, il demeure à un niveau très élevé (65,6 % en 2016, 59,9 % en 2017). La durée des procédures est très longue et a augmenté fortement entre 2004 (12,3 mois) et 2017 (17,3 mois), même si une légère inflexion est constatée en 2018 (16,8 mois). Ces résultats sont très inégaux d'un conseil de prud'hommes à l'autre. Le recours au départage ne cesse pas de progresser (9,7 % en 2004, 12,9 % en 2018). Les partenaires sociaux sont attachés à cette forme de justice, dont le caractère non professionnel est encore contesté. Les projets de réforme consistant à systématiser l'échevinage, c'est-à-dire la mixité de formations de jugement associant juges professionnels et non professionnels, se heurtent notamment aux potentielles conséquences d'une telle évolution pour le budget de l'État, impliquant de massives créations de postes de magistrats.

....

45. L'ensemble des données chiffrées provient du rapport du ministère de la Justice de 2019 : *Les affaires prud'homales dans la chaîne judiciaire de 2004 à 2018*, juillet 2019.

SECTION 2

Problématiques d'hier et d'aujourd'hui

Il est possible de distinguer, parmi les problématiques générales de politique du travail, deux grandes familles d'interrogations. La première apparaît traditionnelle et renvoie aux effets sur l'économie de la législation sur le travail (1). La seconde est plus récente et recouvre ce qu'on désigne souvent comme des questions « sociétales » : il s'agit de comprendre comment les politiques du travail peuvent permettre de poursuivre des objectifs non directement économiques, mais relevant davantage du « vivre ensemble » (2).

Il est frappant de constater que l'importance relative de ces deux séries de questions n'est pas stable dans le temps, y compris dans la période récente. Entre 2017 et 2019, les premiers débats, d'ordre économique, ont semblé s'effacer au profit des questions sociétales, tant les ordonnances de 2017 ont paru avoir répondu aux aspirations de libéralisation exprimées par le patronat. Les manifestations des « gilets jaunes », puis les bouleversements économiques et sociaux majeurs liés à l'épidémie de Covid-19 ont redistribué ces cartes, et les débats « anciens » ont retrouvé une certaine vigueur.

1 Les débats « anciens »

Les débats qualifiés ici d'« anciens » renvoient finalement à la vocation première du droit du travail : protéger la partie faible au contrat de travail. Cette protection fait l'objet d'une contestation libérale depuis l'apparition du chômage de masse il y a une quarantaine d'années. Il s'agit dès lors de concevoir une politique du travail plus propice à l'activité économique.

Deux types de reproches sont adressés au droit du travail : son caractère trop complexe et son caractère antiéconomique.

1.1 Un droit réputé trop unilatéral et trop complexe

Certaines critiques portent sur la place excessive des normes unilatérales édictées par l'État et la place insuffisante des normes négociées (*cf. supra*), d'autres portent sur le poids de ces normes au regard de la capacité d'action réelle des entreprises et de leurs directions des ressources humaines. Il est important de ne pas confondre les deux idées : le droit négocié peut être simple, ou excessivement complexe. Il en est exactement de même pour le droit issu de sources unilatérales[1].

a Un droit réputé trop unilatéral

Le rapport Combrexelle de 2015 (*cf. supra*), ainsi que deux autres rapports publiés par la fondation Terra Nova et par l'Institut Montaigne au même moment[2], exprimaient tous l'idée selon laquelle le droit du travail français serait trop unilatéral, c'est-à-dire trop exclusivement d'origine législative et réglementaire, et insuffisamment négocié entre les partenaires sociaux.

En cela, ces rapports s'inscrivaient dans une tradition désormais bien établie. Cette même idée a par exemple été développée par le rapport Chertier de 2006[3] ou encore par le rapport du Conseil d'analyse économique de 2010 rédigé par Jacques Bathélémy et Gilbert Cette[4]. Ces rapports défendaient tous la thèse d'une nécessaire simplification des règles de droit du travail, s'appuyant en priorité sur le droit conventionnel, réputé mieux adapté que la loi à la réalité économique d'un secteur ou d'une entreprise.

Le supplément de qualité prêté aux normes nationales unilatérales peine toutefois à être objectivé. Le rapport de Terra Nova se risque à faire la connexion entre droit négocié et efficacité économique : « Le droit social français souffre d'un mal profond : il ne parvient pas à concilier efficacité économique et protection des travailleurs. Autrement dit, il ne joue pas son rôle. Cette difficulté tient à la prolifération et à la complexité des règles d'essence légale et de ce fait uniformes (lois, décrets, circulaires) qui empêchent la réalisation de compromis locaux à même de favoriser cette conciliation au niveau tant des branches que des entreprises. Du fait de cette profusion réglementaire, l'espace décisionnel de la négociation collective est étriqué comparé aux autres pays développés. » Les auteurs, qui sont également ceux du rapport du CAE de 2010, se rapportent

....

1. Les conventions d'assurance chômage, qu'elles résultent de la négociation des partenaires sociaux ou de décrets pris par l'État, l'illustrent largement.

2. Jean-Denis Combrexelle, *La négociation collective, le travail et l'emploi*, rapport au Premier ministre, septembre 2015 ; fondation Terra Nova, *Réformer le droit du travail*, par Gilbert Cette et Jacques Barthélémy, septembre 2015 ; Institut Montaigne, *Sauver le dialogue social – priorité à la négociation d'entreprise*, septembre 2015.

3. Dominique-Jean Chertier, *Pour une modernisation du dialogue social*, rapport au Premier ministre, 2006.

4. Conseil d'analyse économique, *Refondation du droit social : concilier protection des travailleurs et efficacité économique*, par Jacques Barthélémy et Gilbert Cette, 2010.

pour l'essentiel à une étude empirique concluant que la productivité globale des facteurs et les taux d'emploi sont meilleurs lorsque les normes sont négociées que lorsqu'elles sont d'origine réglementaire (Bassanini 2009, sur 11 pays de l'OCDE), sans qu'une causalité claire soit bien identifiable. Le rapport Combrexelle ne se risque pas à tenter de démontrer que les normes négociées sont systématiquement meilleures, d'un point de vue juridique ou d'un point de vue économique. Il évoque une « double conviction : que la négociation collective est un mode de régulation adapté à la diversité et à la complexité des relations sociales ; qu'elle est, dans notre pays et à ce moment précis de notre histoire sociale, un des leviers de réforme les plus efficaces ». Ces rapports, quel que soit le sens de leurs conclusions, ont montré qu'il s'agissait bien d'une affaire de conviction : c'est une préférence politique qui est ici exprimée. Généralement, on peut dire que c'est cette conception qui domine dans le débat public, et ce de manière transpartisane.

Ces positions s'appuient sur des arguments tenant à l'efficacité de la norme négociée : elle sera d'une application d'autant plus facile que les acteurs économiques et sociaux présents dans l'entreprise auront participé à sa conception, levant ainsi certaines réticences ou obstacles techniques. En outre, la négociation permet de disposer d'une légitimité sociale s'ajoutant à légitimité politique induite par le processus d'adoption de la loi et du règlement.

La préférence pour le droit négocié a clairement pris une autre dimension avec la notion d'ordre public conventionnel, largement mise en valeur par les ordonnances du 22 septembre 2017 (*cf. supra*).

b Des règles réputées trop nombreuses et trop tatillonnes pour les entreprises

On ne compte plus les tribunes de presse qui dénoncent le poids excessif des règles du droit du travail, l'obésité du Code et l'absurdité de certains de ses principes.

Pour autant, il a toujours été difficile de donner corps aux propositions de simplification radicales. L'accueil réservé au livre de Robert Badinter et d'Antoine Lyon-Caen, *Le travail et la loi,* proposant de remplacer le Code du travail par 50 principes fondamentaux afin de rétablir la lisibilité du droit[5], illustre ce point : il est très vite apparu qu'une simplification aussi considérable, dans un premier temps envisagée, était hors de portée. Si le Code du travail se limitait à des principes fondamentaux, la jurisprudence remplacerait immanquablement les silences laissés par les textes. Après avoir envisagé d'intégrer en préambule du Code du travail les principes définis par une commission dirigée par Robert Badinter, le Gouvernement y a purement et simplement renoncé, constatant les risques représentés par de potentiels conflits de normes entre ce préambule et le reste du droit applicable. Il est en outre rapidement apparu que l'épaisseur du Code du travail (auquel le Code du commerce ou le Code des impôts n'ont rien à

....

5. Robert Badinter et Antoine Lyon-Caen, *Le travail et la loi*, Fayard, juin 2015.

envier) était liée avant tout à l'effort de codification de 2008, qui répond aux impératifs constitutionnels d'accessibilité et d'intelligibilité de la loi.

Le rapport Combrexelle insistait sur le fait que la complexité du droit du travail en France résultait de l'incapacité à choisir entre droit unilatéral et droit négocié, et de la coexistence d'une législation détaillée et d'une négociation collective multiniveaux (ANI, accords de branche, accords d'entreprise). En outre, le rapport insistait sur la coordination limitée de ces niveaux multiples, au contraire par exemple de la négociation collective en Allemagne.

La délimitation des champs de la négociation collective par les ordonnances de 2017 est allée dans le sens d'une clarification. Il en est de même avec les questions des seuils applicables aux entreprises, dont la rationalisation a été complétée par la loi PACTE (relative à la croissance et à la transformation des entreprises) du 22 mai 2019.

Après de multiples réformes, il apparaît nécessaire de laisser aux acteurs de l'entreprise le temps de s'adapter à la législation en vigueur. La réflexion est aujourd'hui focalisée sur l'aide apportée à ces acteurs par les administrations du travail (DREETS et DDETS), par les branches professionnelles (qui ont une mission d'accompagnement des entreprises, en particulier des TPE) et les observatoires départementaux du dialogue social (ODDS). Il s'agit en outre de développer l'accessibilité du droit, en particulier par la mise en ligne d'un Code du travail numérique, en janvier 2020 : une présentation par mots-clés, renvoyant pour les questions non couvertes à un numéro de téléphone gratuit, permet d'orienter les usagers vers les services compétents.

1.2 La question des effets antiéconomiques du droit du travail

Il s'agit d'une question ancienne, fondée sur les coûts directs et indirects que la législation sur le travail représente pour les employeurs. On ne peut pas se désintéresser des effets économiques du droit du travail et on sent spontanément que des règles favorables aux travailleurs peuvent avoir pour effet d'augmenter les coûts induits pour l'employeur, de rigidifier l'organisation de sa production et de générer de l'incertitude juridique. Il convient néanmoins de mener ce débat en gardant à l'esprit que l'objet du droit du travail est en priorité de protéger le travailleur. En outre, le droit du travail peut être un facteur favorable à l'exercice d'une concurrence non faussée : l'existence d'un SMIC ou de conventions collectives de branche permet aux entreprises d'évoluer avec un socle de droits sociaux partagé, propice à une compétition économique plus équitable.

La mesure la plus couramment utilisée des « rigidités » du marché du travail est l'indicateur dit de « Législation protectrice de l'emploi » (LPE), également appelé « Indicateur synthétique de la protection de l'emploi » (ISPE) développé par l'OCDE.

a L'indicateur de protection de l'emploi de l'OCDE

Le débat autour des effets antiéconomiques du droit du travail doit être objectivé. C'est l'une des finalités de l'indicateur de « Législation protectrice de l'emploi », un concept synthétique développé par l'OCDE qui permet de comparer certains effets du droit du travail dans les États industrialisés.

Ces instruments ont été renouvelés sur la base de données 2019. Ils se composent de deux éléments principaux :

- la réglementation sur les licenciements de salariés en contrats à durée indéterminée, qu'il s'agisse des licenciements individuels (indemnisation, conditions de recours juridictionnel, réintégration, préavis, etc.) ou collectifs (plans de sauvegarde de l'emploi, délais de recours contentieux en cas de restructuration, etc.) ;
- la réglementation sur le recours aux emplois temporaires (CDD et intérim).

Les indicateurs de l'OCDE montrent que la législation française est globalement plus rigoureuse que la moyenne des pays de l'OCDE en matière de protection de l'emploi.

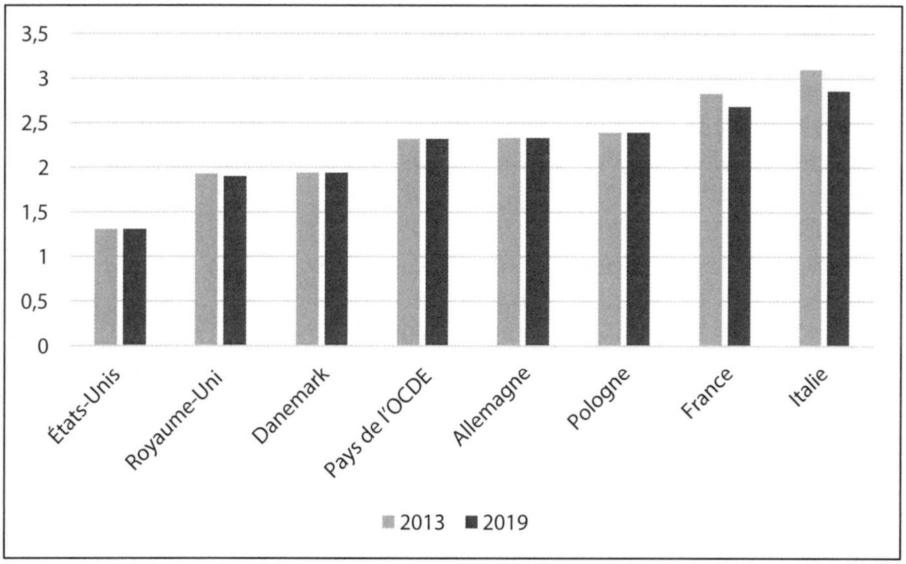

Rigueur de la législation sur les licenciements individuels et collectifs de salariés en CDI

Source : OCDE.

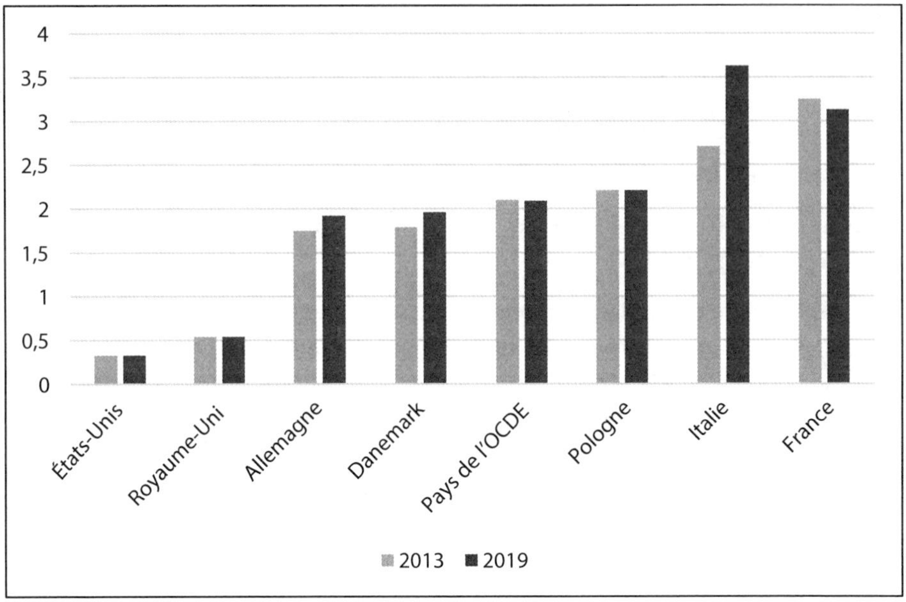

Rigueur de la législation sur les contrats temporaires
Source : OCDE.

Les données de l'OCDE montrent que la France se situe dans la fourchette supérieure en ce qui concerne la rigueur de la législation en matière de licenciements individuels et collectifs de salariés en CDI. Seuls quelques États présentent des indicateurs plus élevés, dont l'Italie. De manière plus détaillée, la France présente des valeurs médianes en ce qui concerne les licenciements individuels, du fait notamment du poids du montant des indemnités versées en cas de licenciement, mais elle occupe la place la plus élevée en matière de LPE sur les licenciements collectifs : la procédure de plan de sauvegarde de l'emploi (PSE), pourtant sécurisée par la loi du 14 juin 2013, se révèle encore très lourde par comparaison avec le même type de procédures dans les autres pays industrialisés.

Mais c'est en matière d'emploi temporaire que la France se distingue le plus clairement, et ce depuis de nombreuses années[6]. En 2019, la législation sur le recours aux CDD et aux missions d'intérim situe la France au niveau le plus élevé des pays de l'OCDE après la Turquie, le Luxembourg et l'Italie : notre doctrine d'emploi des contrats temporaires apparaît très restrictive. Les pays anglo-saxons (Canada, États-Unis, Royaume-Uni, Irlande) sont ceux dont l'indicateur est le moins élevé[7].

....

6. Malgré l'existence, dans de nombreuses branches, de la possibilité d'avoir recours au contrat à durée déterminée d'usage (CDDU), dont les conditions d'utilisation sont extrêmement souples (*cf.* encadré, p. 85).

7. Ce qui peut être relié, notamment, à l'utilisation de contrats de travail extrêmement souples, et porteurs de conditions sociales considérablement dégradées pour leurs titulaires. Ainsi, le travail « sur appel » permet-il à un employeur de ne solliciter les services d'un salarié qu'en fonction de ses besoins immédiats, sans fixation d'un minimum d'heures. L'OIT estimait en 2016 la proportion de salariés concernés par ce type de contrat à 2,5 % au Royaume-Uni (contrat « zéro heure »), tandis que 10 % de la main-d'œuvre des États-Unis avait des horaires irréguliers ou sur « appel » : OIT, *L'emploi atypique dans le monde*, 2016.

Si on s'attarde sur l'évolution de la LPE entre 2013 et 2019, il apparaît que les réformes menées depuis 2013 (loi sur la sécurisation de l'emploi en 2013, loi travail en 2016, ordonnances de 2017) ont contribué à réduire la LPE mais d'une manière relativement modérée. La France demeure largement dans le haut du classement. C'est la rigueur de législation sur les licenciements individuels qui a été le plus fortement amoindrie (notamment par la loi travail de 2016 qui a défini les critères du licenciement économique et les ordonnances de 2017 qui ont adouci les conditions formelles de régularité du licenciement individuel et plafonné les indemnités versées en cas de licenciement sans cause réelle et sérieuse). Mais la loi de 2013 qui a mis en place l'homologation administrative des PSE a eu un effet neutre (procédure plus lourde bien que moins sujette à annulation au contentieux). La législation sur le recours au CDD et à l'intérim n'a pas significativement évolué.

Si l'on retient une approche internationale, on constate avec l'OCDE que globalement les États industrialisés ont réduit la rigueur de leur législation sur les licenciements de CDI, individuels et collectifs, entre 2013 et 2019, mais qu'ils se partagent en deux groupes quasi équivalents s'agissant des emplois temporaires : certains ont durci leur législation, les autres l'ont au contraire adoucie. Ce dernier point révèle une hésitation récurrente des politiques du travail, entre deux objectifs dont la priorisation varie dans l'espace et dans le temps : soit durcir la législation sur les CDD et l'intérim pour lutter contre le dualisme sur le marché du travail et la précarité, soit l'adoucir pour favoriser le retour à l'emploi.

b Les effets économiques de la LPE

L'intérêt de la notion de LPE est qu'elle permet de comparer les pays de l'OCDE et qu'elle a donné lieu à beaucoup de travaux empiriques. La rigueur de la LPE apparaît corrélée négativement au taux d'emploi global et, plus particulièrement, au taux d'emploi des catégories les moins favorisées sur le marché du travail :

- la réglementation du travail est généralement considérée comme une contrainte pour les entreprises, pénalisante du point de vue de la compétitivité économique. Les études montrent qu'elle a pour effet de réduire la productivité globale des facteurs de production, de diminuer les flux d'emplois et la participation au marché du travail et donc d'accentuer le taux de chômage ;
- dans ces effets sur l'emploi, ce sont les publics éprouvant le plus de difficultés à intégrer le marché du travail qui sont les plus pénalisés par la LPE (jeunes, demandeurs d'emploi de longue durée, femmes, personnes peu qualifiées notamment) ;
- par ailleurs, la réglementation du travail serait paradoxalement à l'origine, toutes choses égales par ailleurs, d'un plus fort sentiment d'insécurité des travailleurs, y compris de ceux qui ont un CDI. Les pays présentant le plus fort indice LPE de l'OCDE sont ceux dans lesquels les salariés ont le sentiment d'insécurité de plus fort, les salariés en CDI redoutant davantage de perdre leur emploi avec la perspective

d'un chômage prolongé par la faible fluidité du marché du travail (Clark et Postel Vinay 2009, l'étude montre par ailleurs que le sentiment de sécurité est d'autant plus grand que l'indemnisation du chômage est généreuse).

Si les études empiriques tendent à montrer les effets économiques globalement défavorables de la réglementation du travail, il faut avoir à l'esprit trois éléments d'importance : répéter ici que des effets sociaux sont recherchés par priorité par la législation sur le travail, que les effets économiques sur la croissance de long terme sont relativement méconnus (environnement favorable à l'innovation, stabilité politique, etc.) et, enfin, que les indicateurs utilisés pour comparer les législations des États ne sont pas toujours sans reproche, même si la finesse de la LPE est renforcée par l'OCDE à chaque génération d'indicateurs. Il faut avoir à l'esprit en particulier que le dispositif n'est ici évalué qu'à l'aune de la législation sur les fins de contrats. Or, les relations de travail sont heureusement beaucoup plus diverses, et il serait instructif de comparer l'ensemble des règles qui président aux relations individuelles et collectives de travail. Par ailleurs, la LPE cerne la norme telle qu'elle est édictée, et non la norme telle qu'elle est appliquée : par exemple, si la lettre du Code du travail est très restrictive sur l'utilisation des contrats temporaires, la pratique est beaucoup plus souple, une majorité d'entreprises reconnaissant avoir recours à ces contrats pour tester les salariés, comme on le ferait au moyen d'une période d'essai, alors même qu'une telle pratique est clairement irrégulière[8].

1.3 La relance des débats traditionnels de politique du travail à l'occasion de la double crise sanitaire et économique de 2020

Les débats traditionnels de politique du travail, entre priorité donnée à la protection du travailleur et priorité donnée au développement des entreprises, avaient été quelque peu anesthésiés par les ordonnances de 2017, qui semblaient avoir répondu aux demandes patronales de libéralisation, puis de stabilité du droit. Les deux crises majeures de 2018-2020 ont redonné de la vigueur à ces débats : la crise des « gilets jaunes » d'une part a marqué le retour d'une contestation sociale que les organisations syndicales relaient désormais plus difficilement. La crise liée à l'épidémie de Covid-19, surtout, a ranimé les controverses sur les objectifs de la politique du travail, entre protection des travailleurs et dynamisation de l'économie.

8. DARES, *Pourquoi les employeurs choisissent-ils d'embaucher en CDD plutôt qu'en CDI ?* DARES Analyses, n° 70, octobre 2017 : six employeurs sur dix reconnaissent utiliser les CDD pour évaluer les compétences du salarié, ce qui ne constitue pas un motif licite et prévu par les articles L. 1242-2 et L. 1242-3 du Code du travail.

a Relance des problématiques de protection de la santé au travail

La crise sanitaire a tout d'abord coïncidé avec un regain des problématiques de santé au travail, combinées avec les impératifs de santé publique liés à la gestion de l'épidémie par les pouvoirs publics. Dans ce cadre, ces derniers n'ont pas hésité à mobiliser les entreprises comme des auxiliaires de leur propre action et les services de santé au travail ont été impliqués tout au long de la crise sanitaire (accompagnement des travailleurs pendant les périodes de confinement, tests, vaccination des salariés).

Au-delà, les employeurs ont été visés par un protocole sanitaire régulièrement actualisé par la direction générale du travail, afin que les mesures de protection des salariés, et de limitation de la diffusion du virus au sein de la population, soient adaptées aux périodes successives de durcissement et d'assouplissement des mesures sanitaires (gestes barrières, port du masque, télétravail, vérification du passe sanitaire, puis vaccinal). Le Conseil d'État a confirmé que le protocole national applicable en entreprise, dont la publication est assurée par une simple mise en ligne sur le site Internet du ministère du Travail, n'a pas de valeur contraignante en lui-même. Il décline néanmoins le contenu de l'obligation de sécurité[9] qui incombe à l'employeur, et il y a fort à parier qu'en cas de dommage, le juge vérifierait ce qui était attendu de ce dernier aux termes de la doctrine fixée par le ministère au moment du sinistre.

Les questions de santé au travail ont également été présentes dans le débat autour des conditions de reconnaissance de la Covid-19 comme maladie professionnelle pour les soignants et plus largement pour l'ensemble des salariés ayant été exposés au virus dans le cadre de l'exercice de leurs fonctions. En matière de maladie professionnelle, la question principale est celle du mécanisme de reconnaissance, qui peut être automatique et rapide si la maladie est inscrite dans un tableau validé par décret ou, au contraire, plus complexe à reconnaître par un comité régional si cette inscription n'est pas réalisée (*cf.* chapitre 4). L'arbitrage rendu par le Gouvernement a finalement prévu l'inscription de la Covid-19 dans un tableau (décret du 14 septembre 2020), tout en réservant cette reconnaissance automatique aux personnels des secteurs de la santé et du champ médico-social ayant développé une forme grave de la maladie (*cf.* encadré, p. 241).

9. Les employeurs sont en effet tenus à une obligation de sécurité (considérée jusqu'à récemment comme une obligation de sécurité de résultats par la jurisprudence de la Cour de cassation) vis-à-vis de leurs salariés.

b La réactivation du droit du travail comme levier de politique économique

La crise sanitaire ayant débouché sur une forte récession en 2020 (– 8,3 %), la problématique de la contribution de la politique du travail à la dynamisation de l'économie et de l'emploi s'est à nouveau posée.

Certaines obligations des employeurs ont été assouplies pendant les périodes de confinement. C'est notamment le cas des conditions de consultation des instances représentatives du personnel (le comité social et économique, depuis les ordonnances de 2017). D'un autre côté, l'application de la réforme de l'assurance chômage, qui durcit les conditions de bénéfice des allocations, a été repoussée en 2021, pour tenir compte de la nouvelle situation sociale.

La législation sur les prêts de main-d'œuvre entre entreprises est extrêmement restrictive. En dehors des cas prévus par la loi (notamment par l'intérim, le portage salarial ou les groupements d'employeurs), se prêter un salarié est interdit. Cela correspond à un délit (dit de prêt de main-d'œuvre illicite, ou marchandage) durement sanctionné, y compris pénalement. Pendant les périodes de confinement de 2020, les prêts à but non lucratif réalisés au profit des métiers en tension (notamment dans le champ sanitaire et médico-social) ont été autorisés, notamment parce que la main-d'œuvre disponible et inoccupée était abondante avec les mesures d'activité partielle.

Les conditions de la sortie de la crise, nécessitant un rattrapage de l'économie après la chute vertigineuse de 2020, ont motivé des discussions autour de la pérennisation de ces mesures, voire de leur accentuation.

Mais en 2021, le retour à une croissance soutenue a quelque peu modifié les termes du débat. Les tensions inflationnistes et les pénuries de main-d'œuvre dans certains secteurs d'activité ont relancé la question des revalorisations salariales. L'assurance chômage a été réformée dans un sens plus restrictif. Au final, les sujets traditionnels portant sur les liens entre la législation du travail et la croissance économique sont revenus au centre des débats publics.

2 Les nouveaux débats

Les « nouveaux » débats liés aux politiques du travail renvoient ici aux problématiques du « vivre-ensemble » : comment ces politiques s'adaptent-elles aux évolutions de la société ? Ils recouvrent deux problématiques principales : l'ubérisation, qui renouvelle la question traditionnelle des frontières du droit du travail, et l'intégration par l'entreprise des questions sociétales et environnementales, qui donnent une nouvelle dimension à ce qui était traditionnellement imputé aux pouvoirs de l'employeur.

2.1 La question des frontières du droit du travail renouvelée par l'ubérisation

Il faut dire en préalable à quel point la législation sur le travail recèle de très profondes inégalités.

- Entre les salariés :
  - la taille de l'entreprise détermine fréquemment le contenu des obligations des employeurs, et donc les droits de ceux qui travaillent sous leur autorité. Le degré de protection apparaît de fait très variable : par exemple, les salariés des entreprises de moins de 11 salariés ne bénéficient d'aucune garantie en matière de représentation collective à l'intérieur de leur entreprise. Ces différences de traitement ne cessent pas avec l'ordonnance du 22 septembre 2017 instituant le CSE en lieu et place des instances représentatives du personnel préexistantes : les droits demeurent croissants, avec le périmètre des compétences du CSE, en fonction de seuils exprimés en nombre de salariés (*cf.* chapitre 3) ;
  - en droit, la condition de salarié en CDI et de salarié en contrat temporaire (CDD ou mission d'intérim) ne saurait justifier en elle-même une différence de traitement par l'employeur[10], même si dans les faits, les conditions sociales respectives des salariés stabilisés et précaires apparaissent fort différenciées et justifient des politiques publiques visant précisément à allonger la durée des contrats de travail[11].
- Entre travailleurs, le statut juridique emporte également des inégalités profondes : le droit marque une séparation claire entre les salariés, qui bénéficient d'un contrat de travail et se trouvent par ce fait protégés par le Code du travail, et ceux qui n'en bénéficient pas, et se classent dans la catégorie dite des « non-salariés » ou « travailleurs indépendants ». Ces derniers ne sont pas réputés être placés sous l'autorité d'un employeur, et ne sauraient disposer des droits qu'un tel statut implique : un salaire, des droits individuels (temps de travail et de repos, congés, formation professionnelle, etc.) et collectifs (représentation, responsabilité de l'employeur en matière de santé au travail, droit de grève, etc.) vis-à-vis de l'employeur, une protection sociale liée au salariat (assurance chômage, assurance accidents du travail/maladie professionnelle, régime de retraite plus étendu) et justifiant un niveau de cotisations sociales bien plus élevé.

Cette dernière partition ne fait pas débat sur le principe : le travail indépendant correspond à une réalité bien connue justifiant pleinement un régime juridique et social distinct du salariat. Elle s'accorde mal, cependant, avec la réalité d'un travail qui, *dans les faits*, n'est pas *réellement* indépendant d'un donneur d'ordres en particulier.

10. Même s'il existe de fait des différences liées à la nature même du contrat de travail, notamment en ce qui concerne les modalités de sa rupture à l'initiative de l'employeur (*cf.* chapitre 2).

11. En matière de santé, de niveau de revenu, de fréquence de la pauvreté, d'accès au logement ou au crédit bancaire, les salariés en CDI bénéficient d'une situation bien meilleure que celle des salariés en contrat temporaire. C'est une des raisons pour lesquelles les pouvoirs publics s'efforcent de favoriser les embauches en CDI, par divers leviers (régime juridique des contrats, réforme de l'assurance chômage, subventions à l'embauche, etc.).

On parlera souvent en la matière de travail économiquement dépendant, lorsque la majeure partie de l'activité d'un travailleur juridiquement indépendant résulte des commandes d'un seul et même donneur d'ordres. Les questions posées par ce type de situation ne sont pas récentes. Les débats jurisprudentiels autour du critère du travail salarié, au début du XXe siècle, ne les ignoraient pas. En 2008, Jean-Christophe Sciberras et Paul-Henri Antonmattei ont consacré un rapport au sujet à la demande du ministre chargé du Travail[12], portant une réflexion sur les droits spécifiques que ces travailleurs pourraient constituer (assurance chômage, assurance formation, rémunération minimale, droit de grève, etc.) dans le cadre d'un tiers statut spécifique au travail économiquement dépendant (*cf.* chapitre 2).

Ce rapport ne s'est pas concrétisé par une réforme, mais la question est restée et a pris une tout autre dimension avec le phénomène dit d'« ubérisation », c'est-à-dire avec le développement d'activités de plateformes mettant en présence des travailleurs indépendants et des intermédiaires numériques organisant effectivement leur travail, en particulier dans le secteur des transports de personnes (véhicules de transport avec chauffeur – VTC) et de biens (livreurs de marchandises et notamment de repas, à deux ou trois-roues).

La plupart des travailleurs intervenant dans le cadre de ces activités l'exercent sous le statut d'indépendant, tout en étant placés, de fait, dans une situation de dépendance économique vis-à-vis des plateformes numériques. Les nombreux ouvrages, rapports et articles consacrés au sujet[13] soulèvent la question de l'adaptation du droit à ces nouvelles formes d'activité, qui se retrouve dans l'ensemble des pays de l'OCDE. Partout, le recours au travail indépendant apparaît contestable du point de vue des droits sociaux des travailleurs comme de la concurrence avec les entreprises des mêmes secteurs d'activité ayant recours à la forme classique du salariat[14].

La jurisprudence de la Cour de cassation, comme le législateur, sont intervenus à plusieurs reprises ces dernières années pour dessiner progressivement un statut à cette forme d'emploi (*cf. infra*). Le Parlement européen a adopté une résolution en septembre 2021 demandant que l'ensemble des travailleurs des plateformes bénéficient de la même protection sociale quel que soit leur statut, et s'est ainsi prononcé de fait pour leur basculement dans le salariat[15]. La Comission européenne a dans la même

....

12. Jean-Christophe Sciberras et Paul-Henri Antonmattei, *Le travailleur économiquement dépendant : quelle protection ?* rapport au ministre du Travail, des relations sociales, de la famille et de la solidarité, novembre 2008.

13. Citons, parmi tant d'autres : France Stratégie, *L'avenir du travail : quelles définitions de l'emploi, des statuts et des protections ?* mars 2016 ; Inspection générale des affaires sociales, *Les plateformes collaboratives, l'emploi et la protection sociale*, mai 2016 ; Conseil d'État, « Puissance publique et plateformes numériques : accompagner l'"ubérisation" », septembre 2017 ; Haut conseil du financement de la protection sociale, *Rapport sur la protection sociale des travailleurs indépendants*, septembre 2020 ; Jean-Yves Frouin, *Réguler les plateformes numériques de travail*, rapport au Premier ministre, décembre 2020.

14. Voir en particulier l'approche critique à la fois juridique et sociologique de Dominique Méda et Sarah Abdelnour, *Les nouveaux travailleurs des applis*, PUF, coll. « La vie des idées », 2019.

15. Résolution du Parlement européen du 16 septembre 2021 sur des conditions de travail, des droits et une protection sociale justes pour les travailleurs des plateformes – nouvelles formes d'emploi liées au développement numérique.

logique proposé, en décembre 2021, un projet de directive allant dans le sens d'une présomption du salariat pour les travailleurs des plateformes[16].

2.2 Les politiques du travail et les enjeux sociétaux et environnementaux

Les débats de politique du travail portent également sur l'interaction entre l'entreprise et la société. S'ils sont particulièrement vigoureux ces dernières années, leur apparition n'est pas si récente. Par exemple, dès le début des années 1980, la place dans l'entreprise des personnes en situation de handicap a fait l'objet d'une législation prévoyant des obligations spécifiques pour les employeurs.

Ces questions correspondent à l'idée selon laquelle les questions d'égalité et d'accès aux droits ne s'arrêtent pas à la porte des bureaux et des usines, même si le rôle et les responsabilités de l'entreprise ne sauraient se confondre avec le rôle et la responsabilité de l'État.

Faut-il prohiber le port de certaines tenues dans l'entreprise ? Faut-il inciter les salariés à faire du sport ? Faut-il s'intéresser à la consommation d'alcool des salariés lorsqu'ils ne sont pas sur le lieu de travail ? Et plus récemment : faut-il que les représentants des salariés s'intéressent à l'empreinte écologique de leur entreprise ? Faut-il que l'employeur s'assure de l'état de vaccination des salariés ?

Ces questions peuvent être abordées à travers un prisme systématique, celui des libertés dans l'entreprise, avec la grande règle fixée par l'article L. 1221-1 du Code du travail : « Nul ne peut apporter aux droits des personnes ni aux libertés individuelles et collectives de restrictions qui ne seraient justifiées par la nature des tâches à accomplir et proportionnées au but poursuivi. » Sauf législation spécifique[17], l'employeur ne peut agir que dans le respect de ces principes, scrupuleusement contrôlés par le juge : toute atteinte aux libertés doit être justifiée par la mission que le salarié devra effectivement remplir, et cette atteinte ne saurait être disproportionnée. En outre, la prohibition des discriminations et de toute forme de harcèlement s'applique évidemment, ainsi que le principe d'exécution loyale du contrat de travail.

Les enjeux environnementaux sont plus récemment entrés dans le droit positif du travail. La loi Climat et résilience du 22 août 2021 prévoit pour la première fois un droit pour la représentation des salariés à se prononcer sur les questions environnementales dans le cadre de leur entreprise.

....

16. Proposition de directive relative à l'amélioration des conditions de travail dans le cadre du travail via une plateforme du 9 décembre 2021.

17. C'est notamment le cas, depuis la loi du 8 août 2016, en ce qui concerne le port de signe religieux visible, dont l'interdiction peut être prévue par le règlement intérieur de l'entreprise dans le secteur privé, mais là encore uniquement pour les personnes dont l'activité le justifie, et de manière proportionnée. Dans la fonction publique, le principe de neutralité du service public justifie une prohibition générale des signes religieux visibles (*cf.* encadré, p. 77).

SECTION 3

La recherche de nouvelles régulations

Les perspectives des politiques du travail s'inscrivent dans l'histoire économique récente, qui est celle d'une croissance ralentie et d'un chômage de masse, en France, depuis les années 1980. Après la phase des Trente Glorieuses, pendant laquelle les politiques du travail ont correspondu à une distribution des fruits de la croissance, du progrès économique et social pour les travailleurs, les pouvoirs publics cherchent à les adapter à la situation de croissance lente et de chômage élevé, d'internationalisation de l'économie, de discontinuité des carrières. À ce contexte structurel s'ajoutent la révolution technologique du numérique et le défi écologique (réchauffement climatique, raréfaction des ressources naturelles, altération de la biodiversité).

La crise de 2020 ajoute incontestablement une dimension nouvelle à ce contexte. Il est encore trop tôt pour se prononcer sur les modifications, durables ou non, qu'elle induira pour le monde du travail et pour les politiques qui s'y rapportent. Il est possible néanmoins de relever qu'elle correspond à une réactivation des débats « traditionnels », sur le caractère potentiellement antiéconomique de la législation sur le travail (*cf. supra*).

À ces débats traditionnels s'ajoutent donc, comme on l'a vu, des débats sociétaux et environnementaux, qui interrogent les places respectives de l'État et de l'entreprise.

Dans ce contexte très incertain, les pouvoirs publics et la négociation collective des partenaires sociaux tentent d'apporter des réponses dont le facteur commun est, depuis 40 ans, la recherche de souplesse et d'adaptabilité aux réalités de l'économie de l'entreprise (1). Ces politiques, d'inspiration libérale, n'excluent pas par ailleurs l'édiction de nouvelles obligations, notamment dans le champ sociétal et environnemental (2).

1 La recherche de flexibilité et sa conciliation avec la recherche de sécurité pour les travailleurs

La recherche de flexibilité est une constante des politiques du travail depuis 40 ans. Elle concerne tant la manière de produire les normes applicables, en privilégiant la négociation collective au plus près de l'entreprise, que le contenu même de ces normes, en assouplissant les obligations des employeurs. Cette recherche de flexibilité a été combinée, à partir des années 2000, avec la recherche de protections pour les salariés relevant des assurances sociales.

1.1 Les orientations et concepts autour des politiques de flexibilité

a Dans la manière de produire le droit du travail : le développement de la négociation collective

La déconcentration de la négociation collective a été portée par une série de lois, qui ont progressivement remis en cause le principe de faveur (*cf. supra*). Des lois Auroux de 1982 aux ordonnances de 2017, une série de réformes a porté un maximum de principes du champ des normes unilatérales vers le champ des règles négociées, le plus souvent au niveau de la décision de l'entreprise, afin d'en favoriser l'adaptation à chaque contexte économique particulier.

Il ne faut pas exclure de nouveaux mouvements de ce type à l'avenir, notamment en ce qui concerne la question des salaires minima, de la durée du travail ou encore des conditions de rupture du contrat de travail (*cf.* chapitres 2 et 5).

Le recours à la négociation collective a été également favorisé au niveau national. Les pouvoirs publics recourent de longue date aux partenaires sociaux dans le processus d'élaboration de la loi, soit en chargeant les partenaires sociaux de négocier les contours d'une réforme (assurance chômage en 1958, système de financement de la formation professionnelle en 1971), soit pour en discuter les modalités d'application (réduction du temps de travail par la loi Aubry de 1998).

Depuis la loi Larcher du 31 janvier 2007, le Code du travail fait des partenaires sociaux des pré-législateurs de principe : par une technique inspirée du droit communautaire, en matière de droit du travail, de l'emploi et de la formation professionnelle (mais non en matière de protection sociale), le Gouvernement ne peut plus préparer de projet de loi sans avoir au préalable invité les acteurs sociaux à se concerter sur le sujet.

C'est l'article L. 1 qui ouvre le Code du travail : « Tout projet de réforme envisagé par le Gouvernement qui porte sur les relations individuelles et collectives de travail, l'emploi et la formation professionnelle et qui relève du champ de la négociation nationale et interprofessionnelle fait l'objet d'une concertation préalable avec les organisations syndicales de salariés et d'employeurs représentatives au niveau national et interprofessionnel en vue de l'ouverture éventuelle d'une telle négociation. [...] Le présent article n'est pas applicable en cas d'urgence. Lorsque le Gouvernement décide de mettre en oeuvre un projet de réforme en l'absence de procédure de concertation, il fait connaître cette décision aux organisations mentionnées au premier alinéa en la motivant dans un document qu'il transmet à ces organisations avant de prendre toute mesure nécessitée par l'urgence. »

Le Gouvernement communique alors un document d'orientation expliquant les objectifs et les options possibles aux partenaires sociaux, ces derniers devant indiquer dans quel délai ils entendent mener leur négociation.

L'intérêt de cette procédure est essentiellement de réduire la conflictualité, en conférant une dimension consensuelle aux réformes portées par le Gouvernement. En outre, la négociation collective permet de renforcer la légitimité des réformes en ajoutant le crédit de la démocratie sociale à la légitimité démocratique du pouvoir politique. Le processus de l'article L. 1 a été mis en œuvre pour des réformes fondamentales, comme la modification des principes de la représentativité syndicale en 2008.

Il faut néanmoins relever le caractère non contraignant des accords adoptés préalablement par les partenaires sociaux. Littéralement, c'est un avis qui est sollicité, et cette solution est logique car le texte émanant de la concertation ne saurait ôter au Parlement le pouvoir qu'il détient seul d'élaborer les lois au nom du peuple souverain.

Si l'article L. 1 crée bien une obligation procédurale pour le Gouvernement, celle-ci n'est pas sanctionnée : le Conseil constitutionnel ne s'est pas reconnu compétent pour censurer la loi en vertu de ce principe, lui-même prévu par un texte de rang législatif.

La question du positionnement des principes de l'article L. 1 dans la hiérarchie des normes revient périodiquement en débat : lors de la « grande conférence sociale » de juillet 2012, le président de la République avait annoncé la consécration constitutionnelle de la procédure de l'article L. 1, tout en rejetant l'idée, un temps évoquée, de la définition matérielle d'un domaine réservé pour la négociation collective. À ce stade, cette initiative n'a pas connu de suite.

Par ailleurs, l'article L. 1 prévoit que le Gouvernement peut s'exonérer de cette procédure lorsqu'il estime que l'urgence le justifie, ici encore sans possibilité de sanction juridictionnelle. Or, le recours à l'urgence est de plus en plus fréquent et fait l'objet de contestations. Certaines réformes particulièrement discutées au cours de la période récente n'ont pas fait l'objet d'une application de l'article L. 1 comme la loi El Khomri du 8 août 2016 ou les ordonnances du 22 septembre 2017.

b Dans le contenu du droit du travail : la recherche de flexibilité interne et externe

La notion de flexibilité est devenue centrale au cours des années 1980. Dans une étude parue en 1989[1], Bernard Brunhes distinguait deux types de flexibilité : la flexibilité

1. Bernard Brunhes, *La flexibilité de la main-d'œuvre dans les entreprises : étude comparée de quatre pays européens*, OCDE, 1989.

interne consisant à modifier les conditions de fonctionnement de l'entreprise pour s'adapter aux mutations de l'économie (en jouant sur le temps de travail, les rémunérations, la polyvalence des salariés, la suspension temporaire du contrat de travail, etc.) et la flexibilité externe consistant à faire fluctuer le volume de la main-d'œuvre dans l'entreprise et à déplacer en dehors de celle-ci le lien contractuel avec les travailleurs (licenciements, recours à des sous-traitants ou à des intérimaires).

Ces catégories sont utiles pour classer les différents types de mesures relevant des politiques du travail. Leurs conditions d'exercice, comme leurs effets sociaux, sont radicalement différents. Dans la flexibilité externe se retrouve l'idée de la diversification des formes d'emploi (sous-traitance, « ubérisation ») et de la précarisation.

Il est possible de classer les réformes des dernières années en fonction de ces catégories :

- de nombreuses dispositions adoptées ces dernières années ont tendu à la recherche de flexibilité externe : par exemple, en matière de rupture du contrat de travail, la suppression de l'autorisation administrative de licenciement en 1986, la création de la rupture conventionnelle individuelle en 2008 et collective en 2017 ; l'assouplissement des licenciements collectifs par l'homologation des PSE en 2013 ou la redéfinition des motifs du licenciement économique individuel en 2016 ; l'allègement du formalisme de la procédure de licenciement par les ordonnances de 2017 ;
- d'autres dispositions, parfois portées par les mêmes textes, ont entendu faciliter la flexibilité interne : les réformes du temps de travail (lois Aubry de 1998 et 2000 ; loi Bertand de 2008) ; les réformes permettant des accords d'entreprise d'adaptation de l'organisation du travail au contexte économique (loi El Khomri de 2016 sur les accords de développement de l'emploi, ordonnances de 2017 sur les accords de performance collective, loi du 5 septembre 2018 pour la liberté de choisir son avenir professionnel avec de nouvelles facilités pour la formation professionnelle des salariés, loi PACTE du 22 mai 2019 encourageant des modes variables de rémunération, etc.).

C Les concepts de flexicurité, de sécurisation des parcours professionnels et d'individualisation des droits

Les débats autour de la flexibilité se sont enrichis d'apports conceptuels nouveaux à partir des années 2000. L'idée était d'articuler les assouplissements du droit du travail avec un renforcement des garanties collectives dont bénéficient les actifs, afin de permettre à ces derniers de progresser dans leur carrière professionnelle et surtout d'éviter des périodes de chômage durable. Cette combinaison s'est matérialisée par des politiques du travail dont les logiques sont demeurées constantes, tout en faisant appel à des instruments différents.

La *flexicurité* est jusqu'en 2008-2010 la notion privilégiée. Elle s'inspire du modèle danois, le « triangle d'or », associant faible protection de l'emploi, protection sociale généreuse et politiques de l'emploi très actives et très incitatives à la reprise du travail (mécanismes relativement stricts de contrôle des demandeurs d'emploi et politique ambitieuse de formation professionnelle). La stratégie européenne pour l'emploi a repris les principes de la flexicurité et incité les États membres à adopter des politiques conformes à ceux-ci, tout en permettant de tenir compte des particularités nationales. La communication de la Commission « Vers des principes communs de flexicurité : des emplois plus nombreux et de meilleure qualité en combinant flexibilité et sécurité », du 27 juin 2007, approuvée par les conclusions du Conseil de l'Union européenne (EPSCO) du 22 novembre 2007, prônait simultanément quatre orientations : souplesse du droit du travail, politiques actives de l'emploi, formation tout au long de la vie et systèmes de sécurité sociale modernes.

En France, le concept de flexicurité n'a pas véritablement prospéré et s'est vu préférer d'autres notions désignant des réalités proches :

- l'accord national interprofessionnel du 11 janvier 2008 porte sur la *modernisation du marché du travail*. Traduit en droit positif pour l'essentiel par la loi du 25 juin 2008, l'accord apporte bel et bien des éléments de réponse sur les deux fronts de la flexicurité : côté flexibilité, l'accord prévoit la création d'un CDD à objet défini pour les ingénieurs et les cadres, une nouvelle modalité de rupture du contrat de travail (la rupture conventionnelle), l'allongement de la période d'essai ; côté sécurité, l'accord prévoit un effort de formation professionnelle et la portabilité des droits, l'encadrement de la période d'essai, l'amélioration des indemnités de licenciement ;
- exactement cinq ans plus tard, l'accord du 11 janvier 2013 est intitulé accord national interprofessionnel pour un *nouveau modèle économique et social au service de la compétitivité des entreprises et de la sécurisation de l'emploi et des parcours professionnels des salariés*. Il donnera lieu à la loi du 14 juin 2013 et à la loi du 5 mars 2014, et impliquera la création de la procédure d'homologation des PSE par l'administration (plus sûre dans ses effets juridiques que le système antérieur qui ouvrait plus largement les reours juriditionnels) ou les accords de maintien en emploi, ainsi que la généralisation à tous les salariés de la couverture complémentaire santé, la création des droits rechargeables à l'assurance chômage, la majoration des cotisations pesant sur les CDD les plus courts, l'encadrement du travail à temps partiel, la création du compte personnel de formation et du conseil en évolution professionnelle ;
- le concept de *sécurisation des parcours professionnels* a fini par être dominant au cours des années 2010 et omniprésent dans les rapports administratifs et les objectifs des administrations publiques. Sur le fond, il renvoie largement à la capacité de bénéficier de la formation professionnelle[2]. Cette notion est préférée à celle de *sécurité*

....

2. L'ANI du 7 janvier 2009 sur le développement de la formation tout au long de la vie professionnelle, la professionnalisation et la sécurisation des parcours professionnels prévoit la création d'un Fonds paritaire de sécurisation des parcours professionnels. Institué par la loi du 24 novembre 2009, ce dernier a été intégré à France compétences lors de sa création, prévue par la loi du 5 septembre 2018 relative à la liberté de choisir son avenir professionnel.

sociale professionnelle, développée par la CGT, qui renvoie à une possible extension des compétences de la sécurité sociale, en tant qu'institution, aux questions de travail, d'emploi et de formation professionnelle ;
- la notion d'« emplois de qualité », conjuguant une durée suffisante, une rémunération attractive et des possibilités d'évolution professionnelle est mise en avant dans la période la plus récente, notamment par la commission présidée par Olivier Blanchard et Jean Tirole à la demande du président de la République[3].

De fait, ces concepts s'avèrent ambivalents et mettent en présence deux philosophies distinctes :

- une conception assez largement contractuelle consistant à assouplir les transitions professionnelles avec une sécurité suffisante (libérale) ;
- une conception plus institutionnelle et statutaire de garantie de droits pour les salariés au-delà de leur relation de travail (sociale).

1.2 Les traductions récentes des politiques associant flexibilité du droit du travail et sécurisation des parcours

a La mise en place progressive des comptes individuels de droits sociaux entre 2012 et 2017

Lors du quinquennat du président François Hollande, la mise en place de comptes individuels de droits sociaux s'est inscrite dans cette double logique et répondait à la libéralisation de la relation de travail portée par ailleurs par une série de réformes (*cf. supra* lois du 14 juin 2013, du 5 mars 2014, du 17 août 2015, du 8 août 2016).

Ces trois « comptes individuels » ont consisté à reconnaître des droits quantifiables (en points ou en heures) aux salariés, financés par des cotisations mutualisées et pouvant se traduire par des prestations mobilisables à tout moment de la carrière professionnelle, là où le droit reconnaissait auparavant une créance pesant sur le seul employeur du moment.

Trois comptes, dont la mise en œuvre opérationnelle a connu des destins contrastés, ont été créés :

- le compte personnel de prévention de la pénibilité (C3P) était une composante majeure de l'équilibre global de la loi garantissant l'avenir et la justice du système de retraites, promulguée le 20 janvier 2014. Le C3P reposait sur la définition de

....

3. *Cf.* Commission internationale présidée par Olivier Blanchard et Jean Tirole, *Les grands défis économiques*, rapport, juin 2021.

seuils annuels associés à chacun des dix facteurs de risques professionnels définis dans le Code du travail comme constituant des facteurs de pénibilité (port de charges, travail de nuit, etc.). Sur la base d'une déclaration de l'employeur, le salarié identifié comme dépassant un ou plusieurs de ces seuils enregistrait des points sur un compte personnel, financés par des cotisations des employeurs, et pouvant être utilisés pour financer des formations, un passage à temps partiel ou une anticipation de l'âge de départ à la retraite (dans la limite de deux ans). Le nombre des critères de pénibilité retenus dans le dispotif a été réduit par une des ordonnances du 22 septembre 2017[4], qui a par ailleurs rebaptisé le « C3P » en « C2P » (compte professionnel de prévention), évacuant le terme de pénibilité du dispositif, et supprimé les cotisations demandées aux entreprises dont les salariés étaient exposés ;

- le compte personnel de formation (CPF) est une modalité d'accès à la formation créée par la loi du 5 mars 2014 et mise en œuvre à partir du 1er janvier 2015. Le CPF remplace le droit individuel à la formation (DIF) depuis janvier 2015 et comptabilise les droits des bénéficiaires en heures de formation. Réformé par la loi du 5 septembre 2018 pour la liberté de choisir son avenir professionnel, il est désormais libellé en euros et mobilisable sur smartphone par l'ensemble des actifs de plus de 16 ans qui souhaitent bénéficier d'une formation professionnelle ;
- le compte personnel d'activité (CPA), enfin, a été prévu par l'article 38 de la loi du 17 août 2015 relative au dialogue social et à l'emploi et l'article 39 de la loi du 8 août 2016 : « Le compte personnel d'activité a pour objectifs, par l'utilisation des droits qui y sont inscrits, de renforcer l'autonomie et la liberté d'action de son titulaire et de sécuriser son parcours professionnel en supprimant les obstacles à la mobilité. » Un rapport de France Stratégie a été rendu début octobre 2015[5] et a fait le point sur les différentes pistes ouvertes pour concrétiser ce dispositif. La loi du 8 août 2016 a conçu le CPA comme le regroupement, au sein d'une même application, des deux comptes précédemment évoqués (C3P et CPF) et d'un troisième sous-compte créé pour l'occasion, le compte d'engagement citoyen (CEC[6]). Ouvert en théorie à tout actif de 16 ans et plus, y compris les indépendants et les fonctionnaires, le CPA, comme le CEC, n'ont pas fait l'objet de mesures d'application et n'ont jamais vu le jour en pratique.

....

4. Ne maintenant dans le périmètre du compte que les facteurs de pénibilité suivants : travail en milieu hyperbare, températures extrêmes, bruit, travail de nuit, travail en équipes successives alternantes et travail répétitif, et supprimant les quatre autres facteurs à partir du 1er octobre 2017 (manutention manuelle de charges, postures pénibles, vibrations mécaniques et exposition à des agents chimiques dangereux), pourtant à l'origine de la plupart des maladies professionnelles, du dispositif.

5. France Stratégie, *Le compte personnel d'activité, de l'utopie au concret*, octobre 2015.

6. D'après les termes de la réforme, le compte d'engagement citoyen devait recenser les activités bénévoles et de volontariat (service civique, service militaire, service communal de sécurité civile, fonction de maître d'apprentissage ou bénévolat associatif) et obtenir en contrepartie des heures de CPF ou des jours de congés, financés par l'État, destinés à ces activités.

b « Libérer » et « protéger » après mai 2017

Les ordonnances du 22 septembre 2017 ont affirmé la stratégie de la majorité nouvellement installée en matière de politique du travail. Elles ont profondément modifié l'architecture des relations individuelles et collectives de travail, réduisant la portée du compte pénibilité, facilitant les ruptures du contrat de travail et les accords de flexibilité interne (*cf. supra*), avec l'objectif d'inciter les employeurs à embaucher davantage.

La loi du 5 septembre 2018 pour la liberté de choisir son avenir professionnel a entendu compléter cette première dimension par une réforme des politiques de l'emploi et de la formation professionnelle associant logique de libéralisation et de protection des actifs :

- la réforme de l'assurance chômage portée par ce texte combine la création d'un dispositif de bonus-malus sur les contributions patronales d'assurance chômage, destiné à limiter le recours aux contrats de travail de courte durée (*cf.* encadré, p. 138), avec un durcissement des conditions de bénéfice des allocations chômage (dégressivité des allocations, limitation du régime d'activités réduites, nouvelles modalités de calcul du salaire journalier de référence) et une extension, limitée en pratique, des droits à allocations des salariés démissionnaires et des indépendants. En parallèle, le financement de l'assurance chômage est réformé par substitution d'une part supplémentaire de cotisation sociale généralisée (CSG) aux cotisations salariales, avec l'objectif d'alléger le poids des charges sociales sur le travail ;
- la réforme comporte des mesures destinées à lever les freins au développement de l'apprentissage (transfert de compétences des régions aux branches, financement des centres de formation d'apprentis – CFA – par contrat et non plus par des subventions institutionnelles, fusion des contributions destinées à la formation continue et à la formation initiale, possibilité de passer un contrat d'apprentissage jusqu'à 29 ans inclus) et l'amélioration du CPF (alimentation en euros et non plus en heures, création d'une application mobile). Par ailleurs, l'investissement dans la formation est massivement redéployé par le développement d'un plan d'investissement dans les compétences (PIC), au profit des demandeurs d'emploi et des personnes peu qualifiées, à hauteur de 14 milliards d'euros sur le quinquennat.

1.3 Un débat renouvelé par le contexte de la crise sanitaire, économique et sociale depuis 2020

La crise créée par l'épidémie de Covid-19 a renouvelé les termes du débat « traditionnel » autour du droit du travail, à partir du printemps 2020.

La question de la place de la croissance économique a fait l'objet de réflexions dans un premier temps très ouvertes, offrant la perspective d'une possible remise en cause. France Stratégie a lancé un appel à contributions sur le « monde d'après », ayant fait l'objet de retours nombreux de particuliers et d'institutionnels, dont la synthèse[7] relevait un point de consensus autour de l'idée d'un ralentissement de l'économie et d'une diminution de la place prise par le travail dans la vie sociale, au profit d'une approche plus sobre de la production. Cette analyse se concrétise par une proposition de diminution du temps de travail, à rebours des politiques menées depuis 20 ans. Elle implique également l'appel à une réforme du modèle de fonctionnement des entreprises, afin que celles-ci soient plus impliquées dans les problématiques d'intérêt général.

En contrepoint, les propositions de l'Institut Montaigne, publiées au même moment, plaident pour une accélération de la croissance économique par un assouplissement des règles relatives à la durée du travail (en privilégiant une approche pluriannuelle de cette dernière), un assouplissement des règles de l'emploi atypique (CDD, temps partiel) et des prêts de main-d'œuvre[8].

Les arguments philosophiques suscités par le premier déconfinement ont rapidement cédé la place aux nécessités de l'emploi. Le plan de relance de 100 milliards d'euros décidé lors de l'été 2020, ainsi que le plan gouvernemental « France 2030 » d'octobre 2021 sont clairement orientés vers la restauration de la croissance économique.

Sur le front des politiques du travail, ces décisions ne marquent pas réellement une inflexion dans les choix gouvernementaux et ne coïncident ni avec une étape claire de dérégulation supplémentaire ni avec une stratégie inverse de renforcement des droits. Il s'agit à ce stade davantage d'inflexions techniques visant à l'amélioration des dispositifs existants :

- un certain nombre d'assouplissements du droit du travail ont été engagés pour faire face aux situations de crise (allègement des prêts de main-d'œuvre, assouplissement de certains délais de consultation des instances représentatives du personnel, etc.) et leur pérennisation est envisagée ;
- le télétravail s'est généralisé à la faveur des périodes de confinement de la population. Il a pu être imposé, à plusieurs reprises, par les pouvoirs publics à compter de l'automne 2020 lors des phases aiguës de l'épidémie. La réglementation applicable n'a cependant pas évolué de manière pérenne. Seul un accord national interprofessionnel « pour une mise en œuvre réussie du télétravail » est intervenu le 26 novembre 2020 mais il ne comporte aucune stipulation modificative du droit en vigueur ;
- la question des revenus des travailleurs a été placée au cœur des débats entre les pouvoirs publics et les partenaires sociaux, largement mobilisés dans le cadre de concertations thématiques à partir de l'été 2020 dans une perspective de sortie de crise. La loi du 7 décembre 2020 d'accélération et de simplification de l'action publique (« ASAP ») renforce la logique d'ouverture de ces dispositifs qu'initiait la loi PACTE de mai 2019. Les revendications de pouvoir d'achat se sont traduites

7. France Stratégie, *Covid-19 : pour un « après » soutenable*, juillet 2020.
8. Institut Montaigne, *Rebondir face au Covid-19 – 9 idées efficaces en faveur de l'emploi*, septembre 2020.

par la mobilisation de crédits publics pour les personnels soignants dans le cadre des mesures dites du *Ségur de la santé* (juillet 2020). Pour les autres actifs, elles ont reposé sur une pérennisation des possibilités pour les employeurs de verser des primes exceptionnelles de pouvoir d'achat[9] et sur la création d'une indemnité inflation de 100 euros en décembre 2021 (*cf.* chapitre 5).

1.4 Le mouvement d'universalisation et d'individualisation des droits devrait se poursuivre

Pour l'avenir, il est probable que le mouvement d'universalisation et d'individualisation des droits se poursuivra :

- la situation de l'économie collaborative justifie des mesures très individualisées et universelles, car les formes atypiques d'emploi invitent à repenser les protections offertes aux actifs, en les associant à des financements fiscaux. Ces évolutions justifient par ailleurs un renforcement de lutte contre le travail dissimulé et de la promotion de la santé au travail quel que soit le statut professionnel ;
- les dispositifs de droits prévus initialement pour les salariés devraient continuer à s'étendre à de nouvelles catégories d'actifs, en créant des garanties proches sans pour autant faire basculer les intéressés dans un statut salarié : les modalités de gratification des stagiaires rapprochent ces derniers de la catégorie des salariés[10], les modalités de représentation des travailleurs des plateformes de mobilité sont inspirées par celles du salariat[11]. Les indépendants, les bénévoles, les aidants familiaux, les actifs engagés dans des parcours de formation professionnelle seront probablement de plus en plus concernés par ce type de dispositions ;
- l'individualisation des droits pourrait toucher de nouveaux domaines, comme le compte épargne-temps, dans une logique d'attachement des droits à la personne du salarié et non à une relation de travail particulière ;
- par ailleurs, les questionnements relatifs à l'avenir du travail dans un contexte de gains de productivité importants justifient de nouveaux questionnements sur la mise en place d'un revenu universel versé sans conditionnalité. Ce dernier pourrait prendre des formes très diverses. Une traduction très concrète de ce type de mesure a récemment consisté dans la revalorisation de la prime d'activité, destinée aux personnes qui travaillent et dont les revenus sont peu élevés, dont les montants et les seuils ont été revus à la hausse à la suite de la crise des « gilets jaunes » en 2018-2019. Il s'agissait ici de substituer à du salaire un revenu socialisé, afin d'assurer un niveau

....

9. Notamment à l'attention des travailleurs dits de la « deuxième ligne », exposés au virus pendant les épisodes les plus aigus de l'épidémie.

10. Loi du 10 juillet 2019 d'encadrement des stages.

11. Ordonnance du 21 avril 2021 relative aux modalités de représentation des travailleurs indépendants recourant pour leur activité plateformes.

de vie décent à ceux qui travaillent. Si la prime exceptionnelle de pouvoir d'achat a prévalu pour revaloriser les rémunérations, et notamment celles des travailleurs de la « deuxième ligne », suite à la crise de la Covid-19, la prime d'activité ou d'autres dispositifs monétaires sans conditionnalités pourraient être mobilisés à l'avenir, tout en gardant à l'esprit que les niveaux atteints par ces transferts apparaissent déjà élevés en France[12].

Par ailleurs, il ne faut pas exclure pour l'avenir de nouveaux développements allant soit dans le sens d'une libéralisation du droit du travail, soit dans celui d'un reforcement des droits des travailleurs en matière de temps et de rémunérations du travail (*cf.* chapitre 5) :

- une de ces questions concerne la suppression de la durée légale du travail, c'est-à-dire le seuil unique, fixé à 35 heures, pour le déclenchement des heures supplémentaires, impliquant une rémunération majorée : un certain nombre de propositions d'inspiration libérale plaident pour la fixation de ce seuil au niveau des branches, ou même au niveau des entreprises. À l'inverse, certaines organisations syndicales plaident pour une diminution de la durée légale du travail à 32 heures, dans une logique de partage du travail ;
- moins fréquentes, certaines propositions inspirées par la même logique de décentralisation des normes concernent le SMIC : aujourd'hui fixé réglementairement, il pourrait être supprimé au profit des seuls minima de branches professionnelles, comme en Allemagne. De telles options sont très discutées car leurs effets sur le niveau des salaires minima sont incertains, alors que le SMIC contribue à réduire la pauvreté des travailleurs. À l'inverse, l'idée d'étendre le salaire minimum aux travailleurs des plateformes est également défendue, et les institutions communautaires ont engagé en 2020 une initiative visant à harmoniser les législations sur le SMIC dans l'Union européenne.

2 Les impératifs sociétaux entre contrainte et *soft law*

Comme il a été vu auparavant, les « nouveaux débats » de politique du travail se rapportent à une multiplicité de questions sociétales (libertés publiques, lutte contre les discriminations, recherche de l'inclusion, défis écologiques, etc.) que la crise de la Covid-19 a augmentées d'enjeux de santé publique. Le facteur commun de ces problèmes est d'interroger les places respectives de l'État et de l'entreprise. Ils amènent les pouvoirs publics, mais également les acteurs privés, à mobiliser une palette extrêmement diversifiée d'outils plus ou moins contraignants, dont les mesures dites de *soft law,* qui sont probablement appelées à se développer encore à l'avenir.

....

12. La prime d'activité représente près de 10 milliards d'euros de dépense pour l'État en 2020.

2.1 Des politiques qui déplacent la frontière entre les sphères d'intervention respectives de l'État et de l'entreprise

Les préférences collectives se déforment dans le temps et dans l'espace, et les rôles attendus respectivement par l'État et l'entreprise se modifient logiquement.

Certaines analyses sociologiques et politiques concluent à des rôles de moins en moins distincts[13] : l'État se comporte à bien des égards comme une entreprise, pouvant avoir recours aux méthodes managériales, au vocabulaire et parfois aux compétences des professionnels du secteur privé. Inversement, les entreprises interviennent de plus en plus souvent dans le débat public sans être cantonnées à leur stricte activité économique : le patronat, comme les organisations nationales de salariés, participe aux décisions collectives. Au-delà, l'entreprise elle-même devient un acteur ayant une voix dans les débats sociétaux, sanitaires et environnementaux qui dépassent ses compétences traditionnelles.

Quatre lois récentes illustrent cette porosité :

- la loi PACTE[14] du 22 mai 2019 consacre ces interactions en recherchant un équilibre entre les objectifs strictement économiques des entreprises et des objectifs sociaux ou sociétaux. Elle assouplit les modalités de recours à l'épargne salariale (intéressement et participation) et à l'épargne retraite des salariés, élargit les obligations de désignation d'administrateurs salariés pour les sociétés de plus de 1 000 salariés (quel que soit le statut de ces sociétés, à hauteur de deux administrateurs salariés pour huit non-salariés). La loi de 2019 renforce la dimension sociétale des entreprises, en consacrant la notion jurisprudentielle d'intérêt social dans leur objet et en prévoyant pour les sociétés dites « à mission » la possibilité de se doter d'une « raison d'être », inscrite dans leurs statuts, et dont les réalisations sont vérifiables par un organe de suivi dédié ;
- la loi du 2 août 2021 pour renforcer la prévention en santé au travail confie explicitement un rôle aux services de santé au travail en matière de santé publique (*cf.* chapitre 4) ;
- la loi du 5 août 2021 relative à la gestion de la crise sanitaire impose, de manière transitoire, aux employeurs de certains secteurs d'activité de vérifier la couverture de leurs salariés, et de leurs clients et usagers, par le passe sanitaire, et de contribuer ainsi à des missions de santé publique[15] (*cf.* encadré, p. 109) ;
- la loi du 22 août 2021 portant lutte contre le dérèglement climatique et renforcement de la résilience face à ses effets donne à la négociation de branche et aux CSE une compétence nouvelle d'information et de veille sur les enjeux de la transition écologique et sur les conséquences environnementales des décisions de l'entreprise.

13. *Cf.* Pierre Musso (dir.), *Les métamorphoses des relations État-entreprise*, Éditions Manucius, 2020.
14. Plan d'action pour la croissance et la transformation des entreprises.
15. Ce dispositif a été complété par la loi du 22 janvier 2022 qui transforme le passe sanitaire en passe vacinal.

La base de données économiques et sociales est étendue et devient une base de données économiques, sociales et environnementales (BDESE).

2.2 Une diversité d'outils contraignants et non contraignants

L'État utilise toute la gamme des outils dont il dispose pour s'assurer que les entreprises se saisissent des sujets sociétaux et environnementaux qu'il entend traiter :

- les outils contraignants, en termes d'obligations ou d'interdictions, demeurent très présents dans les politiques du travail françaises. Ces obligations peuvent s'adresser directement à l'employeur (employer au moins 6 % de travailleurs handicapés, vérifier le passe vaccinal des salariés) ou se concentrer sur des procédures. Ainsi, les obligations de négocier dans les entreprises, et plus encore les obligations, pour les entreprises, d'être couvertes par un accord collectif ou, à défaut, un plan d'action (pratique désignée généralement par le vocable de *négociation administrée*[16]) sont-elles une particularité française qui s'est développée depuis la fin des années 2000 pour contraindre les entreprises à prendre en charge des questions de société par le dialogue social : emploi des seniors, égalité professionnelle femmes-hommes, pénibilité du travail ;
- ces obligations sont évidemment plus fortes, et mieux respectées, lorsqu'elles sont assorties de sanctions. Ainsi, les sanctions pénales ont-elles tendance à être de plus en plus courantes (en matière de discriminations, de santé au travail, de travail dissimulé, etc.) et complètent les sanctions civiles prononcées par le juge. Les pénalités financières administratives sont également fréquemment utilisées. La contribution aux fonds mutualisés pour l'emploi des personnes handicapées est déclenchée en cas de non atteinte du seuil de 6 % de travailleurs en situation de handicap dans l'entreprise. Les obligations de négociation administrée sont généralement accompagnées de la menace de pénalités financières pouvant aller jusqu'à 1 % de la masse salariale. Le *naming and shaming*, consistant à rendre publics les noms des entreprises ne respectant par leurs obligations, est également de plus en plus pratiqué : il peut être une peine complémentaire décidée par le juge en cas de condamnation pour travail illégal. Il a également été pratiqué directement par l'administration. Il constitue une arme revendiquée par la loi du 5 septembre 2018, combinée avec de possibles sanctions financières, en matière d'égalité professionnelle femmes-hommes. La réforme crée des indicateurs d'égalité salariale que les entreprises de 50 salariés et plus doivent rendre publics dans un délai de 3 ans, les entreprises en retard devant consacrer une enveloppe au rattrapage des écarts. Des pénalités financières peuvent être prononcées par l'administration en cas d'inaction des employeurs (*cf.* chapitre 2) ;

16. *Cf.* chapitre 3.

- d'autres outils plus incitatifs sont utilisés par l'État, comme la subvention (primes à l'embauche de travailleurs handicapés, de jeunes, de seniors ou d'alternants – apprentis et titulaires de contrats de professionnalisation), la communication ou la création de conditions facilitées pour effectuer des recours (actions de groupe, inversion ou allègement de la charge de la preuve, etc.). L'État a utilisé le protocole sanitaire en entreprise pour calibrer les mesures qu'il attendait en matière de télétravail et demandé aux préfets et à l'inspection du travail d'user de persuasion en la matière[17]. Le Gouvernement peut aussi demander aux partenaires sociaux, notamment dans les branches, de se saisir d'une question et le faire savoir dans les médias. Les *nudges*, enfin, ces actions issues des sciences comportementales promues par certains cabinets de consultants et destinées à influencer les personnes de manière douce, ne sont pas encore massivement utilisés dans les politiques du travail mais y ont fait leur apparition[18], et pourraient à l'avenir être du nombre des leviers utilisés plus fréquemment par l'administration ;
- les politiques du travail s'appuient le plus souvent sur une palette combinant plusieurs outils, plus ou moins contraignants, pour tendre vers un objectif. La lutte contre les discriminations liées à l'origine est un exemple d'action publique mixte : alliant les obligations (prohibition des discriminations, assorties de sanctions civiles et pénales), la facilitation des recours (extension par la loi pour la justice du XXIe siècle du 18 novembre 2016 d'une action de groupe en matière de discriminations au travail), une campagne de communication, une campagne de *testing* impliquant des contacts individualisés avec les entreprises ayant eu de mauvais résultats et la perspective de rendre publics leurs noms s'il n'y avait pas d'amélioration. C'est ce qui a été fait pour deux groupes français de première importance, objet en mars 2017 d'une communication gouvernementale très pénalisante pour leur image publique.

2.3 Le renouveau de la *soft law*

Le développement de la *soft law*, ou « droit souple », est loin d'être un phénomène récent, mais il prend depuis quelques années un essor nouveau, porté par les organisations internationales. Si la notion est généralement mal définie et relativement fluctuante, elle peut renvoyer en politiques du travail à une double réalité :

- **l'édiction de principes généraux par les pouvoirs publics**, à charge pour les acteurs privés de s'en saisir et de les respecter sous le contrôle du juge. C'est ainsi

17. La loi du 22 janvier 2022 ajoute aux instruments de l'administration la possibilité de prononcer des sanctions financières pour les entreprises durablement récalcitrantes.
18. *Cf.* France Inter, *Comment le pouvoir s'est emparé du nudge*, Secrets d'info, 12 juin 2021.

qu'ont été définis, depuis la grande réforme de 1989-1991, les neuf principes généraux de santé et de sécurité au travail, qui correspondent à la généralité des obligations des employeurs en la matière[19]. La crise sanitaire de 2020 a réactivé ce médium par l'utilisation permanente et actualisée en fonction du contexte épidémique de divers documents de doctrine (guides, référentiels, « questions/réponses ») de l'administration. Le protocole national en entreprise, régulièrement mis à jour sur le site Internet du ministère du Travail à partir du printemps 2020 n'a pas de valeur juridique contraignante en lui-même[20]. Ses recommandations constituent néanmoins des actions quasi normatives : le protocole indique aux employeurs, aux salariés et aux juges, s'ils devaient être saisis à l'avenir, l'état de la situation sanitaire à un moment précis, ainsi que les mesures de prévention nécessaires à la préservation de la santé des travailleurs, telles que les services de l'État les évaluent dans ce contexte. La valeur d'obligation pour les employeurs apparaît en définitive très proche de celle qui résulterait d'une loi ou d'un décret ;

- **la conception, la formalisation et le contrôle de normes d'application volontaire produites par les acteurs privés** et auxquels ces derniers acceptent de se soumettre. Il s'agit de ce qu'on nomme fréquemment la normalisation. Au niveau international, l'Organisation des Nations unies (ONU), mais également la Commission européenne, l'Organisation de la coopération et du développement économique (OCDE) et l'Organisation internationale du travail (OIT) s'appuient sur ces vecteurs souples d'amélioration des conditions de travail[21]. Ces normes se traduisent généralement par des référentiels certifiables, adoptés par les autorités de normalisation (AFNOR en France, Centre européen de normalisation, ISO au niveau international). En France, la *responsabilité sociale des entreprises* (RSE) fait l'objet de travaux suivis par le Conseil économique, social et environnemental, ainsi que par France Stratégie.

19. L'article L. 4121-2 du Code du travail prévoit : « L'employeur met en œuvre les mesures [...] sur le fondement des principes généraux de prévention suivants : 1° Éviter les risques ; 2° Évaluer les risques qui ne peuvent pas être évités ; 3° Combattre les risques à la source ; 4° Adapter le travail à l'homme, en particulier en ce qui concerne la conception des postes de travail ainsi que le choix des équipements de travail et des méthodes de travail et de production, en vue notamment de limiter le travail monotone et le travail cadencé et de réduire les effets de ceux-ci sur la santé ; 5° Tenir compte de l'état d'évolution de la technique ; 6° Remplacer ce qui est dangereux par ce qui n'est pas dangereux ou par ce qui est moins dangereux ; 7° Planifier la prévention en y intégrant, dans un ensemble cohérent, la technique, l'organisation du travail, les conditions de travail, les relations sociales et l'influence des facteurs ambiants, notamment les risques liés au harcèlement moral et au harcèlement sexuel [...] ainsi que ceux liés aux agissements sexistes [...] ; 8° Prendre des mesures de protection collective en leur donnant la priorité sur les mesures de protection individuelle ; 9° Donner les instructions appropriées aux travailleurs. »
20. Comme l'a reconnu le Conseil d'État par une ordonnance du 19 octobre 2020.
21. L'ONU a suscité plusieurs démarches fondées sur ces outils : les Objectifs du millénaire pour le développement, définis en 2000, puis les principes directeurs pour les sociétés transnationales, articulés autour des trois piliers « *protect, respect, remedy* » ont abouti à un élargissement du concept de *responsabilité sociale des entreprises* (RSE) en *responsabilité sociétale des organisations* (RSO), non cantonnée aux droits économiques ni aux entreprises privées. Le Livre vert de la Commission européenne de 2001 sur la RSE incitait les entreprises à aller au-delà de leurs obligations légales. En 2011, la Commission a fait de la RSE une stratégie devant contribuer à la compétitivité économique du continent compatible avec une croissance « inclusive et durable ».

Une organisation patronale comme le MEDEF publie de nombreux guides sur son site Internet par exemple pour intégrer les salariés autistes, pour renforcer l'égalité de genres ou pour s'engager dans une démarche de RSE, plaçant l'entreprise dans une démarche de bien commun[22]. L'ordonnance du 19 juillet 2017 transpose une directive communautaire de 2014 sur la RSE et crée pour les sociétés commerciales des obligations d'information sur les risques sociaux, environnementaux, et en matière de droits de l'homme. Au terme de cette transposition, les plus grandes entreprises (plus de 500 salariés et plus de 100 millions d'euros de chiffre d'affaires) sont tenues de publier une déclaration de performance extra-financière, prise en compte pour définir les investissements dits socialement responsables. La loi du 22 mai 2019 met à l'honneur les conceptions « sociétales » de l'entreprise en définissant une obligation de gestion « dans l'intérêt social, en considération des enjeux sociaux et environnementaux » d'une part, et d'autre part la possibilité pour les entreprises de définir leur « raison d'être », contrôlée par un organe interne dédié[23].

La place de la *soft law* fait généralement l'objet d'analyses contrastées :

- une approche critique insiste sur le caractère ambigu des guides, recommandations et autres protocoles diffusés par les pouvoirs publics, exposant les justiciables à une plus grande insécurité juridique qu'en présence du droit traditionnel. En outre, les normes d'application volontaires se voient fréquemment reprocher leur caractère peu contraignant pour les employeurs, s'effaçant devant les priorités économiques de l'entreprise. Il leur est également reproché de constituer une résurgence d'une pensée paternaliste pour le moins datée. La RSE s'arrête effectivement souvent aux questions sociétales pour ne pas traiter des questions sociales (le niveau des salaires, les conditions effectives de travail, etc.) ;
- si on souhaite insister sur leur intérêt, on peut dire que les normes d'application volontaire offrent un contrepoint utile aux limites du droit positif, qui peine à s'appliquer à des firmes multinationales mobiles et peu contraintes par les législations étatiques, ou à des structures de sous-traitance en cascade peu propices à une identification aisée des responsabilités. La normalisation prend une dimension concrète pour les droits des travailleurs lorsqu'elle devient une exigence dans les contrats de fourniture des entreprises donneuses d'ordre.

L'exemple du destin malheureux des tentatives de législation française suite à l'affaire dite du Rana Plazza en 2013[24] illustre ce dernier point. La loi du 21 février 2017, issue

....

22. Comme le montrent la présence et le discours de Geoffroy Roux de Bezieux, président du MEDEF, lors des « Rencontres de l'économie du bien commun » au collège des Bernardins en décembre 2019.

23. Dispositifs issus des propositions du rapport de Jean-Dominique Senard et de Nicole Notat *L'entreprise, objet d'intérêt collectif*, mars 2018. Les auteurs écrivent : à la manière « d'une devise pour un État, la raison d'être pour une entreprise est une indication, qui mérite d'être explicitée, sans pour autant que des effets juridiques précis y soient attachés ».

24. Le Rana Plazza était un immeuble d'un faubourg de Dacca, au Bangladesh, qui s'est effondré en 2013 sur les ouvriers qui y travaillaient, provoquant la mort de plus de 1 000 personnes. Les entreprises concernées étaient pour nombre d'entre elles sous-traitantes de célèbres fibres multinationales. L'affaire du Rana Plazza a été déterminante dans le débat autour des normes devant s'imposer aux sous-traitants des grandes marques occidentales.

d'une proposition de loi parlementaire, a créé un « devoir de vigilance des sociétés mères et des entreprises donneuses d'ordres ». Son contenu consistait, pour les entreprises de 5 000 salariés en France ou de 10 000 salariés au niveau mondial, à devoir adopter un plan de vigilance sur le plan des droits et libertés fondamentaux, de l'environnement et de la santé et de la sécurité au travail. La loi prévoyait un dispositif de sanction que le Conseil constitutionnel a censuré du fait du caractère trop vague de l'obligation pour les entreprises donneuses d'ordres. Le « devoir de vigilance » existe donc toujours en droit positif, mais il se borne aujourd'hui à des éléments déclaratifs. En la matière, la législation nationale apparaît démunie, et la pression de l'opinion publique, appuyée sur des normes volontaires d'envergure internationale, semble plus à même de modifier les comportements.

2.4 Le probable développement simultané des outils de *hard law* et de *soft law* pour impliquer les entreprises dans les problématiques sociétales et environnementales à l'avenir

Sans aborder un débat intéressant, mais excédant probablement le cadre de cet ouvrage sur les théories contractuelle et institutionnelle de l'entreprise, on peut dire que la notion d'entreprise se complexifie et que son intervention dans le cadre global de la société évolue. C'est la raison pour laquelle les pouvoirs publics ont tendance à les impliquer dans toutes les questions sociétales (environnement, égalité, santé, etc.).

Cette porosité entre les intérêts des États et des entreprises ne devrait pas reculer à l'avenir, tant les effets de réputation et le poids de l'opinion publique mondiale croissent avec le développement des réseaux sociaux. La coexistence des normes étatiques et des normes d'application volontaire est donc probable dans une recherche toujours plus exigeante de protection des droits sociaux, sociétaux et environnementaux[25].

La synthèse précitée de France Stratégie autour des réflexions sur le monde d'après Covid-19 va dans ce sens : elle évoque un débat autour de la réforme du modèle de fonctionnement des entreprises, afin que celles-ci soient plus impliquées dans les problématiques d'intérêt général. Certaines contributions plaident pour l'utilisation renforcée des normes d'application volontaires (RSE) tandis que d'autres soutiennent un renforcement des obligations juridiquement sanctionnées (conditionnalité des aides publiques[26]).

....

25. Voir par exemple la norme ISO 45001 en matière de santé et de sécurité au travail : de peu d'intérêt dans un pays comme la France où la législation excède de loin ses prescriptions, elle peut avoir une réelle portée pour les droits des travailleurs dans des pays où le droit positif est aujourd'hui beaucoup moins exigeant.
26. France Stratégie, *Covid-19 : pour un « après » soutenable*, juillet 2020.

CHAPITRE 2
LES POLITIQUES PORTANT SUR LES RELATIONS INDIVIDUELLES DE TRAVAIL

SOMMAIRE

SECTION 1 ■ Les principes généraux ➤ p. 74
1 Éléments communs à l'ensemble des contrats de travail ➤ p. 74
2 Principe du CDI et encadrement du recours aux contrats temporaires ➤ p. 81
3 La rupture du contrat de travail est très encadrée ➤ p. 89
4 Les particularités des relations individuelles de travail dans la fonction publique ➤ p. 103

SECTION 2 ■ Les problématiques ➤ p. 111
1 La recherche d'un assouplissement des conditions de rupture du contrat de travail à durée indéterminée est une constante ➤ p. 111
2 L'extension du recours aux contrats temporaires contribue à la segmentation du marché du travail ➤ p. 115
3 Les contrats temporaires sont de plus en plus courts ➤ p. 119
4 La question des inégalités professionnelles entre les femmes et les hommes ➤ p. 121
5 Le développement du numérique modifie les relations de travail ➤ p. 125

SECTION 3 ■ Les perspectives ➤ p. 129
1 Les voies de nouveaux assouplissements des modes de rupture du contrat de travail ➤ p. 129
2 La question de la multiplication des types de contrats et l'hypothèse d'un contrat de travail unique ➤ p. 130
3 Une stratégie hésitante concernant la précarité ➤ p. 135
4 Les perspectives de renforcement de la législation sur l'égalité professionnelle ➤ p. 141
5 Les évolutions numériques suscitent une réflexion sur les moyens de protection des salariés et des travailleurs des plateformes ➤ p. 142

Il convient de commencer ce chapitre par la définition du contrat de travail, qui est une notion véritablement pivot pour l'ensemble des politiques du travail.

Le contrat de travail est une « convention par laquelle une personne appelée "salarié" s'engage à mettre une prestation de travail au service d'une autre appelée "employeur", sous la subordination de laquelle elle se place moyennant rémunération ». Cette définition est une construction jurisprudentielle : le Code du travail ne dit pas ce qu'est un contrat de travail.

En pratique, le critère n° 1 pour qualifier un contrat de travail est l'existence d'un lien de subordination (jurisprudence *Bardou* de la Cour de cassation en 1931[1]). Un débat a eu lieu au début du XXe siècle pour savoir si la dépendance économique pouvait être retenue comme critère de la relation de travail, solution que le juge a finalement écartée. Après quelques hésitations (la Cour de cassation avait considéré que l'appartenance à un service organisé pouvait être un critère déterminant du contrat – jurisprudence *Hebdo presse* de 1976[2]), le juge a fait un retour clair à la prééminence du lien de subordination en 1996 (jurisprudence *Société générale*[3]), et en a précisé le contenu : « Le lien de subordination est caractérisé par l'exécution d'un travail sous l'autorité d'un employeur qui a le pouvoir de donner des ordres et des directives, d'en contrôler l'exécution et de sanctionner les manquements de son subordonné. » Ces trois éléments (donner des ordres, contrôler, sanctionner) sont constitutifs du lien de subordination.

L'existence d'un contrat de travail détermine le statut de salarié. Il permet de distinguer ce statut professionnel de deux autres statuts :

- le statut de fonctionnaire et plus généralement celui d'agent de droit public ;
- le statut de travailleur indépendant.

La distinction avec le statut d'agent de droit public ne pose pas réellement de difficulté. Ce dernier résulte de l'application de décisions administratives de nomination (fonctionnaires) ou de contrats de droit public (identifiés comme tels) qui ne donnent généralement pas lieu à contentieux.

La question qui se pose plus fréquemment est celle de la frontière entre travail salarié et travail indépendant (ou non-salarié) : les tribunaux requalifient souvent en contrats de travail des relations entre des professionnels en apparence indépendants. Ni la volonté des parties ni la dénomination du contrat n'emportent la décision du juge, qui peut requalifier le contrat en contrat de travail. Le juge regarde concrètement s'il existe un lien de subordination. Il complète son analyse avec d'autres éléments, selon la méthode dite du « faisceau d'indices » : existence d'un service organisé, exercice du pouvoir de

1. Cass. civ., 6 juillet 1931.
2. Cass. ass. plén., 18 juin 1976.
3. Cass. soc., 13 novembre 1996.

direction, mode de rémunération (forfaitaire ou variable), obligation de moyens ou de résultat, etc.

La qualification de contrat de travail emporte des enjeux importants : elle induit l'application du Code du travail (et la compétence du conseil de prud'hommes), l'application du régime de protection sociale applicable aux travailleurs salariés (assurance chômage, assurance accidents du travail/maladies professionnelles obligatoires, régime de retraite, etc.) et le paiement de cotisations qui permet de financer ce dernier.

Le contrat de travail fait naître des droits et obligations à la charge des deux parties :

- pour l'employeur : fourniture d'un poste et des tâches correspondant aux stipulations du contrat, paiement d'un salaire et des cotisations sociales, obligation de sécurité ;
- pour le salarié : fourniture d'une prestation de travail.

Le développement du travail indépendant, notamment par le biais des plateformes, est la principale question posée au statut de travailleur salarié, dont les frontières peuvent être débattues et font l'objet de décisions juridictionnelles parfois difficiles à anticiper.

Il arrive que le législateur intervienne pour qualifier certaines relations de travail, et sécuriser ainsi les contrats face à un risque de requalification par le juge. Ainsi, les journalistes, artistes de spectacle, mannequins sont-ils présumés salariés. Il existe en outre une présomption de non-salariat dès lors qu'une immatriculation est enregistrée par l'intéressé au registre du commerce.

La loi d'orientation sur les mobilités, promulguée le 24 décembre 2019, a tenté d'opérer une modification de ce cadre juridique pour les livreurs à deux- ou trois-roues et les chauffeurs de véhicules de tourisme avec chauffeur (VTC) exerçant sous statut indépendant. Elle a fait l'objet d'une censure du Conseil constitutionnel : il était initialement prévu que les contrats commerciaux souscrits par ces professionnels auprès des plateformes ne pouvaient pas être requalifiés en contrat de travail par le juge, si lesdites plateformes avaient préalablement adopté une charte de responsabilité sociale. Le juge constitutionnel a censuré cette disposition le 20 décembre 2019, une simple charte ne pouvant valablement avoir pour effet de priver les travailleurs de recours efficaces.

L'autre question principale de ce chapitre est la segmentation du marché du travail entre contrat à durée déterminée (CDI) et contrats temporaires (contrats à durée déterminée – CDD – et missions d'intérim). Les priorités des pouvoirs publics oscillent en la matière, entre la volonté de promouvoir l'emploi par le développement de ses formes atypiques et la volonté d'éviter la précarité sociale. Ces priorités évoluent en fonction du cycle économique : les périodes de ralentissement du chômage sont propices aux politiques de réduction de la précarité, tandis que les récessions économiques incitent à favoriser la création d'emplois de moindre qualité. Les soubresauts de la croissance post-Covid-19 constituent de ce point de vue des facteurs d'incertitude, qui peuvent conduire les pouvoirs publics à hésiter dans leur stratégie.

Au-delà de la catégorie juridique du contrat (CDI ou contrat temporaire), dont les implications sont fortes (*cf. infra*), il faut aborder la problématique de la précarité d'un point de vue social : on distinguera dans cette optique l'emploi typique et l'emploi atypique. Cette dernière catégorie regroupe l'ensemble des emplois qui ne sont pas des CDI à temps plein, c'est-à-dire des situations d'emploi intégrant potentiellement des réalités très dissemblables. Par exemple, dans un rapport de 2016, l'Organisation internationale du travail[4] distingue à l'intérieur de la catégorie de l'emploi atypique :

- l'emploi temporaire (CDD, contrats liés à un projet, travail saisonnier, travail occasionnel) ;
- le travail à temps partiel et sur appel (y compris les contrats dits « zéro heures » pratiqués notamment au Royaume-Uni) ;
- la relation d'emploi multipartite (intérim, portage salarial, travail détaché, etc.) ;
- la relation de travail déguisée (travail dissimulé, faux indépendants).

Cette notion de travail atypique est parfois une source de confusion car elle désigne une réalité économique et sociale qui recouvre une multitude de statuts juridiques différents. D'un point de vue juridique, l'emploi atypique regroupe :

- des situations d'emploi relevant du travail légal et du travail illégal ;
- des situations d'emploi relevant du travail salarié et du travail non salarié ;
- à l'intérieur du travail salarié, des contrats temporaires (CDD et intérim) qui ont leurs règles de fonctionnement propres (et à peu de chose près identiques) et des CDI ;
- toujours à l'intérieur du travail salarié, des contrats à temps plein et des contrats à temps partiel, qui peuvent être les uns comme les autres des CDI ou des CDD.

....

4. Organisation internationale du travail, *L'emploi atypique dans le monde*, novembre 2016.

SECTION 1

Les principes généraux

Certains principes s'appliquent à tous les contrats de travail, et en constituent le socle commun (1). D'autres sont propres aux deux grandes sous-catégories juridiques des contrats de travail, le CDI et les contrats temporaires (2). Quels que soient ces statuts, les règles de rupture des contrats de travail sont strictement encadrées par le Code du travail et la jurisprudence (3). Les agents publics, eux, voient leurs relations avec l'administration définies par des règles spécifiques, qui ne relèvent pas du contrat du travail, mais d'actes généralement unilatéraux de l'administration (4).

1 Éléments communs à l'ensemble des contrats de travail

L'ensemble des contrats de travail ont pour facteurs communs leurs principes généraux d'application et les règles s'appliquant à la définition de leurs clauses.

1.1 Principes d'application du contrat

Le droit distingue deux grandes catégories de contrat de travail : les CDI d'une part, et les contrats temporaires d'autre part (catégorie qui regroupe CDD et missions d'intérim[1]).

Plusieurs principes s'appliquent sans distinction à ces deux catégories.

- Les principes de l'ex-article 1134 du Code civil : ces principes d'application générale, qui étaient jusqu'en octobre 2016 intégrées dans cet article unique, ont depuis lors trouvé leur place dans trois articles distincts du Code renuméroté :
  - « Les contrats légalement formés tiennent lieu de loi à ceux qui les ont faits » (art. 1103 du Code civil) ;

....

1. On préférera ici le terme de contrat temporaire à celui de contrat court, fréquemment utilisé pour désigner la même réalité juridique. Le terme de contrat temporaire désigne les contrats dont le terme est fixé par ses clauses (que ce terme corresponde à une date précise ou à la réalisation d'un événement). La notion de contrat court, qui renvoie à la durée effective du contrat, nous semble plus ambiguë : un CDD peut durer plusieurs années, tandis qu'un CDI peut n'être exécuté que pour quelques jours du fait de sa rupture anticipée.

– « Les contrats ne peuvent être modifiés ou révoqués que du consentement mutuel des parties ou pour les causes que la loi autorise » (art. 1193) ;
– « Les contrats doivent être négociés, formés et exécutés de bonne foi. Cette disposition est d'ordre public » (art. 1104) ; l'article L. 1222-1 du Code du travail comporte la même disposition : « Le contrat de travail est exécuté de bonne foi ».

- Par ailleurs, l'article L. 1121-1 du Code du travail dispose : « Nul ne peut apporter aux droits des personnes et aux libertés individuelles et collectives de restrictions qui ne seraient pas justifiées par la tâche à accomplir ni proportionnées au but recherché. »
- Enfin, le pouvoir de direction de l'employeur est limité aux temps et lieu du travail, et ne saurait concerner les actes de vie privée des salariés[2].

Quel que soit le contrat, les principes civilistes de respect des engagements et d'application de bonne foi s'appliquent. Par ailleurs, la liberté des co-contractants, et singulièrement le pouvoir de l'employeur, ne pourra porter atteinte aux droits et libertés d'autrui, et singulièrement du salarié, que si ces restrictions sont nécessaires à son emploi précis : le juge vérifiera si ces atteintes sont effectivement justifiées par la tâche à accomplir et proportionnées au but recherché.

Ces principes peuvent trouver à s'appliquer dans la plupart des situations rencontrées à l'occasion du travail : la capacité d'un employeur à utiliser les nouvelles technologies pour localiser, décompter le temps de travail ou surveiller les réalisations des salariés, à imposer des exigences vestimentaires, à disposer d'un droit de regard sur les expressions et comportements des salariés doit être analysée à la lumière de ces principes généraux.

La prohibition des discriminations, en outre, est un principe s'appliquant à tous les stades du contrat de travail. 46 % des recours adressés au Défenseur des droits au motif de discriminations sont liés à l'emploi. Plusieurs lois sont venues allonger la liste de l'article L. 1132-1, qui énumère 21 motifs de discriminations prohibées[3]. Les motifs

....

2. À moins que ces actes de vie privé ne constituent en eux-mêmes un trouble objectif caractérisé pour l'entreprise, comme une atteinte à sa réputation par exemple.

3. Article L. 1132-1 du Code du travail : « Aucune personne ne peut être écartée d'une procédure de recrutement ou de nomination ou de l'accès à un stage ou à une période de formation en entreprise, aucun salarié ne peut être sanctionné, licencié ou faire l'objet d'une mesure discriminatoire, directe ou indirecte [...], notamment en matière de rémunération [...], de mesures d'intéressement ou de distribution d'actions, de formation, de reclassement, d'affectation, de qualification, de classification, de promotion professionnelle, de mutation ou de renouvellement de contrat en raison de son origine, de son sexe, de ses mœurs, de son orientation sexuelle, de son identité de genre, de son âge, de sa situation de famille ou de sa grossesse, de ses caractéristiques génétiques, de la particulière vulnérabilité résultant de sa situation économique, apparente ou connue de son auteur, de son appartenance ou de sa non-appartenance, vraie ou supposée, à une ethnie, une nation ou une prétendue race, de ses opinions politiques, de ses activités syndicales ou mutualistes, de son exercice d'un mandat électif local, de ses convictions religieuses, de son apparence physique, de son nom de famille, de son lieu de résidence ou de sa domiciliation bancaire, ou en raison de son état de santé, de sa perte d'autonomie ou de son handicap, de sa capacité à s'exprimer dans une langue autre que le français. »

de discrimination les plus fréquemment invoqués dans les relations de travail sont l'origine ethnique, le handicap, l'état de santé et l'appartenance syndicale[4]. La prohibition des discriminations s'applique à chaque stade de la relation de travail : recrutement, exécution du contrat (rémunération, promotion, sanction, affectation, reclassement, formation, etc.), et fin de celui-ci (rupture ou renouvellement).

Il convient de noter que l'article L. 1132-1 du Code du travail fait référence aux discriminations directes, par lesquelles une personne est traitée de manière moins favorable qu'une autre dans une situation comparable, et les discriminations indirectes, fondées sur une disposition, un critère ou une pratique d'apparence neutre mais pouvant désavantager particulièrement certaines personnes par rapport à d'autres. Le concept de discrimination indirecte est potentiellement extensif et doit inciter les employeurs à la vigilance quant aux conséquences possibles de leurs décisions de gestion, y compris en l'absence de toute intention discriminatoire.

Ces dispositions ne font pas obstacle à ce que la loi puisse prévoir certaines interdictions d'emploi, liées à l'âge ou à la régularité du séjour sur le territoire national, ou à ce qu'elle puisse fixer certaines priorités d'emploi (seuil de 6 % de personnes handicapées dans les effectifs des entreprises d'au moins 20 salariés, réembauche prioritaire des anciens salariés ayant fait l'objet d'un licenciement économique).

Par ailleurs, les comportements sexistes et le harcèlement moral et sexuel sont évidemment proscrits. L'article L. 1242-2-1 du Code du travail dispose : « Nul ne doit subir d'agissement sexiste, défini comme tout agissement lié au sexe d'une personne, ayant pour objet ou pour effet de porter atteinte à sa dignité ou de créer un environnement intimidant, hostile, dégradant, humiliant ou offensant » ; l'article L. 1152-1 prévoit : « Aucun salarié ne doit subir les agissements répétés de harcèlement moral qui ont pour objet ou pour effet une dégradation de ses conditions de travail susceptible de porter atteinte à ses droits et à sa dignité, d'altérer sa santé physique ou mentale ou de compromettre son avenir professionnel. » Et l'article L. 1153-1 prescrit : « Aucun salarié ne doit subir des faits : 1° Soit de harcèlement sexuel, constitué par des propos ou comportements à connotation sexuelle répétés qui soit portent atteinte à sa dignité en raison de leur caractère dégradant ou humiliant, soit créent à son encontre une situation intimidante, hostile ou offensante ; 2° Soit assimilés au harcèlement sexuel, consistant en toute forme de pression grave, même non répétée, exercée dans le but réel ou apparent d'obtenir un acte de nature sexuelle, que celui-ci soit recherché au profit de l'auteur des faits ou au profit d'un tiers. » Les salariés victimes de harcèlement moral ou sexuel ne sauraient être sanctionnés ou faire l'objet de discriminations, et l'employeur, responsable de la santé et de la sécurité de ses salariés, est tenu de prévenir ces situations et de les faire cesser au plus vite lorsqu'elles se produisent.

4. Défenseur des droits, *Rapport annuel d'activité*, juin 2020.

Enfin, s'appliquent plusieurs principes issus de textes internationaux :

- le droit communautaire a consacré le principe de libre circulation des travailleurs, quel que soit le statut de ces derniers (salarié, indépendant, agent public) ;
- le droit de mener une vie familiale normale est une des stipulations les plus utilisées de la convention européenne des droits de l'homme (*cf.* chapitre 1[5]) ;
- le règlement général sur la protection des données (RGPD[6]), adopté par les institutions communautaires en 2016, dont les dispositions sont directement applicables dans l'ordre juridique interne des États-membres, a été complété en France par la loi du 20 juin 2018[7]. Ces textes limitent strictement les possibilités de collecte et de conservation de données informatiques par les entreprises et les administrations, dont les données relatives à leurs ressources humaines.

le règlement intérieur et les restrictions apportées aux manifestations des convictions religieuses des salariés dans l'entreprise

L'article L. 1321-2-1 du Code du travail, issu de la loi du 8 août 2016, énonce : « Le règlement intérieur peut contenir des dispositions inscrivant le principe de neutralité et restreignant la manifestation des convictions des salariés si ces restrictions sont justifiées par l'exercice d'autres libertés et droits fondamentaux ou par les nécessités du bon fonctionnement de l'entreprise et si elles sont proportionnées au but recherché. » En cela, il est conforme (par anticipation) à une solution jurisprudentielle issue d'un arrêt de la Cour de justice de l'Union européenne (jurisprudence Micropole du 14 mars 2017) et apporte un cadre clair à la problématique de la régulation des signes religieux visibles dans les entreprises privées.

Si le port de signes religieux est écarté par le droit dans les services publics (*cf. infra*), la solution devant être adoptée dans les entreprises produisant des biens et services dans le secteur privé a longtemps posé des difficultés aux juges nationaux. L'affaire de la crèche

5. Le Conseil constitutionnel a par ailleurs progressivement consacré un principe constitutionnel de « droit au respect de la vie privée », et un « droit de mener une vie familiale normale » fondé sur le préambule de la Constitution de 1946 (Conseil constitutionnel, QPC, 16 mai 2012).
6. Règlement (UE) 2016/679 du Parlement européen et du Conseil du 27 avril 2016, relatif à la protection des personnes physiques à l'égard du traitement des données à caractère personnel et à la libre circulation de ces données, et abrogeant la directive 95/46/CE (règlement général sur la protection des données).
7. Loi du 20 juin 2018 relative à la protection des données personnelles, qui modifie la loi dite Informatique et libertés du 6 janvier 1978.

privée *Babyloup*[8] a été marquée par des revirements de jurisprudences entre 2013 et 2014 confinant à la plus extrême confusion[9].

La jurisprudence *Micropole* de la CJUE[10] a reconnu, sur la base de la directive communautaire du 27 novembre 2000 portant création d'un cadre général en faveur de l'égalité de traitement en matière d'emploi et de travail, la possibilité pour une entreprise de se doter d'une règle prohibant le port de signes religieux visibles, si elle souhaite afficher une image de neutralité religieuse vis-à-vis de ses clients, partenaires et salariés. Une telle mesure doit alors être justifiée par un objectif légitime, limitée aux seuls salariés en contact avec les clients et ne pas opérer de différence entre les religions. Si cette règle de neutralité n'est pas clairement édictée, toutes les sanctions prononcées contre les salariés du fait du port de signes religieux visibles sont jugées discriminatoires et donc nulles.

La Cour de cassation a repris ces principes dans un arrêt du 22 novembre 2017[11] : « L'employeur [...] peut prévoir dans le règlement intérieur de l'entreprise ou dans une note de service soumise aux mêmes dispositions [...] une clause de neutralité interdisant le port visible de tout signe politique, philosophique ou religieux sur le lieu de travail, dès lors que cette clause générale et indifférenciée n'est appliquée qu'aux salariés se trouvant en contact direct avec les clients. » Ainsi précise-t-elle la portée de l'article L. 1321-2-1 du Code du travail, en limitant les possibilités de restrictions vestimentaires aux seuls salariés effectivement en contact avec la clientèle.

Les pouvoirs publics sont intervenus dans cette matière hautement sensible en réformant la loi, dans un sens conforme aux principes généraux du droit du travail en matière de restrictions apportées aux libertés individuelles (qui ne sauraient être limitées que pour des raisons justifiées et proportionnées au but recherché) et en utilisant un outil, le règlement intérieur, qui jusqu'alors n'avait vocation qu'à édicter, dans les entreprises de 50 salariés et plus, après avis du comité social et économique, des mesures d'application en matière de santé et de sécurité au travail, ainsi que les règles générales relatives à la discipline (intégrant l'échelle des sanctions). L'administration a complété cette approche législative par la publication d'un guide à l'usage des gestionnaires des ressources humaines[12]. Mis à jour avec les derniers apports jurisprudentiels, il s'agit d'un outil essentiel pour la vie des entreprises confrontées à des situations pouvant s'avérer extrêmement délicates.

8. Cass. ass. plén., 25 juin 2014.
9. Il s'agissait du recours d'une salariée de cette crèche associative, ayant refusé de retirer le voile islamique dans le cadre de ses fonctions, et ayant été licenciée pour faute à la suite de ce refus.
10. CJUE grande chambre, 14 mars 2017.
11. Cass. soc., 22 novembre 2017.
12. Ministère du Travail, *Guide pratique du fait religieux dans les entreprises privées*, janvier 2017 (mise à jour en février 2018).

1.2 Contenu du contrat : éléments essentiels du contrat et conditions de travail

Le droit communautaire prévoit que la relation de travail doit nécessairement se traduire par un écrit, mais ne prévoit pas explicitement la nécessité que le contrat de travail lui-même soit écrit[13]. Cette obligation se traduit généralement par le recours à un contrat écrit et, à défaut, à une lettre d'embauche ou à autre document suffisamment précis. Cet écrit doit comporter des clauses obligatoires : l'identité des parties, le lieu de travail, la qualification professionnelle, le terme du contrat s'il s'agit d'un contrat temporaire, le montant et la périodicité de la rémunération, la durée journalière et hebdomadaire du travail, les conditions de réalisation de la période d'essai.

En dehors de ces obligations, une grande variété d'autres clauses est possible : sous réserve de certaines interdictions, les parties peuvent insérer des clauses relatives à l'embauche, à l'exécution du contrat (avantages en nature, objectifs, mobilité, clause de discrétion) ou de rupture (non-concurrence[14], dédit-formation[15]).

L'étude des clauses dites « contractuelles » et des clauses dites « non contractuelles » du contrat de travail est essentielle car elle conditionne le régime juridique applicable à sa modification en cours d'exécution :

- la modification d'un élément essentiel (également dénommé clause « contractuelle ») du contrat de travail nécessite l'accord préalable et exprès du salarié ;
- la modification d'une clause non essentielle du contrat de travail (ou « clause non contractuelle », ou encore « condition de travail ») peut être réalisée unilatéralement par l'employeur, au nom de son pouvoir de direction, c'est-à-dire sans l'accord préalable du salarié.

Si un employeur décide de modifier une clause essentielle d'un contrat de travail et que le salarié n'y consent pas, l'employeur devra engager une procédure de licenciement et en respecter toutes les conditions de motif, de procédure et d'indemnisation. En revanche, si un salarié refuse une modification d'une clause non essentielle de son contrat, il sera fautif et pourra s'exposer à d'éventuelles sanctions. L'employeur devra néanmoins toujours respecter les règles exposées *supra* de non-discrimination, d'une part, et de limitation des atteintes aux droits et libertés des salariés par les principes de justification par la tâche à accomplir et de proportionnalité au but recherché, d'autre part.

....

13. Directive communautaire du 14 octobre 1991.

14. La clause de non-concurrence permet à l'employeur d'éviter que le salarié, après la rupture du contrat de travail, exerce des fonctions équivalentes chez un concurrent ou à son propre compte. La jurisprudence prévoit qu'elle doit être limitée dans le temps, dans l'espace et dans son contenu matériel, et qu'elle implique une nécessaire contrepartie financière.

15. La clause de dédit-formation permet à l'employeur qui a pris en charge une formation professionnelle coûteuse de s'assurer que le salarié qui en a bénéficié reste dans l'entreprise pendant une certaine durée. Si le salarié décide de quitter l'entreprise sans attendre ce délai, il devra rembourser le coût de la formation.

Une très abondante jurisprudence a défini les matières qui relèvent de chacun des deux types de clauses. Quatre domaines relèvent par nature des clauses essentielles du contrat de travail :

- la rémunération : l'ensemble de ses éléments (salaires et primes), leur structure et leur montant ;
- le secteur géographique du travail : le juge considère que le bassin d'emploi dans lequel le travail est réalisé ne pourra pas faire l'objet d'un changement à l'initiative du seul employeur. Ce dernier pourra en revanche décider unilatéralement d'une modification du lieu de travail à l'intérieur du même bassin d'emploi. Ces clauses sont à mettre en regard de l'inscription d'une éventuelle clause spécifique de mobilité dans le contrat de travail : si une telle clause prévoit le changement de secteur géographique, celui-ci s'imposera au salarié[16] ;
- la durée du travail : le fait que le contrat soit à temps complet ou à temps partiel, le fait qu'il soit à durée indéterminée ou à durée déterminée sont des clauses essentielles. En revanche, les horaires précis du travail relèvent des clauses non essentielles et sont donc décidés par l'employeur ;
- la qualification du travail : il s'agit des attributions, des responsabilités, du niveau hiérarchique du salarié, qui ne peuvent donc être unilatéralement modifiés par l'employeur.

Il est toujours possible d'ajouter des clauses contractuelles expresses dans le contrat de travail, qui dès lors ne seront pas modifiables unilatéralement (un horaire spécifique, un lieu précis pour l'exercice du travail, etc.).

La loi du 8 août 2016, puis une ordonnance du 22 septembre 2017 ont modifié les conditions d'application des règles applicables en matière de modification unilatérale des clauses du contrat de travail, dans le cas très spécifique d'un accord de préservation et de développement de l'emploi (art. 22 de la loi de 2016), qui a été remplacé en 2017 par la nouvelle dénomination d'accords de performance collective (APC). L'APC s'est par ailleurs substitué à trois autres accords du même type, destinés à l'exercice de « restructurations à froid » des entreprises frappées par des mutations économiques[17]. Il peut avoir des conséquences importantes pour le salarié car il permet de modifier des éléments essentiels de son contrat de travail (durée, rémunération et lieu du travail) : « Les stipulations de l'accord se substituent de plein droit aux stipulations contraires et incompatibles du contrat de travail, y compris en matière de rémunération, de durée du travail et de mobilité professionnelle ou géographique interne à l'entreprise. »

....

16. Ce qui en pratique ne supprime pas tout élément subjectif dans l'analyse du juge : il regardera *in concreto* la situation du salarié, notamment pour estimer si le changement d'affectation géographique est justifié, proportionné et non discriminatoire (Cass. soc., 14 octobre 2008 : la clause de mobilité doit voir son application proportionnée à la situation personnelle du salarié, et en particulier le droit à mener une vie familiale normale).

17. L'accord de mobilité interne, l'accord de maintien en emploi et l'accord de réduction du temps de travail.

Le salarié peut refuser la modification de son contrat de travail suite à l'APC (acceptation tacite). Mais il peut alors faire l'objet d'un licenciement spécifique par l'employeur dans un délai de deux mois, ni économique ni pour motif personnel mais *sui generis* pour une cause réelle et sérieuse, sans que les dispositions applicables aux licenciements collectifs lui soient applicables. L'employeur devra simplement abonder le compte personnel de formation (CPF) du salarié concerné à hauteur de 3 000 euros.

Des conditions de forme et de procédure sont fixées par l'ordonnance de 2017 : le préambule de l'accord doit en exposer les finalités ainsi que les modalités d'information des salariés, décrire l'équilibre entre les efforts demandés aux salariés et à la direction, et enfin détailler les modalités de conciliation vie personnelle/vie professionnelle sur lesquelles il repose. Le CSE a le pouvoir de mandater un expert-comptable afin qu'il lui apporte son concours pour préparer la négociation de l'accord.

Ces accords, qui doivent réunir, comme tous les accords d'entreprise, le soutien des organisations syndicales majoritaires, connaissent un grand succès, notamment dans le cadre de réorganisations faisant suite à la crise sanitaire de 2020. Leur portée est potentiellement très lourde du point de vue des droits des salariés.

2 Principe du CDI et encadrement du recours aux contrats temporaires

D'un point de vue juridique, le contrat de travail est en principe un CDI. Les contrats temporaires (CDD et missions d'intérim) sont des exceptions devant être dûment justifiées. Or, la réalité est toute autre : les contrats temporaires représentent près de 90 % des contrats de travail passés au cours d'une année.

2.1 Le principe : le CDI

L'article L. 1221-2 du Code du travail prévoit : « Le contrat à durée indéterminée est la forme normale et générale de la relation de travail. » Il est conforme à la directive du 28 juin 1999, qui énonce : « Les CDI sont la forme générale de la relation de travail et contribuent à la qualité de la vie des travailleurs et à l'amélioration de la performance. » Sur le plan juridique, le principe est qu'un emploi permanent doit être occupé par un salarié permanent.

Ce principe est confronté à une dynamique économique inverse qui fait une place de plus en plus importante aux contrats temporaires : si 85 % des salariés sont en CDI, ces derniers représentent moins d'un tiers des embauches en flux.

On a pour habitude de dire que le CDI reste la norme sociale. C'est encore vrai puisque trois-quarts des travailleurs du secteur privé déclarent relever de ce statut, proportion stable depuis une vingtaine d'années.

Répartition des statuts d'emploi et type de contrats (en %)

	2000	2005	2010	2015	2019
Indépendants	12,3	11	11,6	11,5	12,1
Salariés *(dont)*	87,7	89	88,4	88,5	87,9
CDI	75,7	77,4	76,5	75,6	74,6
CDD	9,2	8,2	8,8	9,3	9,1
Intérim	1,8	2,1	1,8	2,2	2,4
Apprentis	1	1,3	1,3	1,4	1,7

Source : Insee, enquête emploi.

Mais si le contrat à durée indéterminé reste la norme d'emploi en France, les contrats temporaires constituent l'essentiel des flux d'embauches enregistrées au cours d'une année (neuf sur dix environ). Certaines catégories de la population sont moins souvent en CDI qu'en CDD (en particulier les moins de 25 ans). Les conséquences sociales de la précarité du travail sont parfois très lourdes (*cf. infra*).

2.2 L'exception : les contrats temporaires (CDD et intérim)

a Généralités

On trouvera dans la littérature administrative plusieurs termes servant à désigner cet ensemble formé par les CDD et les missions d'intérim : contrats temporaires, contrats courts, contrats précaires, contrats atypiques, etc.

Le choix retenu ici est le terme de contrats temporaires, conforme à la terminologie communautaire, qui présente l'avantage d'une plus grande exactitude : les contrats en cause (le CDD et le contrat de mission d'un intérimaire) ont pour caractéristique commune de préciser le terme de la relation de travail, que celui-ci soit précisément indiqué par une date ou fonction de la réalisation d'un événement déterminé (retour d'un salarié remplacé, fin d'un projet).

Ces contrats peuvent être très courts (et on verra *infra* qu'ils le sont de plus en plus), mais également longs de plusieurs années. *A contrario*, un CDI peut être rompu rapidement et constituer, de fait, un contrat de courte durée. De même, ces contrats peuvent coïncider avec une situation de précarité mais ce n'est pas systématique. Enfin, la notion d'emploi atypique se rapporte à une réalité juridique beaucoup plus morcelée que la seule distinction CDI/contrats temporaires (*cf. supra*, les catégories identifiées par l'OIT).

D'un point de vue général, le CDD et l'intérim font l'objet d'articles distincts dans le Code du travail mais leur contenu est sur le fond largement similaire. Il convient donc d'appréhender les problématiques qui leur sont liées de manière commune.

Comme on l'a vu précédemment, juridiquement, la norme est le CDI. Son effet est très concret : si l'employeur recourt un contrat temporaire sans en respecter les dispositions légales, le retour à la norme est automatique, et le contrat est requalifié par le juge en CDI.

b Conditions de recours aux contrats temporaires

« Un contrat de travail à durée déterminée, quel que soit son motif, ne peut avoir ni pour objet ni pour effet de pourvoir durablement un emploi lié à l'activité normale et permanente de l'entreprise » (art. L. 1242-1 du Code du travail). La même disposition est prévue pour les contrats de mission dans le cadre de l'intérim (art. L. 1251-5 du Code du travail). La législation fixe les conditions dans lesquelles il est licite d'avoir recours à un contrat temporaire, sous la forme d'un CDD ou sous la forme d'un contrat de mission :

- pour remplacer un salarié ou un chef d'entreprise absent (la personne remplacée doit être nommément désignée) ;
- pour faire face à un accroissement temporaire de l'activité de l'entreprise : il doit s'agir de variations non durables et non liées à activité normale de l'entreprise[18] ;
- pour pourvoir des emplois saisonniers[19] ou des emplois dans des secteurs d'activité, définis par décret ou accord de branche étendu, dans lesquels il est d'usage d'avoir recours à des contrats de courte durée (il s'agit de la catégorie des contrats à durée déterminée d'usage ou CDDU, *cf.* encadré, p. 85) ;
- pour recruter des ingénieurs et cadres en vue de la réalisation d'un objet défini lorsqu'un accord de branche étendu ou à défaut un accord d'entreprise le prévoit (loi du 25 mars 2008, il s'agit du CDD de projet) ;

....

18. Principe toutefois interprété souplement par le juge : par exemple, le salarié embauché en CDD n'est pas obligatoirement affecté aux tâches directement impactées par le surcroît d'activité temporaire.

19. Le contrat saisonnier peut être renouvelé indéfiniment mais la notion de saison a été précisée par la jurisprudence. Elle s'applique à l'agriculture et au tourisme saisonnier (remontées mécaniques, plagistes, etc.). Dans un arrêt du 9 mars 2005, la chambre sociale de la Cour de cassation précise que « le caractère saisonnier d'un emploi concerne des tâches normalement appelées à se répéter chaque année à des dates à peu près fixes, en fonction du rythme des saisons ou des modes de vie collectifs ».

- dans le cadre des contrats aidés destinés à favoriser le recrutement de certaines catégories de personnes sans emploi (par exemple contrats aidés, contrats de professionnalisation, CDD seniors).

Il existe en outre des situations dans lesquelles le recours aux contrats temporaires n'est pas juridiquement possible :

- pour remplacer un salarié en grève ;
- pour certains travaux particulièrement dangereux (fixés par une liste réglementaire) ;
- pour les postes ayant fait l'objet d'un licenciement économique dans les 6 mois précédents.

c Les modalités d'application des contrats temporaires

Depuis les ordonnances du 22 septembre 2017, les conditions d'application des contrats temporaires sont en principe fixées par accord de branche étendu. Ces dispositions font partie du premier bloc de matières fixées par le Code du travail, relevant de « l'ordre public conventionnel », dans lequel les accords de branche ne peuvent pas faire l'objet de dérogations par accord d'entreprise à moins que celles-ci ne présentent des guaranties au moins équivalentes pour le salarié (*cf.* chapitres 1 et 3).

À défaut, le Code du travail prévoit des dispositions supplétives :

- la durée maximale supplétive des contrats à terme précis est en principe fixée à 18 mois[20]. Des exceptions existent néanmoins : les contrats conclus pour une commande exceptionnelle liée à l'exportation ou pour être exécutés à l'étranger (24 mois), les CDD nécessaires à la réalisation de travaux urgents ou destinés à remplacer un salarié en CDI dans l'attente de son arrivée effective (9 mois) ;
- dans certains cas (remplacement ou saisonniers notamment), le contrat pourra être conclu pour un terme imprécis mais il devra comporter une durée minimale (librement fixée par les parties), mais non maximale. Il incombera à l'employeur d'apporter la preuve de l'évènement constitutif du terme ;
- le nombre maximal de renouvellements, à l'intérieur de cette durée totale, est également encadré de manière supplétive : longtemps, un seul renouvellement était possible, désormais c'est deux depuis la loi Rebsamen du 17 août 2015 ;
- la succession d'emplois temporaires est impossible dans un délai fixé par défaut au tiers de la durée initiale (c'est le délai de carence, qui permet d'éviter les renouvellements incessants de CDD sur le même poste). Par exemple, si le CDD est souscrit pour un an, il faudra attendre quatre mois pour en passer un autre. En cas de contrat initial de moins de 14 jours, le délai de carence est porté à la moitié de la durée initiale. La règle n'est pas applicable aux contrats saisonniers et aux CDDU.

20. L'accord de branche peut prévoir une durée supérieure à 18 mois, mais dans une limite raisonnable, et le juge sanctionnera d'éventuels abus. L'article L. 1242-8 du Code du travail : « Une convention ou un accord de branche étendu peut fixer la durée totale du contrat de travail à durée déterminée. Cette durée ne peut avoir ni pour objet ni pour effet de pourvoir durablement un emploi lié à l'activité normale et permanente de l'entreprise. »

d Un statut juridique relativement protecteur

Outre les conditions d'emploi restrictives, plusieurs principes visent à protéger le titulaire d'un contrat temporaire :

- un principe d'égalité de traitement, notamment en matière de rémunération ;
- un régime de rupture anticipée du contrat à l'initiative de l'employeur plus restrictif que dans le cas d'un licenciement en CDI[21] : l'employeur devra justifier soit d'une faute grave, soit d'une situation de force majeure, soit d'une inaptitude du salarié. Le licenciement économique est exclu. Si l'employeur rompt fautivement le contrat, il s'exposera à une sanction lourde, avec des dommages et intérêts d'un montant au moins égal aux rémunérations que le salarié aurait perçues jusqu'au terme de son contrat, y compris l'indemnité de fin de contrat ou de précarité d'emploi de 10 %. Il existe également des sanctions pénales en cas de recours abusif aux contrats temporaires : elles sont très sévères et peu utilisées ;
- le principe du versement d'indemnités de fin de contrat pour les CDD et de fin de mission pour les contrats de mission, d'un montant de 10 % de la rémunération brute du salarié en principe : elle est due sauf rupture pour faute grave, départ avant terme à l'initiative du salarié, transformation volontaire du contrat temporaire en CDI par l'employeur ; ou encore dans les cas de CDD saisonnier, de CDD d'usage ou de contrats aidés ;
- la possibilité d'obtenir du conseil de prud'hommes une requalification du contrat temporaire en CDI en cas de recours irrégulier. Le contrat doit être écrit, et sera requalifié en CDI dans le cas contraire. La loi du 12 juillet 1990 prévoit une procédure accélérée de requalification : le conseil de prud'hommes doit statuer dans un délai d'un mois, et sans phase préalable de conciliation.

Le contrat à durée déterminée d'usage (CDDU)

Les contrats à durée déterminée d'usage sont une catégorie particulière de contrats temporaires, visée par l'article L. 1242-2 du Code du travail. Ils font l'objet d'une régulation juridique a minima, éloignée des principes régissant les autres types de contrats à durée déterminée. Le CDDU est utilisable dans des secteurs d'activité, définis par décret ou par convention de branche étendue, dans lesquels il est d'usage de recourir à des contrats temporaires pour la réalisation de certaines activités. L'encadrement légal est extrêmement flexible : sans limitation de durée dans le temps, sans délai de carence ni limitation pour son renouvellement, sans versement d'indemnité de fin de contrat, les CDDU n'ont pas à être motivés par la nécessité de remplacer un salarié absent ou de faire face à un surcroît

21. Le terme de licenciement est réservé aux CDI. En ce qui concerne un contrat temporaire, on parlera de rupture anticipée à l'initiative de l'employeur.

temporaire d'activité. L'IGAS[22] a recensé 30 secteurs reconnus éligibles au CDDU par décret ou convention collective, parfois pour un nombre limité de leurs métiers.

Les CDDU contribuent largement au phénomène de raccourcissement de la durée des contrats de travail. En 2019, 9,4 millions de CDDU ont été signés, dont 96 % d'un mois ou moins, par 1 300 000 salariés. Les CDDU sont en général très courts et renouvelés plusieurs fois : environ 50 % des CDDU signés en 2014 avaient une durée inférieure à une semaine, dont une petite moitié inférieure à un jour. Les réembauches par le même employeur sont fréquentes. En 2019, les signataires de CDDU avaient passé en moyenne 7 contrats de ce type au cours de l'année, d'une durée moyenne de 11 jours.

La flexibilité offerte par ce cadre juridique contribue au dynamisme du CDDU. Il est adapté aux contraintes de production de secteurs d'activité, essentiellement tertiaires, qui impliquent l'emploi d'« extras », difficiles à anticiper mais correspondant à l'activité habituelle de l'entreprise (hôtellerie-restauration, spectacle, déménagement, secteur social et médico-social notamment). Les règles de l'assurance chômage (calcul de l'allocation sur la base du salaire journalier de référence, régime des activités réduites) rendent attractif un modèle de « permittence[23] » entre des périodes d'emploi en contrat court et de chômage indemnisé.

D'un point de vue social, le profil des salariés en CDDU apparaît particulièrement fragile, au sein d'une catégorie générale des salariés en contrats temporaires elle-même globalement désavantagée. Les contrats de courte durée se concentrent sur les publics les moins favorisés sur le marché du travail (jeunes, femmes, actifs peu qualifiés). La récurrence des contrats de courte durée pèse sur le niveau et la qualité de vie : le niveau des rémunérations, l'accès au crédit bancaire et à la propriété immobilière, l'état général de santé des salariés en CDDU sont moins favorables[24].

Outre le bonus-malus sur les contributions patronales d'assurance chômage, portant sur les fins des contrats de travail quels qu'ils soient (*cf.* encadré, p. 138), une taxe forfaitaire spécifique sur les CDDU de 10 euros par contrat a été instaurée à compter du 1er janvier 2020, mais cette disposition a été abrogée pour tenir compte du contexte économique lié à la crise sanitaire à compter du 1er juillet 2020.

22. Inspection générale des affaires sociales, *Évaluation du contrat à durée déterminée d'usage (CDDU)*, 2015.

23. C'est-à-dire une situation dans laquelle les emplois intermittents sont en réalité permanents.

24. Direction générale du Trésor, *Le développement des contrats de très courte durée en France*, Trésor-Éco, nº 238, avril 2019.

2.3 Les particularités du travail intérimaire

Le travail intérimaire présente la particularité de mettre en présence trois acteurs (salarié, entreprise de travail temporaire et entreprise utilisatrice) dans une relation triangulaire relevant à la fois du droit commercial et du droit du travail.

Deux contrats existent en effet :

- un contrat de mission, passé entre le salarié et l'entreprise de travail temporaire (ETT). Il s'agit d'un contrat de travail, l'ETT est l'employeur du salarié ;
- un contrat de mise à disposition, passé entre l'ETT et l'entreprise utilisatrice (EU). Il s'agit d'un contrat commercial entre l'ETT, qui emploie le salarié, et l'EU, auprès de laquelle le salarié est mis à disposition dans le cadre d'une relation commerciale.

Le travail intérimaire a connu une très forte croissance au cours des trente dernières années, passant de 1 % en 1990 à une valeur dépassant régulièrement 3 % de la population salariée depuis la fin des années 2000, et fluctuant fortement en fonction du cycle économique : l'intérim est en effet un indicateur fiable des variations de la croissance, les entreprises adaptant leur comportement à la conjoncture en privilégiant cet instrument souple (augmentation du recours à l'intérim dans les moments de reprise économique et tarissement des recrutements d'intérimaires en cas de ralentissement).

Le régime juridique est le même que celui du CDD (conditions de recours, modalités d'application, statut protecteur). L'intérim présente l'avantage pour les salariés de les mettre en présence d'employeurs, les ETT, structurés au sein d'une branche professionnelle[25] qui leur assure un bon niveau de garantie et une certaine continuité des droits (prévoyance, formation, etc.).

Du côté des EU, l'intérim recouvre des réalités économiques très différentes entre des secteurs qui y ont recours de manière occasionnelle (il est alors majoritairement tertiaire et féminin) et des secteurs dans lesquels c'est un volant permanent de 10 à 15 % de la main-d'œuvre (automobile, bâtiment et travaux publics). Il est alors plutôt ouvrier, industriel et masculin. Il recouvre globalement des emplois majoritairement non qualifiés (38 % d'ouvriers non qualifiés, 40 % d'ouvriers qualifiés, 13 % d'employés et moins de 2 % d'emplois de cadres).

L'intérim est par nature précaire, mais il peut permettre de construire des sécurités malgré l'instabilité de l'emploi (organisation de la branche, possibilité de s'inscrire dans un statut de CDI auprès d'une entreprise d'intérim[26], etc.).

25. Prism'emploi.
26. Il s'agit du CDI intérimaire (CDII), conclu pour l'exécution de missions successives tout en maintenant le salarié dans sa relation de travail avec l'ETT entre deux missions : prévu par la loi du 23 juillet 2015, le CDII a été codifié dans le Code du travail depuis la loi du 5 septembre 2018 à l'article L. 1251-58-1. Fin 2019, le nombre de personnes en CDII était de près de 50 000.

S'agissant de la rupture anticipée d'un contrat de mission d'intérim, le régime applicable est le même qu'en matière de CDD, c'est-à-dire très restrictif. En pratique, l'utilisation de ce contrat est plus souple qu'avec un CDD pour l'entreprise utilisatrice : si un intérimaire ne convient pas à une EU, l'ETT pourra le remplacer par un autre salarié sans dommages financiers pour peu qu'elle trouve au premier une mission équivalente.

2.4 Le cas du travail à temps partiel

Le travail à temps partiel recouvre l'ensemble des situations contractuelles de travail dont la durée est inférieure à la durée légale ou conventionnelle. Le travail à temps partiel doit être prévu expressément dans le contrat.

Travail à temps complet et à temps partiel

	Femmes	Hommes	Ensemble	Part des femmes (en %)
Temps complet	69,9	93,1	82,1	40,4
Temps partiel	30,1	6,9	17,9	79,9

Source : Insee, enquête emploi, 2019.

Il concerne, en 2019, 17,9 % des salariés français (28 % dans les TPE). Si cette proportion reste faible par rapport à d'autres pays européens (51 % aux Pays-Bas, 28 % en Suède, 25 % au Royaume-Uni), elle a plus que doublé entre 1980 et 1990 (8,6 % en 1982) et progresse faiblement depuis lors (la période 2018-2019 correspond même à un léger recul).

Cette tendance s'explique largement par l'augmentation de l'activité féminine (80 % des emplois à temps partiel sont occupés par des femmes, et la probabilité d'être à temps partiel augmente avec le nombre d'enfants) et par la tertiarisation de l'économie (90 % des emplois à temps partiel se concentrent dans le secteur tertiaire). Le taux de travail à temps partiel est de 30 % pour les femmes et moins de 7 % pour les hommes. Il concerne par exemple près de 88 % des salariés de l'aide à domicile (mais il est inférieur à 5 % dans les secteurs de l'industrie).

Le développement du temps partiel était dans les années 1980 et 1990 le fruit de politiques publiques incitatives, ayant favorisé cette forme d'organisation du travail : abattement de cotisations patronales, recours multiformes aux contrats aidés et développement des services d'aide à la personne. Le développement du phénomène des travailleurs pauvres[27] (la moitié des travailleurs à temps partiel perçoivent une

27. Un travailleur pauvre, selon la définition de l'Observatoire national de la pauvreté et de l'exclusion sociale (ONPES) est une personne ayant été active au moins sept mois dans l'année dont au moins un mois en emploi, tout en vivant dans un ménage dont le niveau de vie est situé en dessous du seuil de pauvreté (défini comme 60 % du revenu médian).

rémunération nette inférieure à 800 euros par mois) ainsi que l'amélioration des connaissances sur le temps partiel subi ont conduit à mettre progressivement fin à ces politiques incitatives.

Le temps partiel subi reproduit des facteurs d'inégalités bien connus. Il concerne 40 % des travailleurs à temps partiel. Le droit du travail tente de pallier la fragilité relative des travailleurs à temps partiel en édictant des règles qui leur sont particulières : principe d'égalité de traitement, droit au refus des heures complémentaires, interdiction des coupures supérieures à deux heures à l'intérieur d'une journée de travail.

C'est ce qui a conduit les pouvoirs publics à définir une durée minimale pour les contrats à temps partiel : la loi 14 juin 2013, adoptée à la suite de l'ANI du 11 janvier de la même année, fixe un plancher de 24 heures par semaine. Cependant, confronté aux problèmes d'application de ce principe, le législateur a défini un nombre d'exceptions tel que cette mesure n'a plus désormais qu'une portée réduite : elle ne s'applique ni aux contrats antérieurs au 1er juillet 2014 ni aux CDD destinés à remplacer un salarié absent, ni aux étudiants, et des dérogations sont possibles par accord de branche étendu, ou sur demande expresse du salarié.

3 La rupture du contrat de travail est très encadrée

Cette partie est consacrée aux divers modes de rupture du contrat de travail. On ne traite ici que des modes de rupture du CDI, le cas des ruptures anticipées de CDD ou de missions d'intérim étant très particulier et faisant l'objet de solutions juridiques propres (*cf. supra*).

Les ruptures du contrat de travail sont généralement classées en fonction de leur origine : soit à l'initiative du salarié, soit à l'initiative de l'employeur, soit d'une initiative partagée et d'un commun accord. En droit, la première question qui entoure la fin du CDI est son imputabilité, et donc la détermination des responsabilités et du poids de leurs conséquences pour chacune des parties.

Dans le temps, on distingue trois grandes étapes :

- avant la loi du 13 juillet 1973, la rupture du CDI est peu encadrée et fait seulement l'objet de quelques procédures particulières qui apparaissent aujourd'hui marginales (résiliation amiable, résiliation judiciaire et transaction) ;
- la loi du 13 juillet 1973 encadre drastiquement les licenciements, pour motif personnel ou pour motif économique ;
- depuis la suppression de l'autorisation administrative de licenciement en 1986, le droit est à la recherche de solutions permettant de simplifier les ruptures du CDI tout en garantissant les droits des salariés.

Dans toute réflexion sur les ruptures de contrats du travail, il y a deux approches à concilier :

- l'approche du droit du travail : la rupture du contrat peut constituer un dommage, voire un traumatisme pour le salarié, il faut donc le protéger des abus et encadrer les possibilités de rompre le contrat ;
- l'approche économique : les mutations économiques sont une nécessité pour l'économie, et il faut garantir une certaine flexibilité aux entreprises.

Les politiques du travail opèrent une conciliation des deux approches, qui repose depuis quelques années sur l'idée selon laquelle il convient de protéger les personnes, et non les emplois. Divers vocables sont utilisés pour désigner cette approche (sécurisation des parcours professionnels, flexicurité : *cf.* chapitre 1).

Si les problématiques liées à la rupture du CDI sont le plus fréquemment abordées sous l'angle juridique en privilégiant la question du licenciement, il importe de garder en tête les proportions représentées par les divers modes de rupture du contrat de travail, ce qui doit conduire à relativiser la place du licenciement, et singulièrement du licenciement économique, dans le débat public. La première cause d'entrée à Pôle emploi est la fin de CDD ou de mission d'intérim (un quart du total). Les licenciements ne représentent que 9 % des entrées, et les licenciements économiques moins de 2 %.

Motifs d'entrée à Pôle emploi au troisième trimestre 2019

	Nombre d'entrées (en milliers)	Nombre d'entrées (en %)
Fin de CDD	100,4	19,6
Fin de mission d'intérim	28,9	5,6
Licenciement économique	8,2	1,6
Autres licenciements	35,9	7
Démission	19,7	3,8
Première entrée	34	6,6
Reprise d'activité	79,8	15,5
Rupture conventionnelle	35	6,8
Autres	33,6	6,5
Réinscription rapide	88,4	17,2
Motif indéterminé	49,4	9,6
Total	513,3	100

Source : DARES/Pôle emploi.

Si l'on observe l'évolution des motifs de fins de contrats de travail (CDI et contrats temporaires) dans le temps, on constate un reflux des licenciements économiques, le maintien des licenciements pour motif personnel, des démissions et des départs en retraite et la progression des départs en cours de période d'essai et à la suite de ruptures conventionnelles.

la période d'essai du contrat de travail

La période d'essai correspond à une période très particulière dans la vie du contrat de travail. Elle constitue une période permettant tant à l'employeur qu'au salarié d'évaluer la bonne adaptation du poste et au poste. « La période d'essai permet à l'employeur d'évaluer les compétences du salarié dans son travail, notamment au regard de son expérience, et au salarié d'apprécier si les fonctions occupées lui conviennent » (art. L. 1221-19-1 du Code du travail).

Pendant cette durée, encadrée par le Code du travail depuis la loi du 25 juin 2008 (adoptée à la suite de l'ANI du 11 février 2008), il peut être mis fin au contrat de travail sans avoir à invoquer le moindre motif et sans nécessité de mettre en œuvre les procédures classiques de rupture du contrat de travail et notamment, s'agissant des ruptures à l'initiative de l'employeur, le droit du licenciement.

Son principe et sa durée doivent être explicitement précisés soit par le contrat de travail, soit par accord de branche, si ce dernier prévoit que la période d'essai est obligatoire. La loi de 2008 poursuivait le double objectif de sécurisation et d'assouplissement en intégrant dans le Code deux obligations nouvelles :

- la définition d'une durée maximale de droit commun pour la période d'essai, pouvant être reconduite si un accord de branche étendu le stipule, et fixée en fonction du statut du contrat (un jour maximum par semaine pour les contrats temporaires, et un mois maximum pour les contrats de plus de 6 mois) et du niveau de qualification de l'emploi concerné (en CDI, deux mois maximum pour les ouvriers et employés, trois mois maximum pour les agents de maîtrise et techniciens et quatre mois maximum pour les cadres) ;
- la création d'un délai de prévenance devant être respecté avant la rupture du contrat de travail pendant la période d'essai, ce délai variant selon l'initiative de la rupture et la durée du travail effectivement réalisé dans l'entreprise[28]. Le délai de prévenance ne prolonge pas la durée de la période d'essai, et génère le plus souvent un droit à indemnité.

28. 48 heures si la rupture est à l'initiative du salarié ou, dans le cas d'une rupture à l'initiative de l'employeur, entre 48 heures et un mois (cette dernière valeur étant applicable au-delà de trois mois de présence dans l'entreprise).

La période d'essai doit être distinguée de la « clause probatoire », c'est-à-dire une période probatoire introduite en cours d'exécution du contrat à l'occasion d'un changement de fonctions. Elle n'autorise pas la rupture du contrat de travail mais entraîne retour à la situation de travail initiale, si la période de probation ne s'est pas avérée concluante (réintégration dans l'emploi précédent).

La particularité juridique de la période d'essai, qui permet de mettre fin au CDI sans motif, a conduit les pouvoirs publics à tenter d'en faire une utilisation poussant très loin la logique de flexibilité externe entre 2005 et 2008. Les juridictions y ont mis un terme en s'appuyant sur la législation internationale.

Créé par une ordonnance du 2 août 2005, le contrat nouvelle embauche (CNE) permettait aux entreprises de moins de 20 salariés de recruter des salariés en CDI avec une période d'essai de deux ans. Le succès de la formule a été relativement important, puisque 200 000 embauches ont été réalisées par ce moyen en 2006-2007, soit environ 10 % des embauches pour les entreprises concernées.

La Cour de cassation a estimé le 29 avril 2006 que l'article 4 de la convention n° 158 de l'Organisation internationale du travail était directement applicable, d'une part, et qu'il prohibait, d'autre part, les licenciements prononcés sans motif valable lié à l'aptitude ou à la conduite du travailleur, ou fondé sur les nécessités du fonctionnement de l'entreprise. La Cour a ainsi estimé que le dispositif du CNE était incompatible avec la convention internationale, et en a écarté l'application. La loi du 25 juin 2008 a finalement abrogé le dispositif et transformé les CNE alors en vigueur en CDI de droit commun.

3.1 Panorama des modes de rupture du CDI, en fonction de l'origine de ces procédures

Les ruptures à l'initiative de l'employeur sont les suivantes:

- le **licenciement**, qui se répartit en deux catégories : licenciement pour motif personnel, lorsqu'un motif « inhérent à la personne du salarié » est invoqué, que ce motif soit fautif ou non ; et licenciement pour motif économique, pour une raison « non inhérente à la personne du salarié » (*cf. infra*) ;
- la **mise à la retraite** à l'initiative de l'employeur est désormais très restreinte et limitée par la législation, qui a entendu faciliter l'emploi des seniors.

Les ruptures à l'initiative du salarié sont les suivantes :

- le **départ volontaire du salarié à la retraite** pour bénéficier d'une pension est de droit. Il donne droit au versement d'une indemnité de départ par l'employeur ;
- la **démission** est un acte unilatéral par lequel le salarié manifeste de façon claire et non équivoque sa volonté de mettre fin au contrat de travail. C'est un mode de rupture

en perte de vitesse, du fait de son intérêt limité pour le salarié, généralement privé de ses droits à indemnisation du chômage. Il faut noter cependant une inflexion, encore timide, de la politique publique dans ce domaine, qui aboutit à ne plus priver systématiquement les démissionnaires de leurs allocations : jusqu'en 2019, ils ne pouvaient bénéficier de l'assurance chômage qu'en cas de démission considérée légitime (par exemple pour suivre son conjoint ou suite à une prise d'acte lorsque l'employeur a eu un comportement condamnable) ainsi qu'à l'issue d'une longue période de chômage non indemnisé, à l'occasion d'un réexamen de leur situation. La loi du 5 septembre 2018 pour la liberté de choisir son avenir professionnel a prévu, depuis le 1er novembre 2019, la possibilité pour les salariés démissionnaires de demander à bénéficier de l'assurance chômage en justifiant d'une certaine durée d'activité et de la poursuite d'un projet de reconversion professionnelle, de création ou de reprise d'entreprise, dont le caractère réel et sérieux est attesté par une commission paritaire interprofessionnelle régionale. Le nombre de bénéficiaires effectivement concerné s'avère toutefois extrêmement limité (entre novembre 2019 et décembre 2020, seules 6 300 personnes en avaient bénéficié d'après l'Unédic) ;
- la **prise d'acte** suppose une saisine du juge : elle permet au salarié de rompre le CDI en cas de manquement suffisamment grave de l'employeur à ses obligations empêchant la poursuite du contrat. Si le juge fait droit à la demande, le salarié sera réputé avoir fait l'objet d'un licenciement sans cause réelle et sérieuse, et bénéficiera des droits liés à cette situation (indemnités et assurance chômage). Dans le cas contraire, le salarié est alors réputé avoir démissionné. La prise d'acte de l'employeur est interdite.

Les ruptures d'un commun accord constituent le mode de rupture du contrat de travail dont la dynamique est la plus forte (*cf. infra*)[29] :

- la rupture conventionnelle (individuelle) a été introduite à l'article L. 1237-11 du Code du travail par la loi du 25 juin 2008 de modernisation du marché du travail, issu de l'ANI du 11 janvier 2008 : « L'employeur et le salarié peuvent convenir en commun des conditions de la rupture du contrat de travail qui les lie. Exclusive du licenciement ou de la démission, la rupture conventionnelle ne peut être imposée par une ou l'autre des parties. » Le formalisme est relativement contraignant, dans le but de maintenir une protection des salariés. L'intérêt de ce dispositif est qu'il ouvre droit aux indemnités chômage, comme un licenciement et contrairement à la démission ;
- une des ordonnances du 22 septembre 2017 a créé la **rupture conventionnelle collective**, qui permet aux entreprises d'organiser la réduction de leurs effectifs en organisant des départs volontaires de salariés. Cette procédure s'est ajoutée aux

29. La transaction conventionnelle, issue de l'ancien article 2044 du Code civil, ayant en pratique totalement disparu depuis la mise en place de la rupture conventionnelle en 2008. Il s'agissait pour un salarié et son employeur de mettre fin à leur litige, déjà formé devant le juge, de manière conventionnelle. Cette volonté d'échapper au juge était l'objet d'un contrôle sévère, qui en faisait une procedure d'utilisation très délicate.

plans de départs volontaires, procédure imaginée par de grandes entreprises et validée par la jurisprudence, dont les objectifs sont identiques[30].

Le juge est souvent amené à déterminer la réalité de l'initiative de la rupture et à requalifier un mode de rupture en fonction de l'initiative réelle qu'il détermine.

3.2 Le licenciement : une procédure de moins en moins complexe et risquée pour l'employeur

a La procédure

La procédure de licenciement individuel, qu'il soit effectué pour motif personnel ou pour motif économique[31], se déroule en trois temps et ne fait intervenir ni l'administration ni les instances représentatives du personnel :

- convocation à l'entretien préalable du salarié par lettre recommandée avec accusé de réception portant la mention du fait qu'il peut se faire assister par un autre salarié de l'entreprise ou un conseiller du salarié (une personne agréée par le préfet[32] après avis des partenaires sociaux). L'absence du salarié à l'entretien ne provoque pas la nullité de la procédure. Un délai minimum de cinq jours ouvrés doit être laissé entre la convocation et l'entretien ;
- entretien individuel avec le salarié, qui doit en théorie permettre une conciliation destinée à éviter le licenciement dans le cas d'un licenciement pour motif personnel, et qui permet d'évoquer les mesures de reclassement ou d'accompagnement dans le cas d'un licenciement économique ;
- notification du licenciement, par lettre recommandée avec accusé de réception ou remise en main propre, qui fixe les motifs du licenciement. C'est une protection pour le salarié, l'employeur ne pouvant, en cas de contestation, invoquer d'autres motifs. La notification doit avoir lieu dans un délai minimum de deux jours ouvrés après la réalisation de l'entretien individuel dans le cas d'un licenciement pour motif individuel, et de sept jours ouvrables minimum dans le cas d'un licenciement économique (quinze jours pour un cadre).

Si la procédure formelle est relativement légère, sa méconnaissance peut avoir des conséquences redoutables : la violation d'une des deux premières étapes ne constitue

....

30. Il s'agit dans les deux cas d'outils de flexibilité externe (*cf.* chapitre 1).

31. Le licenciement pour motif personnel est un licenciement « inhérent à la personne du salarié », qui ne se confond pas avec le licenciement d'une seule personne : un licenciement économique peut intervenir pour une personne unique, et il est possible de licencier dix personnes pour motif personnel, par exemple si elles ont commis conjointement la même faute constitutive d'une cause réelle et sérieuse de licenciement (elles feront alors l'objet de dix procédures distinctes).

32. En pratique, la direction départementale, de l'emploi, du travail et des solidarités (DDETS).

pas un motif de remise en cause du licenciement mais peut être réparée par le juge éventuellement par une indemnité d'un mois de salaire maximum. En revanche, toute omission ou confusion sur les motifs de licenciement inscrits dans la notification correspond à un défaut de cause réelle et sérieuse de licenciement, jusqu'à une époque récente sans correction ou précision possible postérieurement à cette notification. Les risques économiques pour l'entreprise ont conduit les pouvoirs publics à rechercher une sécurisation de cette procédure.

Une des ordonnances du 22 septembre 2017 apporte ainsi deux modifications importantes en ce qui concerne la procédure de licenciement individuel :

- d'abord, elle prévoit que des modèles de notification de licenciement sont définis tant pour le licenciement personnel que pour le licenciement économique. C'est une simplification formelle, sous la forme d'un document normé (un formulaire cerfatisé), utilisable commodément par les entreprises ;
- en second lieu, l'ordonnance prévoit que l'employeur puisse préciser les motifs énoncés dans la lettre de licenciement après la notification de celui-ci. Auparavant, les motifs indiqués dans la notification étaient intangibles et permettaient de fonder des recours pour absence de cause réelle et sérieuse. Désormais, il est possible d'y revenir dans la lettre de licenciement. Néanmoins, sur le fond, il reste que les motifs énoncés doivent être objectifs, précis et vérifiables, et s'il est permis de préciser les motifs de licenciement dans cette seconde lettre, il n'est pas possible d'en ajouter *a posteriori* de nouveaux.

Les licenciements économiques collectifs font l'objet de procédures complémentaires.

Lorsque des licenciements économiques collectifs doivent être engagés, les entreprises sont assujetties à des procédures dont le degré de contrainte va croissant avec le nombre de ruptures de contrat de travail et la taille de l'entreprise.

Dans les entreprises d'au moins 50 salariés, et lorsque l'employeur envisage de réaliser plus de dix licenciements sur une période de 30 jours, il doit présenter un plan de sauvegarde de l'emploi (PSE). Ce dernier doit comporter des mesures destinées à permettre d'éviter les licenciements (première partie du plan) ainsi que ses mesures de reclassement externe et d'accompagnement des salariés licenciés (deuxième partie).

La procédure de PSE est relativement complexe. Elle implique plusieurs consultations du comité social et économique (CSE). Or, les conséquences d'une nullité d'un PSE sont considérables : la jurisprudence de la Cour de cassation a admis que les licenciements prononcés dans ce cadre étaient eux-mêmes frappés de nullité, entraînant l'obligation pour l'employeur de réintégrer les salariés qui le demandent[33].

....

33. Depuis l'arrêt Samaritaine du 13 février 1997 de la Cour de cassation, la nullité qui affecte le plan s'étend à tous les actes subséquents, dont les licenciements. Chaque salarié peut demander sa réintégration au conseil de prud'hommes. Si la réintégration est impossible ou n'a pas été demandée, le salarié a droit à une indemnité au moins égale aux salaires des six derniers mois (Cour de cass. soc., 14 septembre 2017).

Les risques induits pour les entreprises ont conduit les pouvoirs publics à chercher à sécuriser la procédure de PSE. Ainsi la loi du 14 juin 2013 a-t-elle prévu une profonde modification de ce dispositif, privilégiant la négociation collective et le dialogue avec l'administration :

- les partenaires sociaux de l'entreprise peuvent régler la procédure de PSE sur la base d'un accord. Cet accord doit faire l'objet d'une simple validation par la DREETS, essentiellement sur le plan du respect des procédures ;
- à défaut d'accord, un PSE unilatéral peut être adopté par l'employeur. Il est alors assujetti à une homologation par la DREETS, qui vérifiera tant le respect des procédures que le caractère suffisant des mesures d'accompagnement au regard des capacités de l'entreprise.

Le contrôle administratif créé par la loi de 2013 se substitue au contrôle par le juge qui prévalait jusqu'alors et qui constituait un facteur d'insécurité pour les entreprises. Mais surtout, l'administration du travail intervient dès qu'elle a connaissance de l'engagement d'une procédure de PSE, comme un tiers facilitateur auprès des employeurs et des représentants des salariés. Elle peut formuler des observations et si nécessaire des injonctions, en cours de procédure, pour amener l'employeur à respecter ses obligations. La DREETS a 15 jours pour valider un accord portant PSE et 21 jours pour homologuer un plan unilatéral. Le silence de l'administration vaut acceptation et toute contestation du PSE doit être formée dans un délai de trois mois. Si la DREETS refuse le PSE, elle doit motiver sa décision. Dans ce cas, l'entreprise devra lui soumettre un nouveau PSE, si elle entend poursuivre son projet. En 2020, plus de 600 PSE ont été validés ou homologués par l'administration, dont 55 % résultaient d'un accord d'entreprise.

En cas de petit licenciement économique (moins de 10 salariés sur 30 jours, ou pour les entreprises de moins de 50 salariés), le CSE est convoqué pour une réunion de présentation du projet de licenciement économique et son avis, qui est transmis à la DREETS, ne lie pas l'employeur.

Les salariés sont ensuite convoqués individuellement aux entretiens préalables à leur licenciement, conformément à la procédure exposée *supra*.

b Les motifs : licenciement pour motif personnel et licenciement économique

Sur le fond, depuis la loi de 1973, tout licenciement doit être motivé par une cause réelle et sérieuse, que celle-ci soit inhérente à la personne du salarié (licenciement pour motif personnel) ou non (licenciement économique).

La motivation du licenciement n'est pas fixée par le Code du travail mais résulte d'une sédimentation jurisprudentielle alimentée par le contentieux prud'homal. Le juge s'assure de la réalité des faits qui ont justifié le licenciement et de leur caractère sérieux.

L'absence de cause réelle et sérieuse fait l'objet de sanctions plus lourdes que les vices de forme, bien que leur portée ait été réduite par les ordonnances du 22 septembre 2017.

La cause réelle signifie que le licenciement doit reposer sur des faits objectifs et matériellement vérifiables, existants et exacts. Cela vise à écarter, en matière de licenciement pour motif personnel, les motivations floues comme la « perte de confiance » ou l'« incompatibilité d'humeur » : seuls les faits donnant lieu à ces pertes de confiance ou incompatibilités d'humeur peuvent être reprochés au salarié. En matière de licenciement économique, la matérialité des difficultés économiques sera vérifiée par le juge (*cf. infra*). La cause existante et exacte vise à écarter les motifs fallacieux ou relevant de prétextes.

La cause sérieuse est celle qui, dans le cas d'un licenciement pour motif personnel, revêt une certaine gravité et rend impossible, sans dommage pour l'entreprise, la poursuite de la relation de travail. Elle ne doit pas, en principe, être liée à la vie privée du salarié.

En matière de licenciement pour motif personnel, le caractère réel et sérieux de la cause du licenciement ne se confond pas totalement avec le régime de la faute du salarié :

- il existe des licenciements pour motif personnel qui interviennent en l'absence de toute faute du salarié. C'est le cas de l'insuffisance professionnelle, d'un trouble objectif pour le fonctionnement de l'entreprise la conduisant à licencier un salarié (à la suite par exemple d'un comportement de vie privée non fautif du point de vue du droit du travail mais portant atteinte au fonctionnement de l'entreprise ou encore de la circonstance d'une maladie d'un cadre dirigeant générant une désorganisation caractérisée de l'entreprise), d'un événement rendant impossible le maintien de la relation de travail (perte de son permis de conduire pour un livreur) ou encore de l'inaptitude du salarié reconnue par le médecin du travail ;
- les fautes du salarié peuvent en principe être sanctionnées dans le cadre du pouvoir de direction de l'employeur et du règlement intérieur, sous le contrôle du juge sans donner systématiquement lieu à un licenciement. Parmi ces fautes, certaines sont de nature à ne plus permettre la poursuite de la relation de travail. C'est alors qu'elles constituent des causes réelles et sérieuses de licenciement.

Le juge distingue, selon les cas qui lui sont soumis la faute simple, la faute sérieuse, la faute grave et la faute lourde. La faute grave est celle qui rend impossible le maintien de la relation de travail et justifie sa fin immédiate, sans période de préavis. La faute lourde correspond à une hypothèse dans laquelle l'intention de nuire du salarié est prouvée par l'employeur. Ces distinctions emportent des conséquences de deux points de vue :

- du point de vue des conséquences de la faute sur le contrat : la faute légère ne justifie pas le licenciement ; la faute constituant une cause réelle et sérieuse permet le licenciement du salarié en CDI ; la faute grave autorise la rupture anticipée du CDD et du contrat de mise à disposition d'un intérimaire, ou encore le licenciement d'une

femme enceinte ou d'un salarié victime d'un accident du travail ; la faute lourde justifie le licenciement d'un salarié gréviste et permet à l'employeur de poursuivre le salarié au titre de sa responsabilité civile ;
- du point de vue indemnitaire, le licenciement pour faute constituant une cause réelle et sérieuse ouvrira le droit à l'indemnité de licenciement mais également à une indemnité de préavis et une indemnité pour les congés payés non pris ; la faute grave et la faute lourde privent le salarié de ses indemnités de licenciement et de préavis. En revanche, tous les salariés ayant fait l'objet d'un licenciement, quelle qu'en soit la qualification du point de vue de la faute, bénéficient de leurs droits au titre de l'indemnisation du chômage.

En matière de licenciement économique, le caractère réel et sérieux a été redéfini par le législateur au cours de la période récente, avec l'intention de mieux encadrer des décisions juridictionnelles perçues comme ayant pu porter atteinte à la sécurité économique des entreprises devant se réorganiser.

C'est l'article L. 1233-3 du Code du travail qui énumère les motifs du licenciement économique : « Constitue un licenciement pour motif économique le licenciement effectué par un employeur pour un ou plusieurs motifs non inhérents à la personne du salarié, résultant d'une suppression ou d'une transformation d'emploi ou d'une modification, refusée par le salarié, d'un élément essentiel du contrat de travail [...]. »

Ces événements doivent être consécutifs :

- soit à des difficultés économiques (précisées *infra*),
- soit à des mutations technologiques,
- soit, depuis la loi El Khomri du 8 août 2016, à une réorganisation nécessaire à la sauvegarde de la compétitivité ou à une cessation d'activité de l'entreprise. La Cour de cassation avait considéré depuis plusieurs années déjà que ces deux causes pouvaient entraîner un licenciement économique : la loi les a intégrées au Code du travail.

La notion de « difficultés économiques » est précisée par le texte de l'article L. 1233-3 tel qu'il résulte de la loi de 2016 complétée par une des ordonnances du 22 septembre 2017. Ces difficultés pourront ainsi être caractérisées par :

- l'évolution significative d'au moins un indicateur économique tel qu'une baisse des commandes ou du chiffre d'affaires, des pertes d'exploitation, une dégradation de la trésorerie ou de l'excédent brut d'exploitation ;
- tout élément de nature à justifier ces difficultés.

Pour ce qui est de la baisse significative des commandes et du chiffre d'affaires, la loi précise qu'elle doit atteindre une certaine durée qui dépend de l'effectif de l'entreprise[34].

34. Ainsi, la baisse est significative lorsqu'elle a une durée, comparée sur la même période de l'année précédente, au moins égale à : un trimestre pour une entreprise de moins de 11 salariés, deux trimestres consécutifs pour une entreprise de 11 salariés à moins de 50 salariés, trois trimestres consécutifs pour une entreprise de 50 salariés à moins de 300 salariés, quatre trimestres consécutifs pour une entreprise de 300 salariés et plus.

Par ailleurs, l'ordonnance du 22 septembre 2017 a modifié le périmètre d'appréciation de ces difficultés économiques : elles sont appréciées au niveau de l'entreprise en général ou, si l'entreprise fait partie d'un groupe, au niveau du secteur d'activité considéré au sein du groupe. C'était une demande du patronat, que le législateur avait tenté de satisfaire lors du débat sur la loi El Khomri, et qui a finalement été réintroduite dans l'ordonnance de 2017. En cela, la définition des difficultés économiques s'aligne sur la pratique européenne la plus fréquente. Le reproche adressé à ce type de montage est que cela permet aux groupes d'organiser leurs difficultés économiques au niveau d'un pays, alors que les autres activités se portent bien[35].

c Les conséquences du licenciement

Le salarié licencié a en principe droit à une indemnité de licenciement, qu'il ait fait l'objet d'un licenciement pour motif personnel ou économique.

Les indemnités de licenciement sont généralement fixées par accord de branche, et à défaut par le Code du travail. Un des décrets pris en application de l'ordonnance du 22 septembre 2017 (décret du 25 septembre 2017) revalorise le montant des indemnités de licenciement, à hauteur de 25 % pour les 10 premières années d'ancienneté, ce qui est cohérent avec la volonté de renforcer les sécurités des salariés dans un contexte de plus forte mobilité.

En ce qui concerne le licenciement pour motif personnel, la faute a des conséquences sur la situation du salarié licencié pour motif personnel : le salarié peut perdre des droits en fonction de la qualification de sa faute (*cf. supra* : faute constitutive d'une cause réelle et sérieuse de licenciement, faute grave, faute lourde). Celle-ci ne modifie pas la situation du salarié licencié au regard du système d'assurance chômage.

En ce qui concerne le licenciement économique, la législation prévoit des dispositifs de reclassement et d'indemnisation plus favorables au salarié :

- le contrat de sécurisation professionnelle (CSP) est un dispositif financé par l'État et l'assurance chômage. Il doit être proposé aux licenciés économiques des entreprises de moins de 1 000 salariés et des entreprises en dépôt de bilan quelle qu'en soit la taille. D'une durée de 12 mois, ce contrat leur permet de bénéficier, suite à leur inscription comme demandeurs d'emploi à Pôle emploi, d'un accompagnement individualisé et renforcé. Il permet également à ceux justifiant de plus d'un an d'ancienneté dans l'entreprise de percevoir une allocation chômage d'un montant sensiblement

....

35. L'article L. 1233-3 du Code du travail précise : « La matérialité de la suppression, de la transformation d'emploi ou de la modification d'un élément essentiel du contrat de travail s'apprécie au niveau de l'entreprise. Les difficultés économiques, les mutations technologiques ou la nécessité de sauvegarder la compétitivité de l'entreprise s'apprécient au niveau de cette entreprise si elle n'appartient pas à un groupe et, dans le cas contraire, au niveau du secteur d'activité commun à cette entreprise et aux entreprises du groupe auquel elle appartient, établies sur le territoire national, sauf fraude. »

supérieur à celui d'une allocation chômage classique[36]. En 2017, plus de la moitié des 143 000 licenciés économiques étaient inscrits dans le dispositif de CSP[37] ;
- le congé de reclassement est un dispositif financé par l'employeur, et destiné aux salariés des entreprises de 1 000 salariés et plus faisant l'objet d'un licenciement économique. Le salarié bénéficie, pendant une durée allant de 4 à 12 mois, d'une indemnisation spécifique et du concours d'une cellule d'accompagnement financée par l'employeur.

Par ailleurs, depuis la loi de modernisation sociale du 17 janvier de 2002, les entreprises de plus de 1 000 salariés sont soumises à une obligation de revitalisation des bassins d'emplois affectés par des licenciements découlant de PSE ou de ruptures conventionnelles collectives.

Les ordonnances du 22 septembre 2017 ont modifié le régime de l'indemnisation pouvant être attribuée par le juge lorsqu'un licenciement intervient en l'absence d'une cause réelle et sérieuse, que celle-ci relève d'un motif économique ou personnel[38]. Elles créent un barème avec un plancher et un plafond relativement bas. La philosophie du texte est de rassurer les employeurs sur les risques qu'ils prennent lors d'une embauche, en limitant les conséquences potentielles d'un licenciement non justifié. Ces barèmes sont croissants avec l'ancienneté des salariés. Pour en déterminer le montant, les juges peuvent tenir compte des indemnités de licenciement déjà versées.

Ces référentiels ne s'appliquent cependant pas en cas de nullité du licenciement en raison :

- de la violation d'une liberté fondamentale ;
- de faits relevant de la discrimination ou de la méconnaissance de droits fondamentaux[39].

Ce barème fait l'objet de contestations de la part des organisations syndicales et d'un contentieux dont continuent de découler un certain nombre d'incertitudes (*cf. infra*).

....

36. Le CSP a permis d'améliorer le retour à l'emploi, y compris l'emploi durable. Dans les 24 mois suivant leur adhésion au dispositif, 67 % des bénéficiaires du CSP de 2015 ont accédé à un emploi, contre 62 % pour ceux de la précédente convention (soit 5 à 10 points de plus que les groupes témoins hors-CSP) : DARES, *Les salariés licenciés pour motif économique – le contrat de sécurisation professionnelle de 2015 a-t-il accéléré le retour à l'emploi durable de ses bénéficiaires ?* DARES Analyses, n° 1, janvier 2020.

37. DARES, *Les dispositifs d'accompagnement des restructurations en 2017 – La baisse du nombre de salariés concernés se poursuit*, DARES Résultats, n° 39, septembre 2019.

38. À bien distinguer de l'indemnité de licenciement, versée par l'employeur, y compris lorsque la cause réelle et sérieuse est présente et prouvée.

39. Plus précisément : de faits de harcèlement moral ou sexuel, de licenciement reconnu comme discriminatoire, d'un licenciement consécutif à une action en justice en matière d'égalité professionnelle, d'une dénonciation de crimes et délits, de l'exercice de son mandat par un salarié protégé, de la violation de droits accordés à de jeunes parents (congé maternité, paternité), de la violation de la protection des salariés victimes d'un accident du travail ou d'une maladie professionnelle.

3.3 De nouveaux modes de rupture consensuels sont privilégiés par les pouvoirs publics et plébiscités par les acteurs de l'entreprise

a La rupture conventionnelle individuelle connaît un grand succès depuis 2008

La possibilité de rupture conventionnelle du CDI a été introduite à l'article L. 1237-11 du Code du travail : « L'employeur et le salarié peuvent convenir en commun des conditions de la rupture du contrat de travail qui les lie. Exclusive du licenciement ou de la démission, la rupture conventionnelle ne peut être imposée par une ou l'autre des parties. » Cet article a été introduit dans le Code par la loi du 25 juin 2008 de modernisation du marché du travail, qui transposait ici une stipulation de l'ANI du 11 janvier 2008.

Un certain nombre d'éléments de procédure ont été prévus pour protéger le salarié : en particulier, les parties se rencontrent au cours de deux entretiens et peuvent se faire assister, un délai de réflexion et de rétractation de 15 jours est prévu, et une homologation administrative, le plus souvent tacite, est effectuée par la DDETS. La rupture conventionnelle individuelle ne concerne que le salarié en CDI et ne peut être appliquée pour la rupture anticipée d'un CDD ou d'une période d'essai.

La progression de cette procédure est constante et très nette, malgré un léger tassement du nombre de ruptures conventionnelles enregistrées en 2019 et 2020 (plus de 420 000 ruptures conventionnelles de CDI homologuées par l'administration au cours de cette dernière année). Les ruptures conventionnelles représentent aujourd'hui environ 10 % des fins de CDI.

Le succès indéniable de cette formule tient à la possibilité pour le salarié de bénéficier d'une indemnité de départ, qui ne peut être inférieure à l'indemnité de licenciement, et surtout de l'assurance chômage, à la différence d'une démission. Il illustre aussi la préférence des parties pour un mode de rupture consensuel, permettant un rebond plus aisé du salarié dans une autre entreprise et un fonctionnement moins conflictuel pour l'entreprise de départ. D'après une étude du Centre d'étude de l'emploi (CEE), la moitié de ces ruptures conventionnelles résulteraient d'un accord de volontés, tandis qu'un tiers seraient à l'initiative du salarié et environ 15 % à l'initiative de l'employeur. De fait, la rupture conventionnelle se substitue à la fois à des démissions et à des licenciements[40].

40. Centre d'études de l'emploi, *Quel bilan de l'usage de la rupture conventionnelle depuis sa création ?* Connaissance de l'emploi, n° 15, mai 2015.

Part des ruptures conventionnelles dans les fins de CDI (en %)

2008	0
2009	4,6
2010	6,3
2011	6,8
2012	7,4
2013	7,6
2014	8,1
2015	9,4
2016	10,4
2017	9,8

Source : DARES, établissements de 50 salariés et plus du secteur privé.

b Les départs volontaires sont devenus le mode privilégié d'adaptation des grandes entreprises aux mutations économiques

Le PSE est une procédure dont les effets sociaux et les dégâts en termes d'image peuvent être considérables. Les entreprises potentiellement concernées (c'est-à-dire les entreprises de 50 salariés et plus), et particulièrement les plus grandes entreprises (250 salariés et plus) privilégient donc des procédures moins traumatisantes, permettant d'envisager, sur la durée, des transitions plus douces lorsqu'elles envisagent de supprimer des emplois. Le volontariat a néanmoins ses contreparties pour l'employeur : dans le cas d'un PSE, ce dernier dispose de marges de manœuvre sur la liste des salariés devant être licenciés[41]. En cas de volontariat, il devra définir très précisément les conditions d'éligibilité des salariés sous peine de voir partir des personnes indispensables au fonctionnement de l'entreprise.

Les plans de départs volontaires (PDV) ont connu un grand succès au cours des années 2000-2010 : il s'agit des plans collectifs fondés sur le consentement des salariés et devant respecter les formes d'un PSE. Sur le fond, le plan de départs volontaires est un PSE limité à sa seule seconde partie (accompagnement et reclassements externes à l'entreprise) et devant se fonder sur un réel volontariat. Sa caractéristique est de ne pas être encadré par le Code du travail et donc d'avoir fait l'objet d'un statut juridique d'origine exclusivement jurisprudentielle. Les entreprises, particulièrement les plus grandes, y ont eu recours car il s'agissait d'un outil socialement plus consensuel qu'un PSE, mais supposant une forte technicité ne pouvant reposer que sur une direction des

....

41. Il existe cependant des critères légaux qui le contraignent (ancienneté, famille, situation de handicap, âge).

ressources humaines étoffée et appuyée par des juristes confirmés. Cette procédure a perdu une grande partie de son intérêt avec la création de la rupture conventionnelle collective par une des ordonnances du 22 septembre 2017 (*cf. infra*). Elle conserve toutefois sa pertinence dans certains cas précis, en particulier lorsqu'un accord collectif d'entreprise ne peut être adopté.

Une ordonnance du 22 septembre 2017 crée une nouvelle procédure, la rupture conventionnelle collective (RCC). Elle est ouverte à toutes les entreprises, sans condition de taille. La RCC est portée par un accord d'entreprise (majoritaire), qui doit être validé par la DREETS sous 15 jours, avec une règle de silence-acceptation. Ce dispositif permet de supprimer les emplois dans le cadre de départs volontaires. L'accord fixe les modalités d'information du CSE, le nombre maximal de départs envisagé et la durée de mise en œuvre, les conditions à remplir pour les salariés qui souhaitent en bénéficier, les indemnités de départ, les mesures visant à faciliter le reclassement externe. Dès que l'employeur accepte la candidature d'un salarié volontaire pour quitter l'entreprise, le contrat de travail est considéré comme rompu d'un commun accord. La formule connaît un grand succès. En 2020, 142 accords de RCC ont été validés par l'administration[42]. La procédure est à la fois plus sûre juridiquement et moins contraignante que le PDV[43]. En outre, elle peut également concerner des entreprises de taille plus modeste.

4 Les particularités des relations individuelles de travail dans la fonction publique

Le droit de la fonction publique ne se rattache pas au droit privé mais constitue une branche du droit public, répondant à ses textes et logiques propres, dont le contentieux relève de la juridiction administrative[44] et non des juges compétents en droit du travail (*cf.* chapitre 1).

Les agents publics sont les travailleurs qui exercent de manière permanente[45] une activité de service public administratif au sein d'une collectivité publique.

Les règles applicables aux fonctionnaires et aux contractuels de droit public ne sont pas celles du Code du travail, même si sur le fond nombre de principes apparaissent

42. Contre 61 en 2018 et 80 en 2019.

43. Elle n'implique pas pour l'entreprise de démontrer une situation de difficulté économique et n'empêche en rien de recruter en parallèle.

44. En principe, tribunal administratif en première instance, cour administrative d'appel en appel et Conseil d'État en cassation.

45. En cela les agents publics se distinguent des fonctions politiques (élus, ministres du Gouvernement nommés par le président de la République) ainsi que des fonctions de collaborateur occasionnel de l'administration (prestataires, bénévoles).

communs. Cet écart avec le droit du travail se justifie par les sujétions liées au service public. C'est parce que l'État et les autres collectivités publiques ne sont pas des employeurs comme les autres que leurs serviteurs sont soumis à des règles spécifiques, impliquant des droits et obligations différents de ceux qui s'appliquent aux salariés du secteur privé. S'y reflète une conception de l'État particulière à la France : occupant une place plus prégnante dans la société, il est également plus attendu que dans les pays comparables. Une particularité française réside en particulier dans le fait que le statut de fonctionnaire s'applique à des emplois allant au-delà des fonctions régaliennes.

L'idée générale à retenir en ce qui concerne les dynamiques respectives des politiques du travail dans le secteur privé et le secteur public est le rapprochement des deux législations, à l'œuvre depuis une quarantaine d'années, mais considérablement accéléré par la loi du 6 août 2019 de transformation de la fonction publique.

4.1 Le cadre statutaire et réglementaire

La catégorie des agents pulics regroupe en réalité deux statuts professionnels[46] :

- le statut des fonctionnaires, dont la situation ne résulte pas d'un contrat mais d'actes unilatéraux de l'administration. Ils relèvent d'une situation statutaire et réglementaire. Ce statut est applicable aux fonctionnaires des trois versants (État, collectivités territoriales, hôpitaux). Les trois fonctions publiques[47] sont régies par quatre lois qui forment les quatre titres du statut général de la fonction publique[48]. Des statuts particuliers régissent les fonctions publiques des assemblées parlementaires, les magistrats de l'ordre judiciaire et les militaires. Le principe est que les fonctionnaires occupent les emplois permanents de l'administration. Les fonctionnaires sont classés en trois catégories A, B et C, qui correspondent à des classifications d'emplois[49]. Dès lors qu'ils sont titularisés dans leur fonction, les fonctionnaires sont intégrés de manière permanente dans un corps[50] (ou cadre d'emploi dans la fonction publique territoriale) et y déroulent une carrière complète, intégrant des avancements de grade et d'échelon ;

46. Les données chiffrées qui suivent sont issues du rapport annuel sur la fonction publique publié par la direction générale de l'administration et de la fonction publique (édition 2020).

47. Représentant 2,5 millions d'agents dans la fonction publique de l'État, 1,9 million dans la fonction publique territoriale et 1,2 million dans la fonction publique hospitalière.

48. La loi du 13 juillet 1983 (dite Le Pors) portant les dispositions générales applicables aux trois fonctions publiques (titre 1), la loi du 11 janvier 1984 relative à la fonction publique de l'État (titre 2), la loi du 26 janvier 1984 relative à la fonction publique territoriale (titre 3) et la loi du 9 janvier 1986 relative à la fonction publique hospitalière (titre 4).

49. Les concours de catégorie A sont accessibles aux titulaires d'un bac + 3 ; les catégories B du baccalauréat et les catégories C d'un diplôme de niveau CAP, BEP ou brevet des collèges.

50. Chaque corps (ou cadre d'emploi) de la fonction publique regroupe des fonctionnaires soumis aux mêmes règles, appelées statut particulier, fixées par décret. Les fonctionnaires sont titulaires, dans leur corps, d'un grade, et dans ce grade, d'un échelon.

- le statut des agents contractuels de droit public[51], dont le contrat passé avec l'administration fixe les principes généraux d'emploi dans le cadre du droit administratif[52]. Le statut contractuel est dérogatoire dans l'administration, et doit être réservé par la loi à certaines missions ou circonstances. Néanmoins, ces dérogations tendent à se généraliser (*cf. infra*). Les règles applicables résultent de décisions du pouvoir réglementaire[53]. Les emplois sont accessibles soit en CDD, avec une obligation de passage en CDI après 6 ans de fonctions, soit directement en CDI. Le champ d'application de cette dernière catégorie a été étendu par la loi du 6 août 2019.

Le principe de recrutement de la fonction publique est le concours, directement issu de l'application de l'article 6 de la Déclaration des droits de l'homme et du citoyen de 1789 : « Tous les Citoyens étant égaux [...] sont également admissibles à toutes dignités, places et emplois publics, selon leur capacité, et sans autre distinction que celle de leurs vertus et de leurs talents. »

Le recrutement de contractuels tend néanmoins à se développer. Cette évolution fait débat avec les organisations syndicales de la fonction publique, qui y sont généralement hostiles. Les pouvoirs publics ont pu par le passé développer des politiques de titularisation des contractuels[54]. La loi du 6 août 2019 de transformation de la fonction publique élargit significativement les possibilités de recours aux agents contractuels : il est désormais possible de recruter indifféremment un fonctionnaire ou un contractuel sur l'ensemble des emplois de direction de la fonction publique et dans les établissements publics de l'État. De même, le principe de l'occupation des emplois permanents par des fonctionnaires peut être écarté lorsque l'emploi fait appel à des compétences techniques spécialisées ou nouvelles, ou lorsque la procédure de recrutement d'un titulaire s'est révélée infructueuse ou encore lorsque l'emploi ne nécessite pas une formation statutaire donnant lieu à titularisation dans un corps de fonctionnaire. Dans la fonction publique territoriale, les dérogations sont encore plus étendues[55]. Le corollaire de cette ouverture est la mise en place d'une procedure garantissant la transparence des recrutements pour les contractuels susceptibles de pourvoir des emplois permanents de la fonction publique[56].

51. Soit au total 1,1 million d'agents sur les 5,6 millions de personnels de la fonction publique au total pour les trois versants.

52. Depuis la jurisprudence du Tribunal des conflits Berkani du 25 mars 1996, tous les agents contractuels de l'administration relèvent du droit administratif.

53. À titre principal : le décret du 17 janvier 1986 relatif aux agents contractuels de l'État, le décret du 15 février 1988 relatif aux agents contractuels de la fonction publique territoriale, le décret du 6 février 1991 relatif aux agents contractuels de la fonction publique hospitalière.

54. Loi du 12 mars 2012 (dite Sauvadet) relative à l'accès à l'emploi titulaire et à l'amélioration des conditions d'emploi des agents contractuels dans la fonction publique, à la lutte contre les discriminations et portant diverses dispositions relatives à la fonction publique.

55. Tous les emplois de catégorie B, ainsi que tous les emplois des communes de moins de 1 000 habitants sont totalement ouverts aux contractuels.

56. Décret du 19 décembre 2019 relatif à la procédure de recrutement pour pourvoir des emplois permanents de la fonction publique ouverts aux agents contractuels.

4.2 La déontologie spécifique des agents publics

Les principes généraux applicables par ailleurs aux contrats de travail se retrouvent sous d'autres formes pour les agents publics (*cf. supra*) : bonne foi, respect des engagements, protection des libertés individuelles et collectives, prohibition des comportements sexistes et de toute forme de harcèlement.

De même, la prohibition des discriminations et le principe de libre circulation s'appliquent, mais avec des aménagements liés aux particularités des emplois publics :

- la prohibition des discriminations est prévue par l'article 6 de la loi Le Pors du 13 juillet 1983, qui précise toutefois que l'affectation dans un emploi public implique des conditions précises de citoyenneté et de santé[57], et que des exceptions liées à l'âge et aux sujétions de certains emplois peuvent être prévues par les textes ;
- le principe de libre circulation des travailleurs communautaires et des ressortissants des États de l'Espace économique européen ne concerne pas les emplois dits de souveraineté, ou qui comportent la participation directe ou indirecte à l'exercice de prérogatives de puissance publique. Ces emplois demeurent réservés, à l'intérieur de la fonction publique, aux seuls ressortissants nationaux[58].

Le fait d'appartenir au service public implique des sujétions particulières, liées au respect d'autres principes généraux du droit public tenant notamment à continuité et à la mutabilité du service public. Ces particularités conduisent parfois à des solutions de droit différentes de celles qui prévalent pour le secteur privé[59] :

- la loi du 20 avril 2016 relative à la déontologie et aux droits et obligations des fonctionnaires a profondément réformé le contenu de la déontologie des fonctionnaires et prévu de nombreuses procédures visant à la préserver, notamment des conflits d'intérêts (possibilité de se doter de codes spécifiques à certains corps ou services,

57. L'article de la loi du 13 juillet 1983 prévoit : « Nul ne peut avoir la qualité de fonctionnaire : 1° S'il ne possède la nationalité française ; 2° S'il ne jouit de ses droits civiques ; 3° Le cas échéant, si les mentions portées au bulletin n° 2 de son casier judiciaire sont incompatibles avec l'exercice des fonctions ; 4° S'il ne se trouve en position régulière au regard du Code du service national ; 5° Le cas échéant, s'il ne remplit, compte tenu des possibilités de compensation du handicap, les conditions de santé particulières exigées pour l'exercice de certaines fonctions relevant du corps ou du cadre d'emplois auquel il a accès, en raison des risques particuliers que ces fonctions comportent pour les agents ou pour les tiers et des sujétions que celles-ci impliquent. »
58. Article 5 bis de la loi du 13 juillet 1983, issu des modifications portées par la loi du 26 juillet 1991.
59. L'article 25 de la loi du 13 juillet 1983 issue des modifications apportées par la loi du 20 avril 2016 prévoit ces dispositions : « Le fonctionnaire exerce ses fonctions avec dignité, impartialité, intégrité et probité. Dans l'exercice de ses fonctions, il est tenu à l'obligation de neutralité. Le fonctionnaire exerce ses fonctions dans le respect du principe de laïcité. À ce titre, il s'abstient notamment de manifester, dans l'exercice de ses fonctions, ses opinions religieuses. Le fonctionnaire traite de façon égale toutes les personnes et respecte leur liberté de conscience et leur dignité. Il appartient à tout chef de service de veiller au respect de ces principes dans les services placés sous son autorité. Tout chef de service peut préciser, après avis des représentants du personnel, les principes déontologiques applicables aux agents placés sous son autorité, en les adaptant aux missions du service. »

création de référents déontologues dans les administrations). La Haute autorité pour la transparence de la vie publique (HATVP) veille à la collecte des déclarations publiques d'intérêts et des déclarations de patrimoine des plus hauts fonctionnaires ;
- les agents publics sont soumis à une obligation de dignité, de probité, de réserve et d'intégrité, dont la portée est plus étendue que celle des salariés du secteur privé. Les comportements de vie privée peuvent amener l'administration à sanctionner un fonctionnaire du fait du discrédit porté sur l'administration ou de l'atteinte à la considération des fonctions exercées. Pour se déterminer, le juge se prononcera en tenant compte du niveau hiérarchique de l'agent, de ses fonctions, de la gravité des atteintes et de la publicité donnée aux faits ;
- les agents publics ont en outre des obligations d'impartialité et de neutralité qui dépassent les possibilités de restrictions aux libertés reconnues aux employeurs privés. Ils doivent s'abstenir de connaître d'affaires les engageant personnellement, ou pour lesquelles leur jugement serait altéré. Ils doivent traiter de façon égale toutes les personnes et respecter leur liberté de conscience et leur dignité. La neutralité philosophique et politique du fonctionnaire se voit ajouter des exigences supplémentaires s'agissant des questions religieuses, puisque les agents publics sont soumis au respect d'une obligation de laïcité, qui doit les conduire à s'abstenir de manifester leurs opinions religieuses dans le cadre de leurs fonctions, et donc de porter de manière visible un signe d'appartenance religieuse ;
- les fonctionnaires doivent consacrer la totalité de leur activité professionnelle aux tâches qui leur sont confiées, contrairement aux salariés du secteur privé, qui peuvent cumuler des emplois sous réserve de respect de la durée maximale de travail. Les dérogations à ce principe sont rares et généralement soumises à autorisation préalable par l'administration.

Les sujétions précitées impliquent des droits particuliers. Outre le droit à rémunération, à pension et indemnisation du chômage, le fonctionnaire a droit à une protection fonctionnelle : son employeur a le devoir de faire cesser les atteintes subies par le fonctionnaire du fait de l'exercice de ses missions, et de réparer les torts subis en l'absence de faute personnelle de l'agent.

Les droits et libertés individuels des agents de la fonction publique sont protégés selon des principes quelque peu différents de ceux des salariés du secteur privé. Néanmoins, ils disposent de la liberté absolue d'adhérer aux opinions de leur choix et de les exprimer dans un cadre limité par les besoins du service.

L'agent public est soumis à un devoir d'obéissance relativement classique aux instructions de l'autorité hiérarchique, qui se combine avec un très spécifique devoir de désobéissance lorsqu'il est destinataire d'ordres « manifestement illégaux et de nature à compromettre gravement un intérêt public[60] ». De même, les fonctionnaires sont

....
60. Article 28 de la loi du 13 juillet 1983.

soumis à une obligation d'informer le procureur de la République des crimes et délits dont ils prennent connaissance dans l'exercice de leurs fonctions[61].

4.3 La cessation des fonctions des agents publics

Dans leur immense majorité, les fonctions des agents publics cessent lorsque ces derniers font valoir leurs droits à pension. Il existe dans la fonction publique une limite d'âge, généralement fixée à 67 ans, à partir de laquelle le lien avec le service est rompu de plein droit, et qui s'impose tant à l'agent (fonctionnaire ou contractuel) qu'à son employeur.

Les principes de la fonction publique encadrent néanmoins les départs anticipés, toujours dans la recherche d'une conciliation des règles de gestion des ressources humaines avec les impératifs du service public.

Les départs à l'initiative de l'agent public vers le secteur privé étaient, jusqu'à la loi du 6 août 2019, soumis à l'avis préalable de la commission de déontologie. Depuis février 2020, la procédure d'avis préalable a été confiée à la Haute autorité pour la transparence de la vie publique (HATVP), qui n'est automatiquement saisie que des situations des hauts fonctionnaires et, pour les autres agents publics, uniquement sur demande expresse de l'autorité hiérarchique de l'agent concerné.

Les départs à l'initiative de l'employeur sont également possibles. La garantie d'emploi n'exclut pas par principe tout licenciement :

- le licenciement pour motif personnel est possible dans les cas, non fautifs, d'insuffisance professionnelle ou d'inaptitude, s'il apparaît impossible de reclasser l'agent dans un autre emploi. Il peut également faire suite à une procédure disciplinaire aboutissant à la révocation, dans le respect des principes des droits de la défense (information préalable, contradictoire, communication du dossier). L'administration est enfin tenue de prononcer la radiation d'un agent qui perdrait la qualité de fonctionnaire du fait de la déchéance de ses droits civiques ou d'une interdiction d'exercer un emploi public ;
- le licenciement pour motif économique est écarté par le principe de fonction publique de carrière.

Depuis la loi de transformation de la fonction publique du 6 août 2019, plusieurs mécanismes issus du droit du travail ont été transposés dans la fonction publique :

- un contrat de projet permet l'embauche de personnels affectés à des missions ponctuelles spécifiques avec une durée minimale d'un an et dans la limite de six ans, pour les trois versants de la fonction publique ;
- les agents contractuels recrutés pour une durée inférieure à un an bénéficient désormais, comme les salariés en contrat temporaire des entreprises privées relevant du droit du travail, d'une indemnité de précarité de 10 % des rémunérations brutes ;

....

61. Article 40 du Code de procédure pénale.

- à titre expérimental jusqu'au 31 décembre 2025, il est possible aux agents publics et à leurs employeurs de conclure des ruptures conventionnelles, inspirées par la procédure existant dans le champ du droit du travail. L'agent comme son employeur peuvent être à l'initiative de la procédure. Un entretien préalable est organisé, où l'agent peut être assisté par un conseiller désigné par l'organisation syndicale représentative de son choix. L'entretien porte principalement sur les motifs de la demande, la date envisagée, le montant de l'indemnité de rupture conventionnelle et les conséquences de la cessation définitive des fonctions. La convention de rupture conventionnelle est signée au moins 15 jours francs après l'entretien préalable, et chaque partie dispose ensuite d'un délai de rétractation de 15 jours. Le montant de l'indemnité spécifique s'inscrit dans une fourchette fixée réglementairement en fonction de l'ancienneté, avec un plafond de 2 ans de rémunération brute. Elle est exonérée de contribution sociale généralisée (CSG) et d'impôt sur le revenu dans la limite d'un plafond. La rupture conventionnelle entraîne radiation des cadres et perte de la qualité de fonctionnaire, et ouvre droit aux allocations chômage. Ces conditions relativement favorables suscitent des adhésions d'agents publics à l'approche de l'âge de la retraite, le dispositif n'excluant *a priori* que les agents de 62 ans et plus pouvant faire valoir leurs droits à pension. Tout départ vers le secteur privé doit faire l'objet d'une déclaration préalable à l'employeur, qui peut le cas échéant saisir la HATVP ;
- des règles de reclassement des agents publics sont définies en cas de restructuration des services administratifs : ils bénéficient d'une priorité d'affectation au niveau local, d'un congé de transition professionnelle pris en charge par l'État et d'un accompagnement spécifique vers le secteur privé dans le cadre de plans de départs volontaires ; en cas d'externalisation de missions, ils doivent être détachés d'office auprès du cocontractant de l'administration et bénéficient du maintien des garanties découlant de leur statut.

La legislation sur le passe sanitaire et vaccinal issue des lois d'août 2021 et de janvier 2022 relatives à la gestion de la crise sanitaire

La loi du 5 août 2021 relative à la gestion de la crise sanitaire et ses décrets d'application du même jour instituent de nouvelles obligations pour les employeurs et les salariés, dont l'impact sur la relation de travail a fait l'objet de débats nourris.

Le passe sanitaire s'impose de manière transitoire dans les secteurs des activités de loisirs, la restauration et l'hôtellerie, les établissements de santé et médico-sociaux, les grands magasins, les foires et salons, ainsi que pour les activités de transports publics de longue distance. Il correspond à l'obligation de vérifier, tant pour les personnes fréquentant ces services que les travailleurs à leur contact, la preuve d'une vaccination contre la Covid-19, d'un examen de dépistage négatif, d'un justificatif de rétablissement prouvant l'immunité ou encore d'un certificat de contre-indication médicale. Les salariés qui ne sont pas en mesure de présenter cette preuve voient leur contrat de travail et leur rémunération suspendus. Initialement, le projet gouvernemental prévoyait la possibilité de rompre le contrat de travail des salariés concernés. La discussion parlementaire, puis la décision du Conseil constitutionnel sur le projet de texte, ont conduit à supprimer ces dispositions (respectivement pour les salariés en CDI, puis en CDD), sans pour autant supprimer tout risque de licenciement pour les salariés en CDI se trouvant durablement dans l'impossibilité de travailler, selon les critères habituels du licenciement pour motif personnel sans faute (*cf. supra*). Les mêmes obligations pèsent sur les agents des services publics.

S'y ajoute une obligation de vaccination pour les personnels des établissements et services sanitaires et médico-sociaux, ainsi que des services départementaux d'incendie et de secours. Ces touches doivent présenter un justificatif de leur statut vaccinal. À défaut, l'employeur informe, sans délai, le salarié que son contrat de travail et sa rémunération sont suspendus, et lui indique les moyens de régulariser sa situation.

Cette législation a été renforcée à l'occasion de la cinquième vague de l'épidémie, caractérisée par la diffusion du variant Omicron. La loi du 22 janvier 2022 renforçant les outils de gestion de la crise sanitaire et modifiant le Code de la santé publique transforme le passe sanitaire en passe vaccinal : pour les personnes de 16 ans et plus, l'accès aux activités de loisirs, à la restauration, à l'hôtellerie et aux transports de longue distance implique d'être couvert par un schéma vaccinal complet, auquel la preuve de tests négatifs ne peut plus suppléer.

SECTION 2

Les problématiques

L'omniprésente question du chômage, depuis une quarantaine d'années, pousse les pouvoirs publics à assouplir la législation sur la rupture des CDI (1). Au-delà du nombre de postes de travail disponibles, la qualité de l'emploi est également en question : la croissance du nombre des contrats temporaires contribue à la segmentation du marché du travail (2), d'autant plus que la durée moyenne de ces contrats se raccourcit (3). La problématique de l'égalité professionnelle femmes-hommes demeure vive (4). Enfin, le numérique bouscule les schémas traditionnels des relations entre employeurs et salariés, et l'épidémie de Covid-19 n'a fait qu'accentuer cette tendance (5).

1 La recherche d'un assouplissement des conditions de rupture du contrat de travail à durée indéterminée est une constante

La recherche de flexibilité externe est une constante des débats de politique du travail, ayant donné lieu à une multitude de réformes successives depuis 40 ans (*cf.* chapitre 1), provisoirement conclues par les ordonnances du 22 septembre 2017 et la loi du 5 septembre 2018 pour la liberté de choisir son avenir professionnel.

Ces réformes renvoient à l'idée d'une nécessaire diminution du degré de protection de l'emploi (mesuré notamment par l'indicateur de législation protectrice de l'emploi de l'OCDE), afin de permettre des créations de postes plus aisées et *in fine* de faire diminuer le taux de chômage, en particulier pour les publics les plus exposés à ce risque.

Cette analyse est généralement partagée par les économistes, même s'il existe une multitude de déterminants à une embauche en CDI, dont la pondération est variable. En pratique, moins de la moitié des établissements ayant eu recours à des CDD évoquent la complexité de la réglementation sur les CDI pour expliquer leur recours au travail précaire (45 %[1]).

....

1. Cela dit, cette proportion est plus importante dans les établissements de petite taille (55 % pour les établissements de 10 salariés et moins, contre 33 % pour les établissements plus de 10 salariés) : DARES, *Pourquoi les employeurs choisissent-ils d'embaucher en CDD plutôt qu'en CDI ?* DARES Analyses, n° 70, octobre 2017.

Le rapport sur les réformes du marché du travail en Europe, publié par le Conseil d'orientation pour l'emploi en 2015[2], met en évidence une recherche d'assouplissement du droit du CDI comme une constante dans les pays européens, alors que l'assouplissement du recours au CDD, lui, n'est pas systématique (*cf. infra*). En France, plusieurs jalons notables de cette politique sont représentés par la création de la rupture conventionnelle (loi du 25 juin 2008), la mise en place de la procédure de validation/homologation des plans de sauvegarde de l'emploi (loi du 14 juin 2013), la précision dans la loi des motifs de licenciement économique (loi du 8 août 2016 et ordonnances du 22 septembre 2017), l'assouplissement des conditions de procédure en matière de licenciement (ordonnances du 22 septembre 2017).

Si on se concentre sur les tentatives d'encadrement des montants attribuables par le conseil de prud'hommes en cas de licenciement sans cause réelle et sérieuse, il est permis de constater que la mesure a fini par rentrer en vigueur, mais dans un contexte de fortes contestations :

- la loi du 6 août 2015 pour la croissance, l'activité et l'égalité des chances économiques (dite loi Macron) comportait cette disposition mais elle a été censurée par le Conseil constitutionnel au motif d'une différenciation inconstitutionnelle des montants d'indemnités attribuables en fonction de la taille de l'entreprise ;
- le projet de loi porté en 2016 par la ministre du Travail Myriam El Khomri prévoyait à nouveau ce type de mesure, modulée cette fois uniquement en fonction de l'ancienneté du salarié, mais le barème obligatoire a été abandonné dans un contexte de forte contestation politique, au profit d'un barème purement indicatif, finalement mis en place par un décret du 23 novembre 2016 ;
- c'est finalement une ordonnance du 22 septembre 2017 qui a créé ce dispositif sous sa forme obligatoire, en fixant une fourchette d'indemnisation (relativement basse) s'imposant au juge et en excluant les licenciements liés à des discriminations ou mettant en cause une liberté fondamentale (*cf. supra*).

Cette mesure demeure contestée par les organisations syndicales et les juges portent des appréciations encore diverses sur son application.

- Plusieurs juges prud'homaux (Agen, Lyon, etc.) ont écarté la loi au profit de l'application de principes portés par des conventions internationales (l'article 24 de la Charte sociale européenne du 3 mai 1996, ratifiée par la France, qui stipule que « tous les travailleurs ont droit à une protection en cas de licenciement », ou encore l'article 10 de la convention 158 de l'Organisation internationale du travail de 1982, ratifiée par la France, qui stipule que si les juges « arrivent à la conclusion que le licenciement est injustifié [...], ils devront être habilités à ordonner le versement d'une indemnité adéquate »).

....

2. Conseil d'orientation pour l'emploi, *Les réformes du marché du travail en Europe*, novembre 2015.

- De leur côté, les juridictions suprêmes des deux ordres ont estimé que ce barème était conforme aux textes internationaux :
  – le Conseil d'État, saisi d'une requête en référé suspension dirigée contre l'ordonnance précitée avant sa ratification par le Parlement, a jugé que ces dispositions ne violaient pas les principes posés par ces textes internationaux[3] ;
  – deux avis rendus en juillet 2019 par la Cour de cassation affirment que l'application du barème inscrit dans la réforme du Code du travail de 2017 n'est pas contraire aux conventions internationales ratifiées par la France[4] ;
- On demeure néanmoins sur ce sujet dans un certain flou : la Cour d'appel de Reims a rendu le 25 septembre 2019 un arrêt qui fragilise quelque peu le dispositif sans heurter de front la Cour de cassation : elle soumet la loi sur le barème à un contrôle de conventionnalité au regard des textes internationaux précités et conclut qu'il ne les méconnaît pas, tout en ajoutant que ce contrôle de conventionnalité *in abstracto* n'interdit pas au juge de s'affranchir du barème dans certains contentieux pour évaluer la situation *in concreto* : il « ne [le] dispense pas, en présence d'un dispositif jugé conventionnel, d'apprécier s'il ne porte pas une atteinte disproportionnée aux droits du salarié concerné c'est-à-dire en lui imposant des charges démesurées par rapport au résultat recherché ». La Cour d'appel de Bourges a rendu un arrêt dans le même sens le 6 novembre 2020. Dans deux arrêts du 18 septembre 2019 et du 16 mars 2021, la Cour d'appel de Paris a, quant à elle, indiqué que l'indemnisation prévue par le barème n'offrait pas au salarié une indemnisation adéquate et appropriée de son préjudice, susceptible d'être compatible avec les exigences de l'article 10 de la convention n° 158 de l'OIT. Cette position a fait l'objet d'un pourvoi en cassation à l'initiative de l'employeur. Il n'est donc pas exclu que les juges de premier ressort et d'appel continuent à renâcler dans l'application d'une loi qui limite fortement leur pouvoir d'appréciation.

Les procédures d'anticipation et de réponse aux mutations économiques, appuyées sur la négociation collective, forment désormais un continuum d'outils permettant d'adapter les ressources humaines des entreprises à des changements affectant leur économie. Les pouvoirs publics et les partenaires sociaux ont multiplié ces dispositifs depuis une quarantaine d'années, et ce mouvement s'est notablement accéléré dans le contexte de la crise économique initiée en 2008-2009, puis de la crise sanitaire à partir de 2020.

Les pouvoirs publics ont mis en place **des dispositifs visant à éviter le recours aux licenciements économiques** :

- sur le plan individuel, l'employeur est tenu d'assurer l'employabilité de ses salariés, et ne saurait se prévaloir de l'insuffisante actualisation de leurs compétences pour justifier d'un licenciement ;

....

3. Conseil d'État, juge des référés, 7 décembre 2017.
4. Cour de cassation, 17 juillet 2019.

- sur le plan collectif, l'employeur est tenu à certaines obligations en matière de gestion prévisionnelle des emplois et des compétences (GPEC), qui doit permettre d'anticiper l'adaptation des ressources humaines aux transformations du marché. Depuis les ordonnances de 2017, le congé de mobilité en est un instrument privilégié et ouvert à toute entreprise quelle que soit sa taille[5] : il permet aux salariés de s'inscrire volontairement dans une démarche de mobilité, le plus en amont possible, en alternant pendant leur congé des périodes d'accompagnement, de formation et de travail, tout en bénéficiant d'une rémunération. Par ailleurs, les entreprises de 300 salariés et plus sont tenues de négocier sur la gestion des emplois et des parcours professionnels (GEPP), en principe tous les 3 ans (*cf.* chapitre 3) ;
- au titre de la flexibilité interne, les accords de performance collective (APC) permettent de modifier les clauses essentielles du contrat de travail, y compris sans l'accord du salarié (*cf. supra*) ;
- en cas de mobilité du capital, le principe est la préservation des contrats de travail, dont tous les éléments sont transférés à l'acquéreur de l'entreprise[6] ;
- lorsque surviennent des difficultés économiques considérées comme transitoires, les entreprises peuvent placer les salariés en chômage partiel (ou, selon la dénomination désormais privilégiée par les pouvoirs publics, en activité partielle), situation qui permet d'assurer leur indemnisation alors que leur contrat de travail est suspendu ;
- au titre de la flexibilité externe (c'est-à-dire des suppressions d'emplois), les accords de rupture conventionnelle collective ont notablement simplifié la procédure de départs collectifs volontaires et permettent de réaliser les restructurations de manière anticipée, tandis que le droit des PSE, sécurisé depuis la loi du 14 juin 2013 (le contentieux est rare), doit permettre de privilégier les solutions négociées au sein de l'entreprise et discutées avec l'administration du travail, afin de faire face aux difficultés économiques lorsque celles-ci sont avérées (cf. *supra*).

Parmi tous ces dispositifs, **c'est de très loin l'activité partielle qui s'est trouvée au cœur de la réponse publique à la crise liée à la Covid-19**. L'activité partielle a pour objectif d'éviter les licenciements économiques en cas de difficultés transitoires des entreprises, notamment en situation de crise exceptionnelle. Pendant la période d'activité partielle, l'employeur reçoit une allocation financée par l'État et l'Unédic et verse au salarié une indemnité dont le contrat de travail est suspendu. Au premier semestre 2020, près de 9 millions de salariés étaient placés en activité partielle en France. Les accords d'activité partielle de longue durée (APLD), mis en place en juin 2020, permettent en outre aux entreprises confrontées à des mutations économiques plus durables de bénéficier de conditions préférentielles de prise en charge de l'activité partielle par l'État et par

....

5. Seules les entreprises de plus de 300 salariés sont soumises à une obligation de négociation triennale (pouvant être portée à 4 ans) en matière de GEPP (*cf.* chapitre 3), mais toutes les entreprises, quelle que soit leur taille, peuvent mettre en place le congé de mobilité si elles sont couvertes par un tel accord.

6. Article L. 1224-1 du Code du travail : « Lorsque survient une modification dans la situation juridique de l'employeur, notamment par succession, vente, fusion, transformation du fonds, mise en société de l'entreprise, tous les contrats de travail en cours au jour de la modification subsistent entre le nouvel employeur et le personnel de l'entreprise. »

l'assurance chômage. La mise en place de l'APLD suppose que l'entreprise soit couverte par un accord de branche étendu[7] ou par un accord d'entreprise, et implique que l'entreprise démontre qu'elle dispose de perspectives économiques de moyen terme et s'engage à maintenir l'emploi.

D'après l'économiste Gilbert Cette[8], l'ensemble de ces dispositifs s'est montré efficace pour limiter les effets sociaux de la crise de 2020, à la différence des résultats constatés lors de la précédente crise en 2008-2009. En 2009, le PIB allemand a reculé de – 5,7 % sans contraction nette de l'emploi, alors qu'en France il se contractait de – 2,9 % et engendrait la perte de 500 000 postes environ. En 2020, le PIB français a chuté de 8,2 % et l'emploi n'a diminué que de 220 000 postes en net.

Aux dispositifs précités a été ajouté en 2021, dans le contexte de la crise sanitaire, un nouvel instrument : les **accords de transition collective** (également dénommés « Transco »). Issus d'une initiative conjointe de l'État et des partenaires sociaux au niveau national[9], ces accords doivent permettre aux salariés de passer de secteurs en perte de vitesse à secteurs en croissance lors de la reprise économique. Pour cela, le salarié bénéficie d'une formation de 24 mois sur des métiers reconnus porteurs par l'administration sur le plan territorial, tout en étant maintenu dans son poste initial. L'entreprise volontaire doit être couverte par un accord de GEPP. La formation est financée par l'entreprise, l'État et des associations paritaires de formation professionnelle[10]. Certaines entreprises relevant de secteurs en pénurie structurelle de main-d'œuvre se sont d'emblée montrées très volontaires pour accueillir des salariés candidats au départ (par exemple dans le secteur de l'accompagnement du grand âge pour recruter des aides-soignants).

2 L'extension du recours aux contrats temporaires contribue à la segmentation du marché du travail

La progression des flux de contrats temporaires est une problématique majeure des politiques du travail, à laquelle les pouvoirs publics s'attellent depuis une vingtaine d'années.

De fait, la part des emplois temporaires a crû considérablement entre les années 1990 et 2000. S'ils ne représentaient que 5 % de l'emploi salarié en 1982, puis 10 % en 1990, ils regroupent depuis le début du XXIe siècle environ 15 % de l'emploi salarié, cette proportion étant relativement stable depuis vingt ans. Cette progression s'est accompagnée

....

7. En mars 2021, on dénombrait 46 accords de branche prévoyant la mise en place de l'APLD (soit 5 millions de salariés potentiellement couverts), dont 35 étendus par le ministère du Travail.

8. Conclusions du séminaire organisé par la direction générale du Trésor, *Politiques de l'emploi – les procédures de restructuration,* 19 mars 2021.

9. Il s'inspire largement de la proposition commune formulée par les organisations patronales et syndicales le 16 octobre 2020.

10. Les associations « Transition pro », qui se sont substituées aux FONGECIF en 2018.

d'une diversification des types de contrats de travail. En flux, les emplois temporaires représentent 86 % des embauches annuelles. Le nombre d'entrées en CDD a été multiplié par 2,5 entre 2001 et 2017[11].

Or, si le recours aux contrats temporaires correspond en partie à un besoin économique, ses motivations sont parfois contestables.

Le développement de ces contrats répond à une revendication patronale tendant à plus de flexibilité, dans un contexte de concurrence internationale plus soutenue et de variabilité de la demande. La précarisation a donc accompagné d'autres évolutions dans la gestion des entreprises : amortissement accéléré des investissements, diminution des stocks, réorganisation du travail et notamment du temps de travail (*cf.* chapitre 4).

Les contrats temporaires correspondent donc à un besoin économique : il existe des tâches qui ne sont pas pérennes et qu'il faut accomplir. Mais ce n'est pas vrai partout. Deux tiers des entreprises ont recours dans l'année au CDD ou à l'intérim. Dans certains secteurs, le poids des emplois temporaires est considérable (automobile, construction mais également dans les services comme l'hôtellerie-restauration ou le spectacle), pour adapter leur main-d'œuvre à une demande instable. L'utilisation massive du contrat à durée déterminée d'usage (CDDU) en est une illustration dans de nombreux secteurs, en particulier les services (*cf.* encadré, p. 85).

Mais contrairement à ce qu'affirme le Code du travail, les contrats temporaires ne sont pas une exception. La DARES s'est penchée en 2017 sur les raisons pour lesquelles les employeurs privilégiaient le CDD plutôt que le CDI : si 7 établissements sur 10 (69 %) répondent que le recours au CDD a pour objectif de répondre à un besoin limité dans le temps (ce qui est conforme à la réglementation), 65 % des établissements indiquent que le CDD est un moyen de tester les aptitudes du salarié, c'est-à-dire de pratiquer une période d'essai déguisée, ce qui est illégal[12]. Cette pratique concerne particulièrement les jeunes : pour ces derniers, les trois quarts des embauches sont réalisées par CDD ou par mission d'intérim.

Les contrats temporaires sont généralement associés à une plus grande précarité sociale, et apparaissent moins avantageux que le CDI.

Comme évoqué auparavant, il faut envisager les contrats temporaires au-delà de leur seule dimension juridique, et les intégrer à la manière de l'OIT dans un continuum de situations juridiques relevant de l'emploi dit atypique. Cette dernière catégorie regroupe l'ensemble des emplois qui ne sont pas des CDI à temps plein, c'est-à-dire « quatre grandes catégories [...] : 1) le travail temporaire ; 2) le travail à temps partiel ; 3) le travail intérimaire et autres relations d'emploi multipartites ; 4) les relations de

....

11. DARES, *CDI, CDD : comment évoluent les embauches et les ruptures depuis 25 ans ?* DARES Analyses, n° 26, juin 2018.
12. DARES, *Pourquoi les employeurs choisissent-ils d'embaucher en CDD plutôt qu'en CDI ?* DARES Analyses, n° 70, octobre 2017.

travail déguisées et l'emploi économiquement dépendant[13] ». Les emplois atypiques sont en partie substituables : un travailleur détaché ou un travailleur indépendant utilisant une plateforme numérique peut être préféré à un salarié en CDD ; un salarié à temps partiel peut être mis en balance avec un intérimaire pour la même durée de travail.

Le travail détaché

Le travail détaché est une modalité de mise en œuvre d'une prestation de service internationale au sens du droit communautaire. Un travailleur détaché est envoyé par son employeur pour effectuer une prestation de services à titre temporaire dans un autre État membre de l'Union européenne.

Le cadre juridique du travail détaché a été fixé par une directive de 1996[14], complété par la directive dite « Bolkestein » de 2006[15] et par la jurisprudence de la Cour de justice de l'Union européenne. Les normes communautaires prévoient l'application aux travailleurs détachés du droit du travail de l'État d'origine de leur entreprise (principe dit du pays d'origine), à l'exception d'un noyau dur de droits (salaire minimum, temps de travail et règles de santé et de sécurité au travail) devant être conforme à la législation du pays d'accueil. Néanmoins, les textes initiaux ne prévoyaient pas de durée maximale au détachement et comportaient de nombreuses possibilités de dérogation.

La Cour de justice européenne a donné à ces principes une portée extensive, instaurant une primauté des libertés économiques sur les principes de sauvegarde des droits des travailleurs, dans ses arrêts très commentés *Viking* et *Laval* de 2007[16].

Plusieurs pays européens, dont la France, ont porté la revendication d'une évolution de cette législation propice à un véritable dumping social. Une nouvelle directive a ainsi remplacé en 2018 la directive initiale de 1996[17], permettant un encadrement de la durée maximale du travail détaché (fixée en principe à 12 mois, et 18 mois en cas de notification

13. Organisation internationale du travail, *L'emploi atypique dans le monde*, novembre 2016.
14. Directive 96/71/CE du Parlement et du Conseil du 16 décembre 1996 concernant le détachement de travailleurs effectué dans le cadre d'une prestation de service.
15. Directive 2006/123/CE du Parlement européen et du Conseil du 12 décembre 2006 relative aux services dans le marché intérieur.
16. Arrêts rendus par la CJCE les 11 et 18 décembre 2007. Le premier portait sur l'exercice d'un blocus (légal) d'un chantier par des travailleurs suédois, dans le cadre de leur droit de grève. Les salariés grévistes réclamaient l'application à des travailleurs lettons détachés sur un chantier des conventions collectives applicables en Suède. Le second concernait le changement de pavillon d'une compagnie maritime finlandaise, destiné à employer des travailleurs estoniens aux conditions sociales de leur pays d'origine, ayant déclenché des menaces de grève de la part des salariés finlandais. Les arrêts de la juridiction européenne concluaient à la prévalence de la liberté de prestation de services et d'établissement sur les règles de protection des travailleurs, et en particulier le droit de grève.
17. Directive (UE) 2018/957 du Parlement européen et du Conseil, modifiant la directive de 1996.

motivée de prolongation adressée par l'employeur) et étendant le périmètre du noyau dur des droits devant être conformes à la législation du pays d'accueil (ensemble des règles déterminant les rémunérations, y compris lorsqu'elles sont issues de l'application de conventions collectives). Une ordonnance du 20 février 2019 transpose pour la France la directive de 2018 et est entrée en vigueur le 30 juillet 2020.

Une entreprise qui souhaite détacher un salarié en France doit en faire la déclaration préalable, recensée par un site Internet administré par le ministère du Travail. Un salarié détaché en France doit percevoir les mêmes rémunérations qu'un salarié non détaché. Une étude de la direction du Trésor montrait en 2016 qu'au niveau du SMIC, le niveau de rémunération servi à un travailleur détaché n'était pas inférieur à celui d'un salarié d'une entreprise française[18].

En 2019, 260 000 salariés avaient été détachés en France, pour une durée moyenne de 101 jours, représentant un taux de recours au travail détaché rapporté au travail non détaché s'établissant à la modeste proportion de 0,4 %[19].

Le travail détaché donne lieu néanmoins à de multiples situations de fraude, difficiles à évaluer mais concentrées sur des secteurs d'activité (agriculture, construction) et des régions bien identifiées (Provence-Alpes-Côte d'Azur notamment), ce qui incite les pouvoirs publics (inspection du travail, services fiscaux, URSSAF) à cibler leurs contrôles[20]. En juillet 2021, la société d'intérim espagnole *Terra Fecundis* a fait l'objet d'une condamnation par le Tribunal correctionnel de Marseille, suite à la mise à disposition frauduleuse, dans les champs du sud de la France, de travailleurs majoritairement sud-américains, dans des conditions de travail absolument scandaleuses.

Par rapport aux salariés en CDI, les salariés en CDD ou en mission d'intérim sont :

- moins qualifiés (36 % sont ouvriers ou employés, contre 22 % pour les salariés en CDI[21]) et moins fréquemment inscrits à une formation (l'accès à la formation professionnelle continue est près de 30 % inférieur) ;
- moins rémunérés, du fait d'une proportion plus importante de jeunes et de travailleurs faiblement expérimentés[22] ; ils présentent trois fois plus de risque d'appartenir à un ménage pauvre ;
- défavorisés du point de vue de l'état général de santé, de l'accès au crédit bancaire et de l'accès au logement.

18. Trésor-Éco, *Concurrence sociale des travailleurs détachés en France : fausses évidences et réalités*, n° 171, juin 2016.
19. DARES, *Qui sont les travailleurs détachés en France ?* DARES Analyses, nº 34, juin 2021.
20. Cour des comptes, *La lutte contre la fraude au travail détaché : un cadre juridique renforcé, des lacunes dans les sanctions*, extrait du Rapport public annuel 2019 de la Cour des comptes, février 2019.
21. Direction générale du Trésor, *Le développement des contrats de très courte durée en France*, Trésor-Éco n° 238, avril 2019
22. DARES, *Les CDD moins bien rémunérés que les CDI : d'où vient l'écart ?* DARES Analyses, n° 60, décembre 2018

Il ne faut pas pour autant noircir à l'excès la situation des salariés en contrat temporaire. Ce dernier correspond parfois à un choix délibéré du travailleur. Il constitue en outre fréquemment la porte d'entrée des jeunes dans la vie active, avant une stabilisation professionnelle. Deux tiers des salariés en contrats temporaires se disent bien intégrés dans leur entreprise.

Mais la précarité de l'emploi peut également être subie durablement. Les titulaires d'un CDD ou d'une mission d'intérim sont deux fois plus nombreux à vouloir changer d'emploi que les titulaires de CDI. Surtout, une frange des salariés n'obtient jamais ni CDI ni CDD de plus d'un mois : ils constituent le socle de la précarité[23]. Il s'agit en général de travailleurs plus âgés que la moyenne des titulaires de contrats temporaires[24]. Plus de 70 % des titulaires de CDD de moins de 30 ans sont en CDI l'année suivante, mais seulement 30 % des 40 ans et plus. Ces proportions sont de 71 % pour les titulaires d'un diplôme de l'enseignement supérieur, contre 46 % pour les personnes sans diplôme.

L'utilisation des contrats temporaires, et plus largement les catégories de travail se rattachant au travail atypique au sens de l'OIT, se traduit par une segmentation du marché du travail, c'est-à-dire une situation d'inégalité durable à l'intérieur de la population active occupée, entre une population bien insérée et une population en situation de précarité, avec des indicateurs sociaux très contrastés.

3 Les contrats temporaires sont de plus en plus courts

C'est le grand fait problématique qui se rattache à ces contrats : si la proportion de la population salariée en emploi temporaire évolue peu depuis 20 ans, le nombre de ces contrats passés au cours d'une année a explosé, car **leur durée moyenne s'est considérablement raccourcie**[25] :

- en 2017, les embauches en contrats de moins d'un mois représentent presque 70 % des embauches totales, alors qu'elles représentaient moins de 50 % des embauches en 2000 ;
- la part des emplois de moins d'un mois dans l'emploi salarié total atteint 2,5 % en France (le taux le plus élevé en Europe après la Belgique), alors que la moyenne de la zone euro est très faible (en dessous de 1 %) ;

23. DARES, *CDI, CDD : comment évoluent les embauches et les ruptures depuis 25 ans ?* DARES Analyses, n° 26, juin 2018
24. Odran Bonnet, Simon Georges-Kot et Pierre Pora, *Les contrats à durée limitée : trappes à précarité ou tremplins vers une carrière ?* in Insee Références, *Emploi, chômage et revenus du travail*, édition 2019, p. 47 *sqq*.
25. Direction générale du Trésor, *Le développement des contrats de très courte durée en France*, Trésor-Éco n° 238, avril 2019.

- la durée médiane des CDD arrivés à terme est passée de plus de 20 jours en 2000 à 5 jours en 2017 ; en 2017, 30 % des CDD ne durent qu'une seule journée[26] ;
- le taux de rotation de la main-d'œuvre est passé de 29 % en 1996 à 96 % en 2017[27].

La part des réembauches chez le même employeur est également croissante. Les employeurs de CDD de moins d'un mois font pour les trois quarts appel à d'anciens salariés pour pourvoir ces emplois. Près de 60 % d'entre eux disposent d'un vivier de personnes travaillant régulièrement pour eux en contrats très courts[28].

Les causes de ce développement des contrats très court sont de trois ordres, bien mis en évidence par l'étude du Trésor de 2019 :

- des raisons économiques : les contraintes de fonctionnement du secteur tertiaire, et notamment des métiers du champ social et médico-social ou de l'hébergement et restauration, expliquent le recours à ces contrats très courts ;
- c'est probablement également l'effet de comportements d'optimisation liés à l'assurance chômage : le calcul des indemnités chômage, assises sur le salaire journalier de référence, s'est pendant longtemps effectué sans proratisation en fonction de la durée effective du travail au cours d'un même mois, de sorte que pour un même nombre d'heures travaillées, l'enchaînement de CDD très courts générait une indemnisation supérieure à celle d'un unique contrat de travail à temps partiel. Par ailleurs, l'assurance chômage prévoit des possibilités de cumul entre indemnisation et revenus du travail pour inciter à la reprise d'emploi, et ces dispositifs peuvent constituer des incitations à multiplier les contrats courts ;
- c'est enfin l'utilisation optimisée des CDDU qui explique en partie le raccourcissement des contrats temporaires. Le recours au CDDU a été étendu à de nouveaux secteurs d'activité sans que la jurisprudence limite ces recours (*cf.* encadré, p. 85). Les CDDU sont en général très courts et renouvelés plusieurs fois.

Les conséquences sont potentiellement lourdes et démultipliées, si on les compare à la généralité des par contrats temporaires :

- le coût global pour les systèmes sociaux, en particulier pour l'assurance chômage, apparaît très élevé : l'Unédic estime qu'en 2016 les entreprises utilisant des CDI finançaient l'assurance chômage des salariés des entreprises où la rotation de la main-d'œuvre est élevée, à hauteur d'environ 9 milliards d'euros ;
- ces emplois se concentrent dans les secteurs qui par ailleurs souffrent le plus sur le plan des conditions de travail (champ social et médico-social, hôtellerie/restauration) : les salaires y sont peu élevés, l'accidentalité forte, le temps partiel fréquent ;

....

26. DARES, *CDI, CDD : comment évoluent les embauches et les ruptures depuis 25 ans ?* DARES Analyses, n° 26, juin 2018.
27. *Ibid.* Le taux de rotation est la moyenne des taux d'entrée et de sortie, qui sont eux-mêmes le rapport entre les embauches (entrées) et les fins de contrats (sorties) et les effectifs moyens des établissements.
28. DARES, *Comment les employeurs mobilisent-ils les contrats très courts ?* DARES Analyses, n° 19, avril 2019.

- le coût social, enfin, est particulièrement important pour les titulaires des contrats les plus courts : les caractéristiques professionnelles et sociales moins favorables pour les titulaires d'emplois temporaires en général sont accentuées s'agissant des salariés occupant les contrats dont la durée est la plus courte.

4 La question des inégalités professionnelles entre les femmes et les hommes

4.1 Les politiques du travail en faveur de l'égalité professionnelle sont de plus en plus étoffées

La législation sur l'égalité professionnelle entre les femmes et les hommes s'est beaucoup développée ces 40 dernières années et connu une accélération à partir de 2010.

- La loi Auroux du 4 août 1982 relative à la liberté des travailleurs dans l'entreprise pose le principe d'interdiction de toute discrimination, y compris fondée sur le sexe.
- La loi du 13 juillet 1983 (dite loi Roudy) étend le principe de non-discrimination fondée sur le sexe à l'ensemble des éléments de la relation de travail et crée l'obligation de produire un rapport de situation comparée entre les hommes et les femmes dans les entreprises en matière d'emploi et de formation.
- La loi du 9 mai 2001 (dite loi Génisson) crée une obligation de négociation sur l'égalité professionnelle au niveau de l'entreprise et de la branche et fixe des objectifs de réduction des écarts de représentation dans les instances représentatives du personnel et aux conseils de prud'hommes.
- La loi du 9 novembre 2010 portant réforme des retraites intègre un dispositif dit « de négociation administrée » et de sanction financière pour les entreprises de 50 salariés et plus non couvertes par un accord ou un plan d'action en matière d'égalité professionnelle.
- Plusieurs lois prévoient des dispositifs de rééquilibrage dans la représentation des femmes et des hommes dans le monde professionnel :
  - la loi du 27 janvier 2011 (dite loi Copé-Zimmerman) relative à la représentation équilibrée des femmes et des hommes au sein des conseils d'administration et de surveillance et à l'égalité professionnelle prévoit que la proportion d'administrateurs de chaque sexe ne peut être inférieure à 40 % dans les grandes entreprises, sous peine de nullité des nominations et de suspension des indemnités des administrateurs ;
  - la loi du 12 mars 2012 (dite loi Sauvadet) dispose que dans les trois fonctions publiques, les nominations au titre de chaque année civile doivent concerner au moins 40 % de personnes de chaque sexe. Une pénalité financière est due par

les collectivités publiques et services pour chaque nomination non conforme à ce principe ;
  - la loi du 17 août 2015 (dite loi Rebsamen) instaure une obligation de représentation équilibrée au sein des instances représentatives du personnel dans l'entreprise, les listes de candidats aux élections professionnelles devant respecter le principe d'alternance femmes-hommes.
- La loi du 4 août 2014 pour l'égalité réelle entre les femmes et les hommes (dite loi Vallaud-Belkacem) interdit l'accès à la commande publique pour les entreprises qui ne respectent pas leurs obligations en matière d'égalité professionnelle, réforme le congé parental en le partageant entre les deux parents et renforce les obligations existantes en matière de négociation collective et les sanctions en cas de discrimination ou de harcèlement sexuel.
- La loi du 5 septembre 2018 pour la liberté de choisir son avenir professionnel crée l'« index égalité femmes-hommes » pour lutter contre les écarts de rémunération dans les entreprises de 50 salariés et plus, sous la forme d'une note sur 100 rendue publique ; les entreprises devant atteindre la note de 75 en trois ans sous peine de sanction financière.
- La loi du 6 août 2019 intègre au statut général de la fonction publique les obligations et principes de lutte contre les discriminations et de promotion de l'égalité existant dans le droit du travail.

La politique de l'égalité professionnelle combine aujourd'hui des dispositifs de plusieurs ordres. La législation crée une série de droits et d'obligations désormais très complète.

- Le préambule de la Constitution de 1946, qui a valeur constitutionnelle énonce que « la loi garantit à la femme, dans tous les domaines, des droits égaux à ceux de l'homme » ; depuis 2008, l'article premier de la Constitution de la Ve République dispose : « La loi favorise l'égal accès des femmes et des hommes aux mandats électoraux et fonctions électives, ainsi qu'aux responsabilités professionnelles et sociales ».
- Le Code du travail intègre des obligations et interdictions visant à supprimer les discriminations liées au sexe et les atteintes aux droits tels les agissements sexistes (art. L. 1142-2-1 du Code du travail) ; la charge de la preuve étant aménagée en faveur des victimes (art. L. 1144-1) ; les organisations syndicales représentatives peuvent saisir la justice sans mandat des victimes, mais après les avoir informées (art. L. 1144-2).
- Le Code édicte également, depuis les dernières réformes, des mesures de promotion active de l'égalité professionnelle :
  - le pouvoir réglementaire, mais également les partenaires sociaux par accord collectif ou l'employeur par un plan unilatéral, peuvent prononcer, au seul bénéfice des femmes dans un objectif d'égalité des chances, des mesures temporaires permettant de remédier aux inégalités en matière de recrutement, de formation, de promotion, d'organisation ou de conditions de travail (art. L. 1142-2) ;

- il existe des dispositifs d'obligation de négocier tant au niveau des entreprises lorsqu'elles ont des représentants syndicaux (négociation en principe annuelle sur l'égalité professionnelle et la qualité de vie au travail) que des branches (négociation en principe quadriennale sur l'égalité professionnelle, les mesures de rattrapage et la prévention du harcèlement sexuel et des violences sexistes) ; les entreprises de plus de 50 salariés ont une obligation positive d'être couvertes soit par un accord, soit par un plan de promotion de l'égalité professionnelle, intégrant l'objectif de correction des écarts de rémunération, sous peine de se voir infliger une sanction financière par l'administration (*cf. infra*) ;
- l'employeur se voit reconnaître une responsabilité dans la réduction des écarts de rémunération entre les femmes et les hommes, et les entreprises d'au moins 50 salariés doivent publier chaque année des indicateurs relatifs à ces derniers et aux actions mises en œuvre pour les supprimer (« index de l'égalité femmes-hommes »).

• Des sanctions dissuasives sont prévues par la réglementation :
  - la méconnaissance des dispositions relatives à l'égalité professionnelle entre les femmes et les hommes fait l'objet de sanctions pénales, allant jusqu'à une peine d'emprisonnement ;
  - l'obligation pour les entreprises de 50 salariés et plus d'être couvertes par un accord ou un plan d'égalité professionnelle, et le dispositif de l'« index égalité femmes-hommes » sont accompagnés par de possibles sanctions financières : lorsque l'entreprise ne remplit pas ses obligations ou lorsque son indicateur est durablement en deçà de la norme, elle peut faire l'objet d'une sanction par l'autorité administrative allant jusqu'à 1 % de la masse salariale.

Plusieurs institutions se consacrent aux questions d'égalité professionnelle :

• la politique d'égalité professionnelle est portée par le ministère chargé du Travail et, selon les compositions gouvernementales, par un ministère ou un secrétariat d'État dédié à l'Égalité entre les femmes et les hommes ; elle a été consacrée « grande cause nationale » par le président de la République en 2017 ;
• le Conseil supérieur de l'égalité professionnelle entre les femmes et les hommes, créé par la loi Roudy de 1983, intègre l'administration et la représentation des partenaires sociaux, et participe à la définition et à la mise en œuvre de la politique menée en la matière. Depuis la loi du 7 décembre 2020 d'accélération et de simplification de l'action publique (« ASAP »), il a été intégré au sein du Haut conseil à l'égalité entre les femmes et les hommes, créé en 2013, qui exerçait des missions proches ;
• les partenaires sociaux se saisissent de la question de l'égalité professionnelle et négocient des accords qui s'y rapportent (ANI du 1er mars 2004 relatif à la mixité et à l'égalité professionnelle, projet d'accord du 30 novembre 2018 relatif à l'égalité professionnelle dans la fonction publique qui n'est pas entré en vigueur faute de soutien majoritaire des organisations représentatives). À l'intérieur des entreprises, le comité social et économique (CSE) s'est vu reconnaître un rôle en matière d'égalité

professionnelle par la loi du 5 septembre 2018 pour la liberté de choisir son avenir professionnel, qui impose la désignation en son sein d'un référent en matière d'égalité professionnelle et de lutte contre les agissements sexistes ;

- la mise en œuvre administrative relève au niveau central du service du droit des femmes et de l'égalité entre les femmes et les hommes, au sein de la direction générale de la cohésion sociale ; et au niveau territorial les directions régionales et délégations départementales aux droits des femmes et à l'égalité qui promeuvent l'égalité professionnelle par des actions de soutien aux entreprises qui s'engagent dans de telles démarches. Par ailleurs, l'inspection du travail est chargée du contrôle du respect de leurs obligations par les entreprises ;
- la lutte contre les discriminations et la promotion de l'égalité relève également des institutions qui en sont chargées de manière transversale, comme le Défenseur des droits.

4.2 Les inégalités professionnelles entre les femmes et les hommes demeurent élevées

Si les femmes sont de plus en plus présentes sur le marché du travail, les écarts de taux d'activité sont encore de 8 points entre les femmes (76 %) et les hommes (84 %) – l'écart était de 28 points en 1983[29]. Le taux de chômage est équivalent entre les deux sexes. De son côté, le partage des tâches et responsabilités relevant de la vie privée demeure très inégalitaire.

Les femmes représentent l'immense majorité du travail à temps partiel. La spécialisation des métiers demeure très forte, et les métiers majoritairement féminins sont structurellement moins rémunerés. Ils ont été particulièrement sollicités dans le contexte de crise sanitaire depuis 2020 (métiers du secteur sanitaire et social, enseignement, commerce alimentaire, etc.).

Les écarts de rémunération sont encore élevés : en 2020, ils sont de 19 % toutes catégories professionnelles confondues[30], et de 9 % à poste égal. Ils s'accentuent avec le nombre des enfants. Les écarts de carrière et de rémunération se répercutent à long terme sur le montant des retraites (les pensions directes sont de 41 % inférieures pour les femmes, et de 28 % en tenant compte des pensions de réversion[31]). Si globalement l'accès à la formation professionnelle continue ne révèle pas d'écarts significatifs entre les femmes et les hommes, ces derniers se concentrent sur les catégories des non-diplômés, des ouvriers et des employés[32].

29. Ministère chargé de l'Égalité entre les femmes et les hommes, de la diversité et de l'égalité des chances, *Vers l'égalité réelle entre les femmes et les hommes*, Chiffres-clés, édition 2020.
30. *Ibid.*
31. *Ibid.*
32. DARES, *La formation professionnelle continue : autre facette des inégalités femmes-hommes ?* DARES Analyses, n° 21, juillet 2020.

Si la loi Copé-Zimmerman de 2012 a effectivement permis de rééquilibrer la composition des conseils d'administration[33], les équipes dirigeantes des entreprises privées demeurent très masculines[34], les obligations se rapportant aux dirigeants mises en place dans la fonction publique par la loi Sauvadet ne s'appliquant pas au secteur privé. Par ailleurs, le « plafond de verre » continue d'exister dans le secteur public comme dans le secteur privé : plus on monte dans la hiérarchie des organisations, moins les femmes sont présentes.

5 Le développement du numérique modifie les relations de travail

Avec l'essor des technologies de l'information et de la communication, les relations de travail tendent vers plus d'autonomie, de responsabilité et d'obligation de résultat. En outre, les technologies bouleversent les conditions de la mise en relation des fournisseurs et des clients, et permettent un contrôle beaucoup plus intrusif des salariés, obligeant à repenser le lien de subordination fondant le contrat de travail.

Le travail salarié est bouleversé par les nouvelles technologies. En 2015, le rapport Mettling[35] décrivait ces mutations, soulignant à la fois leurs impacts sur l'organisation (télétravail, défi pour la cohésion des collectivités professionnelles, nouveaux espaces de travail) et le management (autonomie des salariés). Les outils numériques se développent et apportent une amélioration de l'efficacité du travail mais également un alourdissement du volume d'information et de communication, qui peut être contre-productif et se trouver à l'origine de risques psycho-sociaux. Ils peuvent conduire à une surcharge de travail, particulièrement pour les cadres dont la quantité effective de travail est peu contrôlée.

Le contexte de crise sanitaire, ainsi que la généralisation et la sophistication des outils numériques, ont relancé ces questions : les pouvoirs de l'employeur sont totalement bouleversés dans un contexte où le télétravail s'est fortement développé. La crise a accéléré un phénomène à l'œuvre depuis 20 ans de superposition, sinon de confusion, du temps, de l'espace et même bien souvent des contenus matériels relevant respectivement du travail et de la vie personnelle, obligeant la jurisprudence à s'adapter constamment[36]. Les outils à la disposition des employeurs pour contrôler le travail des salariés sont désormais d'une puissance telle qu'une régulation apparaît indispensable.

....

33. En 2018, 43 % des membres des conseils de surveillance et d'administration du SBF 120 sont des femmes, ce qui place la France en tête des pays européens en la matière.

34. La part des femmes exerçant des fonctions de dirigeantes d'entreprises atteint 32,3 % en intégrant l'ensemble des structures privées dont les commerces, mais ne représente que 10,7 % dans les sociétés commerciales.

35. Bruno Mettling, *Transformation numériques et vie au travail*, rapport à la ministre du Travail, de l'Emploi, de la Formation professionnelle et du Dialogue social, septembre 2015.

36. Ainsi, la Cour de cassation a-t-elle initié avec son arrêt Nikon, en 2001, une série de jurisprudences portant sur l'interpénétration des sphères professionnelle et privée : ce premier arrêt consacrait le droit à la protection de la vie privée des salariés dans le cadre professionnel, lorsque ceux-ci utilisent leurs mails pour des conversations personnelles.

En outre, la problématique du statut des travailleurs des plateformes numériques est devenue centrale, malgré le nombre encore limité de professionnels concernés. Ici se jouent des questions fondamentales, qui interrogent la conception générale des relations de travail. Le développement de l'économie collaborative sur Internet renouvelle des débats portant sur les frontières du salariat.

Les travailleurs indépendants sont exclus du droit du travail « subordonné » : il s'agit des artisans, commerçants, professions libérales et autres « auto-entrepreneurs », soit environ 12 % de la population active occupée. Ils ne sont pas placés sous l'autorité juridique d'un employeur, ce qui ne pose généralement aucune difficulté, mais fait l'objet de questionnements lorsque ces travailleurs sont, de fait, placés dans une situation de dépendance économique vis-à-vis d'un donneur d'ordres. Or, dans ce dernier cas, les travailleurs indépendants ne peuvent se prévaloir ni d'un salaire ni des droits individuels (temps de travail et de repos, congés, formation professionnelle, etc.) et collectifs (représentation, responsabilité de l'employeur en matière de santé au travail, droit de grève, etc.) vis-à-vis dudit donneur d'ordres, ni de la protection sociale liée au salariat (assurance chômage, assurance accidents du travail et maladie professionnelle, régime de retraite plus étendu), étant entendu que ladite protection sociale implique le versement de cotisations supérieures.

Si la problématique n'est pas nouvelle et avait fait l'objet de premières réflexions portées par le rapport de Jean-Christophe Sciberras et Antoine Antonmattei en 2008[37], la question est puissamment renouvelée par l'apparition et le développement de l'activité des travailleurs des plateformes numériques, en particulier des plateformes dites de mobilité (véhicules de tourisme avec chauffeur – VTC – et livraison à deux- ou trois-roues), qui exercent très majoritairement sous statut d'indépendant et sont, de fait, largement placés sous la dépendance économique, et parfois, si les juridictions l'établissent ainsi, juridique, des sites qui effectuent les mises en relation sur Internet.

Deux questions se posent en effet :

- celle de la protection des droits de ces travailleurs, et du différentiel entre ces droits et ceux de travailleurs exerçant le même type d'activités sous statut salarié, posant ainsi de redoutables problèmes de concurrence ;
- celle de la sécurité juridique de ces activités, remise en cause partout dans le monde occidental par les juridictions qui requalifient les contrats commerciaux en contrats de travail, bouleversant l'équilibre économique des plateformes concernées. En France, les deux arrêts de la chambre sociale de la Cour de cassation *Take eat easy* du 28 novembre 2018 et *Uber* du 4 mars 2020 ont requalifié les contrats d'un livreur cycliste, puis d'un chauffeur de VTC.

....

37. Jean-Christophe Sciberras et Paul-Henri Antonmattei, *Le travailleur économiquement dépendant : quelle protection ?* rapport au ministre du Travail, des Relations sociales, de la Famille et de la Solidarité, novembre 2008.

Les pouvoirs publics ont tenté d'apporter des réponses sur les deux fronts, mais celles-ci apparaissent encore incomplètes :

- une première étape a reposé sur l'article 60 de la loi El Khomri du 8 août 2016, qui a ajouté un nouveau chapitre au Code du travail concernant la « responsabilité sociale des plateformes ». L'article L. 7342-1 prévoit : « Lorsque la plateforme détermine les caractéristiques de la prestation de service fournie ou du bien vendu et fixe son prix, elle a, à l'égard des travailleurs concernés, une responsabilité sociale. » Celle-ci prend plusieurs dimensions, précisées par le Code : le financement par la plateforme[38] de l'assurance volontaire accidents du travail – maladies professionnelles des indépendants, le financement de l'accès à la formation professionnelle et à la valorisation des acquis de l'expérience (VAE), mais également un droit au « refus concerté de fournir des services en vue de défendre des revendications professionnelles » sans sanction commerciale ni rupture du contrat (c'est-à-dire peu ou prou une forme de droit de grève), ainsi qu'un principe de liberté syndicale. La loi du 24 décembre 2019 y a ajouté le droit pour les travailleurs des plateformes à accéder aux données les concernant. On est ici dans les prémices de la création d'un statut spécifique d'indépendants dont les droits se rapprochent de ceux des salariés, sans se confondre avec eux ;
- l'article 20 de la loi d'orientation sur les mobilités du 24 décembre 2019 a constitué une seconde étape, en partie vidée de sa substance par la décision du Conseil constitutionnel qui a précédé sa promulgation. Le texte de loi tentait en effet d'opérer une synthèse entre les aspirations à la sécurisation sociale des travailleurs et à la sécurisation juridique des donneurs d'ordre : il prévoyait pour les seules plateformes exerçant l'activité de conduite d'un VTC ou de livraison de marchandises avec un véhicule à deux- ou trois-roues, un certain nombre de droits pour les travailleurs (information sur le prix minimum prévisible par prestation, distance couverte, possibilité de refuser une course, portabilité des données d'activité, liberté de se connecter, de se déconnecter et de choisir son temps d'activité, caractère non exclusif la relation entre le travailleur et la plateforme) et prévoyait en outre la possibilité pour les plateformes de se doter d'une charte homologuée par l'administration, déterminant les conditions et modalités d'exercice de leur responsabilité sociale (en matière de prix décent, de prévention des risques professionnels, de qualité de service, de modalités de contrôle du travail et de rupture du contrat, de protection sociale complémentaire). La loi prévoyait que la mise en place de telles chartes excluait la requalification des contrats commerciaux en contrats de travail. C'est cette dernière disposition que le Conseil constitutionnel a censurée, au motif qu'elle restreignait le champ d'appréciation du juge. La loi est donc entrée en vigueur, portant des droits supplémentaires pour les travailleurs des plateformes, mais limitant considérablement l'intérêt de l'adoption d'une charte par les donneurs d'ordre. Le décret du 22 octobre 2020 précise le

....

38. Les obligations de financement étant limitées aux seules plateformes dont le chiffre d'affaires dépasse un certain seuil, fixé à 13 % du plafond annuel de la sécurité sociale par le décret du 4 mai 2017, soit un peu plus de 5 000 euros.

contenu, la portée et la procédure des chartes homologuées par les DREETS, sans apporter la sécurisation attendue par les plateformes face au risque de requalification des contrats.

Les objectifs de protection des travailleurs et de sécurisation juridique des plateformes sont aujourd'hui très imparfaitement atteints.

- Le socle de droits est insuffisant pour assurer la sécurité des travailleurs et un niveau minimal de rémunération :
  - un rapport du Conseil économique, social et environnemental de 2017[39] montre que le cadre juridique du travail indépendant apparaît inadapté à ses nouvelles formes, dont l'activité des chauffeurs et coursiers travaillant pour des plateformes numériques. Le travail indépendant peut correspondre selon les cas à un vrai choix ou à une option « faute de mieux ». La situation de particulière fragilité économique et sociale de ces travailleurs implique de trouver des solutions pour assurer un meilleur degré de protection ;
  - la réalité de l'obligation de couverture des travailleurs des plateformes contre les accidents du travail est aujourd'hui peu diffusée, et les modes de couverture offerts par les différents contrats souscrits auprès de compagnies d'assurance ne sont pas comparables à l'assurance volontaire auprès du régime général de la sécurité sociale ;
  - dès 2016, le rapport de l'IGAS consacré aux plateformes collaboratives[40] insistait sur la couverture très imparfaite des travailleurs des plateformes du point de vue des risques professionnels, et sur l'absence de règle permettant de les prémunir contre une durée du travail excessive et de leur amener un revenu décent.
- La tentative de sécurisation juridique des relations de travail avec les plateformes a échoué. La décision du Conseil constitutionnel sur la LOM a retiré sa portée au recours à une charte : son existence n'est ni l'indice d'un lien de subordination ni l'indice d'une relation commerciale. Les jurisprudences de la Cour de cassation de 2018 et 2020 laissent entières les incertitudes planant sur le modèle économique des plateformes.

....

39. Conseil économique, social et environnemental, *Les nouvelles formes du travail indépendant*, 2017.

40. Inspection générale des affaires sociales, *Les plateformes collaboratives, l'emploi et la protection sociale*, mai 2016.

SECTION 3

Les perspectives

Plusieurs pistes de réformes sont aujourd'hui en discussion pour répondre aux problématiques exposées précédemment. La libéralisation des modes de rupture du contrat de travail fait l'objet de nouvelles propositions (1). La segmentation du marché du travail est un sujet qui a pu susciter le projet d'un contrat de travail unique (2). En matière de précarité, les pouvoirs publics hésitent structurellement entre une stratégie visant à dissuader les emplois temporaires et une stratégie visant à les promouvoir pour lutter contre le chômage (3). Il existe un large consensus pour renforcer les moyens de l'égalité professionnelle entre les femmes et les hommes (4). Enfin, les évolutions numériques débouchent sur la construction progressive d'un nouveau statut d'activité (5).

1 Les voies de nouveaux assouplissements des modes de rupture du contrat de travail

L'ensemble des pays européens ont facilité les conditions de rupture du CDI[1]. Cela a pu prendre deux directions :

- une simplification des procédures et une atténuation des incertitudes juridiques ;
- une réduction des coûts inhérents au licenciement.

Sur ces deux points, la loi El Khomri du 8 août 2016 comme les ordonnances du 22 septembre 2017 ont apporté des réponses tangibles, comme on l'a vu auparavant.

Certaines propositions sont avancées pour aller plus loin dans la même direction.

- En ce qui concerne les procédures de licenciement des salariés en CDI :
  - un certain nombre de pays ont non seulement précisé les motifs du licenciement économique, mais aussi ceux du licenciement pour motif personnel (c'est le cas de l'Espagne ou des Pays-Bas qui ont mieux balisé la notion de « motif raisonnable »). En France, la contestation du licenciement économique ne concerne que 3 % des cas, contre une proportion de 30 % des licenciements pour motif personnel, ce

1. *Cf.* Conseil d'orientation pour l'emploi, *Les réformes du marché du travail en Europe*, novembre 2015.

qui pourrait justifier de sécuriser davantage ces procédures dont l'encadrement demeure très jurisprudentiel ;
  - le MEDEF proposait, dans un document daté de décembre 2015[2] ainsi que dans la « lettre ouverte des entrepreneurs au président de la République » de janvier 2016 signée conjointement avec plusieurs associations patronales comme l'AFEP ou Croissance plus, d'intégrer dès l'origine aux stipulations du CDI les motifs possibles d'un licenciement ;
  - l'Institut Montaigne préconisait dans un rapport de 2015 de définir les motifs de licenciement par accord collectif, au niveau de la branche professionnelle[3].
- En ce qui concerne la réduction des coûts de licenciement :
  - l'Espagne, les Pays-Bas, la Suède ont normé davantage les indemnités de licenciement, et ont pu par exemple procéder à leur plafonnement ;
  - en France, en 2010, le Conseil d'analyse économique préconisait de ne plus prévoir d'indemnité légale de licenciement, mais uniquement des indemnités minimales fixées par les branches, avec l'idée d'en adapter le coût aux capacités économiques des secteurs d'activité[4].

Les perspectives de libéralisation ne sont toutefois pas les seules possibles, et d'autres propositions existent pour renforcer la protection des travailleurs qui demeure, rappelons-le, l'objectif premier et constitutif du droit du travail. Il serait par exemple possible d'avancer en termes d'équité des salariés au regard des procédures. Certains seuils pourraient disparaître. Ainsi, les efforts de reclassement dont bénéficient les salariés en cas de licenciement sont différents selon la taille de l'entreprise et l'ampleur des licenciements (individuels ou collectifs), même si le contrat de sécurisation professionnelle (CSP), qui financé par l'assurance chômage, est applicable sans condition de taille de l'entreprise, et a vocation à compenser en partie cette inégalité.

2 La question de la multiplication des types de contrats et l'hypothèse d'un contrat de travail unique

2.1 La multiplication du nombre de contrats de travail est une réponse récurrente à la crise de l'emploi

Le nombre et la variété des types de contrats inscrits dans le Code du travail ne font qu'augmenter. Cette diversification répond au souci d'apporter des réponses à la crise

2. MEDEF, *Plan d'urgence pour l'emploi*, décembre 2015.
3. Institut Montaigne, *Sauver le dialogue social – priorité à la négociation d'entreprise*, septembre 2015.
4. Conseil d'analyse économique, *Refondation du droit social : concilier protection des travailleurs et efficacité économique*, par Jacques Barthelemy et Gilbert Cette, 2010.

de l'emploi, par la mise en place de contrats plus souples que les contrats de travail traditionnels, et adaptés à des situations particulières (selon le profil des travailleurs ou les secteurs d'activité économique).

Tous les contrats de travail peuvent néanmoins être rattachés aux deux grandes catégories des CDI, d'une part, et des contrats temporaires, d'autre part. Coexiste donc une pluralité de formes :

- Parmi les CDI, quelques exemples peuvent être mentionnés :
  - le contrat nouvelle embauche (créé en 2006, supprimé en 2008, avec une période d'essai de 2 ans ; *cf.* encadré, p. 91) ;
  - le contrat de portage salarial (*cf.* encadré, p. 148) ;
  - le CDI intérimaire (CDII) : créé en 2014, le contrat à durée indéterminée intérimaire permet à une entreprise de travail temporaire de conclure un CDI pour l'exécution de missions successives. Le contrat de travail prévoit que les périodes sans exécution de mission, dites périodes d'intermission, ouvrent droit à rémunération pour le salarié et permettent d'effectuer des formations. L'entreprise de travail temporaire doit donc supporter le risque lié à ces périodes intermission, mais est dispensée du versement des 10 % d'indemnité de fin de mission. Les salariés bénéficient également de formations entre les missions qui leur permettent d'améliorer leur employabilité ;
  - le contrat de chantier ou d'opération (étendu à tous les secteurs d'activité par une des ordonnances du 22 septembre 2017) : il s'agit d'un CDI, utilisé traditionnellement dans le secteur du bâtiment et des travaux publics (BTP), qui lie l'activité du salarié à un chantier donné. La fin du chantier ou de l'opération correspond à un motif réel et sérieux justifiant un licenciement pour motif personnel. Une convention ou un accord collectif de branche étendu fixe les conditions dans lesquelles il est possible de recourir à ce type de contrat. Début 2020, dix branches avaient conclu un accord sur le recours au CDI de chantier ou d'opération ;
  - le CDI inclusion séniors : créé par la loi du 14 décembre 2020 relative au renforcement de l'inclusion dans l'emploi par l'activité économique, il s'agit d'un dispositif expérimental permettant à un demandeur d'emploi de longue durée ou confronté à des difficultés sociales et professionnelles, âgé de 57 ans et plus et éligible aux dispositifs d'insertion par l'activité économique, de retrouver un emploi jusqu'à la liquidation de sa retraite, tout en étant accompagné par une association d'insertion.
- Parmi les contrats temporaires, peuvent être cités notamment :
  - les CDD de remplacement, destinés à organiser le remplacement d'un salarié temporairement absent de l'entreprise ;
  - les CDD d'usage (*cf.* encadré, p. 85) ;
  - les contrats saisonniers ;
  - le contrat de travail intérimaire ;
  - le CDD senior : créé en 2006, il a vocation à faciliter le retour à l'emploi des plus de 57 ans inscrits à Pôle emploi depuis plus de 3 mois ou bénéficiaires du CSP après un licenciement économique, afin de leur permettre d'acquérir des

droits supplémentaires en vue de la liquidation de leur retraite. Limité à 18 mois maximum et renouvelable une fois, il n'a eu quasiment aucune réalisation.

- le CDD à objet défini (ou CDD de mission) : il a été créé par la loi du 25 juin 2008. Réservé aux cadres et ingénieurs, il doit être prévu par un accord de branche étendu ou un accord d'entreprise. Le contrat s'achève lorsque la mission pour laquelle il est conclu prend fin. Il comporte une durée minimale de 18 mois et maximale de 36 mois. À la fin du contrat, le salarié a droit à une indemnité de 10 % de sa rémunération brute ;
- par ailleurs, la plupart des contrats aidés du secteur non marchand sont des CDD (et notamment le contrat unique d'insertion – contrat d'accompagnement dans l'emploi [CUI-CAE], et ses modalités particulières successives : emplois d'avenir en 2013, parcours emploi compétences [PEC] en 2018). Les contrats aidés existent depuis la fin des années 1970 sous diverses formes juridiques. Ils constituent des modalités contractuelles dérogatoires au droit du travail visant à faciliter l'insertion des publics les plus éloignés de l'emploi, mais leur utilisation a pu être très étendue pendant les périodes de chômage élevé. Le secteur non marchand (associations, collectivités territoriales) est le premier employeur concerné. L'État verse une aide correspondant à la majeure partie du coût du travail. Dans le secteur marchand, les contrats aidés se traduisent par le versement d'une aide à l'emploi qui représente une part minoritaire du coût du travail.

2.2 Depuis le début des années 2000, l'idée de contrat unique est périodiquement relancée

C'est une idée qu'on rattache généralement au rapport Cahuc-Kramarz de 2004[5], reprise par l'OCDE dans sa stratégie de croissance de 2006. De très nombreux rapports l'ont également préconisée avec quelques nuances, depuis le rapport Blanchard-Tirole de 2003[6] au rapport Attali de 2010[7]. L'idée a ressurgi dans le débat public, après une période de discrédit liée à l'épisode du contrat nouvelle embauche (CNE), en 2015-2016, sans trouver de concrétisation.

Son contenu consiste à supprimer les écarts de statut entre CDI et emplois temporaires, en créant un contrat unique à durée indéterminée, à mi-chemin entre les deux types de contrats, dont la rupture à l'initiative de l'employeur ouvre droit à une indemnisation du salarié croissante avec son ancienneté (mais majorée forfaitairement pendant les 18 premiers mois du contrat, afin d'éviter une rotation excessive de la main-d'œuvre). S'y ajoute une indemnisation du service public de l'emploi proportionnelle à la rému-

....

5. Pierre Cahuc, Francis Kramarz, *De la précarité à la mobilité : vers une Sécurité sociale professionnelle*, décembre 2004.
6. Olivier Blanchard, Jean Tirole, *Protection de l'emploi et procédures de licenciement*, rapport pour le Conseil d'analyse économique, 2003.
7. Commission pour la libération de la croissance (présidée par Jacques Attali), *Une ambition pour dix ans. Une mobilisation générale pour libérer la croissance et donner un avenir aux générations futures*, rapport au président de la République, octobre 2010 : ce rapport évoque un « contrat à droits progressifs » très proche du contrat unique préconisé précédemment.

nération totale perçue depuis la date de signature du contrat de travail[8]. En contrepartie, les entreprises sont dispensées de leurs obligations en termes de reclassement.

On se place ici très clairement dans l'idée de « flexicurité » (*cf.* chapitre 1) :

- côté flexibilité, la rupture du contrat de travail est facilitée par une diminution des contraintes pesant sur le licenciement économique, et son coût est plus facile à anticiper ;
- côté sécurité, les contrats temporaires disparaissent, ce qui permet de réduire les inconvénients sociaux qui leur sont associés (*cf. supra*), et le financement du service public de l'emploi en fonction de la durée des contrats de travail permet d'éviter une rotation excessive de la main-d'œuvre.

2.3 Le maintien d'une diversité contractuelle est probable

Si les mécanismes invoqués paraissent remplir les deux objectifs de flexibilité et de sécurité attendus depuis 20 ans des politiques du travail, ces propositions, émanant pour l'essentiel d'économistes, se sont heurtées à des arguments juridiques, pratiques et politiques :

- d'un point de vue juridique, elles méconnaissent les engagements internationaux de la France, et particulièrement la convention n° 158 de l'OIT, qui impose l'existence d'un motif, soit personnel, soit économique, à tout licenciement : on ne peut mettre fin aux dispositifs juridiques de protection des salariés, et notamment à la nécessité de faire valoir un motif au licenciement ;
- d'un point de vue pratique, les employeurs ont et auront encore besoin de recruter des salariés pour des missions temporaires, et certains salariés continueront de souhaiter travailler de cette manière. Par ailleurs, la proposition se concentre sur la recherche d'alternatives aux licenciements économiques, alors que ceux-ci sont largement minoritaires en réalité (*cf. supra*) ;
- d'un point de vue politique, enfin, outre le discrédit lié à l'expérience du CNE, force est de constater que ni les organisations d'employeurs ni les syndicats de salariés ne réclament la mise en place d'un contrat unique de travail, ce qui ne plaide pas en faveur de son réalisme.

Enfin, le contrat unique ne s'est imposé nulle part ailleurs en Europe ou dans les pays de l'OCDE, où CDI et CDD continuent de coexister. La part des CDD est plus ou moins importante selon les pays : 6 % au Royaume-Uni, 15 % en Allemagne comme en France, 19 % aux Pays-Bas, 25 % en Espagne.

8. L'idée est ici de responsabiliser l'employeur, en l'obligeant à contribuer en fonction de la charge qu'il impose à la collectivité en créant un chômeur indemnisé ; en cela, l'idée de contrat unique et celle de taxation des licenciements sont fréquemment associées. Il importe néanmoins de conserver à l'esprit qu'elles sont distinctes, comme le rappellent Jacques Barthélémy et Gilbert Cette, *Le contrat unique – une auberge espagnole*, revue de l'OFCE, 2015.

Certaines réformes ont pu être présentées comme des applications de l'idée de contrat de travail unique, mais probablement à tort. C'est le cas des réformes italiennes menées au début des années 2010 et portant, comme les réformes Hartz réalisées en Allemagne au début de la décennie précédente, sur la globalité du marché du travail. Formée de deux lois en 2012 (« réforme Monti-Fornero ») puis 2014 (« Job act »), cette réforme consistait en un allègement des conditions de recours aux CDD, en une réduction de leur nombre et en la mise en place d'un CDI à protection croissante, couplé avec un allègement du droit du licenciement. En contrepartie, le travail dit « parasubordonné », c'est-à-dire un statut intermédiaire entre salariat et travail indépendant, voyait son champ d'application réduit afin de limiter la segmentation du marché du travail.

Si cette réforme italienne a entendu répondre au même objectif que l'idée de contrat unique (lutter contre les rigidités du marché du travail liées au cloisonement des statuts juridiques), elle ne l'a aucunement créé. En France, la progression des droits des salariés avec leur ancienneté existe de longue date, tant en ce qui concerne le calcul de l'indemnité de licenciement que celui des dommages-intérêts en cas de licenciement sans cause réelle et sérieuse.

Le plus probable pour l'avenir, en France et ailleurs, est que la diversité contractuelle demeure, entre CDI et contrats temporaires. Il est néanmoins possible d'imaginer des réformes allant dans des directions contrastées.

La multiplicité des contrats pourrait continuer à s'accroître. La création de contrats de travail nouveaux n'a pas cessé dans la période récente, toujours dans l'idée de répondre aux spécificités de certains publics de travailleurs (CDI d'insertion séniors, mais aussi par exemple de nouvelles modalités contractuelles mises en place fin 2020 pour les doctorants[9] ou fin 2021 pour les détenus[10]) ou de certains secteurs d'activité (contrat de chantier ou d'opération) ; il est probable que ce souci d'adaptation des statuts professionnels particuliers perdure.

Au contraire, les pouvoirs publics pourraient chercher à réduire le nombre de ces contrats de travail :

- c'était l'un des objets des réformes italiennes, qui ont permis la suppression de plus de 40 modalités de CDD différentes ; il est possible de considérer que le nombre excessif des modalités contractuelles crée une complexité dommageable et inutile ;
- de fait, on peut s'interroger en France sur le maintien de formules qui ne fonctionnent pas ou mal (CDD séniors, CDD de projet).

Enfin, il n'est pas exclu que les statuts du CDI et du CDD se rapprochent, sans pour autant se confondre dans un contrat de travail unique, par un double mouvement de

....

9. La loi de programmation de la recherche du 24 décembre 2020 prévoit la création d'un « contrat doctoral de droit privé », CDD destiné aux futurs doctorants, et d'un « contrat à objet défini de recherche », CDD destiné aux titulaires d'un doctorat.

10. Loi du 22 décembre 2021 pour la confiance dans l'institution judiciaire.

renchérissement des contrats temporaires et par un nouveau mouvement d'assouplissement des conditions d'exécution du CDI, en particulier sa rupture (*cf. supra*).

3 Une stratégie hésitante concernant la précarité

Les travaux du COE de 2015[11], comme ceux de l'OCDE en 2020[12], montrent que les pays européens ont adopté des stratégies différenciées en ce qui concerne la précarité du travail : certains pays ont durci les conditions de recours aux contrats temporaires quand d'autres pays les ont au contraire facilitées.

Ces deux choix correspondent à des priorités différentes et en partie contradictoires. Dans le premier cas, il s'agit de réduire la précarité du travail. Dans le second, la première préoccupation est de lutter contre le chômage, y compris par le développement d'emplois de moindre qualité destinés à faciliter l'insertion professionnelle des publics les plus en difficulté.

Au-delà des choix différents d'un pays à l'autre, ces priorités résultent largement des situations nationales au regard de la conjoncture économique : en période de fort chômage, la priorité va logiquement à l'emploi, alors qu'en période de croissance plus dynamique, la volonté d'améliorer la qualité des emplois prend souvent le dessus.

3.1 Première idée : dissuader le recours aux contrats temporaires, et plus particulièrement aux contrats les plus courts

Trois leviers sont privilégiés dans ce but :

- la taxation des fins de contrat de travail ;
- le durcissement des conditions juridiques de recours aux contrats présentant les risques les plus importants de précarité ;
- la mise en place de formules alternatives permettant de combiner des périodes d'emploi courtes et un statut stable.

a Taxer les fins de contrat de travail

Deux arguments plaident pour la « taxation de la précarité » :

- un argument économique : il existe une disproportion entre le coût de l'indemnisation chômage des personnes ayant acquis leurs droits à allocation par des emplois

....

11. Conseil d'orientation pour l'emploi, *Les réformes du marché du travail en Europe*, novembre 2015.
12. OCDE, *Perspectives de l'emploi de l'OCDE*, juillet 2020.

temporaires et les cotisations chômage prélevées sur ces emplois (déficit estimé à 9 milliards d'euros pour les contrats de moins d'un mois) ;
- un argument social : les contrats les plus courts sont de loin les moins avantageux pour ceux qui les occupent, et présentent un risque majoré d'enfermement dans la précarité (*cf. supra*).

Ces arguments ont poussé un certain nombre d'économistes à recommander la mise en place d'une taxation de la précarité, en accentuant les prélèvements sociaux sur les contrats les plus courts, en particuliers ceux destinés au financement de l'assurance chômage. Cette idée est notamment développée par Olivier Blanchard et Jean Tirole dans leur rapport de 2003[13]. Ils analysent les conséquences économiques des fins de contrat de travail, que celles-ci résultent de ruptures du contrat ou de non-renouvellement de CDD ou de missions d'intérim. Celles-ci représentent des externalités négatives, tant pour les finances de l'assurance chômage que pour les travailleurs (pertes de capital humain par la déqualification, la détérioration de l'image de soi, etc.). Ils proposent donc de responsabiliser les entreprises en mettant en place des charges financières majorées pour les employeurs ayant recours à l'assurance chômage[14].

L'*experience rating* aux États-Unis

Le dispositif proposé par Olivier Blanchard et Jean Tirole est inspiré par le modèle américain d'*experience rating*, instauré au début du XXe siècle. Il s'agit d'une régulation financière destinée à agir sur les comportements des employeurs, afin de limiter les externalités négatives engendrées par leurs décisions d'emploi sur les finances de l'assurance chômage. Elle consiste à faire internaliser par les entreprises le coût que leur gestion de la main-d'œuvre induit, par l'application d'un « bonus » diminuant les cotisations des entreprises qui ont peu recours à l'assurance chômage et d'un « malus » pour les entreprises qui pratiquent des rotations fréquentes se traduisant par l'indemnisation de demandeurs d'emploi.

Ainsi, les employeurs ayant souvent recours à des licenciements qui se traduisent par des périodes de chômage longues ou nombreuses contribuent relativement plus au financement du régime d'assurance chômage. À l'inverse, les employeurs qui licencient le moins, ou ceux qui forment leurs salariés afin qu'ils ne restent pas longtemps au chômage, contribuent dans de moindres proportions. La plupart des études mettent en avant un effet réel du système d'*experience rating* américain sur les créations nettes d'emploi et sur la réduction du nombre de licenciements et du chômage.

....

13. Olivier Blanchard, Jean Tirole, *Protection de l'emploi et procédures de licenciement,* rapport pour le Conseil d'analyse économique, 2003.

14. En cela, cette idée est fréquemment reliée à celle de contrat unique, même si leurs objets sont différents.

Cette idée a donné lieu à deux mises en œuvre successives en France :

- les partenaires sociaux ont adopté un premier dispositif de taxation des CDD dans le cadre de leur négociation relative au régime d'assurance chômage en 2013. Il s'agissait d'une sur-contribution patronale au régime d'assurance chômage pour les seuls CDD dont la durée initiale était inférieure ou égale à 3 mois[15]. Le mécanisme excluait l'intérim et les périodes d'essai non renouvelées de CDI, et la majoration de contribution était particulièrement faible pour les CDDU, pourtant très problématiques d'un point de vue social et majoritaires parmi les contrats les plus courts. Parallèlement, une exonération de la part patronale des contributions était mise en place pour l'embauche en CDI des jeunes de moins de 26 ans pour les trois premiers mois d'emploi. Les effets globaux du dispositif ayant été peu concluants[16], les partenaires sociaux ont décidé de l'abandonner avec la convention d'assurance chômage mise en place en avril 2017 ;
- le président de la République élu en 2017 avait annoncé son intention de reprendre l'idée de bonus-malus afin de limiter la précarité. Après avoir incité, sans succès, les partenaires sociaux à mettre en place un tel dispositif par ANI, c'est l'État qui a finalement créé le bonus-malus par la loi du 5 septembre 2018 pour la liberté de choisir son avenir professionnel. Il permet de moduler, entreprise par entreprise, le taux de la contribution patronale d'assurance chômage en fonction du nombre de fins de contrat donnant lieu à une inscription auprès de par Pôle emploi.

Le bonus-malus sur les contributions patronales à l'assurance chômage

Inspiré en partie par l'*experience rating* américain, le décret du 27 juillet 2019 portant réforme de l'assurance chômage a mis en place le système de bonus-malus sur les contributions patronales à l'assurance chômage, applicable à 7 secteurs d'activité particulièrement concernés par le recours aux contrats de travail courts, parmi lesquels on retrouve l'hébergement-restauration, l'agroalimentaire ou encore les transports. Au total, ce sont 38 000 entreprises de 11 salariés et plus, employant 2,4 millions de personnes, qui se trouvent dans le champ de cette mesure.

Pour ces entreprises, le taux de séparation, qui englobe toutes les fins de contrats enregistrées au cours d'une année (CDI, CDD ou intérim), est comparé au taux médian de leur secteur de rattachement. En fonction de cette comparaison, leur taux de contribution

15. La part patronale des contributions d'assurance chômage, qui était de 4 %, était augmentée de 3 points pour les CDD de moins d'un mois, de 1,5 point pour les CDD de 1 à 3 mois, et de 0,5 point pour les seuls CDD d'usage de moins de 3 mois.
16. Pierre Cahuc *et al.*, *Taxation of temporary jobs: Good intentions with bad outcomes?* novembre 2016.

à l'assurance chômage peut varier dans une fourchette allant de 3 à 5 % de leur masse salariale, contre un taux normal de 4,05 % actuellement.

Ayant fait l'objet d'un report lié tant à l'annulation du décret de 2019 par le Conseil d'État en novembre 2020 qu'aux conditions économiques profondément bouleversées par la crise sanitaire, le bonus-malus est finalement entré en vigueur le 1er juillet 2021 et doit donner lieu aux premières modulations de taux de contribution patronales à l'assurance chômage en septembre 2022.

Pour l'avenir, la question se pose d'une pérennisation du bonus-malus ou de son abandon: si le dispositif a soulevé et soulève encore de fortes réticences patronales, certains économistes plaident en faveur de son extension à tous les secteurs d'activité, et aux entreprises de moins de 11 salariés[17]. Par ailleurs, la problématique d'une surtaxe pesant sur les CDDU, mise en place début 2020 puis rapidement abandonnée dans le contexte économique lié à l'épidémie de Covid-19, pourrait être réétudiée (*cf.* encadré, p. 85).

b Durcir les conditions juridiques de recours aux contrats les plus précaires

Il est possible de durcir les conditions juridiques de recours aux contrats temporaires. D'autres pays européens ont mis en place de telles réformes : majoration des périodes de carence entre deux contrats en Italie en 2012 et aux Pays-Bas en 2015 ; plafonnement du nombre de CDD en fonction des effectifs de l'entreprise en Italie ; interdiction des périodes d'essai pour les contrats de moins de 6 mois aux Pays-Bas en 2015. Il faut néanmoins garder en tête qu'en France, la législation existe d'ores et déjà et s'avère contraignante, d'après les résultats de l'indicateur de protection de l'emploi développé par l'OCDE (*cf.* chapitre 1), même si cette réglementation n'est pas toujours respectée.

Les CDDU constituent un type particulièrement problématique de contrat, n'offrant au salarié aucune des protections imposées aux autres types de CDD (*cf.* l'encadré, p. 85). Le rapport de l'IGAS de 2015 préconise la mise en place de telles protections par des conventions de branche (conditions de travail, rémunérations, accès à la formation permettant des parcours vers des emplois plus stables) et suggère l'introduction d'une durée légale minimale de 7 jours pour chaque contrat[18].

17. François Fontaine et Basile Vidalenc, *L'assurance chômage, miroir de la segmentation du marché du travail*, note de l'Institut des politiques publiques, n° 58, septembre 2020.

18. Inspection générale des affaires sociales, *Evaluation du contrat à durée déterminée d'usage (CDDU)*, décembre 2015.

c Développer les formules alternatives permettant de combiner des périodes d'emploi courtes et un statut stable

Les pouvoirs publics tentent par ailleurs de valoriser et de diffuser des solutions alternatives aux contrats temporaires, et parmi ces derniers, aux contrats les plus courts. Sont ainsi promues des formules devant permettre de réaliser de courtes périodes de travail auprès d'un employeur donné, tout en sécurisant le statut professionnel du salarié. Sont à ce titre valorisés :

- les groupements d'employeurs : créés par la loi du 25 juillet 1985, ils ont pour objet de mettre des salariés à la disposition des entreprises qui en sont membres, le plus souvent des TPE-PME qui n'ont besoin de salariés qu'à temps partiel ou pour de courtes durées dans l'année. Le groupement est la structure intermédiaire qui passe le contrat de travail avec le salarié. Les groupements d'employeurs sont à ce jour relativement peu développés, malgré la volonté, périodiquement réaffirmée par les pouvoirs publics, de développer ces outils (700 structures pour 16 000 salariés, dont 70 % sont en CDI, essentiellement dans le secteur agricole) ;
- le prêt de main-d'œuvre entre entreprises : par principe proscrit par le droit du travail, car potentiellement constitutif du délit de marchandage[19], le prêt de main-d'œuvre permet, avec l'accord du salarié (et avenant à son contrat de travail), sa mise à disposition conventionnelle par son employeur auprès d'une autre entreprise. L'entreprise prêteuse facture le montant des salaires versés au salarié augmenté des charges sociales et des frais professionnels. Les CSE des deux entreprises doivent être consultés. La mise à disposition de salariés a été utilisée par les pouvoirs publics pour faire face aux périodes de crise : après le déclenchement de la crise de 2008-2009, la loi du 28 juillet 2011 pour le développement de l'alternance et la sécurisation des parcours professionnels a donné un cadre au prêt licite de main-d'œuvre à but non lucratif. Lors de la crise sanitaire, la loi du 17 juin 2020 relative à l'état d'urgence sanitaire a facilité le recours au prêt de main-d'œuvre en allégeant temporairement ses conditions d'utilisation (conventions pouvant couvrir plusieurs salariés, consultations assouplies des CSE) ;
- le CDI intérimaire (*cf. supra*) : il permet à l'entreprise de travail temporaire de stabiliser ses salariés dans un CDI, en portant le risque d'inemploi entre deux missions. Les pouvoirs publics ont créé cette modalité à titre expérimental en 2014 avant de l'intégrer dans le Code du travail par la loi Rebsamen du 17 août 2015. Cette modalité

19. Le marchandage est une forme du travail illégal. L'article L. 8231-1 du Code du travail prévoit : « Le marchandage, défini comme toute opération à but lucratif de fourniture de main-d'œuvre qui a pour effet de causer un préjudice au salarié qu'elle concerne ou d'éluder l'application de dispositions légales ou de stipulations d'une convention ou d'un accord collectif de travail, est interdit. » Il s'agit d'un délit, durement réprimé par le Code du travail, qui prévoit des peines d'emprisonnement pour ses auteurs. Le prêt illicite de main-d'œuvre est quant à lui défini par les articles L. 8241-1 à L. 8241-3 du Code du travail, qui encadrent par ailleurs les conditions du prêt de main-d'œuvre légal, c'est-à-dire facturé pour le montant exact des coûts représentés par l'emploi du salarié.

répond à l'objectif de stabilisation des salariés initialement en contrat temporaire. Elle concerne aujourd'hui environ 50 000 salariés, généralement plus jeunes et plus qualifiés que la moyenne de la population des intérimaires.

Ces mécanismes pourraient être favorisés en incitant les branches à les développer ou en créant des conditions fiscales et sociales plus favorables à leur utilisation.

3.2 Deuxième idée : faciliter le recours aux contrats temporaires pour développer l'emploi

Certaines organisations patronales proposent d'assouplir le recours au CDD, tant en ce qui concerne les curseurs de leur durée, de leurs conditions d'emploi et de renouvellement. Peuvent être mentionnés à l'appui de cette idée les exemples suédois ou italien (suppression en Suède, en 2007, de l'obligation de justifier les cas de recours pour les CDD inférieurs à une certaine durée ; allongement de la durée maximale des CDD en Italie en 2014).

Il pourrait s'agir par exemple, en France, de passer d'une durée maximale cumulée de 18 mois à 24 mois, passer de deux à trois renouvellements possibles, d'abaisser voire supprimer la période de carence, etc. Sur ces points, les branches ont la main depuis les ordonnances de 2017, et force est de constater qu'elles se sont peu saisies jusqu'à présent de leurs capacités d'aménagement du droit. Ce sont généralement les dispositions supplétives fixées par le Code du travail qui prévalent.

Les plus libéraux vont jusqu'à plaider la mise en place, en France, du travail « sur appel ». L'exemple le plus abouti en est le contrat « zéro heure » britannique. Cette pratique consiste à permettre à un employeur de solliciter le travail de son salarié sans que ce dernier bénéficie de la garantie d'effectuer un nombre d'heures minimal. En contrepartie, le salarié n'encourt en théorie pas de sanction s'il refuse le travail, et doit se voir rémunérer pour ses périodes d'astreinte. Cela concerne surtout les secteurs des services à la personne, l'éducation et de l'hôtellerie – restauration au Royaume-Uni. 60 % des salariés concernés restent dans ce statut plus d'un an. Un premier encadrement est intervenu avec le *Small business act* de 2015, qui supprime les clauses d'exclusivité, et permet à un salarié en contrat « zéro heure » de travailler concurremment pour plusieurs employeurs. Le travail « sur appel » a été également mis en place en Italie par la réforme de 2012 : que ce soit en CDD ou en CDI, le salarié se rend disponible pour effectuer la prestation de travail à la demande de son employeur. Cela concerne l'hôtellerie – restauration, les coiffeurs, les pompistes, etc. L'OIT souligne le caractère socialement et économiquement fragilisant de ce type de statut, qui se concentre sur les publics les moins avantagés sur le marché du travail. Ce type de contrat est susceptible d'aggraver spécifiquement les conditions de travail des femmes plus présentes dans les secteurs d'activité concernés. Il est enfin permis de constater que les missions concernées sont largement assurées, en France, par le recours au CDDU, dont les implications sociales sont également problématiques.

4 Les perspectives de renforcement de la législation sur l'égalité professionnelle

La question de l'égalité professionnelle entre les femmes et les hommes fait l'objet de nombreuses propositions convergentes, en vue d'étendre les outils existants ou de créer de nouveaux instruments. L'égalité professionnelle est en effet à la fois un objectif social tout en étant considérée par de nombreuses études comme un facteur de performance des entreprises et de l'économie[20].

Il est ainsi fréquemment proposé d'aligner les obligations pesant sur le secteur privé et le secteur privé :

- un très large consensus s'est réalisé autour de l'extension des principes de la loi Sauvadet, applicable à l'encadrement supérieur du secteur public, aux instances exécutives des entreprises : les débats ont porté sur les modalités de l'instauration de ces quotas. La loi dite Rixain du 24 décembre 2021 visant à accélérer l'égalité économique et professionnelle impose aux entreprises de plus de 1 000 salariés une proportion de 30 % de femmes au sein des instances exécutives (comités exécutifs, comités de direction) d'ici à 2027, puis de 40 % à horizon 2030 ;
- les principes de la loi Copé-Zimmerman, applicable aux conseils d'administration et de surveillance des entreprises de plus de 250 salariés, pourraient s'appliquer à des entreprises de moindres dimensions ;
- l'idée de donner à l'État, aux collectivités territoriales et à leurs établissements publics les mêmes obligations de publication des écarts de rémunération et d'action correctrice que pour le secteur privé est défendue par l'Institut Montaigne, à l'exemple de ce qui existe au Royaume-Uni depuis 2017[21].

Si l'« index de l'égalité femmes-hommes » mis en place en 2018 a permis une amélioration des pratiques (la note moyenne des entreprises de plus de 1 000 salariés est passée de 84 à 87,4 sur 100 entre 2019 et 2020), sa construction se concentre sur les plus hauts niveaux de rémunération dans l'entreprise et n'intègre que peu la question de l'accès aux fonctions supérieures et aux métiers les mieux rémunérés. Dans une note de janvier 2021, la fondation Terra Nova propose d'étendre l'indicateur à la mesure de la proportion de femmes aux niveaux de rémunération les plus bas au sein de l'entreprise ainsi qu'à la prévalence du temps partiel parmi les salariées[22].

L'accès aux fonctions et aux métiers reste une des dimensions les plus prégnantes de cette question. La spécialisation professionnelle sexuée, dont des ressorts sont extrêmement profonds, nécessite des actions de long terme faisant appel aux représentations ancrées dans la société[23], donnant une place décisive à la formation initiale (Éducation nationale, apprentissage, enseignement supérieur) et continue.

....

20. Faisant référence à des concepts d'origine anglo-saxonne comme le *gender fairness* ou le *gender budgeting*.
21. Institut Montaigne, *Agir pour la parité, performance à la clé*, note, juillet 2019.
22. Terra Nova, *L'index de l'égalité professionnelle : occasion manquée ou outil prometteur ?* janvier 2021.
23. Inspection générale des affaires sociales, *Evaluation des actions publiques en faveur de la mixité des métiers*, avril 2017.

5 Les évolutions numériques suscitent une réflexion sur les moyens de protection des salariés et des travailleurs des plateformes

On l'a vu, deux séries de questions se posent dans la prise en compte du numérique dans les politiques du travail : l'encadrement des pouvoirs de l'employeur vis-à-vis de salariés dont les droits sont potentiellement bouleversés par les nouvelles technologies, d'une part, et la problématique de la protection sociale et des droits des travailleurs des plateformes, aujourd'hui très majoritairement sous statut de travailleurs indépendants.

5.1 La protection des salariés pourrait être complétée pour mieux prendre en compte le défi du numérique

La première question n'a jusqu'à présent donné lieu qu'à des réponses relativement incomplètes :

- à la suite du rapport Mettling, la loi El Khomri du 8 août 2016 a créé un droit à la déconnexion dont la portée apparaît relativement limitée : il s'agit d'une obligation prévue par l'article L. 2242-17 du Code du travail, relatif à la négociation annuelle obligatoire portant sur l'égalité professionnelle et la qualité de vie au travail, dont le 7° énonce qu'elle porte sur « les modalités de plein exercice par le salarié de son droit à la déconnexion et la mise en place par l'entreprise de dispositifs de régulation de l'utilisation des outils numériques ». Cette négociation doit être engagée tous les ans dans les entreprises pourvues de délégués syndicaux, étant entendu qu'il est possible de déroger à cette périodicité de référence par accord d'entreprise, dans la limite de trois ans. Il est précisé qu'à défaut d'accord, l'employeur élabore une charte définissant ces modalités et prévoit la mise en œuvre d'actions de formation et de sensibilisation à un usage raisonnable des outils numériques ;
- le télétravail a fait l'objet d'une redéfinition par les ordonnances du 22 septembre 2017. Ce cadre beaucoup plus souple que le précédent a permis un essor du télétravail, et sa quasi-généralisation au plus fort de la crise sanitaire. La définition du télétravail est très large (« toute forme d'organisation du travail dans laquelle un travail qui aurait également pu être exécuté dans les locaux de l'employeur est effectué par un salarié hors de ces locaux de façon volontaire en utilisant les technologies de l'information et de la communication ») et sa mise en place aisée (accord collectif, ou à défaut charte d'entreprise, et à défaut sur accord entre l'employeur et le salarié, établi par tout moyen y compris un simple mail). L'employeur doit motiver son refus d'accorder le télétravail à un salarié qui le demande et dont le poste est, selon les critères de l'accord collectif ou de la charte, éligible au télétravail ;

- les partenaires sociaux ont adopté un ANI relatif au télétravail le 26 novembre 2020, dont le contenu vise à la diffusion de bonnes pratiques, utiles à la négociation d'accords d'entreprises, mais ne modifie en rien le cadre existant.

Le probable développement du télétravail obligera à repenser les normes de droit du travail pour l'avenir : la législation sur le temps de travail (durées maximales de travail, durées minimales de repos, durée légale et heures supplémentaires) et sur les lieux de travail (unicité, règles d'aménagement variables selon le nombre de salariés) a été écrite en pensant à la mine, à l'usine et au bureau. L'interpénétration des lieux, des temps, des contenus de la vie professionnelle et personnelle obligent à repenser très profondément ces modalités d'organisation collective à l'avenir. Ils impliqueront de modifier le management dans le sens de la recherche d'une plus grande autonomie des salariés combinée avec l'animation de collectifs de travail le plus souvent dispersés.

Dans ce cadre, les politiques du travail devront probablement s'attacher à la préservation de la liberté et de la sécurité des salariés : si la jurisprudence *Nikon* a précisé le contenu des libertés individuelles des salariés utilisant leurs boîtes mails professionnelles (*cf. supra*), les techniques de surveillance de l'activité des travailleurs évoluent très rapidement et représentent de redoutables défis : contrôle des consultations des pages internet, enregistrement des visioconférences, géolocalisation, vidéosurveillance, allumage en continu des webcams, vérification périodique des clics dans les applications informatiques, mise en place d'outils connectés tels les bracelets électroniques permettant de contrôler l'activité physique des ouvriers d'une industrie ou des serveurs d'un restaurant, etc. L'intervention du juge, certes selon des principes robustes et bien établis[24] (limitation aux libertés individuelles motivées par la tâche à accomplir et proportionnées au but recherché), présente l'inconvénient de s'opérer *a posteriori* et sans un nécessaire débat démocratique préalable. L'intervention future du légalisateur est ainsi probable.

5.2 La question du statut des travailleurs des plateformes fait l'objet de multiples propositions

La seconde question a donné lieu à des réformes et des propositions pour l'avenir beaucoup plus nombreuses et documentées, mais présentant des options radicalement différentes.

Le poids des plateformes collaboratives reste globalement faible dans l'économie (1 à 3 % de l'emploi total) et recouvre une réalité multiple, entre travail pour les plateformes

24. Ceux des articles L. 1222-3 (« Le salarié est expressément informé, préalablement à leur mise en œuvre, des méthodes et techniques d'évaluation professionnelles mises en œuvre à son égard. Les résultats obtenus sont confidentiels. Les méthodes et techniques d'évaluation des salariés doivent être pertinentes au regard de la finalité poursuivie ») et L. 1222-4 (« Aucune information concernant personnellement un salarié ne peut être collectée par un dispositif qui n'a pas été porté préalablement à sa connaissance »), ainsi évidemment que de l'article L. 1121-1 sur la justification par la tâche à accomplir et la proportionnalité de toute limitation aux libertés individuelles.

de mobilité, free-lance ou micro-tâches. Le problème des plateformes est par ailleurs emblématique, et potentiellement porteur de changements profonds susceptibles de toucher une part beaucoup plus importante de la population active, et fait à ce titre l'objet d'une attention particulière des pouvoirs publics. En outre, le contexte de la crise sanitaire en 2020 a révélé la nécessité de renforcer les protections sociales dont bénéficient les travailleurs des plateformes de mobilité.

Les tentatives de régulations menées jusqu'à présent en France (loi du 8 août 2016 et loi d'orientation sur les mobilités du 24 décembre 2019) ont représenté des avancées qu'il convient de compléter tant sur le front de la protection des travailleurs que sur celui de la sécurisation juridique des activités (*cf. supra*). Plusieurs options sont possibles pour aller dans le sens d'un statut protecteur et clarifié.

- La création d'un tiers statut, entre le travail salarié et le travail indépendant :
  - cette piste avait été formulée par Paul-Henri Antonmattei et Jean-Christophe Sciberras dans leur rapport de 2008 sur le travail économiquement dépendant[25] : il était proposé de créer un statut d'activité pour les personnes ne pouvant prétendre être des salariés mais dont 50 % de l'activité au moins est liée à un donneur d'ordre exclusif. Le rapport avait été conçu sans penser aux activités des sites de l'économie de partage, mais peut s'y appliquer. Il consiste à définir un champ intermédiaire entre le salariat et le statut d'indépendant : ce statut de travailleur économiquement dépendant permettrait un accès facilité à la formation professionnelle, au droit au repos, etc. ;
  - ce schéma a été suivi par des pays européens comme l'Espagne et l'Italie, qui ont mis en place des statuts spécifiques de travail dit « parasubordonné ». Mais ces statuts n'ont pas réussi à s'imposer. En Espagne, la loi du 11 juillet 2007 a prévu ce type de statut pour les personnes physiques dont l'activité dépend à plus de 75 % d'un donneur d'ordres. Elle crée la possibilité de passer des accords collectifs d'intérêt professionnel pour ces actifs, un dispositif d'indemnisation en cas de rupture d'activité, une définition des causes de l'extinction du contrat et met en place une protection sociale spécifique (santé, accidents du travail et maladies professionnelles, cessation d'activité). Le statut ne s'est pas développé dans la réalité (10 000 personnes couvertes sur 3 millions d'indépendants). En Italie, une loi de 2003 a créé le statut de « Cocopro » (contrats de collaboration de projet) pour les situations de collaboration de plus de 8 mois représentant plus de 80 % des ressources du professionnel. Elle a créé des protections (couverture des accidents du travail, formation) mais pas de droit à l'assurance chômage. Le *Job Act* de 2016 a limité le périmètre d'application de ce statut pour contrer le développement constaté de faux indépendants utilisant cette catégorie juridique à des fins d'optimisation ;

25. Jean-Christophe Sciberras et Paul-Henri Antonmattei, *Le travailleur économiquement dépendant : quelle protection ?* rapport au ministre du Travail, des Relations sociales, de la Famille et de la Solidarité, novembre 2008.

- l'analyse du rapport du Conseil économique social et environnemental (CESE) de 2017 est que ce tiers secteur n'est pas viable car il ajouterait une nouvelle frontière en créant un troisième statut là où précisément, on cherchait à réduire l'incertitude liée à l'existence de la frontière entre salariat et travail indépendant[26]. Le rapport de Jean-Yves Frouin, réalisé à la demande du Premier ministre et rendu public en 2020, conclut de la même manière[27].

• La reconnaissance d'un statut de salarié pour les travailleurs des plateformes de mobilité :
  - le rapport du CESE préconise d'utiliser le statut de salarié auprès de tiers employeurs pour stabiliser les travailleurs des plateformes dont l'activité est la plus forte. Cette solution est également privilégiée par le rapport de Jean-Yves Frouin, en visant particulièrement les travailleurs dont les conditions d'exercice sont les plus proches du salariat (chiffre d'affaires minimal, durée d'activité). Il préconise l'instauration d'un dispositif de salariat dans un cadre autonome, par le truchement de sociétés de portage salarial ou de coopératives d'activité et d'emploi.
  - si la solution présentait l'avantage de répondre aux deux impératifs de protection des travailleurs et de sécurisation juridique, la question pendante demeure ici celle du coût d'une telle mutation, à prendre en charge par les pouvoirs publics et les plateformes ;
  - certaines organisations syndicales, notamment la CGT, se montrent à ce titre critiques vis-à-vis de la solution préconisée par le rapport Frouin, qui éloigne les plateformes elles-mêmes des responsabilités d'employeur direct en faisant appel à un tiers. Elles estiment que l'application pleine et entière du droit du travail doit permettre de répondre à la situation. Il s'agirait dans cet esprit de mettre fin au modèle économique développé par la plupart des plateformes collaboratives, qui implique une concurrence structurellement déséquilibrée avec le modèle du salariat. Sarah Abdelnour et Dominique Méda portent la même analyse[28]. De fait, les décisions rendues en 2021 par les juridictions italienne, britannique et américaine vont dans ce sens ;
  - les initiatives portées par les institutions communautaires (Parlement européen, Commission) vont dans le sens d'une extension du régime du salariat aux travailleurs des plateformes. La proposition de directive présentée par la Commission en décembre 2021 consiste à définir des critères permettant d'identifier une présomption de salariat, dont l'application ferait probablement basculer la majeure partie de ces activités dans ce statut.

• Le développement de droits particuliers pour les travailleurs des plateformes, sans création de statut. Il s'agit ici de prolonger la logique des lois de 2016 et 2019, en complétant le socle des droits qu'elles ont initié :

....

26. Conseil économique, social et environnemental, *Les nouvelles formes du travail indépendant*, 2017.
27. Jean-Yves Frouin, *Réguler les plateformes numériques de travail*, rapport au Premier ministre, décembre 2020.
28. Sarah Abdelnour, Dominique Méda, *Les nouveaux travailleurs des applis*, PUF, 2019.

– le rapport du CESE de 2017 préconise d'améliorer la couverture sociale des travailleurs des plateformes de mobilité, par un recours facilité à l'assurance chômage, au compte personnel de formation CPF, un accès au congé maternité, des actions de prévention des risques professionnels, une obligation d'assurance contre les accidents du travail, et l'accès à l'information retraite ;
– le rapport consacré aux VTC par l'IGAS et le CGEDD en 2018[29] propose d'améliorer la protection de la santé et de la sécurité des chauffeurs, en généralisant la couverture contre les accidents du travail, et en prévoyant un encadrement de la durée du travail, d'une part, et de sécuriser le revenu des travailleurs des plateformes en garantissant un prix minimal pour les courses ;
– le Haut conseil au financement de la protection sociale recommande en 2020[30] d'intervenir par la loi afin de sécuriser la couverture sociale des travailleurs des plateformes, et ce indépendamment des questions de qualification en droit du travail : il recommande d'affilier au régime général les travailleurs des plateformes de mobilité au sens de la loi d'orientation sur les mobilités ;
– un rapport d'information du Sénat de mai 2020[31] propose de nouvelles protections collectives (révision des règles d'affiliation au régime de micro-entreprise, obligation de proposer un contrat collectif d'assurance santé complémentaire, création de caisses de congés payés, extension de l'obligation d'assurance accidents du travail pour les activités les plus accidentogènes) et de nouvelles protections individuelles : obligation de motivation des ruptures des relations contractuelles, principe de non-discrimination à l'embauche (qui existe déjà en droit positif). Au titre de la sécurisation juridique, le rapport sénatorial de 2020 propose de créer un rescrit spécifique aux plateformes pour leur permettre de vérifier le caractère non salarié de la relation de travail, et de rendre obligatoire le mandatement pour la réalisation des démarches déclaratives et de paiement des charges sociales.

On le voit, les propositions sont très nombreuses pour renforcer la logique adoptée en 2016 et 2019. Une ordonnance du 21 avril 2021, adoptée sur la base de recommandations formulées par une *task force* coordonnée par Bruno Mettling et diligentée par la ministre du Travail, a créé les conditions d'une représentation collective des travailleurs des plateformes de mobilité et d'un dialogue social avec les deux secteurs d'activité des VTC, d'une part, et des livreurs de marchandises par véhicule de deux ou trois roues, d'autre part. La détermination des conditions de ce dialogue social (élections des représentants, statut protecteur pour ces derniers, régulation par une autorité centrale[32])

....

29. Inspection générale des affaires sociales, Conseil général de l'environnement et du développement durable, *La régulation du secteur des voitures de transport avec chauffeur et des taxis*, décembre 2018.

30. Haut conseil du financement de la protection sociale, *Rapport sur la protection sociale des travailleurs indépendants*, septembre 2020.

31. Sénat, *Travailleurs des plateformes : au-delà de la question du statut, quelle protection ?* rapport d'information de Michel Forissier, Catherine Fournier et Frédérique Puissat, mai 2020.

32. L'ARPE : Autorité des relations sociales des plateformes d'emploi.

a pour objectif de permettre l'élaboration progressive, par la négociation collective, d'un système de droits adapté aux particularités de ces deux activités.

Pour terminer, on ne peut pas aborder cette question du statut des travailleurs des plateformes sans évoquer l'ambition, plus vaste, de créer un statut transversal pour l'ensemble des actifs. Il s'agit de l'idée relativement ancienne de contrat d'activité, défendue par rapport Boissonnat de 1995[33] : la définition d'un ensemble de droits sociaux s'appliquant largement à tous les statuts d'activité (salariés, travailleurs indépendants, mais également les stagiaires de la formation professionnelle[34]). Sans se substituer au contrat de travail, le contrat d'activité intègre ce dernier qui ouvre de fait des droits plus étendus. La création des comptes individuels de droits sociaux liés au travail, depuis quelques années, et notamment le CPF, va dans ce sens (*cf.* chapitre 1).

Le portage salarial

Le portage salarial est une forme d'emploi reposant sur une relation triangulaire entre un salarié « porté », une entreprise de portage salarial qui le recrute en CDD ou en CDI, et une entreprise cliente au sein de laquelle le salarié effectue une prestation. Son statut a été défini par l'ordonnance du 2 avril 2015.

Le portage permet à des salariés justifiant d'une expertise, d'une qualification et d'une autonomie (c'est-à-dire les cadres et ingénieurs) d'évoluer dans le cadre du salariat tout en bénéficiant de fait d'une large autonomie, proche de celle d'un indépendant. C'est le salarié qui recherche lui-même les entreprises clientes et convient avec elles des conditions d'exécution de sa prestation et de son prix. L'entreprise de portage n'est pas tenue de lui fournir du travail mais assume les démarches administratives qu'un travailleur indépendant doit généralement prendre à sa charge, tout en ouvrant le droit à l'assurance chômage.

Les coopératives d'activité et d'emploi (CAE) présentent un schéma de relation triangulaire proche de celui du portage.

33. Jean Boissonnat, *Le travail dans 20 ans*, Odile Jacob, 1995.

34. Mais encore, si on transpose ce rapport de 1995 aux problématiques d'aujourd'hui, ce statut d'activité pourrait concerner engagées bénévolement dans des activités utiles à la société (service civique, militantisme associatif ou syndical, proches aidants, etc.).

CHAPITRE 3

LES POLITIQUES PORTANT SUR LES RELATIONS COLLECTIVES DE TRAVAIL

SOMMAIRE

SECTION 1 ■ Les bouleversements des principes de la représentativité et du dialogue social ➤ p. 154
1 Les critères de la représentativité : d'une représentativité historique à une représentativité démocratique ➤ p. 154
2 Les modalités de la négociation collective ont été profondément transformées depuis 20 ans, les ordonnances de 2017 marquant une accélération notable du processus ➤ p. 163
3 La représentation syndicale et les instances représentatives du personnel : une simplification radicale par les ordonnances du 22 septembre 2017 ➤ p. 179
4 La fonction publique est réformée selon des principes directement inspirés par le droit du travail ➤ p. 184
5 Le droit des conflits collectifs apparaît relativement stabilisé ➤ p. 189

SECTION 2 ■ Les problématiques ➤ p. 195
1 Le paysage syndical et patronal n'a pas été profondément modifié par la réforme de la représentativité ➤ p. 195
2 La négociation collective doit être rationalisée ➤ p. 202
3 Les instances représentatives du personnel présentent des lacunes ➤ p. 206
4 Dans la fonction publique, les relations demeurent tendues ➤ p. 208

SECTION 3 ■ Les perspectives ➤ p. 210
1 Conforter la légitimité des organisations syndicales de salariés et d'employeurs ➤ p. 210
2 La question de la place de la négociation collective après les ordonnances du 22 septembre 2017 ➤ p. 216
3 La question d'une amélioration de la représentation des salariés dans l'entreprise ➤ p. 220
4 Les discussions autour du droit des conflits collectifs ➤ p. 223

Les relations collectives de travail concernent le dialogue social, la représentativité et les conflits collectifs dans le milieu professionnel. Elles impliquent particulièrement les « **partenaires sociaux** ». Ce terme désigne les représentants du monde de l'entreprise : des employeurs d'une part, et des salariés d'autre part. Ils sont structurés au sein d'organisations professionnelles – organisations syndicales de salariés et organisations d'employeurs – dont le rôle dans les relations collectives de travail est lié à la mesure de leur représentativité.

Selon la définition de l'Organisation internationale du travail (OIT), **le dialogue social** comprend « toutes formes de négociation, de consultation ou simplement d'échange d'informations entre représentants des gouvernements, des employeurs et des travailleurs sur des questions d'intérêt commun liées à la politique économique et sociale ». La définition que donne l'OIT du dialogue social est large puisqu'elle inclut toutes les formes d'échanges entre les trois partenaires que sont l'État, les organisations représentatives de salariés et les organisations représentatives des employeurs.

La négociation collective est la modalité « légiférante » du dialogue social : elle renvoie plus spécifiquement aux discussions entre représentants des employeurs et des salariés (ou des agents dans la fonction publique) ayant une finalité normative. Elle débouche sur des accords collectifs (ou conventions collectives) à trois niveaux principalement en droit du travail[1] :

- le niveau national et interprofessionnel : ce sont les accords nationaux interprofessionnels (ANI[2]) ;
- le niveau de la branche, qui est généralement national : ce sont les accords ou conventions collectives nationales de branche (CCNB[3]) ;
- le niveau de l'entreprise : ce sont les accords d'entreprises. Les accords de groupes et d'établissements leur sont assimilables (*cf. infra*).

La représentativité des organisations syndicales et patronales renvoie à leur capacité à s'exprimer et surtout à décider au nom de ceux qu'ils représentent, à savoir les salariés (ou les agents de la fonction publique) et les employeurs. Une organisation représentative dispose de pouvoirs importants : elle peut participer à la négociation collective, à la gouvernance des organismes de protection sociale dits paritaires, aux concertations avec les pouvoirs publics se rapportant à l'ensemble des politiques sociales. La représentativité implique pour ceux qui la détiennent la capacité à

1. La négociation collective existe et peut déboucher sur des accords également dans certaines configurations extérieures au droit du travail : ainsi, l'ordonnance du 21 avril 2021 a créé une représentation pour les travailleurs des plateformes de mobilité, impliquant l'adoption future d'accords entre ces représentants et les sites de mise en relation par Internet. Par ailleurs, depuis la loi du 6 août 2019 de transformation de la fonction publique, les accords de la fonction publique peuvent avoir une portée réglementaire. Il existe enfin des accords européens dans le cadre communautaire.
2. Il existe également des cas d'accords interprofessionnels applicables au niveau territorial.
3. Il existe également des accords de branche avec un périmètre territorial.

engager non seulement leurs mandants (les salariés et employeurs appartenant à ces organisations ou leur ayant apporté leur suffrage) mais également les autres salariés et employeurs, qui ne sont ni adhérents ni même proches de ces organisations.

La place des organisations syndicales de salariés dans les relations de travail s'est affirmée en France à partir de la fin du XIXe siècle : après la reconnaissance du droit de grève en 1864, la loi Waldeck-Rousseau du 21 mars 1884 reconnaît la légalité des organisations syndicales de salariés autres que les syndicats de fonctionnaires, dont la liberté syndicale n'est officiellement reconnue qu'avec le préambule de la Constitution de la IVe République[4] et la loi du 19 octobre 1946 portant statut général des fonctionnaires. La loi Waldeck-Rousseau servira de base à la formation des syndicats ouvriers comme patronaux. Les **syndicats** sont des organisations ayant « exclusivement pour objet l'étude et la défense des droits ainsi que des intérêts matériels et moraux, tant collectifs qu'individuels, des personnes mentionnées dans leurs statuts[5] ».

À partir de 1946, l'influence des organisations représentatives a lentement décliné, se traduisant notamment par un reflux progressif du taux de syndicalisation (11 % aujourd'hui dans le secteur privé, contre 19 % dans la fonction publique).

Le point décisif à retenir dans le domaine des relations collectives de travail est l'effort considérable de refondation mené depuis 15 ans par les pouvoirs publics et les partenaires sociaux. La loi du 20 août 2008 sur la représentativité des organisations de salariés, complétée par la loi du 5 mars 2014 pour les organisations d'employeurs et par les ordonnances du 22 septembre 2017 dans le secteur privé, mais également les lois du 5 juillet 2010 et du 6 août 2019 pour la fonction publique, ont considérablement modifié les équilibres antérieurs, avec l'objectif de redynamiser la représentativité et de conforter le dialogue social. On verra plus loin que les résultats se sont jusqu'à présent révélés contrastés.

Les **conflits collectifs**, enfin, renvoient essentiellement aux règles et problématiques se rapportant à la grève et à ses conséquences. Par contraste avec les questions de représentativité et de dialogue social, le droit des conflits collectifs apparaît stabilisée depuis une quinzaine d'années, même si les crises sociales apparues depuis quelques années, et notamment le mouvement des « gilets jaunes », interrogent ce *statu quo*.

Il convient de présenter les profonds changements qui ont récemment marqué le droit de la représentativité et de la négociation collective, tant dans le secteur privé que dans le secteur public, et qui avaient vocation à refonder les relations collectives de travail en France (1). Ces ambitions n'ont pas toujours été suivies des effets

....

4. Alinéa 6 : « Tout homme peut défendre ses droits et ses intérêts par l'action syndicale et adhérer au syndicat de son choix. »

5. Article L. 2131-1 du Code du travail, directement issu de l'article 3 de la loi Waldeck-Rousseau du 21 mars 1884.

escomptés et les crises sociales récentes soulèvent de nouvelles problématiques (2). Les pouvoirs publics comme les partenaires sociaux s'inscrivent aujourd'hui dans un contexte incertain, qui donne lieu à des propositions de réformes quelque peu foisonnantes (3).

SECTION 1

Les bouleversements des principes de la représentativité et du dialogue social

Les critères de la représentativité ont été modifiés de manière substantielle. Dans le secteur privé, on est passé d'une représentativité historique à une représentativité prouvée au moyen des élections professionnelles (1). Dans ce contexte, la négociation collective, profondément remaniée, s'est intensifiée et complexifiée (2). Les instances représentatives du personnel auparavant dispersées ont été fusionnées (3). Un mouvement comparable a été mené par des lois distinctes dans la fonction publique (4). Au sein des relations collectives de travail, seul le droit des conflits collectifs est apparu relativement stable au cours de ces dernières années (5).

1 Les critères de la représentativité : d'une représentativité historique à une représentativité démocratique

La représentativité était pour l'essentiel historique avant 2008. La crise de la représentativité, mesurable par plusieurs indicateurs, a conduit les pouvoirs publics, en partenariat avec les principales organisations syndicales et patronales, à mettre en place un nouveau système essentiellement fondé sur l'audience.

1.1 La représentativité est essentiellement historique avant 2008 et se heurte à la crise du syndicalisme

a Un droit constitutionnel progressivement reconnu

Le droit à la négociation collective est garanti par le préambule de la Constitution de 1946 : « Tout travailleur participe, par l'intermédiaire de ses délégués, à la détermination collective des conditions de travail ainsi qu'à la gestion des entreprises. » Sa dimension constitutionnelle a été confirmée par une décision du Conseil constitutionnel du 6 novembre 1996.

La Constitution consacre en outre l'existence d'une instance transversale (art. 69 à 71), dédiée au dialogue social : le Conseil économique, social et environnemental (CESE). Sa vocation initiale était de donner son avis sur les projets de textes et les problèmes de caractère économique, social et environnemental proposés par le Gouvernement.

Son mode de fonctionnement et sa composition ont été renouvelés par la loi organique du 15 janvier 2021 portant réforme du CESE, afin de mieux répondre aux enjeux de représentation de la société civile :

- le CESE regroupe des représentants des organisations syndicales de salariés, des représentants des entreprises, des représentants nommés au titre de la cohésion sociale et territoriale et de la vie associative (dont des représentants ultramarins) et des représentants au titre de la protection de la nature et de l'environnement. Désormais composé de 175 membres (contre 233 auparavant), il s'est vu retirer une quarantaine de sièges qui étaient jusqu'alors à la discrétion du Gouvernement ;
- le CESE s'inscrit en outre dans une logique plus poussée de participation citoyenne et doit désormais constituer, conformément aux ambitions de la réforme de 2021, le « carrefour des consultations publiques ». Il peut être saisi par voie de pétition sur la base de 150 000 signatures électroniques, ouvertes aux jeunes dès 16 ans. Le CESE peut en outre désormais recourir au tirage au sort de citoyens pour participer à ses travaux.

b Avant les réformes de 2008 et de 2014, la représentativité des organisations syndicales et patronales est essentiellement historique

Avant les grandes réformes initiées à partir de la fin des années 2000, les organisations syndicales et patronales bénéficient d'une reconnaissance historique, peu propice à leur évolution et à leur renouvellement.

Du côté des organisations de salariés, cinq confédérations syndicales disposent, en vertu d'un arrêté de 1966[1], d'une présomption irréfragable de représentativité au niveau national, ce qui signifie qu'il est impossible de prouver le contraire :

- il s'agit de la Confédération générale du travail (CGT), de la Confédération française démocratique du travail (CFDT), de la Confédération générale du travail – Force ouvrière (CGT-FO) et de la Confédération française des travailleurs chrétiens (CFTC) ; la Confédération française de l'encadrement – Confédération générale des

....

1. Arrêté du 31 mars 1966 relatif à la détermination des organisations appelées à la discussion et à la négociation des conventions collectives de travail.

cadres (CFE-CGC) n'étant reconnue représentative que pour les catégories professionnelles relevant de l'encadrement ;
- les autres organisations syndicales doivent quant à elles apporter faire la preuve de leur représentativité au niveau où elles interviennent (entreprise ou branche), appréciée par l'administration et le juge en fonction de cinq critères (les effectifs, l'indépendance, les cotisations, l'expérience et l'ancienneté du syndicat et l'attitude patriotique pendant l'Occupation). La vérification de ces critères de représentativité ne se fait pas de façon préalable, mais uniquement en cas de contestation ;
- les confédérations présumées représentatives au niveau national bénéficient de cette représentativité à tous les échelons de la négociation collective (ANI, branche, entreprise).

Du côté des organisations patronales, la question de la représentativité n'est pas définie par un texte. Les organisations professionnelles représentées à la Commission nationale de la négociation collective (CNNC[2]) bénéficient de fait d'une présomption de représentativité au niveau des branches où elles interviennent. Il s'agit du Mouvement des entreprises de France (MEDEF), de la Confédération générale des petites et moyennes entreprises (CGPME[3]) et de l'Union patronale des artisans (UPA[4]) au niveau interprofessionnel. L'Union nationale des professions libérales (UNAPL[5]) et la Fédération nationale des syndicats d'exploitants agricoles (FNSEA), intégrées respectivement en 1983 et en 1997 à la CNNC, sont reconnues comme représentatives pour leur champ d'intervention. Au niveau des branches, la représentativité repose sur le principe de reconnaissance mutuelle : les organisations reconnues légitimes sont celles qui s'accordent mutuellement pour se conférer la qualité d'interlocuteur, sous le contrôle de l'administration du travail et du juge en cas de désaccord.

c Un dispositif contesté et remis en cause dans un contexte de repli du syndicalisme en France

Après la Seconde Guerre mondiale, le taux de syndicalisation, relativement faible en France (30 % en 1949) régresse lentement et connaît un brusque reflux à partir des années 1980.

En 2016, moins 11 % des salariés adhèrent à un syndicat, et 5 % sont sympathisants. Mais les inégalités entre travailleurs sont flagrantes : le taux de syndicalisation est

2. Devenue depuis la loi du 5 septembre 2018 pour la liberté de choisir son avenir professionnel la Commission nationale de la négociation collective, de l'emploi et de la formation professionnelle (CNNCEFP).
3. Devenue en janvier 2017 la Confédération des petites et moyennes entreprises (CPME).
4. Devenue en 2016 l'Union des entreprises de proximité (U2P), par intégration des composantes de l'UPA et de l'UNAPL.
5. L'UNAPL est désormais une composante de l'U2P qu'elle a rejoint en 2016, accédant ainsi à la représentativité interprofessionnelle.

de 8 % dans le secteur privé contre 19 % dans la fonction publique[6]. Les jeunes sont extrêmement peu engagés dans le militantisme syndical (3 % chez les moins de 30 ans).

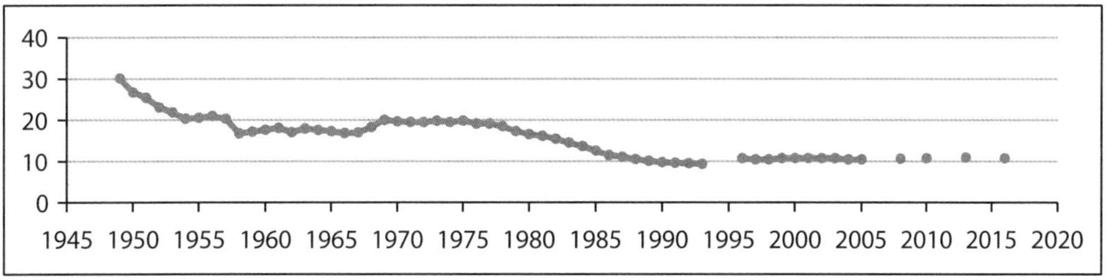

Le taux de syndicalisation en France depuis 1949

Source : DARES, ensemble des salariés de plus de 15 ans – France métropolitaine.

Syndicalisation en France par sexe, âge et catégorie professionnelle en 2016 (en %)

	Ensemble des salariés	Fonction publique	Marchand et associatif
Ensemble	**11**	**19,1**	**8,4**
Sexe			
Hommes	**12**	21,7	9,9
Femmes	**10**	17,5	6,8
Âge			
Moins de 30 ans	**3,7**	5,6	3,3
30 à 39	**9,3**	17,1	7,2
40 à 49	**13,3**	21,7	10,3
50 ou plus	**14,9**	24,4	11,5
Catégorie professionnelle			
Cadres	**11,2**	23,5	6,3
Professions intermédiaires	**12,3**	17,3	10,3
Employés	**10,8**	17,9	7,9
Ouvriers	**9,7**	20,7	8,8

Source : DARES, 2016.

6. Il s'agit des dernières statistiques disponibles pour la France, le taux de syndicalisation étant calculé par la DARES sur la base d'enquêtes triennales, la publication de la dernière enquête en date ayant dû être décalée du fait du contexte lié à l'épidémie de Covid-19.

Les comparaisons internationales montrent l'extrême faiblesse de la syndicalisation en France, même si le taux d'adhésion aux syndicats professionnels recule pratiquement de partout dans les pays de l'OCDE[7].

Taux de syndicalisation dans plusieurs pays de l'OCDE (dernière année disponible, en %)

États-Unis (2019)	10,3
France (2016)	10,8
Allemagne (2019)	16,3
Royaume-Uni (2019)	23,5
Italie (2019)	32,5
Belgique (2019)	49,1
Suède (2019)	65,2
Danemark (2019)	67

Source : OCDE.

Généralement, la faible syndicalisation s'accompagne d'une faible présence des syndicats dans l'entreprise et d'une couverture limitée des salariés par des accords collectifs. Or, en France, ces deux dernières données sont élevées : supérieure à la moyenne communautaire pour la première (près de 60 % des salariés bénéficient d'une représentation syndicale sur leur lieu de travail y compris l'administration), et parmi les plus élevées du monde pour la seconde (98 %), du fait de la politique d'extension des accords de branche par l'État, de manière quasi systématique jusqu'à une époque récente (*cf. infra*).

Du côté patronal, en 2011, seuls 44 % des établissements de 11 salariés ou plus étaient affiliés, soit directement, soit de manière indirecte, à l'une une des quatre principales organisations interprofessionnelles (MEDEF, CGPME, UPA et UNAPL[8]). En 2017, sur la base des premiers résultats liés au décompte de l'audience des organisations patronales (*cf. infra*), on constate qu'un quart des entreprises seulement sont affiliées à

....

7. Les écarts de niveau les plus significatifs s'expliquant par les différences de tradition syndicale, entre les pays de liberté totale d'adhésion et les pays dans lesquels existent historiquement des pratiques dites d'*union shop*, c'est-à-dire d'obligation de syndicalisation pour les salariés, qui demeurent par exemple en Suède. Ces clauses ont disparu progressivement mais ont placé les taux de syndicalisation à des niveaux parfois très élevés. Il est néanmoins observable que partout la syndicalisation tend à décliner.

8. DARES, *L'affiliation des entreprises aux organisations patronales en France*, DARES Analyses, n° 69, septembre 2015.

des organisations patronales, représentant cependant deux tiers des salariés, traduisant ainsi les adhésions beaucoup plus fréquentes parmi les grandes entreprises[9].

Cet état de fait confronte les organisations syndicales et patronales à deux types de difficultés.

- Il oblige à reposer la question de la représentativité de ces structures, qui conditionne leur participation à la démocratie sociale et aux relations collectives de travail. Cette réflexion s'accompagne de la contestation de la place prééminente des syndicats traditionnels par les organisations nouvellement créées (l'Union syndicale Solidaires – ou SUD[10] – et l'UNSA[11] du côté des salariés ; l'UDES[12] du côté des employeurs[13]).
- Il fragilise le financement des syndicats et par conséquent leurs modes de fonctionnement : les cotisations des adhérents représentent une part marginale des moyens des organisations syndicales – le reste provenant de ressources externes (subventions des acteurs publics, avantages accordés par les employeurs, transferts des organismes paritaires) :
  - les conclusions d'un rapport parlementaire (jamais publié) de 2011, dont le rapporteur était le député du Loir-et-Cher Nicolas Perruchot, évaluaient le financement par les adhérents à moins de 5 %, contre 80 % dans des pays comme l'Allemagne ou le Royaume Uni ;
  - ces chiffres sont cependant difficiles à établir. En 2014, une étude de la direction générale du Trésor[14] reprend pour la France les fourchettes d'estimation très larges et hétérogènes selon les syndicats, mentionnées par le rapport Hadas-Lebel de 2006 (le financement par les adhérents est alors estimé entre 15 et 57 % du total des recettes selon les organisations[15]) ;
  - la part limitée des recettes provenant des adhérents traduit la faiblesse du syndicalisme dit de services en France, c'est-à-dire associant des avantages spécifiques en contrepartie des cotisations (formation en Allemagne, appui à la constitution des dossiers d'aide sociale en Italie par exemple).

....

9. DARES, *Adhésion aux organisations patronales : une mesure de la couverture patronale*, Documents d'études n° 228, février 2019.

10. Solidaires-unitaires-démocratiques, créé en 1981.

11. Union nationale des syndicats autonomes, créée en 1993.

12. Union des employeurs de l'économie sociale et solidaire, qui a succédé à l'Union des syndicats et groupements d'employeurs représentatifs dans l'économie sociale (USGERES) en 2013.

13. La Fédération des employeurs du spectacle vivant (FESAC) a été créée en 1998.

14. Trésor-Éco, *La syndicalisation en France : paradoxes, enjeux et perspectives*, n° 129, mai 2014.

15. Il s'agit du rapport qui a permis de préparer la réforme de la représentativité finalement réalisée par la loi du 20 août 2008 : Raphaël Hadas-Lebel, *Pour un dialogue social efficace et légitime : représentativité et financement des organisations professionnelles et syndicales*, rapport au Premier ministre, 2006 : en ce qui concerne la part des cotisations dans les ressources des divers syndicats, le rapport précise que si cette estimation n'est « pas totalement irréaliste », elle demeure « invérifiable ».

1.2 Les lois du 20 août 2008 et du 5 mars 2014 bouleversent les conditions de détermination de la représentativité dans le secteur privé

Les lois du 20 août 2008 et du 5 mars 2014 modifient radicalement les critères de la représentativité syndicale et patronale, en fondant prioritairement la représentativité sur le critère de l'audience des organisations.

La mesure de cette audience sert à déterminer la capacité des organisations à conclure des accords collectifs (ou à s'y opposer), mais également à déterminer le nombre de sièges dont elles disposent dans un certain nombre d'instances (comité social et économique – CSE – au sein des entreprises, conseil de prud'hommes, commissions paritaires régionales interprofessionnelles – CPRI). Ces résultats sont en outre pris en compte par l'administration lorsqu'elle fixe réglementairement le nombre de sièges à pourvoir dans diverses institutions (CESE, organismes de protection sociale, organismes consultatifs spécialisés). Ils sont enfin déterminants pour l'attribution des crédits du paritarisme (*cf. infra*).

a La loi du 20 août 2008 : un changement radical dans l'appréciation de la représentativité des organisations de salariés

La loi du 20 août 2008 a été précédée d'une négociation entre les partenaires sociaux, dans le cadre de l'article L. 1 du Code du travail (*cf. infra*), qui n'a pas débouché sur un accord valide faute de majorité parmi les organisations représentatives. Ce processus a néanmoins permis aux principales organisations de salariés (CGT et CFDT) et d'employeurs (MEDEF) d'adopter une position commune le 9 avril 2008, qui énonce les objectifs suivants : « Il y a trop d'organisations syndicales et pas assez de syndiqués [...] les syndicats ont un intérêt commun d'avoir moins de syndicats pour mieux les représenter. »

La loi du 20 août 2008 portant rénovation de la démocratie sociale et réforme du temps de travail (dite « Bertrand ») entend répondre aux critiques portant sur le déficit de légitimité des syndicats. Elle introduit des changements majeurs dans l'appréciation de la représentativité et dans les modes de fonctionnement des seules organisations de salariés.

La présomption de représentativité est supprimée au profit de nouveaux critères : effectifs d'adhérents, indépendance, respect des valeurs républicaines, transparence financière, ancienneté de deux ans au minimum, influence et, enfin, audience au premier tour des élections professionnelles (comité d'entreprise et délégués du personnel à l'époque, intégrés depuis dans le CSE[16]). Ces critères doivent être remplis cumulativement mais font l'objet d'une appréciation globale qui permet au juge de les pondérer. Le critère de l'audience, mesuré par les élections professionnelles, est largement prédominant. Tous les syndicats constitués depuis plus de deux ans, indépendants et respectueux des valeurs républicaines, peuvent désormais présenter des candidats au premier tour des élections professionnelles, et non plus les seuls syndicats représentatifs[17].

L'audience des organisations syndicales s'apprécie selon une logique ascendante à partir des résultats aux élections professionnelles dans chaque entreprise tenue de les organiser : chaque niveau (entreprise, branche, interprofessionnel) dispose d'un seuil spécifique de représentativité, mesuré en agrégeant les résultats du niveau inférieur. Au niveau de l'entreprise, seuls les syndicats ayant recueilli 10 % des voix au premier tour des élections professionnelles sont jugés représentatifs, et peuvent désigner à ce titre des délégués syndicaux. Au niveau de la branche et au niveau national, ce seuil est de 8 % : seuls les syndicats ayant atteint cette proportion de suffrages seront reconnus représentatifs, et seront donc en capacité de conclure des accords de branche ou des ANI.

Dans les entreprises de moins de 11 salariés, qui n'organisent pas d'élections professionnelles faute d'instances représentatives du personnel, la mesure de l'audience est assurée par la tenue d'un scrutin national tous les quatre ans[18]. Les résultats de cette consultation des salariés des très petites entreprises (TPE) sont agrégés à ceux des autres entreprises pour déterminer la représentativité des organisations syndicales au niveau des branches et au niveau national interprofessionnel. Ces « élections TPE » servent également à pourvoir les sièges des organisations syndicales au sein d'instances paritaires dédiées, au niveau régional, à la représentation des TPE : les commissions paritaires régionales interprofessionnelles (CPRI).

....

16. À ces critères s'ajoute, pour le niveau de la branche et le niveau national, un critère de présence sectorielle et territoriale équilibrée.

17. Il s'agit des trois critères dits de la « petite représentativité ». Ils donnent au syndicat des droits importants dans l'entreprise : outre la possibilité de présenter des candidats au premier tour des élections professionnelles, ils permettent au syndicat de constituer de plein droit une section syndicale dans l'entreprise. Les salariés n'ayant pas été désignés par les organisations syndicales pour être candidats ne peuvent se présenter aux élections que si un deuxième tour de scrutin est organisé, si le taux de participation des salariés au premier tour est inférieur à 50 %.

18. Loi du 15 octobre 2010 complétant les dispositions relatives à la démocratie sociale : les « élections TPE » ont été organisées en 2013, 2017 et 2021 (*cf. infra*).

b La loi du 5 mars 2014 : la mise en place de principes comparables pour déterminer la représentativité des organisations d'employeurs

La loi du 5 mars 2014 relative à la formation professionnelle, à l'emploi et à la démocratie sociale (dite loi Sapin) reprend les principes de la loi du 20 août 2008 en les adaptant à la situation des organisations d'employeurs. Il n'est pas possible ici de s'appuyer sur des élections pour mesurer l'audience. Conformément aux pistes proposées tant par une position commune adoptée le 19 juin 2013 par les trois principales organisations (MEDEF, CGPME et UPA) que par le rapport remis sur le sujet par le directeur général du travail Jean-Denis Combrexelle[19], la loi prévoit que les critères cumulatifs de représentativité patronale seront globalement les mêmes que ceux qui s'appliquent depuis 2008 aux syndicats de salariés (respect des valeurs républicaines, indépendance, influence, transparence financière, ancienneté minimale), à l'exception de celui de l'audience, qui reposera à défaut d'élection sur le pourcentage des entreprises adhérentes aux organisations d'employeurs et à jour de leurs cotisations (cet élément devant être attesté par le commissaire aux comptes). Cette proportion est mesurée tous les quatre ans simultanément à la mesure de la représentativité des organisations de salariés[20]. En outre, la représentativité est conditionnée à d'autres critères : une implantation territoriale équilibrée, une présence dans un nombre minimal de branches professionnelles, à la fois dans l'industrie, la construction, le commerce et les services.

Pour être représentative au niveau de la branche, une organisation doit compter au moins 8 % des entreprises du champ, ou des entreprises qui représentent au moins 8 % des salariés du champ. Au niveau interprofessionnel, le dispositif est identique, les seuils étant fixés à 8 % des entreprises au niveau national, ou 8 % des salariés.

En outre, la loi de 2014 apporte une réponse aux revendications des organisations patronales non reconnues comme représentatives au niveau interprofessionnel en consacrant un nouveau statut, celui des organisations d'employeurs dites « multiprofessionnelles » : sollicité par un accord MEDEF-CGPME-UPA-FNSEA-UNAPL-UDES du 30 janvier 2014, ce nouveau statut prévoit d'associer l'UDES, l'UNAPL et la FNSEA aux négociations interprofessionnelles et progressivement à la gouvernance des instances paritaires nationales.

....

19. Jean-Denis Combrexelle, *Rapport sur la représentativité des organisations patronales*, octobre 2013.

20. Le texte précise que lorsqu'une organisation professionnelle d'employeurs adhère à plusieurs organisations professionnelles d'employeurs ayant statutairement vocation à être présentes au niveau national et interprofessionnel, elle répartit entre ces organisations, ses entreprises adhérentes pour permettre la mesure de l'audience.

2 Les modalités de la négociation collective ont été profondément transformées depuis 20 ans, les ordonnances de 2017 marquant une accélération notable du processus

2.1 Le cadre juridique : droit constitutionnel et principe de faveur

Comme exposé dans le chapitre 1, le droit du travail constitue un ordonnancement normatif original, associant des normes de droit classiques, issues du jeu des institutions politiques démocratiques (Constitution, traités internationaux dont le droit communautaire, lois et règlements) et des normes négociées par les partenaires sociaux.

La négociation collective est protégée constitutionnellement : l'alinéa 8 du préambule de la Constitution de 1946 prévoit que « tout travailleur participe, par l'intermédiaire de ses délégués, à la détermination collective des conditions de travail ainsi qu'à la gestion des entreprises ».

Ce sont les organisations représentatives de salariés et d'employeurs qui négocient les conventions et accords collectifs. Les parties sont libres de mener la négociation et d'en déterminer le contenu[21].

Il existe trois niveaux principaux sources négociés du droit du travail[22].

- L'ANI : à l'exemple des deux ANI intervenus fin 2020 en matière de santé au travail et de télétravail, ces accords peuvent ou non être prescriptifs et normatifs. Lorsqu'ils sont normatifs, ils nécessitent souvent une transcription dans le droit positif par l'adoption d'une loi : ainsi l'ANI du 9 décembre 2020 sur la santé au travail a-t-il été intégré dans le droit positif par une loi d'initiative parlementaire, promulguée le 2 août 2021[23].
- La convention et l'accord de branche : ils portent la « loi de la profession », avec une vocation sociale mais aussi économique, car ils créent des conditions de concurrence équivalentes en prévoyant les mêmes garanties sociales pour les salariés d'un secteur d'activité donné. Le principe est celui de l'effet relatif des contrats : ne sont engagés par un accord de branche que les employeurs appartenant à une organisation ayant effectivement signé l'accord. Deux procédures à la main de l'État favorisent toutefois

21. Même si cette liberté fait l'objet d'un encadrement étroit, et parfois d'interventions très structurantes de l'État (*cf. infra*).
22. Il existe aussi d'autres niveaux de négociation, d'une moindre importance numérique et politique (*cf. supra*).
23. Loi du 2 août 2021 pour renforcer la prévention en santé au travail.

la couverture des entreprises par des accords de branche, au-delà de l'effet relatif des contrats :

– la procédure d'extension des accords : par arrêté du ministre chargé du Travail, pris après avis de la commission nationale de la négociation collective, de l'emploi et de la formation professionnelle (CNNCEFP), l'État étend l'application du texte à tous les employeurs relevant champ de l'accord, que ces derniers adhèrent ou non à une organisation patronale signataire. L'arrêté ministériel d'extension peut prévoir des réserves ou des exclusions de clauses concernant tout ou partie de l'accord pour des motifs tenant à leur légalité. En outre, depuis les ordonnances du 22 septembre 2017, l'État peut exclure de l'extension des stipulations qui sont de nature à porter une atteinte excessive à la libre concurrence compte tenu des caractéristiques du marché, et saisir préalablement un groupe d'experts chargé d'apprécier les effets économiques et sociaux pouvant résulter de l'extension. Les ordonnances prévoient également que pour pouvoir être étendus, la convention ou l'accord de branche devront comporter des stipulations spécifiques pour les entreprises de moins de 50 salariés ou justifier des motifs pour lesquels ils ne comportent pas de telles stipulations ;
– la procédure d'élargissement des accords : par arrêté du ministre chargé du Travail, pris après avis de la CNNCEFP, et après extension préalable de l'accord, l'État décide d'appliquer le contenu du texte à des secteurs connexes géographiquement ou matériellement ;
– ces deux techniques ont permis à la France d'avoir un taux de couverture des salariés par des accords et conventions de branches parmi les plus élevés de l'OCDE (98 %), alors même que le niveau de la syndicalisation est parmi les plus bas (*cf. supra*).

• L'accord d'entreprise, dont la place a été progressivement confortée par les réformes législatives adoptées ces 40 dernières années.

L'enchaînement juridique des normes négociées est original. Il est fondé sur deux principes dérogeant aux principes traditionnels de droit civil :

• l'application asymétrique des accords collectifs : la règle est que les employeurs se voient appliquer les conventions et accords qu'ils ont eux-mêmes adoptés, soit directement, soit par l'intermédiaire d'une organisation d'employeurs à laquelle ils appartiennent (*cf. supra*, et l'aménagement représenté par les procédures d'extension et d'élargissement). En revanche, en ce qui concerne les salariés, le principe d'effet relatif des contrats est mis en échec par une application dite *erga omnes* : dès lors que l'employeur est assujetti à une convention ou un accord collectif, l'ensemble des salariés y sont soumis, que ces derniers appartiennent ou non à une organisation syndicale signataire[24] ;

24. À la différence des systèmes nationaux dans lesquels le bénéfice des conventions collectives est assujetti à l'adhésion à une organisation syndicale signataire.

- le principe de faveur : il s'agit de la règle selon laquelle une convention ou un accord collectif ne peut déroger à une norme de droit supérieur que s'il contient des règles plus favorables aux salariés ou présentant au moins des garanties équivalentes. Ainsi, les droits des salariés s'élèvent au fur et à mesure que l'on descend dans la hiérarchie des normes. Ce principe est battu en brèche par les réformes menées depuis 40 ans, au point d'être devenu une exception (*cf. infra* et chapitre 1).

2.2 Le cadre politique : l'État et les partenaires sociaux jouent des rôles en pratique fort imbriqués dans la production du droit du travail

S'il revient normalement à l'État de légiférer et aux partenaires sociaux de négocier les conventions et accords collectifs, leurs rôles sont en réalité beaucoup plus imbriqués, de sorte que les instruments des politiques du travail résultent très fréquemment d'une coproduction tripartite État-syndicats-patronat.

a L'État intervient largement dans la négociation collective

Le processus de la négociation collective associe largement l'État à la compétence de principe des partenaires sociaux :

- c'est le Code du travail qui fixe les règles générales de procédure en matière de négociation (typologie des accords, compétence des acteurs selon leur niveau d'intervention, modalités de conclusion des accords, d'application, de révision et de dénonciation). L'État a créé des obligations de négocier au niveau des branches et des entreprises (*cf. infra*) ;
- l'État intervient au niveau de la branche[25] pour étendre ou élargir par arrêté ministériel un accord ou une convention (*cf. supra*) ; il peut, lorsque la réglementation le prévoit, valider certains accords d'entreprise, et notamment ceux qui impliquent des suppressions d'emplois (accords relatifs à un plan de sauvegarde de l'emploi, accords de rupture conventionnelle collective – *cf.* chapitre 2) ;
- l'État apporte en outre son soutien matériel au dialogue social (réduction d'impôt sur le revenu à hauteur de 66 % des cotisations syndicales, facilités accordées aux syndicats de la fonction publique, formation des militants, outillage par la production de guides pratiques) et peut, en cas de négociation bloquée au niveau d'une branche, organiser une médiation sous la forme d'une commission mixte paritaire, présidée par un représentant de l'État ;

....

25. Ou, plus rarement, pour un ANI.

- l'État participe à la diffusion de l'information conventionnelle, notamment depuis le 1er janvier 2020 par le site consacré au Code du travail numérique (www.code.travail.gouv.fr), service public gratuit permettant d'accéder aux textes législatifs, réglementaires et conventionnels, tout en obtenant des réponses personnalisées ; les entreprises et les branches sont tenues d'effectuer un dépôt électronique des accords conclus auprès de l'administration ;
- l'État fait enfin respecter le droit du travail, y compris dans ses dimensions conventionnelles, par ses actions de contrôle juridictionnel et administratif (*cf.* chapitre 1).

La loi a créé des obligations de négocier. Inspirée par la législation américaine existant depuis les années 1930[26], la loi Auroux du 13 novembre 1982 a créé une négociation annuelle obligatoire (NAO) dans les entreprises dotées de délégués syndicaux, initialement sur les seuls salaires, le temps et l'organisation du travail, puis étendue à de très nombreux autres sujets. Au niveau de la branche, la même loi a mis en place une obligation annuelle de négocier sur les salaires et une obligation quinquennale de négocier sur les grilles de classification.

L'élargissement et la diversification thématique de la NAO par les réformes successives menées pendant une quinzaine d'années ont conduit les pouvoirs publics à engager un processus de rationalisation qui s'est concrétisé par la loi du 17 août 2015 (dite Rebsamen), qui restructure la NAO dans l'entreprise en trois grands blocs. Les ordonnances du 22 septembre 2017 ont quant à elles permis aux entreprises de moduler la périodicité de ces rendez-vous, tandis que la loi du 5 septembre 2018 pour la liberté de choisir son avenir professionnel a complété les obligations de négociation en ce qui concerne l'égalité professionnelle femmes-hommes (*cf. infra*).

La NAO consiste en une obligation pour l'employeur d'ouvrir une négociation avec les représentants syndicaux, mais en aucun cas de conclure ce processus par un accord. À défaut d'initiative de l'employeur pendant un certain délai[27], la négociation s'engage obligatoirement à la demande d'une organisation syndicale représentative. En l'absence d'engagement de la négociation, l'employeur encourt en théorie de lourdes sanctions administratives, sous la forme de remise en cause du bénéfice d'une partie des exonérations de cotisations sociales sur les salaires, et pénales, rarement mises en œuvre.

Les pouvoirs publics, confrontés à la portée limitée de cette obligation, et à son non-respect fréquent, ont développé au niveau de l'entreprise un autre instrument, à la fois proche de la NAO mais très différent quant à ses effets. Cette technique est fréquemment désignée par le terme (non consacré par le Code du travail) de « négociation administrée ».

Au niveau de la branche, plusieurs thématiques de négociation obligatoire existent également (négociations annuelles sur les salaires ; négociations triennales sur l'égalité professionnelle, les conditions de travail, gestion prévisionnelle des emplois et des

26. Wagner Act de 1935.
27. Au niveau de l'entreprise, 12 mois pour les négociations annuelles et 36 mois pour les négociations triennales.

compétences (GPEC), l'insertion et le maintien dans l'emploi des travailleurs handicapés et la formation professionnelle et l'apprentissage ; négociations quinquennales sur les classifications et l'épargne salariale) mais ici encore, les ordonnances de 2017 ont permis aux négociateurs de s'entendre sur des périodicités plus espacées, dans la limite maximale de quatre ou cinq ans selon les thématiques concernées.

L'utilisation de la technique dite de la « négociation administrée » est une particularité française. Le terme désigne les divers mécanismes mis en place par l'État depuis la fin des années 2000, consistant à passer d'une obligation procédurale d'ouverture de la négociation à une obligation de résultat : les employeurs, au-delà d'un certain seuil en nombre de salariés, doivent dans un délai fixé être couverts soit par un accord d'entreprise, soit, en cas d'échec de la négociation, par un plan adopté unilatéralement, sous peine de se voir infliger, au terme d'une procédure administrative, une sanction financière.

Quatre dispositifs de sanction financière ont été créés entre 2009 et 2013, période qui a correspondu à l'apogée de cette technique d'intervention de l'État dans la négociation collective d'entreprise :

- la loi de financement de la sécurité sociale pour 2009 a créé un dispositif de sanction en matière d'emploi des salariés seniors ;
- la loi du 9 novembre 2010 portant réforme des retraites a créé un dispositif de sanction en matière de pénibilité du travail ;
- la même loi a créé un dispositif comparable en ce qui concerne l'égalité professionnelle entre les femmes et les hommes ;
- la loi du 1er mars 2013 a prévu un dispositif identique pour la mise en œuvre du contrat de génération[28].

Après une période de moindre utilisation par les pouvoirs publics, du fait des critiques portant sur l'efficacité réelle de l'outil (*cf. infra*), ce mécanisme a été relancé pour mobiliser les entreprises en matière de santé au travail et d'égalité professionnelle :

- une ordonnance du 22 septembre 2017 réduit le champ du compte personnel de prévention de la pénibilité (C3P) en le faisant passer de 10 à 6 facteurs de pénibilité. En contrepartie, il relance le mécanisme de négociation administrée en précisant que les entreprises doivent être couvertes par des accords ou des plans d'action sur un certain nombre d'enjeux (poly-expositions, aménagement du poste de travail, réduction des expositions, conditions de travail, fins de carrières), chaque thème devant comporter des objectifs chiffrés et le détail des indicateurs retenus ;
- la loi pour la liberté de choisir son avenir professionnel du 5 septembre 2018 a élargi l'obligation créée en 2010 au titre de l'égalité professionnelle en intégrant la nécessité de se doter d'indicateurs de la réduction des écarts salariaux entre les

....

28. Le contrat de génération était un type particulier de contrat de travail visant à favoriser la transmission de compétences entre salariés seniors et salariés nouvellement arrivés dans l'entreprise, au moyen d'une combinaison d'interventions des pouvoirs publics, associant des subventions et des obligations pour les entreprises, sous la forme de négociation administrée. Il a été supprimé par les ordonnances du 22 septembre 2017.

femmes et les hommes, dont l'irrespect, comme l'inaction face à des indicateurs dégradés, déclenche la possibilité d'une sanction financière édictée par l'autorité administrative.

Dans leur diversité, ces mécanismes présentent de forts caractères communs :

- ils visent un large panel d'entreprises puisque les sanctions peuvent être appliquées pour les entreprises d'au moins 50 salariés ;
- ils créent une obligation de résultat : les entreprises concernées doivent être couvertes, soit par un accord collectif adopté selon les cas au niveau de la branche, du groupe ou de l'entreprise, soit par un plan d'action ;
- ils instituent une sanction financière en cas de méconnaissance de ses obligations par l'entreprise, dans la limite de 1 % de la masse salariale.

b La négociation collective prend une place toujours plus importante dans la genèse et l'application du droit du travail

La place de la négociation collective s'est largement développée dans le processus de conception ou de mise en œuvre de la loi, associant de fait les partenaires sociaux à la compétence étatique.

Au niveau national interprofessionnel, la négociation des partenaires sociaux alimente le processus législatif.

La loi du 31 janvier 2007 de modernisation du dialogue social (dite loi Larcher), qui a créé la procédure de l'article L. 1 du Code du travail, a traduit et systématisé une pratique ancienne, consistant pour le Gouvernement à demander aux partenaires sociaux de se saisir d'une question préalablement à l'engagement d'une réforme relevant de son programme politique.

L'article L. 1 prévoit que les projets de réforme envisagés par le Gouvernement en matière de relations individuelles et collectives de travail, d'emploi et de formation professionnelle devront systématiquement être précédés d'une concertation avec les partenaires sociaux en vue d'ouvrir, s'ils le souhaitent, une négociation interprofessionnelle.

Au niveau des branches et des entreprises, un grand nombre de dispositifs prévus par la loi sont conditionnés par l'adoption préalable d'un accord collectif ou donnent la priorité à la négociation collective en rendant supplétifs les règles et seuils législatifs et réglementaires.

Un grand nombre de dispositions du Code du travail sont assujetties à l'adoption préalable d'un accord collectif de branche étendu : le renouvellement de la période d'essai du contrat de travail, la mise en place de nouveaux types de contrats de travail devant favoriser les embauches (contrat de projet, CDI de chantier ou d'opération), etc.

Depuis la loi El Khomri du 8 août 2016 et plus encore depuis les ordonnances du 22 septembre 2017, les principes et seuils fixés par la loi sont supplétifs et ne s'imposent donc que dans le silence des accords de branche ou d'entreprise, dans un grand nombre de matières fixées par le Code du travail (*cf. infra* et chapitre 1).

2.3 L'ensemble des dimensions de la négociation collective ont été transformées par les réformes récentes, en particulier par les ordonnances de 2017

Comme la représentativité, la négociation collective a été profondément transformée par les réformes menées à l'initiative des pouvoirs publics au cours de ces dernières années, parfois avec le soutien des partenaires sociaux, et parfois malgré leur opposition.

Sept aspects de la négociation collective ont été radicalement modifiés :

- le principe de faveur ;
- les conditions de validité des accords collectifs ;
- les conditions de désignation des représentants syndicaux et instances de représentation des salariés dans l'entreprise ;
- la représentation syndicale ;
- les possibilités de conclure des accords collectifs d'entreprise en l'absence de représentation syndicale ;
- le financement des organisations syndicales et patronales.

a Les exceptions au principe de faveur se sont transformées en un principe de faveur par exception

Le principe de faveur correspond à l'idée selon laquelle une règle de rang inférieur dans la hiérarchie des normes conventionnelles ne pourra déroger à une règle supérieure que dans le cas où elle sera au moins aussi favorable au salarié (*cf.* chapitre 1). Il s'agit d'un principe protecteur pour le salarié, permettant à ce dernier de bénéficier d'un effet de cliquet en ce qui concerne la reconnaissance de ses droits.

Ce principe fondamental est de rang législatif et n'a pas de valeur constitutionnelle : il est dès lors loisible au législateur d'en limiter la portée ou d'y apporter des dérogations. C'est ce que les pouvoirs publics ont fait de manière ininterrompue par l'ensemble des réformes du droit du travail menées depuis une quarantaine d'années, les lois Auroux ayant apporté les premiers aménagements.

Les dernières réformes en date apparaissent beaucoup plus décisives.

- La loi du 4 mai 2004 relative à la formation professionnelle tout au long de la vie et au dialogue social prévoyait qu'une norme conventionnelle puisse déroger à la loi dans un sens moins favorable aux salariés si la loi elle-même l'y autorisait, comme en matière de durée du travail et de temps partiel. Inversement, elle prévoyait que les normes conventionnelles de niveau inférieur puissent déroger aux normes conventionnelles de niveau supérieur, sauf si ces dernières l'interdisaient expressément[29].
- La loi Bertrand du 20 août 2008 prévoyait qu'en matière de temps de travail le niveau de négociation de principe était l'entreprise, dont les accords prévalaient sur les accords de branche (sur les contingents d'heures supplémentaires, les repos compensateurs, les conventions de forfait, le compte épargne temps, etc.). La loi El Khomri du 8 août 2016 complétait le dispositif en étendant ce principe de dérogation à la détermination du taux de majoration de la rémunération des heures supplémentaires effectuées, avec un minimum de 10 %.
- Les ordonnances du 22 septembre 2017, enfin, ont organisé les matières relevant de la négociation collective en trois blocs :
  - dans le premier bloc, les accords de branche prévalent et les accords d'entreprise ne peuvent pas fixer de règles moins favorables aux salariés. Treize champs sont énumérés par la loi, en particulier les salaires minima hiérarchiques, les dispositifs de protection sociale complémentaire et de formation professionnelle ou encore les règles applicables aux contrats à durée déterminée (CDD) ;
  - dans le deuxième bloc, les accords de branche s'imposent aux accords d'entreprise, si et seulement s'ils l'ont explicitement prévu. Quatre champs sont concernés, dont la prévention des risques professionnels et le maintien en emploi ;
  - le troisième et dernier bloc concerne la totalité des autres sujets de droit du travail. L'accord d'entreprise y a la primauté. Il peut édicter des règles différentes de l'accord de branche, y compris lorsque ces règles sont moins favorables aux salariés.

Ainsi, le principe de faveur a-t-il été progressivement rogné par les réformes, avant de se voir reléguer au statut d'exception : seuls les deux premiers blocs, dont les matières sont limitativement énumérées, correspondent encore à des matières dans lesquelles il s'applique ou peut s'appliquer.

b La validité des accords repose désormais systématiquement sur le principe majoritaire

Jusqu'au début des années 2000, il suffisait qu'une seule organisation syndicale représentative valide un accord avec le patronat pour que celui-ci soit considéré comme valide, quel que soit son niveau (ANI, branche, entreprise). Cette disposition posait d'autant plus de difficultés que la légitimité des syndicats était remise en cause (*cf. supra*).

29. Les accords d'entreprise ne pouvaient toutefois pas déroger aux accords de branche dans un sens moins favorable en matière de salaires minima, de classifications, de garanties collectives, de protection sociale complémentaire ou de formation professionnelle.

Dès les lois Aubry de 1998 et 2000 sur la réduction du temps de travail et la loi Fillon de 2004 sur le dialogue social, des conditions de majorité ont été définies pour certains accords d'entreprise importants. La majorité se calculait alors au nombre de voix parmi les organisations syndicales représentatives. Leur poids n'était pas pondéré en fonction de leur audience relative.

Après 2008, les conditions de validité des accords collectifs sont mises en conformité avec les principes de la représentativité, qui font de l'audience des syndicats le critère prééminent, mesuré par les résultats obtenus lors des élections professionnelles. La loi du 20 août 2008 modifie donc les conditions de majorité pour obtenir un accord valide : il doit avoir été signé par des syndicats qui ont recueilli au moins 30 % des suffrages, et ne pas faire l'objet de l'opposition de syndicats ayant recueilli une majorité (50 %) de suffrages.

Au niveau de l'ANI et de la branche, la loi du 5 mars 2014 actualise les conditions de validité des accords pour tenir compte de la réforme qu'elle porte par ailleurs sur la mesure de la représentativité patronale. Un accord ne peut pas être étendu s'il fait l'objet d'une opposition d'une ou plusieurs organisations patronales représentative regroupant des entreprises employant plus de la moitié des effectifs cumulés de salariés dans les entreprises adhérant aux organisations patronales sur le champ considéré (art. L. 2261-19 du Code du travail).

Parallèlement, certains types d'accords d'entreprise, parmi les plus importants dans le champ de l'emploi et de l'encadrement de la négociation collective[30], réclament des conditions de majorité plus exigeantes : la majorité absolue est alors requise du côté des représentants syndicaux : la validité de l'accord suppose sa signature par les syndicats ayant obtenu la majorité des suffrages exprimés plus une voix (la procédure d'opposition disparaissant d'elle-même dans ce cas).

Cette exception voit son champ d'application s'étendre avec les réformes successives, avant de devenir la règle pour tout accord d'entreprise, dont la mise en application est prévue par la loi El Khomri du 8 août 2016 et accélérée par les ordonnances du 22 septembre 2017.

Depuis le 1er mai 2018, les accords d'entreprise majoritaires sont généralisés. Dans les entreprises dotées de représentants syndicaux, un accord sera valide :

- en principe, s'il a été approuvé par des délégués syndicaux représentant au moins 50 % des suffrages exprimés lors des élections professionnelles ;
- par exception, s'il a été signé par les organisations syndicales représentatives ayant recueilli plus de 30 % (mais moins de 50 %) et s'il a été approuvé par une majorité de

30. La loi du 14 juin 2013 crée le principe d'accords d'entreprise majoritaires (adoptés par des organisations représentant au moins 50% des salariés) dans le champ de l'emploi : pour les accords de maintien de l'emploi et les plans de sauvegarde de l'emploi. Cette modalité a été étendue par les lois du 5 mars 2014 et du 17 août 2015 pour l'aménagement des négociations obligatoires dans l'entreprise.

salariés dans le cadre d'un référendum d'entreprise. Le référendum peut être demandé par les organisations syndicales signataires. L'employeur organise la consultation, s'il le souhaite et en l'absence d'opposition des syndicats signataires.

Au niveau interprofessionnel (ANI) comme au niveau de l'accord de branche, les conditions de majorité sont restées celles qui prévalaient depuis la loi Bertrand de 2008 : pour être valides, les accords doivent avoir été signés par une ou plusieurs organisations syndicales représentatives ayant recueilli au moins 30 % des suffrages exprimés, et ne pas avoir fait l'objet d'une opposition d'une ou plusieurs organisations syndicales représentatives ayant recueilli la majorité des suffrages exprimés (50 % plus une voix).

c Les thématiques des négociations obligatoires regroupées et leur périodicité assouplie

S'agissant du rythme et de la temporalité de la négociation d'entreprise, la loi Rebsamen du 17 août 2015 sur le dialogue social, complétée par les ordonnances du 22 septembre 2017, prévoit désormais trois temps[31] consacrés chacun à trois types de négociation obligatoire pour les entreprises où sont constitués une ou plusieurs sections syndicales représentatives (ou à défaut une délégation élue au CSE) :

- un temps annuel portant sur la rémunération, le temps du travail et le partage de la valeur ajoutée dans l'entreprise ;
- un temps annuel portant sur l'égalité professionnelle entre les femmes et les hommes et la qualité de vie au travail, ce qui englobe notamment les sujets « discriminations », « insertion professionnelle et maintien dans l'emploi des travailleurs handicapés », « régime de prévoyance et complémentaire santé », « exercice du droit d'expression directe et collective des salariés, notamment au moyen des outils numériques », « droit à la déconnexion » (*cf.* chapitre 2), « mobilité des salariés » et, le cas échéant, « pénibilité du travail » et « qualité des conditions de travail » (*cf.* chapitre 4);
- un temps triennal, dans les entreprises d'au moins 300 salariés, portant sur la gestion des emplois et des parcours professionnels (GEPP).

Les ordonnances du 22 septembre 2017 ouvrent la possibilité de modifier la périodicité de ces négociations par accord d'entreprise, dans la limite de quatre ans au maximum pour l'ensemble des sujets. À défaut d'accord, la règle supplétive est une négociation annuelle sur les deux premiers thèmes et triennale sur le troisième.

Par ailleurs, la loi du 5 septembre 2018 pour la liberté de choisir son avenir professionnel a complété les dispositions sur la négociation obligatoire en matière d'égalité professionnelle, en associant à l'obligation de négocier une précision sur l'objectif de réduction des écarts de rémunération entre les femmes et les hommes, et en ajoutant

31. Article L. 2242-13 du Code du travail.

une obligation de publication d'indicateurs annuels sur cette thématique spécifique (il s'agit de l'« index égalité professionnelle », *cf.* chapitre 2).

Au niveau des branches, trois séries de négociations obligatoires existent également, avec les dispositions supplétives suivantes :

- négociations annuelles sur les salaires ;
- négociations triennales sur l'égalité professionnelle, les conditions de travail et la GPEC, les travailleurs handicapés et la formation professionnelle ;
- négociations quinquennales sur les classifications et l'épargne salariale.

Ces négociations de branche peuvent faire l'objet d'un accord de méthode, et d'un accord permettant d'espacer ces périodicités.

d La représentation syndicale et surtout les instances représentatives du personnel dans l'entreprise sont radicalement simplifiées par les ordonnances de 2017

La loi du 20 août 2008 a profondément modifié les modalités de représentation syndicale dans l'entreprise comme au niveau de la branche et au niveau interprofessionnel : le délégué syndical peut être désigné par un syndicat représentatif dans toute entreprise ou établissement de 50 salariés et plus, parmi les candidats aux élections professionnelles qui ont recueilli au moins 10 % des suffrages exprimés au premier tour.

En outre, la loi de 2008 a créé un nouveau statut : un « représentant de la section syndicale » peut être désigné à titre transitoire par toute organisation syndicale dont la représentativité n'a pas encore pu être établie[32].

Le bouleversement est encore plus profond en ce qui concerne les instances de représentation du personnel (IRP) au sein des entreprises : le comité social et économique (CSE) s'est substitué aux trois IRP préexistantes à compter de 2020 : délégués du personnel, comité d'entreprise et comité d'hygiène et de sécurité et des conditions de travail (*cf. infra*).

e Les conditions d'obtention d'un accord collectif sont facilitées en cas d'absence de délégués syndicaux dans l'entreprise (ou de conseil d'entreprise)

De longue date, les pouvoirs publics tentent de pallier la faiblesse de l'engagement syndical en entreprise par le développement de solutions de substitution, en permettant une couverture par des accords collectifs à défaut de représentants syndicaux.

32. La fonction de représentant de section syndicale est provisoire : après les élections professionnelles, soit le syndicat est reconnu représentatif et il désignera un ou plusieurs représentants syndicaux, soit il échoue à atteindre le seuil de 10 % et le mandat de représentant de section syndicale prend fin.

Ces modalités ont longtemps fait figure de dispositifs exceptionnels, et demeurent aujourd'hui encore supplétives.

En premier lieu, elles n'interviennent que par défaut : si l'entreprise compte un ou plusieurs représentants syndicaux, ces derniers bénéficient du monopole de la négociation des accords collectifs[33].

En second lieu, les exceptions qui ont été prévues à ce monopole n'ont à l'origine concerné que certains types d'accords d'entreprise ou de situations particulières. Reposant sur la possibilité d'avoir recours à des accords négociés et signés, soit par des représentants du personnel (membres élus des IRP), soit par des salariés mandatés par des organisations syndicales représentatives au niveau de la branche ou à défaut au niveau national interprofessionnel, ces cas se sont considérablement étendus avec les dernières réformes en date.

La loi du 17 août 2015, celle du 8 août 2016 et les ordonnances du 22 septembre 2017 ont mis en place l'état du droit suivant : en cas d'absence de délégués syndicaux dans l'entreprise (ou de conseil d'entreprise), un accord collectif peut être conclu :

- dans les entreprises de moins de 50 salariés : soit avec des membres du CSE, mandatés ou non, représentant au moins la moitié des suffrages exprimés aux élections professionnelles (et dès lors sans besoin d'un référendum), soit avec des salariés mandatés par les organisations syndicales (alors il devra être validé par un référendum d'entreprise à la majorité simple) ;
- dans les entreprises de 50 salariés et plus : l'accord sera conclu par priorité avec les représentants au CSE mandatés (après référendum d'entreprise) ; et à défaut avec des délégués au CSE non mandatés par les organisations syndicales (dans ce cas, seuls les accords relatifs à des mesures dont la mise en œuvre est subordonnée par la loi à un accord collectif pourront être concernés) ou, à défaut, par des salariés mandatés mais n'appartenant par au CSE (nécessitant dès lors un référendum d'entreprise).

Dans les entreprises de moins de 20 salariés, en l'absence de délégué syndical et de membre élu au CSE, l'employeur peut faire valider un projet d'accord collectif par référendum, à la majorité des deux tiers des salariés.

L'idée générale de ces dispositifs est de privilégier, en l'absence de délégués syndicaux, des mécanismes faisant le plus systématiquement appel à la légitimité conférée par les élections professionnelles (avec un niveau d'exigence plus fort lorsque l'entreprise est plus grande) et, à défaut, par un référendum d'entreprise.

33. Cette mesure demeure d'application stricte : négocier avec d'autres interlocuteurs serait dans ce cas constitutif d'un délit d'entrave, exposant l'employeur à des sanctions pénales.

f L'État mène une action de réduction du nombre des branches professionnelles afin de conforter leur rôle auprès des entreprises

La relance de la négociation de branche par les réformes menées depuis le début des années 2000 impliquait une redynamisation de ces entités paritaires. Leurs compétences ont été redéfinies, autour de la négociation collective et des prestations de services aux plus petites entreprises[34], et en matière de formation professionnelle et d'alternance[35]. Ce souci de dynamisation supposait aussi de réduire significativement leur nombre (environ 700 branches en 2015, contre une cinquantaine en Allemagne) et leur hétérogénéité (leur couverture territoriale, le nombre de salariés couverts, la vitalité de l'activité de négociation étant très disparates).

La loi du 5 mars 2014 a donné au Gouvernement la possibilité de refuser l'extension de conventions collectives de branche de taille trop limitée et d'opérer des regroupements, mais ses effets se sont révélés limités.

La loi du 8 août 2016 a donc créé des outils juridiques plus contraignants pour permettre aux pouvoirs publics de fusionner par arrêté les champs d'application de branches présentant des caractéristiques sociales et économiques proches. Plusieurs éléments composent ce dispositif :

- un temps est donné à la négociation pour permettre aux partenaires sociaux de mettre en œuvre les rapprochements nécessaires : les organisations de branche peuvent négocier des rapprochements ;
- à défaut, la main revient à l'État, qui peut fusionner les branches par acte réglementaire sur la base de critères associant la taille des branches (évaluée en nombre de salariés ou d'entreprises) et la constatation de périodes d'inactivité en matière de négociation collective ;
- en outre, les fusions pouvaient dans le texte initial être justifiées par l'opportunité, lorsque le Gouvernement se réclamait simplement d'un objectif de renforcement de la cohérence du champ conventionnel. Le Conseil constitutionnel a invalidé cette procédure, estimant que la rédaction de ces dispositions n'était pas assez précise[36].

Les ordonnances de 2017 accélèrent le processus et anticipent le calendrier de fusions d'une année. À compter d'août 2018, les branches n'ayant pas conclu d'accord ou

....

34. L'article L. 2232-5-1 du Code du travail prévoit que la branche a pour mission de définir les conditions d'emploi et de travail des salariés et les garanties qui leur sont applicables, ainsi que de réguler la concurrence entre les entreprises relevant de son champ d'application. Les branches se sont vu reconnaître par les réformes récentes des compétences de conseil aux plus petites entreprises, et même la possibilité d'adopter des accords d'entreprises types, indiquant aux employeurs les différents choix laissés à leur main et pouvant être appliqués sur la base d'un document unilatéral après information du comité social et économique (CSE).

35. Depuis la loi du 5 septembre 2018 pour la liberté de choisir son avenir professionnel.

36. Conseil constitutionnel, Question prioritaire de constitutionnalité du 29 novembre 2019.

d'avenant pendant 7 ans, ainsi que celles comptant moins de 5 000 salariés doivent être fusionnées.

Postérieurement à la fusion des branches, les partenaires sociaux disposent d'un délai de cinq ans pour mener les négociations visant à l'harmonisation des conventions collectives.

Ces dispositifs se sont révélés efficaces puisqu'en mars 2020, on ne dénombre plus qu'environ 250 branches en France.

g Le financement des organisations représentatives est désormais en partie fondé sur leur audience

La loi du 20 août 2008, qui a porté des bouleversements essentiels pour les relations collectives de travail, n'a pas modifié les règles de financement des organisations, alors que le rapport Hadas-Lebel[37] insistait sur la nécessité de les clarifier. Elle se limitait à prévoir des obligations de transparence comptable pour les syndicats de salariés et d'employeurs, sans éclaircir la question de l'origine de leurs recettes.

Cette question a pris un tour particulièrement délicat lors de la médiatisation d'affaires portant préjudice à l'image des partenaires sociaux. Un accord national interprofessionnel du 17 février 2013 visait à garantir la transparence dans la gestion des organismes paritaires (mise en place d'un service d'audit interne, audit extérieur à chaque renouvellement de la gouvernance, rapport d'activité, etc.).

À la suite de cet accord, la loi du 5 mars 2014 a mis en place le Fonds pour le financement du dialogue social, géré par une association paritaire adossée à l'Unédic, l'Association de gestion du fonds paritaire national (AGFPN) et alimenté par une contribution des entreprises, des organismes paritaires et des pouvoirs publics. L'objectif de la création du fonds était de détacher le financement des syndicats et des organisations patronales de la gestion de la formation professionnelle par les partenaires sociaux.

Les recettes du Fonds proviennent aujourd'hui de trois sources :

- une contribution obligatoire des entreprises, qui se substitue à une partie de la cotisation qu'elles acquittaient auparavant au titre de la formation professionnelle (0,016 % de la masse salariale) pour environ 100 millions d'euros ;
- une subvention de l'État pour environ 30 millions d'euros ;
- une cotisation éventuellement et volontairement acquittée par les organismes paritaires du champ social (protection sociale, logement, handicap, etc.) qui se substitue aux financements indirects qu'ils allouent aux organisations syndicales et patronales.

37. Raphaël Hadas-Lebel, *Pour un dialogue social efficace et légitime : représentativité et financement des organisations professionnelles et syndicales*, rapport au Premier ministre, 2006.

Le Fonds n'intègre pas à ce stade les subventions des collectivités territoriales, ni les cotisations des adhérents et peu les financements paritaires.

Il finance trois types de missions d'intérêt général des organisations syndicales et patronales :

- la participation à la gestion d'organismes paritaires ;
- l'association à la conception et la mise en œuvre de politiques publiques à travers la négociation interprofessionnelle et la participation à des instances de concertation ;
- la formation des militants syndicaux.

En 2019, le Fonds a financé les organisations syndicales à hauteur de 88 millions d'euros (principalement les 5 principales confédérations, mais aussi Solidaires et l'UNSA, ainsi que de grandes organisations de branches) et les organisations patronales à hauteur de 44 millions d'euros (les trois principales organisations, mais également la FESAC, l'UDES et la FNSEA).

2.4 Le dialogue social et la négociation collective sont dynamiques

Cette dynamique se traduit à la fois par la multiplication des lieux et des formes du dialogue social, et par un nombre d'accords élevé malgré la faiblesse de la représentation syndicale et professionnelle.

a Les lieux du dialogue social se sont multipliés

Les instances spécialisées de dialogue social sont venues s'ajouter à l'instance transversale qu'est le CESE, afin d'assurer la participation des partenaires sociaux à l'expertise autour de questions sociales qui, depuis l'apparition du chômage de masse, nécessitent fréquemment des arbitrages difficiles. Ces instances cumulent généralement une compétence d'avis sur les projets de réforme et de propositions autonomes : Conseil d'orientation des retraites (COR), Haut conseil pour l'avenir de l'assurance maladie (HCAAM), Conseil d'orientation de l'emploi (COE), etc.

Dans le champ des politiques du travail, il convient de citer :

- le Haut conseil du dialogue social (HCDS) ;
- la Commission nationale de la négociation collective, de l'emploi et de la formation professionnelle (CNNCEFP[38]), et au niveau régional les comités régionaux de l'emploi, de l'orientation et de la formation professionnelle (CREFOP) ;

38. Conseil national de l'emploi, de la formation et de l'orientation professionnelles (CNEFOP) et la commission nationale de la négociation collective (CNNC) ont été regroupés dans la CNNCEFP, par la loi du 5 septembre 2018 pour la liberté de choisir son avenir professionnel. La loi dite ASAP (loi d'accélération et de simplification de l'action publique) du 7 décembre 2020 y intègre également les compétences exercées jusqu'alors par le Conseil d'orientation de la participation, de l'intéressement et de l'actionnariat salarié (COPIESAS) et la Commission des accords de retraite et de prévoyance (COMAREP).

- le Conseil d'orientation des conditions de travail (COCT) et les comités régionaux des conditions de travail (CROCT) ;
- le Haut conseil à l'égalité (HCE[39]).

L'existence de ces nombreuses instances n'a pas empêché les pouvoirs publics de rechercher des cadres spécifiques afin de conférer au dialogue social une solennité et une médiatisation supérieures. C'était le cas des « grandes conférences sociales » organisées chaque année sous le mandat du président Hollande, rendez-vous destinés à convenir, avec les partenaires sociaux, des méthodes et calendriers des réformes de l'année à venir. Ces pratiques ont cessé lors des débuts du mandat du président Macron, puis sont réapparues dans une forme différente à la suite de la crise sanitaire, le Premier ministre organisant depuis juillet 2020 des « sommets sociaux » structurant les thèmes des concertations avec les organisations représentatives dans le contexte de la crise sanitaire.

b L'évolution des objectifs de la négociation collective

L'objectif premier de la négociation collective était de prévenir, par le dialogue, les conflits entre employeurs et salariés, et de trouver une issue aux grèves, qui ont connu un très fort essor à partir de la fin du XIXe siècle. Pendant les Trente Glorieuses, l'objet de la négociation collective est de réguler les conditions de travail et d'être le vecteur d'une amélioration des droits des salariés. L'application du principe de faveur, selon lequel les dispositions conventionnelles de niveau inférieur doivent être au moins aussi favorables aux salariés que celles de niveau supérieur, y contribue fortement. La négociation annuelle obligatoire (NAO) sur les salaires et les conditions de travail est instituée en 1982 dans le même esprit. Par la suite, l'apparition et le prolongement de la crise économique marquent une nouvelle étape dans la négociation collective, et le passage d'une négociation de distribution des richesses à une négociation d'accompagnement de la crise et de gestion des conséquences sociales des mutations économiques[40].

Le champ de la négociation collective est marqué par la grande diversité des normes conventionnelles et par la diversification de ses champs d'application au-delà même des frontières du droit du travail.

De nouveaux échelons de négociation collective ont émergé :

- la loi du 4 mai 2004 a consacré les accords de groupe, qui met en présence côté employeur la principale entreprise et côté salariés les organisations représentatives à l'échelle du groupe, ou dans chacune de ses entités. Les accords de groupe s'imposent

....

39. Depuis la loi ASAP du 7 décembre 2020, le HCE a intégré les missions du Conseil supérieur de l'égalité professionnelle (CSEP).

40. Dans son rapport de 2015, Jean-Denis Combrexelle souligne la mue radicale, culturelle et pratique, que cela a impliqué pour les organisations syndicales : *La négociation collective, le travail et l'emploi*, rapport au Premier ministre, septembre 2015.

aux accords d'entreprise ; de la même manière les accords d'entreprise s'imposent aux accords d'établissement ;
- au-delà du droit du travail : dans la fonction publique, la loi du 6 août 2019 prévoit que les accords collectifs peuvent avoir une portée réglementaire ; pour certains indépendants, l'ordonnance du 21 avril 2021 a organisé une représentation des travailleurs des plateformes de mobilité (véhicules de tourisme avec chauffeur, livraison à deux- ou trois-roues) impliquant l'adoption future d'accords entre ces représentants et les sites de mise en relation par Internet.

En 2019, une dizaine de textes ont été conclus au niveau national interprofessionnel et, depuis plusieurs années, 1 000 à 1 300 accords de branche sont signés chaque année (1 100 en 2019). Le nombre des accords d'entreprise s'est envolé au cours des dernières années : on est passé de 35 000 accords d'entreprise par an environ (36 600 en 2015) à plus de 100 000 en 2019. La relance de l'épargne salariale a notablement concouru à ce dynamisme en 2019.

Dans le contexte de l'épidémie de Covid-19, de nouveaux thèmes sont apparus en 2020. Le bilan de la négociation collective pour l'année 2020[41] révèle un nombre d'accords d'entreprise qui a quelque peu fléchi (77 000, dont 10 000 liés à la Covid-19) comme les accords de branche (950, dont 70 spécifiquement liés à la Covid-19), mais un nombre d'ANI stable, avec deux réalisations majeures en fin d'année 2020 (ANI sur le télétravail et ANI sur la santé au travail). Le contexte exceptionnel n'a pas réduit drastiquement le volume et la diversité des champs de la négociation collective, et a ajouté des thématiques nouvelles, comme la mise en place de l'activité partielle de longue durée (APLD) (*cf.* chapitre 2).

3 La représentation syndicale et les instances représentatives du personnel : une simplification radicale par les ordonnances du 22 septembre 2017

Les ordonnances du 22 septembre 2017 ont porté une transformation majeure des modalités de la représentation des salariés dans l'entreprise, et complété les profondes modifications de la représentation syndicale initiées par les réformes précédentes.

41. Direction générale du travail, *La négociation collective en 2020*, juillet 2021.

3.1 La situation antérieure à 2017

Il convient de bien distinguer ce qui relève de la représentation syndicale dans l'entreprise, de ce qui relève de la représentation des salariés, même si les connexions entre les deux domaines sont de plus en plus nombreuses, et les réalités de plus en plus imbriquées.

a Une séparation des rôles entre représentation syndicale et représentation du personnel

Deux représentations coexistent dans l'entreprise, avec des modes de désignation et des attributions distincts : la représentation syndicale et la représentation des salariés par les instances représentatives du personnel (IRP).

Les organisations syndicales sont présentes dans l'entreprise par l'intermédiaire :

- de la section syndicale : elle regroupe les adhérents au syndicat[42] et peut être constituée quelle que soit la taille de l'entreprise. Pour qu'un syndicat puisse constituer une section, il doit soit être représentatif au niveau national et interprofessionnel[43], soit réunir les trois critères de respect des valeurs républicaines, d'indépendance et de présence depuis au moins deux ans dans l'entreprise. La section dispose de moyens d'action dans l'entreprise (local syndical dans les plus grandes structures, droit de réunion, droit de communication via un site Internet accessible depuis les outils informatiques professionnels, affichage, rédaction de tracts etc.). Depuis la loi du 20 août 2008, le syndicat peut désigner un responsable de section syndicale (*cf. supra*), qui en l'absence de délégué syndical dirige la section et dispose de temps pour l'exercice de ses fonctions. Son mandat prend fin lors des élections professionnelles suivantes, soit parce que son score lui permet d'être désigné délégué syndical, soit de plein droit, si son score est inférieur à 10 % ;
- des délégués syndicaux : lorsqu'ils sont présents dans l'entreprise, ils disposent du monopole de la négociation des accords collectifs de travail. Leur désignation s'impose à l'employeur dans les entreprises de 50 salariés et plus[44]. Depuis la réforme de 2008, ils ne peuvent être désignés par leur syndicat que s'ils ont obtenu sur leur nom au moins 10 % des suffrages exprimés au premier tour des élections professionnelles. Les délégués syndicaux ont des droits pour l'exercice de leurs fonctions : protection (*cf. infra*), heures de délégation (pouvant s'exercer en dehors de l'entreprise), droit de circuler librement dans l'entreprise.

Les instances représentatives du personnel étaient, avant les ordonnances du 22 septembre 2017, au nombre de trois :

- les délégués du personnel (DP) : élus dans les entreprises de 11 salariés et plus, les DP étaient chargés de porter les réclamations individuelles et collectives des salariés

42. Ils doivent être au minimum deux.
43. CFDT, CGT, CGT-FO, CFE-CGC et CFTC.
44. Leur nombre va croissant avec la taille de l'entreprise : un délégué par syndicat représentatif entre 50 et 999 salariés, 5 délégués par syndicat dans les entreprises de plus de 10 000 salariés.

auprès de l'employeur. Ils veillaient à l'application du droit du travail dans l'entreprise et pouvaient exercer certaines fonctions liées à la santé au travail dans les entreprises de moins de 50 salariés ;

- le comité d'entreprise (CE) : élue dans les entreprises de 50 salariés et plus, la délégation du personnel au CE était chargée de l'expression collective des salariés[45]. Le CE était consulté sur les questions économiques touchant l'entreprise et jouait un rôle particulièrement important en cas de plan de sauvegarde de l'emploi (PSE – *cf.* chapitre 2). Il exerçait en outre un rôle de gestion des activités sociales et culturelles ;
- le comité d'hygiène, de sécurité et des conditions de travail (CHSCT) : la délégation du personnel au CHSCT était désignée, dans les entreprises de 50 salariés et plus, par les délégués du personnel et les représentants élus au CE[46]. Le CHSCT était chargé des questions relatives à la santé au travail, impliquant un rôle consultatif en la matière, mais également de missions de veille, de prévention, d'alerte[47] et d'enquête.

Les ordonnances du 22 septembre 2017 ont organisé la substitution de plein droit du comité social et économique (CSE) aux DP, CE et CHSCT.

La fonction de délégué syndical, de représentant de section syndicale et de représentant du personnel s'accompagne de garanties : il s'agit de salariés protégés dont le licenciement doit avoir fait l'objet d'une autorisation préalable de l'inspecteur du travail. Cette protection bénéficie aux représentants en exercice et pendant une certaine durée à l'issue de leur mandat[48]. En outre, l'action des représentants du personnel et des délégués syndicaux est protégée par le délit d'entrave : un employeur qui tenterait de s'opposer à l'exercice de leurs prérogatives s'expose à de lourdes peines prévues par le Code du travail, allant en théorie jusqu'à l'emprisonnement.

b Les réformes menées avant 2017 ont visé à renforcer la légitimité et à améliorer le fonctionnement des IRP sur une base volontaire

Les réformes menées depuis 2008 ont renforcé le poids de l'audience électorale à tous les niveaux du spectre de la représentation, tant syndicale que du personnel (*cf. supra*). Après 2008, le délégué syndical doit réunir sur son nom au moins 10 % des suffrages exprimés au premier tour des élections professionnelles, organisées

....

45. Le comité d'entreprise lui-même étant présidé par l'employeur.
46. La présidence du CHSCT revenant, comme pour le CE, à l'employeur.
47. Le droit d'alerte est exercé par un membre du CSE qui constate une atteinte aux droits des personnes, en cas de danger grave et imminent pour la santé au travail ou de risque grave pour la santé publique ou pour l'environnement.
48. Pendant un an pour les délégués syndicaux, 4 mois pour les représentants de section syndicale et 6 mois pour les représentants du personnel au sein des IRP.

pour désigner les représentants du personnel (DP et CE à l'époque). Le monopole de négociation confié aux délégués syndicaux au sein de l'entreprise est progressivement tempéré : en cas d'absence de délégués syndicaux, les possibilités de négociation sont largement ouvertes, au fil des réformes, aux représentants élus du personnel et aux salariés mandatés (*cf. supra*). Dans les entreprises de moins de 50 salariés, un représentant élu du personnel peut être désigné délégué syndical.

Les IRP ont de leur côté fait l'objet de tentatives de regroupements sur une base volontaire, dans un premier temps. Les directions des entreprises de moins de 200 salariés peuvent mettre en place une représentation unifiée au sein d'une délégation unique du personnel (DUP) après la loi du 20 décembre 1993. La loi Rebsamen du 17 août 2015 étend le périmètre potentiel de la DUP[49] et ajoute la possibilité de fusionner les IRP par accord d'entreprise majoritaire dans les entreprises de plus de 300 salariés.

3.2 La réforme radicale portée par les ordonnances du 22 septembre 2017

a Le comité social et économique (CSE)

L'ordonnance n° 2017-1386 du 22 septembre 2017 transforme l'organisation du dialogue social et économique dans l'entreprise. La principale rupture est la mise en place systématique d'une instance regroupée de représentation du personnel : depuis le 1er janvier 2020, le comité social et économique (CSE) s'est partout substitué aux DP, CE et CHSCT dans les entreprises de 11 salariés et plus[50].

Le CSE exerce les compétences des IRP préexistantes, à chacun des seuils d'effectifs que ces derniers impliquaient : les missions des DP sont exercées par le CSE dans les entreprises de 11 salariés et plus, et les missions des CE et des CHSCT sont exercées par le CSE dans les entreprises de 50 salariés et plus. La réforme s'accompagne néanmoins de quelques modifications de périmètre : sur le champ de la santé au travail, le droit d'alerte en cas de danger grave et imminent, dont ne disposaient pas les DP dans les entreprises de moins de 50 salariés, est exercé par le CSE à partir de 11 salariés, de même que la possibilité de réaliser des enquêtes en matière d'accidents du travail ou de maladies professionnelles ; sur le champ de ses attributions économiques, le CSE est consulté dès le seuil de 11 salariés en cas de licenciement collectif.

49. Créant la possibilité d'une DUP intégrant les fonctions non seulement de DP et de délégation au CE, mais aussi de la délégation au CHSCT.

50. Le rapport au président de la République prévoit que « la fusion des trois instances d'information et de consultation en une seule, le comité social et économique [CSE], pour toutes les entreprises de plus de cinquante salariés, permettra un dialogue social à la fois plus stratégique et plus concret, moins formel » : rapport au président de la République relatif à l'ordonnance n° 217-1386 du 22 septembre 2017 relative à la nouvelle organisation du dialogue social et économique dans l'entreprise et favorisant l'exercice ainsi que la valorisation des responsabilités syndicales.

b Organisation et fonctionnement du CSE

Si la fusion des IRP et les compétences du CSE sont d'ordre public, la plupart des aspects relatifs à l'organisation et au fonctionnement de la nouvelle instance sont déterminables par accord d'entreprise, afin d'en permettre la meilleure adaptation possible.

La composition du CSE est tripartite. Elle associe l'employeur, qui préside l'instance, la représentation élue du personnel et les représentants désignés par les syndicats ayant une section dans l'entreprise. Le secrétaire du CSE fixe avec l'employeur les ordres du jour et rédige les procès-verbaux.

Dans les entreprises de 50 salariés et plus, le CSE est doté de la personnalité morale, il dispose d'un budget et de la capacité à recourir à des expertises[51].

Si le nombre de représentants du personnel a diminué avec les ordonnances de 2017, le nombre d'heures de délégation s'appliquant à défaut d'accord collectif a été revalorisé, en cohérence avec l'extension des attributions des membres du CSE. Les garanties statutaires sont celles qui préexistaient à la réforme (*cf. supra*).

Les CSE doivent être composés de manière paritaire et le nombre de mandats successifs est limité depuis 2017 à trois.

Enfin, les réformes récentes ont clarifié et étendu le champ de la base de données économiques et sociales (BDES), que tout employeur doit mettre à la disposition du CSE et actualiser régulièrement, dans les entreprises de 50 salariés et plus. Elle rassemble les informations sur les grandes orientations politiques et sociales de l'entreprise, y compris portant sur l'égalité professionnelle entre les femmes et les hommes[52], et comporte un certain nombre de données obligatoires, croissant avec la taille des entreprises.

c La commission santé, sécurité et conditions de travail (CSSCT), les représentants de proximité (RP) et le conseil d'entreprise

Le périmètre de mise en place du CSE peut être l'entreprise, l'unité économique et sociale ou l'établissement. Ce périmètre est apprécié et déterminé par l'employeur.

....

51. L'expertise est soit demandée à un expert-comptable, soit à un expert habilité par le ministère du Travail. L'expertise est prise en charge selon les cas soit en totalité par l'employeur, soit en totalité par le CSE, soit à 80 % par l'employeur et à 20 % par le budget du CSE. Elle peut porter sur la stratégie de l'entreprise, sa situation économique et financière, sa politique sociale, les conditions de travail et l'emploi. L'expertise peut être demandée en cas de projet de réorganisation dans un contexte de mutations économiques. Dans les entreprises de 300 salariés et plus, un expert peut être désigné en vue de la préparation des négociations portant sur l'égalité professionnelle.

52. La loi du 17 août 2015 (dite Rebsamen) intègre les indicateurs du rapport de situation comparée en matière d'égalité professionnelle à la BDES.

Dans les entreprises de plus de 300 salariés ou les établissements mentionnés aux articles L. 4521-1 et suivants du Code du travail quel que soit l'effectif (installations nucléaires, sites Seveso...), une commission santé, sécurité et conditions de travail (CSSCT) est obligatoirement constituée au sein du CSE. Cette CSSCT est facultative dans les autres entreprises. Elle traite des questions de santé et de sécurité au travail et se voit attribuer, par délégation du CSE, tout ou partie de ses attributions en matière de santé et sécurité.

La fonction de représentants de proximité (RP) peut par ailleurs être créée par accord collectif. Leur nombre, leurs attributions, leurs moyens de fonctionnement ne sont pas déterminés par le Code du travail : c'est à l'accord d'entreprise de le préciser.

Les entreprises volontaires peuvent, par accord majoritaire, créer un conseil d'entreprise, qui se substitue au CSE, et a également compétence pour négocier des accords d'entreprise en lieu et place des délégués syndicaux. Il s'agit d'une structure unique compétente pour l'intégralité des missions exercées normalement par le CSE et par les délégués syndicaux, inspirée par le *Betriebsrat* allemand, parachevant la réforme extrêmement profonde des IRP par les ordonnances du 22 septembre 2017.

4 La fonction publique est réformée selon des principes directement inspirés par le droit du travail

Comme en matière de relations individuelles de travail (*cf.* chapitre 2), l'idée générale à retenir en ce qui concerne les relations collectives de travail dans la fonction publique est le rapprochement progressif avec le Code du travail. Cette convergence a été considérablement accélérée par la loi du 6 août 2019 de transformation de la fonction publique, les pouvoirs publics réexaminant les particularités du droit public à l'aune de leurs priorités transversales en politique du travail.

4.1 Les principes d'organisation des relations collectives de travail dans la fonction publique

Ces relations sont régies par le pouvoir réglementaire et par des décisions individuelles de l'administration. Traditionnellement, les accords collectifs n'ont aucune portée juridique, et le contrat n'occupe qu'une place résiduelle, en définissant les conditions d'emploi des seuls agents non titulaires (*cf.* chapitre 2). En cohérence avec le préambule de la Constitution de 1946, le droit de participation est prévu par le statut général de la fonction publique porté par la loi du 19 octobre 1946[53]. Le rythme et les thèmes de négociation demeurent plus restreints que dans la sphère privée.

Le ministre chargé de la Fonction publique exerce les attributions spécialisées au sein du Gouvernement, en s'appuyant sur la direction générale de l'administration et de la fonction publique (DGAFP), compétente pour l'ensemble des questions transversales intéressant les trois fonctions publiques (État, collectivités territoriales et hôpitaux) et assurant les principales fonctions de gestion pour la fonction publique de l'État. Le ministre chargé de la Fonction publique exerce généralement soit dans le cadre d'un portefeuille autonome, soit d'un portefeuille rattaché au ministre chargé des finances. Il préside le Conseil commun de la fonction publique, organe consultatif qui connaît de toutes les questions générales intéressant les trois fonctions publiques, et le Conseil supérieur de la fonction publique d'État, qui traite des sujets qui sont propres à cette dernière[54]. Au sein du Gouvernement, chaque ministre est chef de son administration. À ce titre, et au vu des effectifs de fonctionnaires concernés, les ministres chargés de l'Éducation nationale et de l'Intérieur jouent des rôles particulièrement visibles et attendus en matière de gestion des personnels de l'État. Les chefs de service déconcentrés (préfets, recteurs d'académie, etc.) ont un rôle de gestion et d'exécution en ce qui concerne les personnels placés sous leur autorité : l'essentiel des décisions politiques (évolutions du nombre d'emplois dans le cadre d'un « schéma d'emploi », politiques de rémunérations, règles de mutations, etc.) relève de décisions centralisées.

Les exécutifs territoriaux (maires, présidents de conseils départementaux et régionaux, présidents d'établissements publics locaux) et hospitaliers (directeurs et directeurs généraux d'hôpitaux) dirigent les personnels de leurs collectivités et établissements, dans le cadre d'une réglementation essentiellement produite par la direction générale des collectivités locales (ministère de l'Intérieur) d'une part, et par la direction générale de l'offre de soins (ministère de la Santé et des Solidarités) d'autre part. Un Conseil supérieur de la fonction publique territoriale et un Conseil supérieur de la fonction publique hospitalière assurent un rôle consultatif. Des établissements publics spécialisés dans la gestion des ressources humaines (Centre national de la gestion publique territoriale et centres de gestion dans chaque département, d'une part, pour les collectivités territoriales, et Centre national de gestion, d'autre part, pour les hôpitaux) permettent un certain degré de mutualisation entre les multiples employeurs publics.

....

53. Dans sa rédaction actuelle : article 9 de la loi du 13 juillet 1983 : « Les fonctionnaires participent, par l'intermédiaire de leurs délégués siégeant dans des organismes consultatifs, à l'organisation et au fonctionnement des services publics, à l'élaboration des règles statutaires, à la définition des orientations en matière de politique de ressources humaines et à l'examen de décisions individuelles dont la liste est établie par décret en Conseil d'État. Ils participent à la définition et à la gestion de l'action sociale, culturelle, sportive et de loisirs dont ils bénéficient ou qu'ils organisent […]. »

54. Le Conseil supérieur de la fonction publique, créé en 1946, délibère soit en formation plénière, soit en formations spécialisées. Il est composé d'une représentation des employeurs, et de représentants syndicaux représentatifs, qui seuls prennent part aux votes.

4.2 La réforme de la représentativité et de la négociation collective dans la fonction publique

La loi du 5 juillet 2010 relative à la rénovation du dialogue social et comportant diverses dispositions relatives à la fonction publique a transcrit dans le droit positif le contenu politique des accords dits de Bercy du 2 juin 2008[55]. Elle a été complétée par la loi du 6 août 2019 sur certains aspects relatifs à la négociation collective.

Comme en droit du travail, la loi de 2010 supprime la présomption de représentativité : désormais tous les syndicats constitués depuis au moins deux ans, et satisfaisant aux conditions d'indépendance et de respect des valeurs républicaines, peuvent présenter des candidats. La présence au sein des instances ne réclame cependant pas de seuil comme dans le secteur privé : les sièges sont répartis à la proportionnelle, y compris pour les organisations dont le score n'atteint pas 10 %.

La loi de 2010 institue en outre le principe des accords majoritaires[56] : un accord n'est valide que s'il est signé par des syndicats représentant au moins 50 % des suffrages exprimés. Ce seuil est toutefois sans portée juridique jusqu'en 2019 : les accords collectifs majoritaires bénéficient d'une reconnaissance politique mais n'ont pas jusqu'à cette date de portée contraignante en droit. C'est la loi du 6 août 2019 de transformation de la fonction publique qui prévoit, pour certains accords, cette portée réglementaire, marquant ainsi une rupture majeure avec l'état du droit antérieur. Un accord peut désormais comporter des mesures réglementaires, c'est-à-dire des mesures de portée générale, prises par une autorité administrative ayant le pouvoir réglementaire, dont l'application s'impose à tous[57]. Ses stipulations sont alors publiées dans les mêmes conditions que les dispositions des actes administratifs auxquels elles se substituent (Journal officiel et recueil des actes administratifs). Un accord peut également comporter des clauses par lesquelles l'administration s'engage à mener des actions déterminées qui ne nécessitent pas qu'elle prenne des mesures réglementaires.

En outre, les thèmes susceptibles de faire l'objet d'une négociation nationale sont élargis successivement par les lois de 2010 et 2019 (ils étaient jusqu'alors cantonnés aux questions de rémunérations). Désormais, les négociations peuvent porter, au niveau national comme au niveau local, sur des champs aussi divers que les conditions de travail, le temps de travail, l'égalité professionnelle, la diversité, l'insertion des personnes en situation de handicap, les compétences, la formation professionnelle et

....

55. Accords conclus entre le ministre de la Fonction publique et 6 des 8 organisations syndicales des trois fonctions publiques.

56. En cela, le droit de la fonction pulique a précédé le droit du travail, qui n'a mis en œuvre ce principe majoritaire pour l'ensemble des accords d'entreprise qu'à partir de 2018.

57. Quand un accord comporte des clauses dont la mise en œuvre implique des mesures réglementaires, l'administration informe les organisations syndicales du calendrier dans lequel elle envisage ces mesures. Les mesures réglementaires de l'accord ne peuvent pas porter sur des règles fixées par décret en Conseil d'État.

la GPEC, l'intéressement, la protection sociale complémentaire, l'action sociale ou encore la lutte contre le changement climatique et la protection de l'environnement.

Le Conseil commun de la fonction publique est créé par la loi de 2010 : il s'agit d'une nouvelle instance consultative commune. Présidé par le ministre chargé de la Fonction publique, il est composé de représentants des employeurs et des agents issus des trois fonctions publiques.

Enfin, de nouvelles garanties sont instaurées pour les représentants syndicaux en termes de carrière, les compétences liées à l'exercice d'un mandat syndical étant désormais prises en compte au titre des acquis de l'expérience professionnelle.

La loi du 5 juillet 2010 est largement inspirée par le droit du travail, tel qu'issu de la loi Bertrand du 20 août 2008. Depuis l'adoption de cette loi, le dialogue social s'est élargi dans la fonction publique et touche désormais de nouvelles thématiques. Ainsi était annoncée par le Gouvernement au titre de l'agenda social 2020 la discussion autour des quatre thématiques suivantes :

- la protection sociale complémentaire et notamment la question de la prévoyance ;
- le « suivi » des mesures du dernier rendez-vous salarial ;
- le « suivi » de l'accord (non validé par les organisations représentatives) sur l'égalité professionnelle entre les femmes et les hommes ;
- la santé et sécurité au travail et plus particulièrement la médecine de prévention et la question de l'aptitude physique préalable au recrutement.

4.3 La réforme des instances représentatives du personnel dans la fonction publique

Au niveau de chaque administration, jusqu'à la mise en œuvre de la réforme de 2019, les services de la fonction publique comptent, comme dans le secteur privé avant les ordonnances de 2017, une pluralité d'IRP, dont les compétences et le fonctionnement ont fait l'objet d'une première simplification par la loi du 5 juillet 2010 :

- les commissions administratives paritaires (CAP) sont consultées, en principe au niveau de chaque corps ou cadre d'emploi de la fonction publique, sur toutes les décisions individuelles relatives à la carrière des agents (titularisation, promotion, mutation, notation, sanction disciplinaire, etc.). Les CAP sont composées paritairement de représentants de l'employeur (ou des employeurs) et des agents, élus à l'occasion d'un scrutin quadriennal sur des listes présentées par les syndicats satisfaisant depuis 2010 aux mêmes conditions de « petite représentativité » que dans le secteur privé[58] ;

58. Depuis la loi du 5 juillet 2010 : indépendance, respect des valeurs républicaines, constitution depuis au moins deux ans.

- les comités techniques (CT) ont succédé en 2010 aux comités techniques paritaires (CTP) : ils sont comparables aux comités d'entreprise dans le secteur privé. Ils sont compétents en matière d'organisation et de fonctionnement des services, sur les questions relatives à l'emploi et aux compétences, sur les problématiques statutaires et indemnitaires, etc. Depuis la loi de 2010, les représentants du personnel aux CT sont élus au scrutin proportionnel ;
- les comités d'hygiène, de sécurité et des conditions de travail (CHSCT[59]) doivent contribuer à la prévention et à la protection de la santé et de la sécurité des agents. Ils comprennent des représentants des employeurs et des agents, désignés par les organisations syndicales représentatives.

Comme les ordonnances de 2017 dans le secteur privé, la loi de 2019 fusionne de manière systématique les IRP assimilables au comité d'entreprise et au CHSCT en droit du travail : le CT et le CHSCT des administrations publiques. L'article 4 de la loi de transformation de la fonction publique crée une instance unique, le comité social d'administration (CSA), qui équivaut pour les administrations de l'État à ce qu'est le CSE dans les entreprises de droit privé. Le CSA est dénommé comité social territorial dans les collectivités locales et comité social d'établissement dans les hôpitaux.

Les dispositions relatives au comité social entrent en vigueur à l'occasion du renouvellement général des instances à partir de 2022.

Ce comité social est compétent pour traiter de l'ensemble des sujets collectifs :

- l'organisation et le fonctionnement des services, y compris les réorganisations ;
- les grandes orientations stratégiques en matière de gestion des ressources humaines (GPEC, emplois, formation professionnelle, parcours professionnels, égalité professionnelle entre les femmes et les hommes, lutte contre les discriminations) ;
- l'examen des lignes directrices de gestion en matière de mobilité et de promotion et de valorisation des parcours professionnels (*cf. infra*) ;
- les questions relatives à la santé et à la sécurité au travail, intégrant les attributions assurées jusqu'alors par les CHSCT (enquête, expertise, visites de site).

À la manière du CSSCT en droit du travail, une formation spécialisée compétente en matière de santé, de sécurité et de conditions de travail (FSSCT) est obligatoirement instituée au sein du comité social au-delà d'un certain seuil d'effectifs précisé par voie réglementaire[60]. En deçà de ce seuil, une formation spécialisée peut être instituée au sein du comité social si des risques professionnels particuliers le justifient.

L'administration est désormais tenue de présenter annuellement au comité social un « rapport social unique » et de tenir une « base de données sociales » (BDS) établie à l'image de la BDES dans les entreprises.

....

59. Ainsi dénommés, par souci d'alignement sur le droit privé, depuis la loi du 5 juillet 2010 : ils étaient auparavant des comités d'hygiène et de sécurité (CHS) : cette évolution était d'ailleurs d'une importance considérable pour permettre la diffusion une culture de prévention, moins développée dans les services administratifs que dans le secteur privé.
60. Ce seuil a été fixé à 200 agents.

Les CAP, qui sont des instances particulières à la fonction publique liées à la gestion statutaire, ne sont pas fusionnées avec les autres IRP mais voient leur champ d'intervention drastiquement réduit. La loi du 6 août 2019 supprime leurs compétences en matière de mutation et de mobilité à compter du 1er janvier 2020 et en matière d'avancement et de promotion à compter du 1er janvier 2021 pour les trois versants de la fonction publique. La compétence des CAP est donc resserrée sur les seules questions disciplinaires. La politique de gestion des parcours professionnels fait désormais l'objet de « lignes directrices de gestion » adoptées par l'administration après avis de la DGAFP et après consultation du comité social. Par ailleurs, leur périmètre est revu, puisqu'elles ne sont plus basées sur les corps mais sur les niveaux hiérarchiques. Le mouvement de réduction du nombre de corps est par ailleurs accéléré et touche symboliquement la haute fonction publique de l'État réformée par une ordonnance du 2 juin 2021.

5 Le droit des conflits collectifs apparaît relativement stabilisé

Le droit des conflits collectifs est centré sur la licéité, et la protection, du droit de grève, alors que les autres formes de manifestation des conflits sont beaucoup plus fragiles juridiquement, voire totalement illégales.

La grève n'est pas définie par le Code du travail. C'est la jurisprudence de la Cour de cassation qui en donne une définition stable[61] : il s'agit d'une cessation totale du travail, collective et concertée, en vue d'appuyer des revendications professionnelles dont l'employeur a eu préalablement connaissance. Si une action n'entre pas dans cette définition, importante dans chacun de ses aspects, elle constitue un mouvement illicite :

- une cessation totale du travail : la grève « perlée[62] » comme la « grève tournante[63] » sont prohibées ;
- une cessation collective et concertée du travail : un mouvement concernant un unique travailleur est en principe illicite ;
- une action destinée à appuyer des revendications professionnelles : les grèves motivées par d'autres motifs, notamment politiques, sont en principe proscrites ;
- une action dont l'employeur a eu préalablement connaissance : la direction des entreprises doit avoir été en mesure de répondre aux demandes des salariés avant le déclenchement du conflit.

....

61. Cour de cassation, soc., 2 février 2006.

62. La grève perlée correspond à un travail effectué au ralenti ou dans des conditions de qualité volontairement dégradées.

63. La grève tournante correspond à une cessation du travail par roulement concerté entre les travailleurs de manière à désorganiser l'entreprise ou le service.

5.1 La protection du droit de grève a été progressive

a Un droit de grève stabilisé dans l'ordonnancement normatif à partir de 1946

La grève est passée en 150 ans d'un régime d'interdiction (loi Le Chapelier du 14 juin 1791) à une consécration constitutionnelle (le préambule de la Constitution de 1946 prévoit que « le droit de grève s'exerce dans le cadre des lois qui le réglementent »). Dans l'intervalle, le droit de grève a été dépénalisé par la loi Ollivier du 24 mai 1864 et la liberté syndicale consacrée par la loi Waldeck-Rousseau du 21 mars 1884 pour les salariés du secteur privé.

En revanche, la grève demeure longtemps illicite pour les fonctionnaires (jurisprudence Winkell du Conseil d'État, 7 août 1909), pour qui ce droit n'est finalement établi qu'après la Seconde Guerre mondiale (le statut de 1946 étant muet sur le sujet, alors même que le préambule de la Constitution de la même année en faisait un principe politique ; c'est la jurisprudence Dehaene du Conseil d'État qui a reconnu ce droit le 7 juillet 1950). La loi du 13 juillet 1983 portant statut général de la fonction publique reconnaît explicitement le droit de grève.

b Le droit de grève fait l'objet d'une protection désormais aboutie

Le contrat du salarié gréviste est suspendu mais non rompu. Son droit à rémunération fait l'objet d'un abattement proportionnel au temps qu'a duré la grève. Ses congés et sa couverture sociale demeurent inchangés, de même que les conditions d'exercice des mandats de représentant syndical ou de représentant du personnel. Toute sanction disciplinaire est exclue dès lors que la grève est régulière. « L'exercice du droit de grève ne peut justifier la rupture du contrat de travail, sauf faute lourde imputable au salarié » (art. L. 2511-1 du Code du travail).

De son côté, l'employeur ne peut faire appel à des travailleurs en contrat temporaire pour remplacer les salariés grévistes.

Dans la fonction publique, l'exercice du droit de grève doit être concilié avec d'autres impératifs qui justifient certaines règles particulières :

- en lien avec l'obligation de continuité du service public, les syndicats représentatifs ont l'obligation de déposer un préavis avant de débuter le mouvement (selon des conditions de délais non harmonisées entre les trois fonctions publiques) en précisant les motifs, le lieu, la date et la durée envisagée pour le mouvement ;

- le préfet peut procéder, si les nécessités du service public le justifient, et sous le contrôle du juge administratif, à la réquisition d'agents grévistes (ce qui ne doit pas avoir pour effet de vider le droit de grève de sa substance) ;
- certaines professions publiques indispensables à la continuité de l'État ne bénéficient pas du droit de grève (policiers, militaires – qui sont également privés du droit d'adhérer à un syndicat, magistrats de l'ordre judiciaire, personnel de l'administration pénitentiaire, préfets, personnels des transmissions du ministère de l'Intérieur) ;
- certaines professions publiques disposent du droit de grève mais sont dans l'obligation d'assurer un service minimum : agents de la navigation aérienne, agents hospitaliers, personnels de Météo France. La loi du 20 août 2008 prévoit une obligation d'assurer un service minimum d'accueil des élèves de l'école maternelle et élémentaire pour les personnels de l'Éducation nationale ;
- depuis 2007, les pouvoirs publics ont mis en place des conditions particulières d'exercice du droit de grève dans les transports publics. Sans créer de service minimum, la loi a institué des obligations déclaratives et procédurales devant permettre aux employeurs de s'organiser pour assurer un tel service : loi du 21 août 2007 pour les agents de transports publics terrestres de voyageurs et loi du 19 mars 2012 pour ceux du transport aérien de voyageurs.

Par ailleurs, les conséquences de la grève sur la rémunération des agents de l'État[64] présentent la particularité de ne pas correspondre à la proportionnalité exigée par le droit du travail : la règle dite du « trentième indivisible » aboutit à une retenue minimale d'un trentième du traitement de l'agent, y compris si son arrêt de travail n'a duré qu'une heure. Cette règle a pour objectif d'éviter les grèves fractionnées pour des corps dont les obligations de service peuvent être regroupées sur quelques heures par jour. De même, les employeurs publics peuvent faire appel à des agents non-titulaires ou, à défaut, à des intérimaires, pour remplacer momentanément les fonctionnaires grévistes, à la différence des entreprises privées, du fait de l'obligation de continuité du service public.

5.2 Les autres mouvements collectifs d'arrêt de travail sont illicites

Tout mouvement de cessation du travail qui n'entrerait pas dans le cadre de la grève est illicite, et peut donc être sanctionné par l'employeur.

Ce dernier peut saisir le juge des référés en vue d'obtenir la cessation d'un mouvement illicite. Dans ce cas, il disposera d'un pouvoir de sanction pouvant aller jusqu'au licenciement pour faute. Il existe plusieurs cas bien connus de mouvements illicites :

64. À la différence de ceux des collectivités territoriales ou des entreprises publiques, dont le régime est de ce point de vue plus proche de celui des salariés du secteur privé.

le blocage de l'accès à l'entreprise (ou grève « sur le tas »), qui porte atteinte à la liberté de travail des salariés non-grévistes, ou encore les grèves dites « perlée » ou « tournante » (*cf. supra*).

En théorie, une grève politique n'est pas licite, même si la Cour de cassation accepte l'élargissement de ses motifs à la contestation de réformes pouvant « avoir un impact sur les préoccupations quotidiennes des salariés[65] ». En pratique, la grève est bel et bien un outil de contestation politique, largement utilisé lors des mouvements nationaux d'opposition aux réformes des retraites en 1995, 2010 ou encore entre décembre 2019 et mars 2020.

5.3 D'autres formes de contestation apparaissent aujourd'hui fréquemment plus efficaces que la grève

Surtout, les autres formes de contestation ont gagné du terrain, et tout mouvement social repose désormais sur une mobilisation de l'opinion publique, largement appuyée sur les relais extérieurs à l'entreprise (presse, réseaux sociaux) que cette dernière est loin de maîtriser. Les effets en termes d'image sont potentiellement dévastateurs, et à ce titre, du point de vue des travailleurs, potentiellement plus efficaces qu'une grève traditionnelle.

Les catégories d'agents publics exclues du droit de grève ont développé d'autres modes de contestation : les policiers utilisent leur liberté de manifester en dehors des heures de service (de manière particulièrement remarquable en 2016 et 2021) ; les surveillants de prison ont pu bloquer l'accès aux centres de détention ; les conjoints de militaires, et notamment de gendarmes, prennent la parole publiquement pour porter les revendications de leurs compagnons.

5.4 Les grèves sont globalement en recul

Le suivi de l'évolution du nombre de journées non travaillées en France est perturbé par des changements de méthode dans leur comptabilisation, qui empêchent d'observer des séries très longues. Il est néanmoins possible de constater que depuis 2005, sur l'ensemble du spectre des entreprises privées et des entreprises publiques de transport, les cessations de travail sont globalement en recul. Les années de réforme touchant le domaine des transports coïncident avec des regains momentanés. L'année 2010 a correspondu à un pic lié à l'ample mouvement de contestation de la réforme des régimes spéciaux de retraite. Il est probable qu'en 2019-2020, années pour lesquelles les statistiques ne sont pas encore disponibles, un nouveau pic sera constaté.

65. Cour de cass. soc., 29 mai 1979.

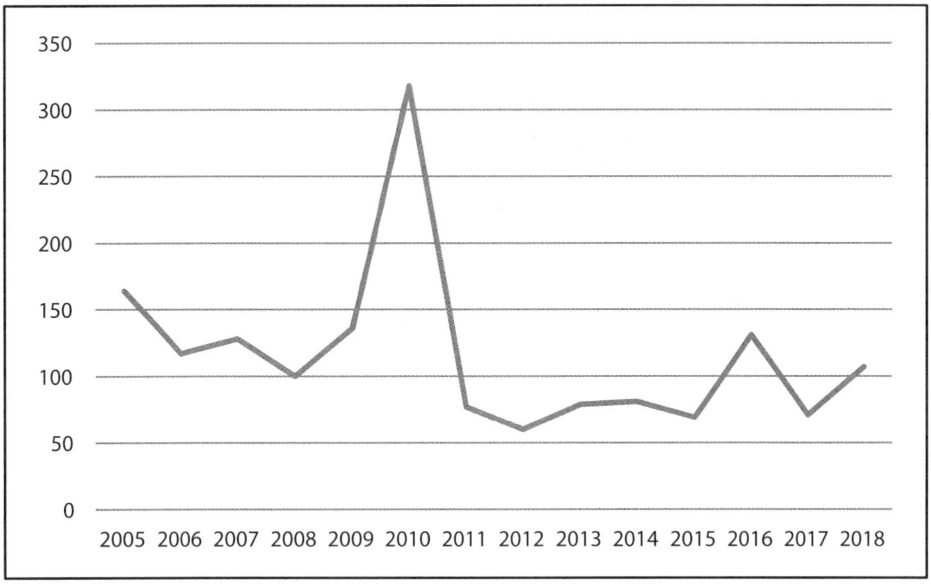

Nombre de journées individuelles non travaillées pour fait de grève pour 1 000 salariés en emploi
Source : DARES.

La fréquence des grèves demeure très inégale selon la taille de l'entreprise (en 2018, seulement 0,4 % des entreprises de 10 à 49 salariés ont connu la grève, contre 30 % des entreprises de plus de 500 salariés, pour une moyenne toutes entreprises confondues de 1,5 %) et selon le secteur d'activité (3,1 % dans l'industrie, 2,1 % dans les transports et l'entreposage contre 0,2 % dans la construction[66]).

La loi du 21 août 2007 sur le dialogue social et la continuité du service public dans les transports terrestres réguliers de voyageurs et la loi du 19 mars 2012 relative à l'organisation du service et à l'information des passagers dans les entreprises de transport aérien de passagers ont mis en place l'obligation pour les agents grévistes de se déclarer 48 heures à l'avance, permettant ainsi aux opérateurs de transports d'organiser le service avec les agents ne participant pas à la grève[67]. En outre, dans les entreprises entrant dans le champ de cette législation, un préavis de grève ne peut être déposé qu'après une négociation préalable entre l'employeur et les organisations syndicales représentatives. Les opérateurs doivent se doter d'un « plan de transports adapté », permettant de moduler l'organisation en fonction de l'ampleur de la grève et des dessertes

66. DARES, *Les grèves en 2018 – des arrêts de travail portés par le secteur des transports*, DARES Résultats, n° 9, mars 2021.
67. En outre, les agents qui finalement décideraient de ne pas participer à la grève doivent se déclarer 24 heures à l'avance.

prioritaires. Les usagers se voient reconnaître un droit à l'information précise et fiable sur le service qui sera effectivement assuré.

Les lois de 2007 et 2012 ont considérablement bouleversé l'équilibre des forces qui préexistait dans les transports de voyageurs. Ce sont les grèves de la SNCF et de la RATP qui ont fait échec à la vaste réforme sociale portée par le « Plan Juppé » de 1995. En revanche, la réforme des régimes spéciaux de 2010, la réforme de la SNCF en 2018, le projet de réforme des retraites de 2019-2020 n'ont pas été freinés par les arrêts de travail des cheminots. Dans le dernier cas, c'est l'épidémie de Covid-19 qui a interrompu la discussion autour du projet de loi, après son adoption en première lecture par l'Assemblée nationale.

SECTION 2
Les problématiques

Les changements législatifs apportés dans la période récente avaient pour objectif, par leur ampleur, de transformer profondément les relations collectives de travail. Force est de constater que cela n'a pas été le cas à ce stade. La réforme de la représentativité n'a pas abouti à une recomposition du paysage syndical et patronal (1). La négociation collective reste à rationaliser (2). Les instances représentatives du personnel présentent des faiblesses (3). Dans la fonction publique, enfin, les relations sociales apparaissent tendues (4).

1 Le paysage syndical et patronal n'a pas été profondément modifié par la réforme de la représentativité

1.1 Les premières mesures de la représentativité

L'audience des organisations syndicales a été mesurée trois fois depuis 2008 (en 2013, 2017 et 2021), tandis que celle des organisations patronales a été évaluée deux fois depuis 2014 (en 2017 et 2021). Au niveau national et interprofessionnel, le paysage a au final très peu évolué, même si des changements importants ont pu être constatés au niveau des branches et des entreprises. La défiance vis-à-vis des organisations syndicales, que ces réformes devaient permettre de contribuer à juguler, ne faiblit pas.

a Les trois premières mesures de la représentativité des organisations syndicales (2013, 2017 et 2021)

Au terme des premières mesures de la représentativité, les cinq confédérations « historiques » restent les seules représentatives au niveau de l'ANI, en dépassant la barre des 8 % des suffrages exprimés lors des élections professionnelles.

Lors de la première mesure de représentativité en 2013, les syndicats dits « réformistes » (CFDT, CFE-CGC et CFTC) passent, en poids relatif, la barre des 50 %, ce qui ne permet pas aux deux autres syndicats (CGT et CGT-FO) de bloquer seuls la conclusion d'accords interprofessionnels. En dépassant les 30 %, la CGT est la seule à pouvoir signer un accord sans avoir besoin du concours d'un autre syndicat.

Représentativité nationale interprofessionnelle des organisations syndicales de salariés en 2013

Syndicats	% obtenus	Représentativité	Poids relatif (en %)
CGT	26,77	Oui	30,63
CFDT	26	Oui	29,71
FO	15,94	Oui	18,28
CFE-CGC	9,43	Oui	10,76
CFTC	9,3	Oui	10,62
UNSA	4,26	Non	–
Solidaires	3,47	Non	–
Autres listes (< à 1 %)	4,4	Non	–

Source : Direction générale du travail.

La deuxième mesure de la représentativité en 2017 a été marquée par une interversion du leadership entre organisations syndicales, la CFDT prenant la première place à la CGT et pouvant signer seule un ANI.

Représentativité nationale interprofessionnelle des organisations syndicales de salariés en 2017

Syndicats	% obtenus	Représentativité	Poids relatif (en %)
CFDT	26,37	Oui	30,32
CGT	24,85	Oui	28,57
FO	15,59	Oui	17,93
CFE-CGC	10,67	Oui	12,27
CFTC	9,49	Oui	10,91
UNSA	5,35	Non	–
Solidaires	3,46	Non	–
Autres listes (< à 1 %)	3,99	Non	–

Source : Direction générale du travail.

La mesure, en 2021, de la représentativité des syndicats enregistrée aux termes des élections professionnelles qui se sont déroulées dans les entreprises entre 2017 et 2020, apporte des résultats peu modifiés au niveau de l'ANI, et consolide les positions acquises en 2017.

Représentativité nationale interprofessionnelle des organisations syndicales de salariés en 2021

Syndicats	% obtenus	Représentativité	Poids relatif (en %)
CFDT	26,77	Oui	31,01
CGT	22,96	Oui	26,59
FO	15,24	Oui	17,64
CFE-CGC	11,92	Oui	13,77
CFTC	9,5	Oui	11
UNSA	5,99	Non	–
Solidaires	3,68	Non	–
Autres listes (< à 1 %)	3,81	Non	–

Source : Direction générale du travail.

Les seuils de représentativité constituent un défi important pour les organisations syndicales, notamment pour les plus petites, qui sont incitées à se regrouper pour s'assurer une audience suffisante.

L'objectif avoué du dispositif était de rationaliser le paysage syndical en favorisant des recompositions. Malgré plusieurs tentatives, celles-ci n'ont pas eu lieu. L'UNSA s'est dans un premier temps rapprochée de la CFE-CGC, comme l'ont fait la CGT et la FSU. Mais ces processus n'ont pas abouti à des regroupements. Lors des échéances de 2017 et 2021, l'avenir de la CFTC a été largement interrogé, beaucoup d'observateurs anticipant un résultat en dessous de la barre des 8 % au niveau de l'ANI. Il n'en a rien été, et le paysage interprofessionnel est demeuré remarquablement stable.

Les résultats des scrutins TPE sont intégrés aux résultats enregistrés dans les autres entreprises au titre de l'élection des CSE pour mesurer la représentativité présentée plus haut.

Au niveau des TPE, les deux élections organisées en 2017 et 2021 ont donné des résultats quelque peu différents de ceux des élections des CSE dans les entreprises de 11 salariés et plus. La CGT est arrivée à chaque fois en tête avec plus de 25 % des suffrages ; la CFDT, l'UNSA et la CGT-FO se situant à des niveaux proches entre 12 et 16 %.

Résultats du scrutin réalisé auprès des salariés des TPE en 2017

Syndicats	Résultats (en %)
CGT	25,1
CFDT	15,5
CGT-FO	13
UNSA	12,5
Solidaires	3,5
Participation	*7,35*

Source : Direction générale du travail.

Résultats du scrutin réalisé auprès des salariés des TPE en 2021

Syndicats	Résultats en %
CGT	26,3
CFDT	16,5
UNSA	15,9
CGT-FO	13,8
CFTC	5,9
Solidaires	4,3
CFE-CGC	4
Participation	*5,4*

Source : Direction générale du travail.

Si les cinq confédérations restent représentatives sur le champ interprofessionnel, cela n'équivaut pas pour autant à une absence d'effets de la réforme de la représentativité au niveau des entreprises, d'une part, et des branches, d'autre part.

Dès 2009, les entreprises ont organisé des élections professionnelles, qui ont enclenché un renouvellement de leurs délégués syndicaux, et redistribué les cartes entre les syndicats.

Au niveau des branches, il avait été décidé en 2008 que le premier exercice de mesure de la représentativité n'aurait pas de conséquences immédiates. En 2013, les organisations historiques représentatives au niveau de l'ANI conservaient automatiquement leur statut dans les branches. Mais à partir de 2017, le dispositif s'est pleinement appliqué, et certaines organisations de rayonnement national qui n'ont pas atteint les 8 % des suffrages ont perdu leur représentativité dans de nombreuses branches. Ainsi, la CFTC n'était-elle représentative que dans la moitié des branches (203 sur 456), tandis que l'UNSA prenait pied dans 86 branches, contre 58 lors de la mesure précédente.

En 2021, les résultats dans les 51 principales branches en nombre de salarié montrent que si la CFDT et la CGT sont présentes pratiquement partout, les autres syndicats représentatifs au niveau de l'ANI sont loin d'être systématiquement représentatifs au niveau des branches.

Représentativité des syndicats dans les 51 principales branches (en nombre de salariés)

	Nombre de branches où le syndicat est représentatif	En %
CFDT	51	100
CGT	49	96
CGT-FO	43	84
CFE-CGC	35	69
CFTC	29	57
UNSA	15	29
Solidaires	6	12

Source : Direction générale du travail.

b Les mesures de la représentativité patronale (2017 et 2021)

Les principes initialement posés par la loi du 5 mars 2014, qui prévoyaient une mesure de la représentativité patronale en fonction du seul nombre d'entreprises adhérentes quelle qu'en soit la taille, ont longtemps été contestés par le MEDEF, qui souhaitait que soit tenu compte de la taille de l'entreprise en nombre de salariés. Finalement, un accord a été trouvé entre organisations patronales, traduit dans le Code du travail par la loi El Khomri du 8 août 2016. La solution retenue combine les critères du nombre d'entreprises adhérentes et du nombre de salariés. La représentativité au niveau de l'ANI et de la branche est reconnue aux organisations qui représentent au moins 8 % des entreprises du champ, ou qui représentent des entreprises qui emploient au moins 8 % des salariés[1].

1. La clé retenue est différente pour l'attribution des mandats dans les institutions paritaires (70% fonction du nombre de salariés et 30 % fonction du nombre d'entreprises) et des financements (50% en fonction du nombre d'entreprises et 50 % en fonction du nombre de salariés).

Les résultats du décompte de 2017 confirment la prééminence du MEDEF, de la CPME et de l'U2P. Le MEDEF est le plus représentatif en nombre de salariés couverts, et l'U2P en nombre d'entreprises adhérentes.

Représentativité des organisations professionnelles en 2017

Organisations patronales	Nombre d'entreprises adhérentes	En %	Nombre de salariés (en millions)	En %
MEDEF	123 000	29,41	8,5	70,72
CPME	145 000	34,54	3	25
U2P	151 000	35,89	0,5	4,22

Source : Direction générale du travail.

En 2021, la mesure de la représentativité patronale est marquée par une progression du nombre d'entreprises et de salariés pour chacune des organisations représentatives, mais avec une dynamique nettement plus forte du côté de la CPME.

Représentativité des organisations professionnelles en 2021

Organisations patronales	Nombre d'entreprises adhérentes	En %	Nombre de salariés (en millions)	En %
MEDEF	126 000	21,96	9,4	66,32
CPME	243 000	42,45	4	28,64
U2P	204 000	35,53	0,7	5,03
CNDI[2]	387	0,07	0,02	0,01

Source : Direction générale du travail.

1.2 La défiance vis-à-vis des organisations syndicales et professionnelles

La confiance vis-à-vis des organisations syndicales et professionnelles n'a pas progressé avec les réformes engagées en 2008. Nombreux sont les critères de cette défiance, décelables tant dans la population que dans l'attitude des pouvoirs publics.

a Les indices de la défiance

Au-delà du taux de syndicalisation et du taux d'adhésion aux organisations professionnelles d'employeurs (*cf. supra*), on peut recenser plusieurs critères de cette défiance.

2. Coordination nationale des indépendants.

La participation aux élections professionnelles est un signe relativement sûr de l'adhésion aux principes démocratiques qui ont fondé l'entreprise de restauration de la légitimité des syndicats depuis 2008, et de la désaffection des salariés vis-à-vis de ces derniers. Or, la participation des salariés aux élections des IRP était de 43 % lors des deux premières mesures de la représentativité, avant de chuter à 38 % lors des élections professionnelles organisées entre 2017 et 2020. Le recul de la participation est d'autant plus préoccupant que la mise en place des CSE plus « lisibles » devait contribuer à motiver les salariés. Le taux de participation au scrutin TPE s'est quant à lui effondré à un point si bas (10,4 % en 2012, 7,3 % en 2017 et 5,4 % en 2021) que le principe même de ces consultations nationales est désormais remis en question.

Une étude de la DARES publiée en 2019 montre qu'environ un tiers des salariés estime que les syndicats font passer leurs intérêts avant ceux des salariés. Une proportion à peine supérieure considère qu'ils jouent un rôle irremplaçable dans la représentation des salariés[3]. Le baromètre réalisé par Harris Interactive pour la CGT chaque année montre, au-delà des oscillations enregistrées d'une année sur l'autre, que l'image des organisations syndicales s'est durablement dégradée depuis 2008, tant auprès des salariés que de l'ensemble des Français.

b La place des corps intermédiaires interrogée par les pouvoirs publics

La majorité présidentielle arrivée au pouvoir en 2017 a porté d'emblée un questionnement sur la légitimité des partenaires sociaux à intervenir dans la conception des réformes au niveau national et dans la gestion des organismes sociaux.

Sur le premier point, les réformes les plus emblématiques et les plus importantes du quinquennat ont été menées en dehors du cadre de l'article L. 1 du Code du travail. En 2017, les pouvoirs publics ont préféré organiser des réunions bilatérales avec les organisations représentatives sur les projets d'ordonnances qui n'ont que peu évolué par rapport à leur rédaction initiale. En 2018, le projet de loi pour la liberté de choisir son avenir professionnel s'est résolument écarté de l'ANI qu'avaient conclu les partenaires sociaux le 22 février 2018. Ce recul de la participation des corps intermédiaires dans le choix de politique nationale est également relevé et contesté par le secteur associatif (champ du handicap, du grand âge, de la pauvreté) et par certains représentants des collectivités territoriales (dans les mêmes domaines).

Sur le second point, les réformes de l'assurance chômage et de la formation professionnelle, portées par la loi du 5 septembre 2018 pour la liberté de choisir son avenir professionnel, marquent un affaiblissement des partenaires sociaux dans la gestion de

....

3. DARES, *Les représentants du personnel dans l'entreprise, des salariés comme les autres ?* DARES Analyses, n° 2, janvier 2019.

l'Unédic[4] d'une part, et des OCPO[5] d'autre part. Le projet de réforme des retraites, interrompu en mars 2020, ambitionnait de supprimer l'AGIRC-ARRCO[6] pour intégrer les organismes de retraite complémentaire dans une future Caisse nationale de retraite universelle, qui devait prendre la forme d'un établissement public relevant de la sécurité sociale et placé sous le contrôle de l'État.

La capacité déclinante des organisations syndicales est également perceptible dans l'impact limité de la grève, qui a pu faire reculer les réformes gouvernementales en 1995 ou 2005, mais non lors de la réforme des transports en 2017-2018 ou celle des retraites en 2019-2020, contrairement à des mobilisations non encadrées par les organisations syndicales comme celle des « bonnets rouges » en 2013 ou des « gilets jaunes » en 2018-2019.

La crise de la Covid-19 s'est néanmoins traduite par une relance du dialogue social : le Gouvernement a réuni une conférence du dialogue social en juillet 2020, qui a permis d'identifier plusieurs chantiers de concertation associant les partenaires sociaux. Ces derniers se sont par ailleurs davantage saisis de leur autonomie d'action, adoptant deux ANI importants fin 2020 (santé au travail et télétravail) et se donnant leur propre agenda de discussions sur des thématiques parfois proches de celles dont le Gouvernement entendait se saisir (formation professionnelle notamment).

2 La négociation collective doit être rationalisée

2.1 Les possibilités ouvertes par les ordonnances de 2017 ne sont pas pleinement utilisées par les entreprises

a Historiquement, les dérogations au principe de faveur n'ont pratiquement pas eu de réalité opérationnelle

D'un point de vue théorique, les dérogations au principe de faveur présentent l'intérêt d'une meilleure adaptation du droit à la réalité économique de chaque entreprise et

....

4. L'Unédic est l'association paritaire chargée de la gestion du régime d'assurance chômage.
5. Les Organismes paritaires collecteurs agréés (OPCA) ont été transformés en Opérateurs de compétences (Opco) par la loi du 5 septembre 2018. Il s'agit d'organismes paritaires chargés d'épauler les branches et les entreprises dans la mise en œuvre de leurs compétences en matière de formation professionnelle initiale et continue. En 2022, leur fonction de recouvrement des cotisations liées à la formation professionnelle doit être transférée aux URSSAF.
6. L'AGIRC-ARRCO regroupe les organismes paritaires qui gèrent les régimes de retraite complémentaire obligatoire en France.

comportent en parallèle le risque de rendre moins lisible et plus fluctuant le socle de droits dont bénéficient les salariés, allant ainsi à l'encontre de l'objectif fondamental de rééquilibrage de la relation de travail au profit de ces derniers.

En pratique, les possibilités de dérogation au principe de faveur ouvertes avant 2017 n'ont pas eu d'effets tangibles. Le bilan réalisé par le ministère du Travail sur l'application de la législation dérogatoire au principe de faveur (et en particulier la loi Fillon du 4 mai 2004) montrait que ses conséquences concrètes étaient fort limitées[7] :

- la négociation d'entreprise s'est développée en parallèle des accords de branche, sans représenter réellement une alternative à ces derniers ;
- la pratique de la dérogation dans les accords d'entreprise s'est révélée quasi inexistante (étant entendu toutefois qu'il est difficile d'identifier un principe de faveur, dans des accords donnant-donnant prévoyant à la fois des dispositions favorables et d'autres plus restrictives pour les salariés) ;
- les partenaires sociaux ont privilégié la faculté de verrouiller les accords d'entreprise par des accords de branche le spécifiant explicitement.

En matière de temps de travail, la direction générale du travail indiquait qu'après analyse, les accords de réduction du temps de travail adoptés à la suite des lois Aubry ont fait l'objet de peu d'aménagements selon les facultés offertes par la loi du 20 août 2008.

b Les possibilités ouvertes par les ordonnances de 2017 sont peu utilisées à ce stade

Un certain nombre de documents d'évaluation permettent de tirer les premiers enseignements de la mise en œuvre des ordonnances du 22 septembre 2017. Ces éléments sont évidemment provisoires et portent sur une réforme encore très récente. Ils sont issus du comité d'évaluation des ordonnances[8] et d'une étude qualitative réalisée par des cabinets de consultants à la demande du ministère du Travail[9].

L'analyse qualitative montre que ni les représentants du patronat ni ceux des salariés ne s'empressent de se saisir des possibilités de dérogation au principe de faveur. Cet attentisme est lié à la complexité du dispositif (notamment de la notion de « garanties au moins équivalentes ») et par le fait que le besoin n'est pas nécessairement ressenti vis-à-vis d'accords de branches perçus comme satisfaisants. Par ailleurs, pour les plus grandes entreprises, est évoqué un problème d'image à être moins-disant que l'accord de branche.

....

7. DARES, *Évaluation de la loi du 4 mai 2004 sur la négociation d'accords dérogatoires dans les entreprises*, Documents d'études, n° 140, août 2008.

8. France stratégie, *Évaluation des ordonnances relatives au dialogue social et aux relations de travail* – Rapport intermédiaire, juillet 2020 et le Comité d'évaluation des ordonnances, *Rapport 2021*, décembre 2021.

9. Cabinets ORSEU et Amnyos, *Appropriation et mise en œuvre des ordonnances du 22 septembre 2017 réformant le droit du travail*, septembre 2019.

En ce qui concerne le référendum d'entreprise, il n'est que rarement utilisé :

- dans les plus petites entreprises, le référendum qui nécessite une approbation par les deux tiers des salariés peut être utile pour valider juridiquement des décisions consensuelles ou des pratiques informelles (aménagement du temps de travail par exemple), mais il est au final peu utilisé, les employeurs redoutant de fracturer les collectifs de travail par des questions qui divisent[10] ;
- dans les entreprises de plus de 50 salariés, la plupart des employeurs interrogés estiment que la solution du référendum en cas d'accord minoritaire ne présente pas réellement d'intérêt. À leurs yeux, le référendum a l'inconvénient majeur de contourner et d'affaiblir la représentation des salariés. Les cas d'échec de ces pratiques dans certaines grandes entreprises, abondamment commentés, montrent les risques encourus.

2.2 Le recours massif à la négociation obligatoire et à la négociation administrée : une question pour la qualité de la norme

Depuis 1982, l'État a développé plusieurs types de leviers d'action pour inciter les partenaires sociaux de l'entreprise à se saisir de problématiques sociales ou sociétales. À partir de 2015, les champs de la négociation annuelle obligatoire (NAO) ont fait l'objet de regroupements thématiques. Ils sont désormais articulés en trois temps : un temps en principe annuel sur les rémunérations, le temps de travail, le partage de la valeur ajoutée et le déroulement de carrière[11], un temps annuel dédié à l'égalité professionnelle et la qualité de vie au travail et un temps en principe triennal consacré dans les entreprises de 300 salariés et plus à la GEPP (*cf. supra*).

Force est de constater que, malgré cette rationalisation, ces temps imposés sont encore nombreux et disparates. La thématique de la qualité de vie au travail, qui intègre les sujets « articulation entre la vie personnelle et la vie professionnelle », « discriminations », « égalité professionnelle », « insertion professionnelle et maintien dans l'emploi des travailleurs handicapés », « régime de prévoyance et complémentaire santé », « exercice du droit d'expression directe et collective des salariés », « droit à la déconnexion et utilisation des outils numériques », « mobilité des salariés » et le cas échéant « pénibilité du travail », laisse une impression de fourre-tout sans réelle cohérence.

En outre, nombre de mécanismes incitatifs se cumulent et perturbent ainsi l'intelligibilité globale du dispositif : en ce qui concerne l'emploi des personnes handicapées, un dispositif incitatif lié à l'obligation d'emploi existe depuis 1987 (intégrant une pénalité

....

10. Sénat, *Bilan des réformes en matière de dialogue social et de négociation collective*, rapport d'information de Mme Frédérique Puissat, juin 2021, p. 65.

11. Intégrant le suivi de la mise en œuvre des mesures de réduction des écarts de rémunération entre les femmes et les hommes.

financière en cas d'inobservance des seuils minima), tandis que l'obligation de négocier a été créée en 2005. Le risque est d'assimiler le principe de négociation collective à une contrainte administrative.

Ce risque se retrouve largement lorsqu'on considère la particularité française que constitue la « négociation administrée », qui a connu un développement important au cours de ces dernières années. Ces dispositifs peuvent être contestés :

- dans leur principe : la pénalisation du dialogue social nuit à l'image de ce dernier, et la répétition du recours à cet outil présente le risque de le banaliser, et finalement d'en réduire l'efficacité. Par ailleurs, la mise en place de sanctions financières est susceptible de nuire à la compétitivité des entreprises françaises ;
- dans leur réalité : les analyses qualitatives des accords portant tant sur l'emploi des séniors que sur l'égalité professionnelle montrent que leurs stipulations sont souvent stéréotypées et de faible portée pratique. En outre, les sanctions effectivement prononcées par les pouvoirs publics sont rares, témoignant de l'applicabilité limitée de tels dispositifs, y compris lorsque la volonté politique en est affirmée.

Dans une note de 2011, le Conseil d'analyse stratégique constatait les effets massifs de ces dispositifs sur le nombre d'accords signés, mais émettait des réserves sur la qualité desdits accords, fréquemment limités à une transcription mot pour mot du contenu de l'obligation législative[12]. Jean-Denis Combrexelle écrit en 2015 : « Les pouvoirs publics sont très friands de ces dispositifs, qui sont, en apparence, simples puisqu'il s'agit d'appliquer une contribution maximale de 1 % de la masse salariale à défaut d'accord ou de plan sur des sujets comme l'égalité hommes/femmes, l'emploi des seniors, la prévention de la pénibilité ou le contrat de génération. Ces dispositifs peuvent forcer à l'existence d'une négociation, et donc à la présentation de statistiques en apparence avantageuses ; mais non à la qualité de la négociation sur des champs où pourtant cette qualité et cette effectivité seraient essentielles[13]. »

En ce qui concerne la négociation d'entreprise dans son ensemble, il conclut, en 2015, qu'à l'exception des possibilités d'accords en matière de plans de sauvegarde de l'emploi (PSE), dont les partenaires sociaux se sont véritablement saisis, « tout se passe comme si les multiples réformes au bénéfice de la négociation collective avaient eu des effets très limités et n'avaient pas véritablement changé la donne[14] ».

....

12. Centre d'analyse stratégique, *Les obligations et incitations portant sur la négociation coll*ective, La note d'analyse n° 240, septembre 2011.

13. Jean-Denis Combrexelle, *La négociation collective, le travail et l'emploi*, rapport au Premier ministre, septembre 2015, p. 27.

14. Jean-Denis Combrexelle, *La négociation collective, le travail et l'emploi*, rapport au Premier ministre, septembre 2015, p. 31.

3 Les instances représentatives du personnel présentent des lacunes

Les dernières réformes en date n'ont pas véritablement permis de trouver la solution à la problématique de la représentation et de la participation des salariés des TPE. Par ailleurs, la mise en place obligatoire des CSE a coïncidé avec un probable étiolement du dialogue social dans les entreprises de 11 salariés et plus.

3.1 La couverture des petites entreprises traditionnellement médiocre

La quasi-absence d'institutions représentatives du personnel dans les plus petites entreprises soulève la question des modes de relations collectives de travail en leur sein.

S'agissant des salariés travaillant dans des entreprises où, pour des raisons de taille, les élections professionnelles (TPE, moins de 11 salariés) ne sont pas obligatoirement organisées, la loi du 15 octobre 2010 a prévu l'organisation spécifique d'un scrutin national tous les quatre ans. Ces élections, dont la première a eu lieu en décembre 2012, servent pour l'essentiel à la mesure de l'audience des organisations syndicales au niveau de la branche et au niveau national interprofessionnel, et plus marginalement pour déterminer la composition, au niveau régional, des commissions paritaires régionales interprofessionnelles (CPRI), à vocation purement consultative. Ces dernières exercent des fonctions qui ont été étendues par la loi Rebsamen du 17 août 2015 : conseil, information, facilitation de la résolution des conflits et propositions en matière d'activités sociales et culturelles.

Les résultats piteux de la participation aux scrutins TPE de 2017 (7,5 %) et de 2021 (5,4 %) démontrent que ces missions sont loin de suffire à convaincre les salariés de l'utilité de leur mobilisation électorale.

Par ailleurs, les référendums d'entreprise pour les unités de moins de 20 salariés sont, aux termes des premiers retours sur la mise en œuvre des ordonnances du 22 septembre 2017, encore peu recherchés par les employeurs (*cf. supra*).

3.2 La mise en place du CSE ne se traduit pas à ce stade par une véritable intégration des questions stratégiques

Les rapports du comité d'évaluation des ordonnances de 2017[15] ont été précédés de deux notes d'étape publiées par France stratégie en décembre 2017, puis décembre 2018.

....

15. France stratégie, *Évaluation des ordonnances relatives au dialogue social et aux relations de travail – rapport intermédiaire*, juillet 2020 et Comité d'évaluation des ordonnances travail, *Rapport 2021*, décembre 2021.

Ils sont complétés par une étude qualitative portant sur 38 entreprises, enquêtées entre janvier et juillet 2019[16]. Si ces éléments sont intéressants, il convient évidemment de prendre leurs conclusions avec prudence dès lors qu'elles portent sur une réforme encore récente.

D'une façon générale, la mise en place obligatoire des CSE s'est le plus souvent traduite par un exercice formel, porteur de peu d'intérêt en ce qui concerne le dialogue social de fond. Par ailleurs, les CSE sont critiqués par les organisations de salariés qui leur reprochent leur éloignement du terrain et d'avoir contribué à réduire les moyens consacrés à la santé au travail. Plus spécifiquement :

- la mise en place du CSE est perçue comme essentiellement formelle dans les petites entreprises, surtout lorsqu'une délégation unique du personnel lui préexistait. Ainsi, on s'est souvent aligné sur les pratiques existantes, tant en termes de périmètre des instances que de pratiques du dialogue social : l'objectif de renforcement de la dimension stratégique du dialogue social est ainsi manqué ;
- lorsque le choix de l'entreprise n'a pas été de se fondre dans les structures existantes, la réforme est souvent perçue comme l'opportunité pour les employeurs de redessiner les frontières des instances, en réduisant le nombre d'établissements pour créer des CSE aux périmètres plus larges. En absence d'accord d'entreprise, c'est l'employeur qui décide de cette architecture, en fonction de critères fixés de manière très souple par le Code du travail. Cela a eu pour conséquence une plus forte centralisation du dialogue social, et la perte des dimensions informelles que celui-ci pouvait parfois revêtir. Le caractère moins-disant des dispositions supplétives a joué en défaveur de la représentation des salariés, placée en situation de négociation défavorable (en particulier sur les moyens humains et les heures de délégation) ;
- la mise en place et les moyens des représentants de proximité (RP) sont totalement à la main de l'employeur. Il n'y a pas assez de points de contact avec le terrain, ce qui a même poussé certaines entreprises à opter pour des structures de représentation de proximité hors-IRP (délégués syndicaux, commission *ad hoc*, salarié désigné, etc.), ce qui est un facteur de complexité supplémentaire ;
- la formation stratégique des représentants des salariés se heurte à la concentration des compétences, qui implique pour les représentants du personnel de connaître d'une étendue très large de sujets, parfois extrêmement techniques. Cette limite est accentuée par la réduction globale du nombre de représentants et l'impossibilité pour les suppléants d'être présents dans les instances au même moment que les titulaires, ce qui ne facilite pas la transmission des savoirs ;
- la place de la santé au travail a été reléguée avec la suppression des CHSCT. C'est un sentiment de perte de compétence qui domine chez les représentants des salariés, qui estiment majoritairement que le seuil de 50 salariés applicable auparavant pour la constitution d'un CHSCT a été en pratique porté à 300 salariés. Il n'existe pas de

....

16. Cabinets ORSEU et Amnyos, *Appropriation et mise en œuvre des ordonnances du 22 septembre 2017 réformant le droit du travail*, septembre 2019.

temps réservé pour les CSSCT. L'avantage mis en avant par la partie patronale est l'évitement de la répétition des mêmes sujets d'une instance à l'autre. Les représentants des salariés estiment que la dimension technique de la santé au travail risque d'être progressivement perdue au profit des considérations économiques.

Un sondage Syndex IFOP de 2019[17] auprès des élus en CSE montre que 78 % d'entre eux estiment que les directions sont sorties gagnantes de cette réforme. Cette proportion ne diminue pas significativement avec les années qui passent depuis la mise en place de cette réforme. En octobre 2020, les cinq organisations représentatives au niveau national ont écrit au Premier ministre pour lui demander de revenir sur les réformes en matière de représentation des salariés dans l'entreprise. Le rapport du Sénat consacré en 2021 au dialogue social observe que « les organisations syndicales, qui étaient opposées à cette réforme, accueillent la nouvelle instance de manière globalement négative, considérant qu'elle entraîne avant tout une diminution du nombre d'élus et une baisse importante des moyens mis à leur disposition[18] ». Il relève en outre que la mise en place des conseils d'entreprise est un « échec manifeste », une quinzaine d'entreprises seulement ayant opté pour cette possibilité.

4 Dans la fonction publique, les relations demeurent tendues

Dans la fonction publique, le dialogue social est altéré par des divergences parfois très profondes. La question de l'absence de revalorisation du point d'indice est lancinante et centrale dans les relations entre les employeurs publics et les organisations de fonctionnaires. Le dernier exemple de revalorisation générale au moyen de cet outil remonte à 2016. Le Gouvernement privilégie les mesures de revalorisation ciblée sur certaines catégories professionnelles.

Par ailleurs, le projet de réforme des retraites engagé en 2019 et interrompu par la crise de la Covid-19 a été perçu par certaines organisations syndicales comme dirigé contre les fonctionnaires.

Les militaires, les policiers, les personnels soignants ou encore les enseignants ont été fortement sollicités dans le contexte des multiples crises de ces dernières années (terrorisme, mouvements sociaux, Covid-19) et expriment collectivement une importante lassitude et des demandes de reconnaissance, y compris en termes de rémunérations.

Par ailleurs, et d'un point de vue plus technique, la réforme portée par la loi de 2010 n'a appliqué que partiellement les principes du secteur privé en matière de représentativité contribuant ainsi à maintenir la dispersion syndicale. La loi s'est abstenue de définir

....

17. Syndex-IFOP, *Les élus du personnel et la mise en place du CSE dans les entreprises*, enquête, janvier 2019.

18. Sénat, *Bilan des réformes en matière de dialogue social et de négociation collective*, rapport d'information de Mme Frédérique Puissat, juin 2021, p. 64.

une condition de score minimal aux élections professionnelles pour qu'un syndicat soit reconnu comme représentatif. C'est la proportionnelle qui est ici appliquée, et le seuil de 10 % ne sera nécessairement atteint que lorsque le nombre de sièges à pourvoir est inférieur ou égal à 10. Ce score pourra être moins élevé si davantage de sièges sont en jeu. La dispersion syndicale, que les pouvoirs publics n'ont pas véritablement réussi à juguler dans le secteur privé, est encore accentuée dans le champ des administrations.

Les objectifs de la loi du 6 août 2019 sont comparables à ceux des ordonnances de 2017 pour le secteur privé : « promouvoir un dialogue social plus efficace, stratégique et réactif dans le respect du principe de participation des agents publics à la détermination des conditions de travail[19]. » En pratique, la cartographie des comités sociaux n'est guère différente de celle des comités techniques, alors que la mise en place des CSE a souvent coïncidé avec un resserrement de leur nombre par rapport aux comités d'entreprise qui leur préexistaient.

....

19. Direction générale de l'administration et de la fonction publique, *Rapport annuel sur l'état de la fonction publique, édition* 2020, p. 21.

SECTION 3

Les perspectives

De très nombreuses propositions sont avancées dans le débat public pour répondre aux limites soulevées plus haut. Elles portent sur la représentation syndicale, dont le processus de relégitimation est à poursuivre (1). En ce qui concerne la négociation collective, les pouvoirs publics pourraient osciller entre le maintien des logiques des ordonnances de 2017 et les inflexions liées à la crise de la Covid-19 (2). Les propositions tendant à l'amélioration de la représentation des salariés dans l'entreprise sont nombreuses et pourraient donner lieu à des changements dans l'avenir (3). Enfin, le mouvement de convergence entre la fonction publique et le secteur privé pourrait se poursuivre (4).

1 Conforter la légitimité des organisations syndicales de salariés et d'employeurs

La représentativité étant désormais aisément mesurable par l'audience électorale, la problématique de la légitimité des organisations censées incarner la voix des travailleurs et des employeurs est déterminante. Des propositions sont aujourd'hui formulées autour des thématiques de la professionnalisation des syndicalistes, du financement des organisations, de la création d'un syndicalisme de services et de l'ouverture des syndicats à de nouveaux publics.

1.1 Professionnaliser le travail syndical

Les dernières réformes en date comportent toutes des éléments allant dans le sens d'un renforcement de la formation des représentants syndicaux, mais également des représentants des salariés dans l'entreprise :

- la loi du 17 août 2015 ouvrait de nouveaux droits en termes de valorisation des parcours (avancement minimal, entretiens), de parité dans la composition des IRP, de garanties de non-discrimination salariale pour les élus du personnel ;
- la loi du 8 août 2016, dans le prolongement des propositions portées par le rapport Combrexelle, comportait des éléments de professionnalisation syndicale. Plusieurs leviers étaient actionnés : augmentation de 20 % des heures de délégation syndicale, mise en place de formations communes, à l'exemple du Québec,

entre syndicalistes et directions des ressources humaines sur la base d'un cahier des charges adopté par l'État.

Il est intéressant de relever qu'au même moment, plusieurs rapports plaidaient au contraire pour une dé-professionnalisation de la représentation syndicale. C'est le cas par exemple d'un rapport de l'Institut Montaigne de 2015[1] ou d'une note de l'Institut de l'Entreprise en 2016[2]. Ces travaux proposaient :

- des mesures paramétriques : limiter la durée de représentation des délégués syndicaux à deux mandats, ou encore limiter leur décharge à 50 % pour qu'ils conservent une activité professionnelle à mi-temps ;
- des mesures plus structurelles : obliger les syndicats à être plus représentatifs en ouvrant le premier tour des élections professionnelles à la concurrence de candidats non syndiqués ou en définissant un seuil de participation électorale minimal pour désigner des délégués syndicaux dans l'entreprise.

Les ordonnances de 2017 témoignent des deux visions : elles intègrent la limitation à trois du nombre de mandats successifs au CSE, mais elles demeurent globalement dans la ligne des réformes précédentes, et comportent des mesures de reconnaissance et de professionnalisation, conformément aux recommandations du rapport préparatoire de Jean-Dominique Simonpoli[3] : revalorisation du nombre d'heures de délégation pour les délégués, moins nombreux, du CSE fusionné ; revalorisation des heures de CPF ; droit à un bilan de compétence ; mobilisation d'un réseau de grandes écoles et universités volontaires pour former des militants syndicaux. Sont en outre prévues des possibilités d'évolution vers l'inspection du travail pour les élus du personnel et les délégués syndicaux.

Pour l'avenir, d'autres propositions peuvent soutenues dans la même logique :

- le CESE proposait par exemple en 2016 de développer la sensibilisation des plus jeunes au dialogue social dans le cadre scolaire et de la Journée de défense et de citoyenneté, d'améliorer la formation au dialogue social dans les écoles de management, ou encore d'élargir le dialogue social à d'autres représentants de la société civile (au sein du Haut conseil du dialogue social, par exemple, à l'occasion de discussions sociales à spectre large comme sur la RSE[4]) ;
- le second rapport Simonpoli[5] formulait une proposition qui n'a pas été reprise par le Gouvernement : la création d'un nouvel item de négociation administrée sur

....

1. Institut Montaigne, *Sauver le dialogue social – priorité à la négociation d'entreprise*, septembre 2015.
2. Institut de l'Entreprise, *Faut-il en finir avec le paritarisme ?* octobre 2016.
3. Jean-Dominique Simonpoli, *La reconnaissance et la valorisation des compétences des représentants du personnel et des mandataires syndicaux*, rapport au ministre du Travail, août 2017.
4. Conseil économique, social et environnemental, *Le développement de la culture du dialogue social en France*, rapport rédigé par Jean-François Pillard et Luc Bérille, mai 2016.
5. Jean-Dominique Simonpoli et Gilles Gateau, *Accompagner la dynamique du dialogue social par la formation et la reconnaissance de ses acteurs et par la valorisation des meilleures pratiques*, rapport à la ministre du Travail, février 2018.

les parcours des représentants du personnel et des délégués syndicaux (obligation pour l'entreprise d'être couverte soit par un accord collectif, soit par un plan d'action unilatéral), avec une dotation obligatoire supplémentaire au CPF des intéressés à la charge des employeurs en cas d'inaction de ces derniers ;

- le rapport du Sénat de 2021[6] préconise de « remonter » le thème de la reconnaissance et de la valorisation des parcours des représentants du personnel et des mandataires syndicaux du « deuxième bloc » (matières pour lesquelles l'accord de branche peut faire l'objet de mesures dérogatoires moins favorables par accord d'entreprise, à moins que l'accord de branche l'ait exclu par une clause de verrou) au « premier bloc » (matières dans lesquelles l'accord de branche s'impose toujours), afin de contribuer à l'attractivité de ces métiers y compris dans des parcours interentreprises.

1.2 Conforter les financements des organisations syndicales et patronales

La création en 2014 du Fonds pour le financement du paritarisme géré par l'AGFPN a constitué une avancée déterminante. Néanmoins, il apparaît que les moyens des organisations syndicales et patronales demeurent probablement insuffisants au regard du rôle qui est le leur dans les politiques sociales nationales. Subsistent en outre des pratiques de financement qui, sans être nécessairement irrégulières, font figure d'expédients peu satisfaisants (création d'organismes de formation, mises à disposition de locaux par les entreprises ou les collectivités territoriales, etc.).

Trois grandes options sont ouvertes pour aller plus loin à l'avenir : un financement majoré par l'AGFPN, un financement direct par les entreprises et un financement par l'État. Toutes ces options sont envisageables pour peu qu'elles respectent la condition *sine qua non* de préserver la liberté syndicale (c'est-à-dire la liberté pour le salarié d'adhérer au syndicat de son choix ou ne pas adhérer à un syndicat, et pour le syndicat d'être libre de ses revendications) :

- l'élargissement du financement par le Fonds paritaire pourrait reposer sur l'augmentation de l'actuelle cotisation de 0,016 % sur la masse salariale ou une activation des contributions volontaires des organismes paritaires (prévues par le droit mais non mises en œuvre) ;
- un financement direct par l'entreprise pourrait se fonder sur la technique du chèque syndical, à l'exemple de la pratique instaurée par la compagnie d'assurances Axa. Elle consiste pour l'employeur à prévoir un financement attribuable par le salarié au syndicat de son choix parmi les organisations présentes dans l'entreprise. Une autre technique de financement par l'employeur consiste pour ce dernier à prendre en charge les cotisations syndicales des salariés, sur la base d'un accord d'entreprise.

....

6. Sénat, *Bilan des réformes en matière de dialogue social et de négociation collective*, rapport d'information de Mme Frédérique Puissat, juin 2021, p. 107.

Les conditions de régularité actuellement exigées par la Cour de cassation pour permettre de telles pratiques sont cependant très restrictives[7] ;
- du côté du financement public, on pourrait imaginer substituer au crédit d'impôt actuel lié à l'adhésion syndicale un chèque syndical attribué volontairement par chaque citoyen au syndicat de son choix. Un financement direct par l'État pourrait également être calqué sur le modèle du financement des partis politiques, en proportion du nombre de voix (ou d'adhérents, pour les organisations patronales) obtenues à chaque mesure de la représentativité au niveau national.

1.3 Favoriser un syndicalisme de services

Nombre de propositions vont dans le sens de la mise en place d'un syndicalisme dit « de services ». Cette approche vise à éviter les comportements de « passager clandestin » (salariés pouvant bénéficier de l'action syndicale, sans y contribuer personnellement). L'exemple retenu est celui des pays du nord de l'Europe, où les mutuelles et l'assurance chômage peuvent être réservées aux seuls travailleurs syndiqués (Danemark, Suède, Finlande) ou encore ceux dans lesquels l'application des conventions collectives est conditionnée par l'adhésion au syndicat signataire (Suède, Norvège).

Une telle approche se heurterait probablement à un obstacle constitutionnel : l'accès des travailleurs à certains services publics ne saurait dépendre de l'adhésion à telle ou telle organisation sans méconnaître les principes d'égalité et de liberté syndicale.

Pour autant, la voie du syndicalisme de services mérite d'être explorée à titre subsidiaire, et la plupart des organisations représentatives entendent proposer à leurs adhérents des services dédiés : garantie de maintien de la prévoyance collective et assistance psychologique à distance à la CFE-CGC, plateforme assurant pour les salariés des TPE les services d'un CSE (accès aux loisirs, aux vacances, à la culture…) chez FO, plateforme de services généraliste pour les adhérents de la CFDT ou de la CPME, etc. Autant de services dont l'intérêt a été particulièrement souligné lors des périodes de confinement de 2020-2021.

Une étude de la direction générale du Trésor[8] suggère qu'au-delà des incitations financières au syndicalisme (avantages fiscaux, chèque syndical), ce sont bien les possibilités d'accès à des services spécifiques qui motivent les adhésions syndicales, en prenant pour exemple les stages de formation proposés par la CFDT.

7. Le rapport du Sénat de 2021 préconise de mettre fin par la loi, à la condition posée par la Cour de cassation que cette prise en charge soit ouverte à tous les syndicats, y compris lorsqu'ils ne sont pas représentatifs dans l'entreprise, dans l'objectif de contribuer à réduire l'émiettement syndical : Sénat, *Bilan des réformes en matière de dialogue social et de négociation collective*, rapport d'information de Mme Frédérique Puissat, juin 2021, p. 77.
8. Trésor-Éco, *La syndicalisation en France : paradoxes, enjeux et perspectives*, n° 129, mai 2014.

À terme, pourrait également être envisagé le renoncement aux techniques d'extension et d'élargissement des accords de branches par arrêté ministériel. Cela pourrait contribuer à dynamiser le dialogue social, en réduisant le bénéfice d'un certain attentisme chez les salariés, jusqu'à présent assurés de leur couverture par une convention collective quel que soit leur engagement syndical. La mise en œuvre d'une telle option serait néanmoins complexe: destinée à motiver l'investissement syndical, elle suppose dans le même temps un niveau suffisant de syndicalisation pour permettre l'application des normes de branche, indispensables tant d'un point de vue social que du point de vue des conditions de concurrence entre les entreprises d'un même secteur d'activité. Il peut néanmoins s'agir d'une piste de long terme. Depuis 2017, les arrêtés d'extension du ministère du Travail sont moins systématiques, témoignant d'un intérêt des pouvoirs publics pour une approche plus restrictive de cet outil[9].

1.4 Ouvrir les syndicats à de nouveaux publics

La propension à se syndiquer est quasi nulle chez les intérimaires (1 %) et les titulaires de CDD (2 %). Le taux de syndicalisation est plus fort dans la fonction publique (19 %). Dans les établissements du secteur marchand et associatif, le taux de syndicalisation progresse avec la taille de l'établissement (5 % en dessous de 50 salariés, 11,5 % entre 50 et 200 salariés et 14,4 % au-delà).

L'OIT montre que les titulaires d'emplois atypiques se trouvent dans une situation sociale moins favorable que les autres salariés, du fait d'une exposition supérieure aux risques et d'un moindre degré de protection, et que la représentation et la couverture par les organisations représentatives fait partie des conditions de cette protection[10].

Ainsi, l'organisation internationale formule-t-elle à l'attention des États membres des propositions visant à mieux assurer cette représentation : généralisation du recours à la technique d'extension et d'élargissement des accords collectifs (acquise en France), diffusion du droit de la négociation collective au-delà de la relation de travail salarié (aux travailleurs indépendants en situation de dépendance économique, comme en Allemagne, au Canada et en Espagne[11]), alliances entre les syndicats traditionnels et d'autres organisations présentes pour la représentation de l'emploi atypique (on peut

....

9. Politique motivée notamment par les restrictions à la concurrence que peuvent constituer les accords de branche, dont les stipulations trop exigeantes ou spécifiques peuvent représenter des obstacles à l'accès de nouvelles entreprises à certains marchés. Depuis 2017, un comité d'experts conseille le ministère du Travail en ce qui concerne les implications des procédures d'extension des accords de branche pour la concurrence dans le secteur d'activité concerné.

10. Organisation internationale du travail, *L'emploi atypique dans le monde*, novembre 2016.

11. La mise en place des instances de négociation collective pour les travailleurs des plateformes de mobilité en France par l'ordonnance du 21 avril 2021 relative aux modalités de représentation des travailleurs indépendants recourant pour leur activité aux plateformes est une première réponse en ce sens.

penser aux collectifs de travailleurs précaires, aux associations œuvrant dans le domaine de l'insertion, etc.).

Les plus grandes confédérations syndicales tentent de modifier leur positionnement en élargissant leurs thématiques d'intervention et les publics concernés :

- la CFDT a lancé en mars 2019 son « Pacte pour le pouvoir de vivre » avec 18 autres organisations, associations, mutuelles et syndicats dont l'UNSA, ATD Quart Monde ou encore la Mutualité française, pour répondre à l'urgence écologique et sociale ;
- la CGT a développé de longue date en son sein une union des privés d'emploi, et s'est rapprochée en 2020 d'organisations non gouvernementales comme ATTAC, Oxfam et Greenpeace.

Cependant, la représentation des travailleurs précaires et des demandeurs d'emploi demeure peu prise en charge par les syndicats.

Par ailleurs, les nouvelles formes d'emploi constituent aujourd'hui probablement le défi le plus visible pour les organisations syndicales. Les changements plus fréquents de statut professionnel, intégrant des activités sous forme de travail indépendant, que celle-ci relève ou non d'une mise en relation par le biais d'une plateforme numérique, questionne la distinction traditionnelle entre salariat et patronat.

Des associations de défense des conducteurs de VTC ont été créées. Des syndicats ont apporté leur soutien et créé leurs propres structures comme l'UNSA-VTC ou encore la CFDT-VTC. Le syndicat des services à la personne de la CGT de Paris s'est ouvert aux non-salariés du secteur. Il ne s'agit pas d'une pratique totalement nouvelle : depuis longtemps les confédérations syndicales de salariés intègrent des artisans pêcheurs, des correspondants locaux de presse ou des chauffeurs de taxis exerçant sous statut d'indépendants.

Au niveau européen, la Confédération européenne des syndicats (CES) écrivait à l'appui de son plan d'action pour 2017-2018 : « Un des principaux défis du mouvement syndical en Europe est de mieux couvrir et protéger ces travailleurs qui se situent dans une frange (sans doute grandissante) du marché du travail. Nous devons nous assurer que ces travailleurs indépendants aient le droit de négocier et d'être couverts par des conventions collectives, tenant compte des structures existantes de négociation collective. Une meilleure protection doit leur être garantie. »

En France, la création d'instances de dialogue social pour les travailleurs des plateformes par l'ordonnance du 21 avril 2021 devra être poursuivie par la définition effective de thèmes et d'un calendrier de négociations (*cf. supra*).

Le développement de ces nouveaux mécanismes de représentation devra s'articuler à l'avenir avec le déplacement possible des frontières du salariat, la Commission européenne ayant exprimé en décembre 2021 sa préférence pour l'application à ces travailleurs d'une présomption de salariat (*cf. supra*).

2 La question de la place de la négociation collective après les ordonnances du 22 septembre 2017

2.1 La question de la place de la négociation collective dans l'adoption des réformes nationales

La première partie de la mandature ouverte en 2017 a coïncidé avec un recul de la participation des partenaires sociaux à la définition et à la gestion des politiques sociales. Depuis la crise de la Covid-19, les organisations représentatives participent davantage aux décisions et souhaitent s'y réinvestir, à l'image du MEDEF, après une période de moindre intérêt pour le dialogue social national.

La négociation collective est aujourd'hui interrogée comme l'est le travail parlementaire. Le mouvement des « gilets jaunes » a suscité des réponses politiques innovantes, comme le « grand débat national » ou la Convention citoyenne sur le climat, prenant acte de la nécessité de compléter les modes traditionnels de délibération.

Pour l'avenir, la conjugaison de ces formes nouvelles et des formes plus traditionnelles de représentation du monde du travail devrait se pérenniser, notamment dans le cadre du CESE dont le fonctionnement a été rénové en 2021.

2.2 La question de la constitutionnalisation du dialogue social national

La question de la constitutionnalisation du dialogue social, tel qu'il résulte de l'application de la loi Larcher codifiée par l'article L. 1 du Code du travail (*cf. supra*), revient périodiquement dans le débat national.

Une première idée consisterait à créer un « domaine réservé » à la négociation collective dans la Constitution, comme en Allemagne où la Loi fondamentale distingue les domaines relevant de la loi et les domaines relevant du dialogue social. Aucune organisation professionnelle ne revendique une telle réforme aujourd'hui, très éloignée de la tradition étatiste française et probablement peu compatible avec le principe constitutionnel de souveraineté nationale. Un rapport de l'Institut Montaigne préconisait en 2015[12] une autre formule inspirée par le même esprit sans se confondre avec elle : inscrire explicitement dans la Constitution que les accords collectifs sont une source de droit. S'il faut noter l'importante portée symbolique d'une telle idée, il faut également convenir de la modestie de ses implications juridiques et pratiques.

12. Institut Montaigne, *Sauver le dialogue social - Priorité à la négociation d'entreprise*, septembre 2015.

Une dernière idée consisterait à élever les principes de l'article L. 1 au niveau de la norme suprême, afin d'éviter que les gouvernements ne s'affranchissent de ses contraintes à l'avenir. Cela permettrait de faire de la saisine préalable des partenaires sociaux une formalité indispensable à l'adoption de la loi et autoriserait le Conseil constitutionnel à censurer un texte adopté en méconnaissant cette obligation. Lors de la « grande conférence sociale » de juillet 2012, une telle réforme avait été annoncée, mais cette intention politique n'a pas connu de suite.

Le rapport de Jean-Denis Combrexelle, en 2015[13], est clairement hostile à cette idée, considérant que la principale vertu de l'article L. 1 est sa souplesse, qui permet parfois au Gouvernement et aux partenaires sociaux de s'entendre, dans un cadre informel, pour écarter l'application de cette procédure lorsqu'elle n'est pas adaptée.

2.3 La question de la poursuite de la réduction du nombre de branches professionnelles

Le mouvement de réduction du nombre de branches professionnelles s'est poursuivi jusqu'en 2019. Cette politique, marquée par une approche relativement dirigiste, s'est traduite par une diminution très significative du nombre de branches. Au début de l'année 2020, on compte environ 250 branches en France, du fait de démarches de regroupements volontaires pour la plupart. Les crises de 2019-2020 ont interrompu ce mouvement de concentration, alors que les pouvoirs publics avaient affiché un objectif-cible situé entre 50 et 100 branches.

L'objectif demeure : il s'agit d'avoir des branches moins nombreuses et dotées de moyens plus importants, de nature à leur permettre de négocier des accords pertinents s'appliquant à un plus large périmètre d'entreprises, et d'apporter un meilleur service aux TPE.

Le pré-rapport de Pierre Ramain[14] proposait en 2019, conformément à la lettre de mission qui lui avait été assignée, de passer à 100 voire 80 branches par de nouveaux regroupements, justifiés par la recherche d'une meilleure cohérence du champ d'application des conventions collectives[15].

....

13. Jean-Denis Combrexelle, *La négociation collective, le travail et l'emploi*, rapport au Premier ministre, septembre 2015.

14. Le rapport définitif n'a jamais été publié mais une version non définitive a été diffusée : Pierre Ramain, *Rapport sur la restructuration des branches professionnelles*, 2019. Pierre Ramain est devenu directeur général du travail en 2020.

15. Ce critère devant par ailleurs être mieux précisé dans la loi, le Conseil constitutionnel ayant souligné son insuffisante définition législative et censuré à ce titre la disposition : Conseil constitutionnel, 29 novembre 2019. Question prioritaire de constitutionnalité : le Conseil estime que si la réduction du nombre de branches relève bien d'un objectif d'intérêt général et si les critères liés à la taille ou à l'activité des branches ne posent pas de difficultés, le critère lié à la recherche de cohérence du champ d'application des branches, qui ne fait pas l'objet d'une définition précise par la loi, laisse une latitude d'action excessive au pouvoir réglementaire.

Le rapport du Sénat de 2021[16] propose de restaurer, par la loi et après concertation avec les partenaires sociaux, des critères précis visant à la recherche de cette cohérence. Il suggère en outre, sur le fond, de conforter le rôle de régulation des branches en plaçant les accords relatifs aux parcours des représentants des salariés et des mandataires syndicaux dans le « premier bloc » des matières relevant de « l'ordre public conventionnel » (*cf. supra*).

2.4 La question de la poursuite de la décentralisation de la négociation collective au niveau de l'entreprise

Nous avons connu depuis 40 ans un mouvement sans précédent de décentralisation de la négociation collective. La réalité de l'appropriation de ces pouvoirs par les acteurs de l'entreprise demeure cependant incertaine. Les possibilités de dérogation au principe de faveur sont souvent restées sans réalité concrète (*cf. supra*).

Ce constat pourrait inciter à prôner une « pause » dans le mouvement de décentralisation de la négociation collective, au profit d'une période dédiée à l'accompagnement des entreprises, propice à ce que ces dernières puissent enfin mettre en application ce que le droit leur permet, comme le suggère le rapport d'information sénatorial de 2021 : « La difficile "digestion" de cette série de réformes par les acteurs suggère que les entreprises ne se saisiront de certaines de leurs potentialités que dans une deuxième étape. Il paraît donc prématuré de tirer dès à présent des conclusions générales et définitives de ces réformes dont il y a lieu de penser que l'objectif – donner du pouvoir aux acteurs de la négociation collective – reste pertinent. En outre, il ressort de nombreuses auditions menées par le rapporteur que les entreprises éprouvent une lassitude compréhensible à l'égard des réformes et qu'elles attendent désormais davantage de calme et de sécurité[17]. »

Le rapport conclut à la nécessité de renforcer l'accompagnement des entreprises pour faciliter « l'appropriation » des dispositifs par les acteurs sociaux. Les rôles des DREETS et des DDETS, des organisations représentatives d'employeurs et de salariés, des branches professionnelles sont évidemment majeurs dans ce domaine.

A contrario, d'autres propositions consistent à ne pas marquer cette « pause » et à aller plus loin encore dans le sens d'accords d'entreprise dérogatoires. L'exemple espagnol est invoqué : depuis le décret-loi du 10 février 2012, les conventions collectives d'entreprises y ont la priorité absolue sur les conventions de niveau supérieur dans

....

16. Sénat, *Bilan des réformes en matière de dialogue social et de négociation collective*, rapport d'information de Mme Frédérique Puissat, juin 2021, p. 90-107.
17. Sénat, *Bilan des réformes en matière de dialogue social et de négociation collective*, rapport d'information de Mme Frédérique Puissat, juin 2021, p. 63.

les domaines des salaires, du temps de travail, des classifications et de l'adaptation du contrat de travail. En 2015, l'Institut Montaigne[18] proposait de ne fixer dans la loi que les pouvoirs du juge et de l'inspection du travail, les règles de représentativité des partenaires sociaux et de représentation élue des salariés dans l'entreprise, et les droits fondamentaux préservant la dignité, la santé et la sécurité des travailleurs. Il entendait placer dans le champ de la négociation collective d'entreprise la totalité des normes portant sur la durée du travail, les conditions de recours aux CDD ou encore les motifs de licenciement.

2.5 La question de l'avenir de la négociation administrée

Le rythme des négociations obligatoires de branche et d'entreprise a été assoupli par les ordonnances de 2017. Il est négociable dans la limite d'une périodicité minimale, variable selon les matières, mais généralement fixée à quatre ans. Au niveau de l'entreprise, les négociations obligatoires concernent les salaires et le temps de travail, l'égalité professionnelle et la qualité de vie au travail et la GEPP (*cf. supra*). Les règles relatives à la négociation administrée n'ont quant à elles pas été modifiées et il convient de s'interroger sur l'efficacité des instruments utilisés par l'État pour inciter à la négociation dans l'entreprise.

La menace des sanctions financières, utilisée massivement ces dernières années, pourrait perdre de son impact avec l'accumulation des dispositifs et la rareté de leur mise en application effective. Le contenu des accords et plans d'action liés à ces contraintes est souvent pauvre, et l'efficacité de telles mesures est dans les faits largement questionnable.

Toutefois, si l'instrument peut être discuté, les objectifs poursuivis (égalité professionnelle, emploi des séniors, lutte contre la pénibilité, etc.) relèvent de l'intérêt général et ne sont pas contestés. Ainsi, l'éventuelle suppression de la négociation administrée n'est envisageable qu'en lui substituant d'autres instruments publics efficaces (sanctions civiles et pénales, contrôles par l'inspection du travail, *naming and shaming*, action de groupe, *testing*, politique de communication, etc. – *cf.* chapitre 1).

Il est en outre possible d'améliorer le niveau de sécurité des entreprises dans le contexte de négociation administrée en élargissant les possibilités de « rescrit », existant aujourd'hui en matière d'égalité professionnelle entre les femmes et les hommes. Il s'agit de la faculté pour les employeurs de demander à l'administration du travail de se positionner officiellement, et donc de manière opposable, sur le contenu son accord ou de son plan d'action, afin de s'assurer de sa conformité[19].

....

18. Institut Montaigne, *Sauver le dialogue social – priorité à la négociation d'entreprise*, septembre 2015.
19. Articles L .2242-9 et R. 2242-9 à R. 2242-11 du Code du travail.

3 La question d'une amélioration de la représentation des salariés dans l'entreprise

3.1 Renforcer le dialogue social dans les petites entreprises

Les 20 % de salariés qui travaillent dans les 2 millions de TPE ne bénéficient pas d'une couverture obligatoire par un CSE.

Les ordonnances de 2017 ont multiplié les points d'appui au dialogue social pour ces salariés :

- elles prévoient la possibilité de conclure un accord après approbation par référendum à la majorité des deux-tiers dans les entreprises de 11 salariés et moins, et prévoient le même dispositif pour les entreprises de 11 à 20 salariés non dotées d'un CSE ;
- elles prévoient l'extension des possibilités de conclusion d'accord collectif d'entreprise en l'absence de délégué syndical (*cf. supra*) ;
- elles confient aux branches la mission d'appuyer spécifiquement les petites entreprises. Les commissions paritaires permanentes de négociation et d'interprétation (CCPNI) apportent leur concours aux salariés et aux employeurs en cas de difficulté. Pour pouvoir être étendue, la convention de branche doit, sauf justification, comporter des stipulations spécifiques pour les entreprises de moins de cinquante salariés. L'article L. 2232-10-1 du Code du travail prévoit en outre la possibilité d'adopter, par accords de branche, des accords-types destinés aux entreprises de moins de 50 salariés, indiquant aux employeurs les différents choix laissés à leur main et pouvant être appliqués sur la base d'un document unilatéral après information du CSE s'il existe, ainsi que des salariés, par tous moyens ;
- elles créent les observatoires départementaux d'analyse et d'appui au dialogue social et à la négociation collective (ODDS). Aujourd'hui constitués dans la quasi-totalité des départements, ces observatoires, composés de représentants locaux des salariés et des employeurs, mais aussi d'agents de l'État, doivent apporter leur appui technique à la négociation collective et établir un bilan annuel du dialogue social dans le département ;
- par ailleurs, les CPRI demeurent, depuis leur mise en place en 2012, avec des missions proches de celles du CSE, déployées à l'échelle régionale pour les salariés des TPE sur le champ interprofessionnel (*cf. supra*).

La question de la représentation et de la négociation collective des TPE-PME semble illustrer une hésitation entre l'échelon du territoire et celui de la branche pour incarner et outiller le dialogue social. À ce stade, les territoires ne constituent pas des échelons de négociation et d'adoption d'accords collectifs, et l'échec des élections des CPRI au niveau régional laisse penser que cet échelon demeure moins prisé que le traditionnel échelon de la branche, malgré la relance des logiques territoriales par les ODDS.

C'est donc généralement la redynamisation de la branche qui est le plus souvent suggérée (rapport Combrexelle de 2015, rapport d'information sénatorial de 2021).

Par ailleurs, le contenu des missions des CPRI pourrait probablement être élargi de manière à pouvoir aider à la résolution de conflits dans l'entreprise. Leurs membres peuvent intervenir sur saisine d'une des parties mais ils ne peuvent à ce stade avoir accès aux locaux de l'entreprise sans autorisation préalable de l'employeur. Les ODDS mis en place suite aux ordonnances pourraient être mieux articulés avec les CPRI, voire être fusionnés avec elles comme c'est le cas dans les départements d'outre-mer.

3.2 Améliorer le fonctionnement des CSE

Les critiques adressées aux CSE apparaissent aujourd'hui généralement convergentes. Si le rapport du Sénat de 2021 ne préconise pas de réformes immédiates, considérant qu'il est nécessaire de laisser le droit en vigueur depuis 2017 s'installer davantage avant de procéder à des remises en cause, plusieurs pistes de réformes sont évoquées :

- le contexte de la Covid-19 a ranimé la question de la prise en charge de la santé au travail, au point qu'on a pu penser que la négociation de l'ANI en 2020 pourrait se traduire par la réactivation des CHSCT, ce qui n'a pas été le cas finalement. Néanmoins le sujet reste ouvert, et les organisations syndicales demeurent particulièrement critiques sur cet aspect de la réforme de 2017. À défaut de rétablir le CHSCT, les seuils d'obligation de mise en place d'une CSSCT pourraient être revus de manière à être alignés sur ceux qui préexistaient pour les CHSCT (50 salariés au lieu de 300) ;
- une future réforme pourrait consister à créer une obligation pour l'employeur de désigner des représentants de proximité, domaine qui relève aujourd'hui de son appréciation à défaut d'accord collectif d'entreprise le prévoyant ;
- enfin, supprimer la limitation du nombre de mandats successifs au CSE, ou encore autoriser la présence des suppléants aux séances du CSE faciliterait la montée en compétences des représentants des salariés, aujourd'hui confrontés à l'immensité du champ de leurs attributions. Le rapport du Sénat souligne d'ailleurs que les réformes législatives adoptées en 2021 ont encore allongé la liste de ces attributions, réclamant une montée en compétences des élus difficile à mettre en œuvre dans des délais courts[20].

....

20. Il est fait ici référence aux textes qui deviendront la loi du 2 août 2021 pour renforcer la prévention en santé au travail et à la loi du 22 août 2021 portant lutte contre le dérèglement climatique et renforcement de la résilience face à ses effets : Sénat, *Bilan des réformes en matière de dialogue social et de négociation collective*, rapport d'information de Mme Frédérique Puissat, juin 2021, p. 67.

3.3 Mieux intégrer les représentants des salariés dans la gouvernance des entreprises

Les entreprises volontaires peuvent, par accord majoritaire, créer un conseil d'entreprise, qui se substitue au CSE et dispose également de la compétence pour négocier des accords d'entreprise. Structure unique compétente pour l'intégralité de l'information, de la consultation et de la négociation d'entreprise, inspirée par le *Betriebsrat* allemand, le conseil d'entreprise n'a eu en réalité que peu de traductions concrètes jusqu'à présent.

Une autre voie de cette cogestion, chère à certaines confédérations syndicales comme la CFDT ou la CFTC, repose sur la participation des représentants des salariés et des mandataires syndicaux aux organes de gouvernance des entreprises.

La présence de ces représentants a été initiée par la loi du 14 juin 2013 relative à la sécurisation de l'emploi, traduction législative de l'ANI de la même année. Elle a rendu obligatoire[21] la nomination de représentants des salariés dans les conseils d'administration des entreprises cotées employant au moins 5 000 salariés en France ou 10 000 salariés en France et à l'étranger. Cette disposition a été étendue par la loi Rebsamen du 17 août 2015 et enfin par la loi PACTE du 22 mai 2019[22]. Désormais, le seuil est abaissé à 1 000 salariés en France ou 5 000 salariés en France et à l'étranger, que les sociétés soient cotées ou non. Les conseils d'administration ou de surveillance doivent désormais compter au moins deux administrateurs représentants les salariés quand ils comptent au moins 8 membres (contre 12 avant la loi PACTE).

Le rapport d'information au Sénat de 2021[23] s'appuie sur les exemples des pays du nord de l'Europe pour montrer qu'il est possible d'aller plus loin dans ce processus de participation, qui pourrait également concerner des PME[24], et surtout réserver aux salariés un nombre ou une proportion de sièges beaucoup plus élevés. En Allemagne, un tiers des sièges leur sont réservés dans les entreprises comprises entre 500 et 2 000 salariés. Au-delà de 2000 salariés, la moitié des sièges est attribuée aux représentants du personnel ainsi qu'à des représentants syndicaux pouvant être extérieurs à l'entreprise.

Le rapport propose, pour la France, d'abaisser le seuil de représentation des salariés dans les organes de gouvernance aux entreprises de 300 salariés et plus (1 000 salariés dans le monde). Il préconise par ailleurs de mettre fin à l'incompatibilité entre le mandat d'administrateur salarié et le mandat de délégué syndical.

....

21. Il s'agissait jusqu'alors, depuis la loi du 15 mai 2001 relative aux nouvelles régulations économiques, d'une simple possibilité.

22. Loi du 22 mai 2019 portant plan d'action pour la croissance et la transformation des entreprises.

23. Sénat, *Bilan des réformes en matière de dialogue social et de négociation collective*, rapport d'information de Mme Frédérique Puissat, juin 2021, p. 72-75.

24. Le rapport cite les cas de pays dans lesquels la représentation des salariés dans les gouvernances d'entreprises est obligatoire avec des seuils très bas en nombre de salariés : la Suède (au-delà de 25 salariés), le Danemark (35 salariés), la Norvège (30 salariés), la Finlande (150 salariés).

4 Les discussions autour du droit des conflits collectifs

En ce qui concerne le secteur privé, une des questions principales réside dans le maintien du caractère jurisprudentiel de la réglementation sur le droit de grève :

- la licéité de l'objet du droit de grève est interprétée libéralement par le juge, qui n'a pas fixé de bornes très nettes à la grève « politique », en théorie prohibée mais en pratique tolérée ;
- en contrepartie, la protection du droit de grève est loin d'être aussi étendue que celle de la liberté syndicale ou de la représentation des salariés par les IRP : il n'existe pas de délit d'entrave qui s'attacherait à l'attitude d'un employeur réticent à l'exercice de cette prérogative des salariés pourtant constitutionnellement consacrée. Créer un délit impliquerait de définir dans la loi ce qu'est la grève et ce que seraient les atteintes portées à ce droit.

Les débats se portent en outre sur les services publics et les propositions vont dans deux directions nettement opposées :

- en premier lieu, certains plaident pour la création de nouvelles restrictions à l'exercice du droit de grève dans les services publics. La proposition de loi portée par le sénateur Bruno Retailleau en décembre 2019[25] prévoit la création d'un service minimum applicable à tous les transports publics, ainsi que la mise en place d'un service garanti pour la desserte maritime des îles françaises (métropolitaines et outre-mer). D'autres propositions vont dans le sens d'une interdiction plus claire, portée par le Code du travail, des mouvements de grève liés à des revendications nationales, c'est-à-dire les grèves dites « politiques » ;
- *a contrario*, un certain nombre de préconisations vont dans le sens d'un exercice plus effectif du droit de grève dans le secteur public. Les restrictions qui y sont applicables pourraient dans cet esprit être assouplies tout en maintenant les spécificités liées aux nécessités du service public. Dans la fonction publique, seul le droit de grève semble échapper au mouvement de convergence avec le droit du travail : sa reconnaissance pour les catégories d'agents publics qui en sont privés, en contrepartie d'obligations robustes en termes de service minimum et de droit de réquisition, pourrait être recherchée. De même, la possibilité de remplacer les fonctionnaires grévistes par des agents en contrats temporaires ou encore la règle du « trentième indivisible » (*cf. supra*) paraissent de moins en moins justifiées pour les agents de l'État dont les règles de gestion sont toujours plus proches de celles des salariés du secteur privé. Si les militaires ne peuvent logiquement pas être concernés par le droit de grève, il est possible d'imaginer leur ouvrir la liberté syndicale, en observant qu'en Allemagne, en Belgique et aux Pays-Bas, les militaires

25. Sénat, proposition de loi « tendant à assurer l'effectivité du droit au transport, à améliorer les droits des usagers et à répondre aux besoins essentiels du pays en cas de grève », 2 décembre 2019.

peuvent librement adhérer à n'importe quel syndicat, qu'il s'agisse d'une organisation strictement professionnelle ou affiliée à une centrale nationale[26]. Il est enfin paradoxal de maintenir une interdiction de droit de grève pour les magistrats de l'ordre judiciaire tout en l'autorisant pour les magistrats de l'ordre administratif, et une harmonisation pourrait être recherchée sur ce point.

26. Tirant les conséquences de la jurisprudence de la Cour européenne des droits de l'homme, la loi du 28 juillet 2015 actualisant la programmation militaire pour les années 2015 à 2019 a accordé aux militaires le droit de créer des associations professionnelles nationales, qui ne sont pas des syndicats.

CHAPITRE 4
LES POLITIQUES DE SANTÉ AU TRAVAIL

SOMMAIRE

SECTION 1 ■ Les dispositifs et les acteurs de la politique de santé au travail ➤ p. 228
1 Les principales étapes de la création du système de santé au travail français ➤ p. 228
2 Les acteurs de la santé au travail ➤ p. 235
3 Les instruments de la politique de santé au travail aujourd'hui ➤ p. 238

SECTION 2 ■ Les problématiques ➤ p. 244
1 Des résultats médiocres en termes de sinistralité, de pénibilité et d'intensité du travail ➤ p. 244
2 L'efficacité préventive de la couverture ATMP reste questionnable ➤ p. 250
3 L'organisation institutionnelle du champ de la santé au travail demeure confuse ➤ p. 253
4 Certains équilibres passés boulversés par la crise de la Covid-19 ➤ p. 256

SECTION 3 ■ Les perspectives ➤ p. 259
1 Une modification probablement durable de la prise en charge de la santé en entreprise ➤ p. 259
2 Un possible élargissement de la couverture des maladies professionnelles ➤ p. 263
3 Les évolutions de la gouvernance de la santé au travail ➤ p. 268

Conformément à la très extensive et très connue définition de l'Organisation mondiale de la santé (OMS), la santé est un « état de complet bien-être physique, mental et social et ne consiste pas seulement en une absence de maladie ou d'infirmité ». Ainsi, dans le milieu du travail, cette définition large est-elle très proche de celle de « bien-être au travail[1] ».

Le comité mixte OMS/OIT a défini, en 1995[2], la santé au travail par trois objectifs distincts :

- « le maintien et la promotion de la santé des travailleurs et de leur aptitude au travail ;
- l'amélioration des conditions de travail et du milieu de travail pour assurer la sécurité et la santé au travail ;
- l'adoption du système d'organisation du travail et de cultures d'entreprise susceptibles de contribuer à la sécurité et à la santé au travail et de promouvoir un climat social positif et le bon fonctionnement de l'entreprise ».

On peut deviner derrière cette définition, de manière schématique, les trois âges des politiques de santé au travail depuis le début du XXe siècle :

- lors de la première moitié du XXe siècle, il s'agit pour l'essentiel de politiques de protection, alliant surveillance médicale des salariés les plus exposés, couverture des risques professionnels par un système assurantiel et régimes juridiques de réglementation des activités dangereuses ;
- pendant la seconde moitié du XXe siècle, la médecine du travail devient préventive : il s'agit d'éviter les risques par l'action en milieu de travail ;
- à partir de la fin du XXe siècle, c'est une approche systémique qui est privilégiée : l'objectif est de développer partout et chez l'ensemble des acteurs une culture partagée de la santé au travail ainsi que sa promotion active.

Les politiques de santé au travail font appel à une diversité d'instruments, qu'il est possible de ranger pour les uns parmi les relations individuelles et pour les autres parmi les relations collectives de travail. Ces outils se sont sédimentés et traduisent les conceptions qui ont dominé successivement dans l'histoire récente.

Comme pour les chapitres précédents, la présentation de la politique de santé au travail (1) précédera l'exposé des principales problématiques (2) et les perspectives pour y répondre (3).

....

1. Selon la définition de l'Institut national de recherche et de sécurité (INRS), la notion de bien-être au travail est « un concept englobant, de portée plus large que les notions de santé physique et mentale. Elle fait référence à un sentiment général de satisfaction et d'épanouissement dans et par le travail qui dépasse l'absence d'atteinte à la santé. Le bien-être met l'accent sur la perception personnelle et collective des situations et des contraintes de la sphère professionnelle. Le sens de ces réalités a, pour chacun, des conséquences physiques, psychologiques, émotionnelles et psychosociales et se traduit par un certain niveau d'efficacité pour l'entreprise ».
2. Comité mixte Organisation mondiale de la santé/Organisation internationale du travail, déclaration adoptée à la suite de la 12e session du comité, 1995.

SECTION 1

Les dispositifs et les acteurs de la politique de santé au travail

Il est important de présenter les principaux jalons historiques qui ont participé de la construction du système français de santé au travail (1), ainsi que les acteurs concernés (2) et les principaux outils de cette politique (3).

1 Les principales étapes de la création du système de santé au travail français

1.1 La création des institutions de la santé au travail au cours du xxe siècle

a L'assurance des risques professionnels

La loi du 9 avril 1898 est un jalon historique essentiel tant du point de vue de la construction de la protection sociale française que du point de vue de celle du droit du travail. Elle crée le premier régime de couverture des risques professionnels, en établissant le principe de la présomption de responsabilité de l'employeur pour les accidents survenus dans l'entreprise, mais en encadrant les conséquences financières potentielles de cette responsabilité. Avant cette loi, il revenait au salarié d'apporter la preuve qu'un accident survenu sur le lieu et au moment du travail était imputable à une faute de son employeur, ce qui se révélait extrêmement difficile. Il en résultait une procédure longue et aléatoire, potentiellement très coûteuse pour les employeurs si les tribunaux reconnaissaient l'existence d'une faute, dont il lui fallait réparer l'intégralité des dommages. Avec la loi de 1898, c'est un régime de responsabilité sans faute qui est établi : tout accident survenu à l'occasion du travail est réputé être un accident du travail, impliquant la responsabilité de l'employeur sans qu'il soit nécessaire de prouver sa faute. Les conséquences financières sont limitées par le cadre légal, ce qui va permettre aux employeurs de s'assurer contre ce risque social, d'abord sur une base volontaire, puis obligatoirement à partir de 1905. Seul le cas de la faute inexcusable implique pour l'employeur la perte du bénéfice de ce régime de responsabilité limitée. Ainsi naissent à la fois le principe de responsabilité de l'employeur en matière de santé au travail et les bases des assurances sociales, que la création de la sécurité sociale en 1945 permettra d'étendre à l'ensemble des salariés.

La loi du 25 octobre 1919 étend aux maladies d'origine professionnelle les dispositions de la loi de 1898 en prévoyant un système spécifique de reconnaissance, lié au caractère non immédiat du déclenchement de la maladie et à la nécessité d'éviter l'indemnisation de pathologies étrangères à l'activité industrielle. Ainsi, la loi crée-t-elle le système des « tableaux[1] » de maladies professionnelles, mettant en relation par pathologie les symptômes (dans une première colonne) et les tâches exposant les ouvriers (dans une deuxième colonne[2]). La responsabilité de l'employeur est présumée dès lors que la situation individuelle du salarié malade répond aux critères du tableau. Si ces conditions ne sont pas remplies, c'est au salarié d'établir que sa maladie présente un caractère professionnel.

La loi du 30 octobre 1946 intègre le risque « accidents du travail et maladies professionnelles » (ATMP) dans le dispositif général de sécurité sociale, au sein d'une branche spécifique du régime général. Les accidents de trajet sont intégrés à la couverture du risque. Une tarification incitative à la prévention, modulée en partie en fonction de la sinistralité constatée dans les entreprises, complète le dispositif dont le financement est assuré entièrement par les cotisations des employeurs. L'ordonnance Jeanneney du 21 août 1967 remplace la caisse nationale de sécurité sociale par trois caisses nationales spécialisées (maladie, vieillesse et famille), et le risque ATMP est intégré dans les compétences de la Caisse nationale d'assurance maladie (CNAM). Les caisses régionales d'assurance maladie (CRAM), qui deviennent en 2010 les caisses d'assurance retraite et de la santé au travail (CARSAT), sont compétentes pour assurer la tarification et la prévention dans le champ des ATMP.

b La médecine du travail

La loi du 11 octobre 1946 crée la médecine du travail dans les entreprises du secteur privé, après une première institution en 1942 par le régime de Vichy, liée à la mise en place du service du travail obligatoire (STO). Un service de médecine du travail peut être mis en place à partir de 1946 soit par les entreprises elles-mêmes, soit par des

....

1. En 1919, deux premiers tableaux sont créés : le saturnisme (exposition au plomb) et l'hydrargyrisme (exposition au mercure). Aujourd'hui, on compte plus de 100 tableaux tant dans le régime général que dans le régime agricole de sécurité sociale.
2. S'y ajoutent aujourd'hui la durée d'exposition au risque et le délai de constatation de la maladie définis pour chaque pathologie.

associations auxquelles la mission est déléguée. La médecine du travail est obligatoire pour les employeurs et accessible à tous les salariés, et sa finalité est exclusivement préventive. Elle est placée sous le contrôle du comité d'entreprise. La loi désigne l'employeur comme responsable de la santé des salariés. Le décret du 20 mars 1979 crée le principe du tiers temps : tout médecin du travail est tenu de consacrer un tiers de son temps à ses activités en milieu de travail, afin de sanctuariser les missions de prévention collective.

Le décret du 18 mai 1982 et le décret du 10 juin 1985 fixent les obligations respectives des services de l'État et des collectivités territoriales en ce qui concerne la médecine de prévention ou médecine préventive[3]. Les hôpitaux sont quant à eux soumis au Code du travail pour ce qui concerne ces obligations.

c Les CHSCT

Préconisée par l'OIT depuis 1926, la mise en place de comités d'hygiène et de sécurité (CHS) est effective en France, pour les établissements industriels de plus de 50 salariés (500 salariés pour les autres établissements) avec le décret du 1er août 1947. Ce sont des commissions au sein des comités d'entreprise (CE). La loi du 23 décembre 1982 crée les comités d'hygiène, de sécurité et des conditions de travail (CHSCT) distincts des CE dans les entreprises de 50 salariés et plus, en intégrant les commissions d'amélioration des conditions de travail et les anciens CHS. Elle crée par ailleurs le droit de retrait du salarié en cas de danger grave et imminent pour sa vie ou sa santé.

Les CHSCT dans le secteur privé disparaissent avec les ordonnances du 22 septembre 2017 et sont remplacés par les comités sociaux et économiques (CSE), obligatoires dans les entreprises de 11 salariés et plus. Une commission santé, sécurité et conditions de travail (CSSCT) est imposée aux entreprises de plus de 300 salariés et aux entreprises présentant des risques industriels particuliers, mais elle est facultative pour les autres employeurs. La disparition des CHSCT et l'intégration de leurs missions à celles des comités sociaux sont également prévues dans la fonction publique par la loi du 6 août 2019.

1.2 Depuis les années 1990-2000 : le renouveau des principes juridiques de prévention et de responsabilité

a Un contexte nouveau

Quatre éléments de contexte, de nature et de portée très différentes, expliquent le renouveau de la politique de santé au travail en France :

3. Équivalent de la médecine du travail dans la fonction publique d'État et la fonction publique territoriale.

- la politique communautaire, qui à partir de la directive-cadre du 12 juin 1989 redéfinit le socle de normes européennes communes en matière de santé et de sécurité des travailleurs. La directive est transposée dans le droit national par la loi du 31 décembre 1991 relative à la prévention des risques professionnels. L'approche privilégiée par le droit communautaire repose sur une logique de prévention : elle impose une démarche d'évaluation *a priori* dans un « document unique d'évaluation des risques professionnels » (DUERP) que doit rédiger et mettre à jour tout employeur. Le DUERP est tenu à la disposition des administrations chargées des contrôles. Le droit communautaire privilégie en outre la pluridisciplinarité[4], dépassant les seules logiques médicales, en matière de santé au travail. La directive-cadre de 1989 a constitué le point de départ d'un processus d'harmonisation et d'approfondissement de la protection des travailleurs en Europe. Une cinquantaine de directives relatives à la santé et à la sécurité au travail ont été adoptées à sa suite ;
- au cours des années 1990, le scandale de l'amiante éclate et engage la responsabilité des employeurs, mais aussi de l'État en France. Après avoir facilité les conditions de reconnaissance et d'indemnisation par le système d'ATMP, l'État décide de la création de deux fonds d'indemnisation spécifiques : le Fonds de cessation anticipée d'activité des travailleurs de l'amiante (FCAATA) en 1999 et le Fonds d'indemnisation des victimes de l'amiante (FIVA) en 2001. Parallèlement, les juridictions élargissent leur conception de la faute inexcusable et mettent en cause la responsabilité des employeurs : les arrêts Amiante de 2002[5] de la Cour de cassation affirment l'existence d'une « obligation de sécurité de résultat » pour l'employeur. Par la suite, la jurisprudence dessine une sphère de responsabilité très étendue pour les employeurs, qui sont reconnus responsables de fautes inexcusables y compris, dans un certain nombre d'hypothèses, lorsqu'ils ont déployé leurs meilleurs efforts pour prévenir les sinistres. La Cour de cassation infléchit cependant sa jurisprudence à partir de 2015, en substituant à l'obligation de sécurité de résultat une obligation de moyens renforcée[6] ;
- le vieillissement démographique a pour corollaire le développement des maladies chroniques (11 millions de personnes en France) et des affections d'origine professionnelles. Il pousse en outre les pouvoirs publics à adopter un nombre significatif de réformes visant à équilibrer le système de retraites (1993, 2004, 2010, 2014, projet de réforme de 2019-2020 interrompu par la crise de la Covid-19) qui impliquent d'allonger la durée du travail et de lutter contre la pénibilité de ce dernier ;

....

4. La pluridisciplinarité consiste à associer au sein des équipes de santé au travail des pforessionnels relevant de diverses compétences (infirmiers du travail, ergonomes, toxicologues, psychologues du travail, assistants en santé au travail, etc.) afin d'accroître la capacité collective d'intervention. Dans ce cadre, les missions exclusives du médecin du travail sont préservées.

5. Cour de cass. soc., société Eternit, 28 février 2002.

6. Cour de cass. soc., Air France, 25 novembre 2015 : lorsque l'employeur démontre avoir respecté les dispositions prévues par le Code du travail en matière de d'hygiène et de sécurité des salariés, il peut s'exonérer de sa responsabilité, contrairement à la position antérieure de la Cour de cassation. L'obligation de moyens est renforcée car l'employeur doit faire toutes diligences pour prévenir le risque professionnel.

- la tertiarisation de l'économie, enfin, s'accompagne d'un recul des accidents du travail et d'une plus grande attention portée aux maladies professionnelles. Parmi elles, les risques psycho-sociaux (RPS) prennent une place toujours plus importante.

b Une attention plus forte aux logiques de prévention

Les services de prévention et de santé au travail (SPST)

La loi de modernisation sociale du 17 janvier 2002 crée les services de santé au travail, qui se substituent à la médecine du travail créée en 1946. Ces services sont composés d'équipes pluridisciplinaires, associant au médecin du travail d'autres professionnels (infirmiers, ergonomes, psychologues du travail, toxicologues, etc.) chargés par leur action collective de contribuer à la prévention des risques professionnels.

La loi du 20 juillet 2011 relative à l'organisation de la médecine du travail renforce cette logique en positionnant le médecin du travail comme coordonnateur de l'équipe pluridisciplinaire et en définissant les deux grands types de missions des services de santé au travail : la réalisation d'examens cliniques individuels (les visites qui prennent l'essentiel du temps médical) et la réalisation d'actions collectives de prévention en entreprise (traditionnellement désigné par le « tiers temps »).

La loi modifie profondément la gouvernance des services de santé au travail interentreprises : leur conseil d'administration est désormais paritaire et composé de représentants des employeurs, désignés par les entreprises adhérentes, et de représentants des salariés, désignés par les organisations représentatives au niveau interprofessionnel. La présidence revient de droit à la partie patronale. Le pilotage des services repose sur un contrat pluriannuel d'objectifs et de moyens (CPOM), signé par l'État (DIRECCTE[7], devenues DREETS[8] en 2021) et la CARSAT, tandis qu'un agrément administratif relève des seuls services de l'État.

Les équipes pluridisciplinaires ne parviennent pas à juguler les effets de la pénurie de temps médical, et la loi El Khomri du 8 août 2016 réduit le champ des obligations de visite médicale individuelle : les visites périodiques sont espacées, et la visite d'aptitude à l'embauche cesse d'être obligatoire[9] pour être remplacée des visites d'information et de prévention pouvant être assurées par des infirmiers du travail. D'une façon générale, les restrictions préalables à l'embauche sont réduites.

De la même manière, l'ordonnance du 25 novembre 2020 portant diverses mesures en matière de santé et de famille dans la fonction publique, prise en application de la

....

7. Directions régionales des entreprises, de la concurrence, de la consommation, du travail et de l'emploi.

8. Directions régionales des entreprises, de l'emploi, du travail et des solidarités. Elle se sont substituées aux DIRECCTE au 1er avril 2021.

9. À l'exception des postes les plus exposés à des risques.

loi de transformation de la fonction publique du 6 août 2019, supprime la condition générale d'aptitude physique qui figurait dans le statut général des fonctionnaires.

La loi du 2 août 2021 pour renforcer la prévention en santé au travail transpose en droit positif le contenu de l'accord national interprofessionnel (ANI) adopté par les partenaires sociaux le 9 novembre 2020. Elle prévoit de normer de manière plus précise le contenu des missions effectivement assurées par les services de santé au travail, désormais dénommés services de prévention et de santé au travail (SPST). Elle prévoit en outre que les représentants des employeurs au sein des conseils d'administration des SPSTI seront désormais nommés comme ceux des salariés, par les organisations représentatives au niveau interprofessionnel.

La question de la pénibilité du travail

L'obligation de moyens renforcée en matière de sécurité qui incombe à l'employeur doit le conduire à évaluer et prévenir l'ensemble des risques professionnels. Pour autant, certains risques, dont il est prouvé qu'ils sont à l'origine de maladies professionnelles, ne peuvent être totalement évités. Cette situation aboutit à de fortes inégalités au regard de l'insertion professionnelle durable (invalidité, incapacités, handicap acquis) mais aussi sur l'espérance de vie. C'est la raison pour laquelle les pouvoirs publics se sont saisis de la question de la pénibilité, notamment lors des réformes des régimes de retraites.

La loi du 9 novembre 2010 portant réforme des retraites introduit l'obligation de prévention de la pénibilité dans le Code du travail[10] au titre de l'obligation générale de sécurité de l'employeur. Elle définit les dix facteurs de pénibilité[11] et crée un dispositif de négociation administrée[12] pour obliger les entreprises à s'en saisir. Elle prévoit un âge de départ à la retraite minoré à 60 ans pour les salariés justifiant d'une incapacité permanente partielle au titre d'un accident du travail ou d'une maladie professionnelle.

La loi du 20 janvier 2014 garantissant l'avenir du système de retraites crée le compte personnel de prévention de la pénibilité (C3P). Il s'agit d'un dispositif associant l'accumulation de points pour des salariés exposés à un ou plusieurs des dix facteurs de pénibilité, et des cotisations de leurs employeurs. Les points permettent au salarié de bénéficier d'une retraite anticipée de deux ans maximum, d'un abondement du compte personnel de formation (CPF) ou d'un passage à temps partiel.

Le C3P fait l'objet d'une longue contestation par le patronat tout au long du mandat présidentiel de François Hollande. Les organisations professionnelles dénoncent la complexité administrative du dispositif et l'alourdissement des coûts pesant sur le

10. Article L. 4121-1 du Code du travail.
11. Manutention manuelle de charges, postures pénibles, vibrations mécaniques, agents chimiques dangereux, températures extrêmes, bruit, travail de nuit, travail en équipes successives alternantes et travail répétitif.
12. *Cf.* chapitre 3.

travail salarié. Une des cinq ordonnances du 22 septembre 2017 supprime finalement le financement dédié du C3P et retire quatre facteurs de pénibilité du dispositif sur les dix qu'il concernait à l'origine[13]. Le mécanisme se voit même supprimer la référence à la notion de pénibilité et prend désormais le nom de compte professionnel de prévention (C2P).

Par ailleurs, les obligations de négociation administrée applicables en matière de pénibilité sont renforcées par le texte : les entreprises d'au moins 50 salariés doivent négocier un accord collectif en faveur de la prévention des effets de l'exposition aux facteurs de pénibilité ou, à défaut, d'établir un plan d'action, dès lors qu'elles remplissent au moins une des deux conditions suivantes : compter au moins 25 % des salariés déclarés au titre du C2P ou avoir un indice de sinistralité au titre des ATMP supérieur à un seuil de 0,25[14]. Les entreprises dont l'effectif est compris entre 50 et 300 salariés peuvent être couvertes par un accord de branche étendu.

◆ Les plans de santé au travail

Le scandale de l'amiante explique largement la mise en place de nouveaux instruments de prévention des risques professionnels et de promotion de la santé au travail. La première stratégie communautaire de santé et de sécurité au travail (2002-2006) conduit à l'adoption de la directive du 27 mars 2003 concernant la protection des travailleurs contre les risques liés à l'amiante et du règlement « REACH[15] » du 18 décembre 2006 pour lutter contre le risque chimique.

En France, un premier plan de santé au travail (PST) est adopté en 2004 pour la période 2005-2009, prévoyant de renforcer la réponse institutionnelle aux risques professionnels : création de l'agence française de sécurité sanitaire de l'environnement et du travail (AFFSET), chargée d'améliorer la connaissance des risques professionnels, et renforcement des effectifs de l'inspection du travail[16]. Trois autres plans de santé au travail (PST2, PST3 et PST4) suivront respectivement pour les périodes 2010-2014, 2016-2020 et 2021-2025, aiguillonnés par l'idée de s'adapter au contexte de vieillissement démographique et de développement des RPS par un renouveau des politiques de prévention.

....

13. Ont été retirés du C2P : la manutention manuelle de charges, les postures pénibles, les vibrations mécaniques et les agents chimiques dangereux. Pour ces facteurs de pénibilité, l'ordonnance prévoit un aménagement des conditions de départ anticipé à la retraite. Il faut ordinairement un taux d'incapacité d'au moins 20 % pour en bénéficier. À condition d'avoir été exposé au moins 17 années à un des quatre facteurs de pénibilité exclus du C2P, il est possible d'en bénéficier lorsque le taux d'incapacité est situé entre 10 % et 20 %.

14. L'indice de sinistralité est le nombre d'ATMP des trois dernières années divisé par les effectifs de l'entreprise.

15. Règlement du Parlement européen et du Conseil du 18 décembre 2006 concernant l'enregistrement, l'évaluation et l'autorisation des substances chimiques, ainsi que les restrictions applicables à ces substances.

16. Il s'agit du plan de modernisation et de développement de l'inspection du travail (PMDIT), qui allie aux renforts d'effectifs un plan de formation particulièrement tourné vers les questions de santé au travail.

La condamnation de France Télécom pour harcèlement moral systémique dans les années 2000

À partir du début des années 2000, France Télécom bascule du statut d'entreprise publique à celui de société privée. En parallèle, un plan de départs volontaires est initié, dont la mise en œuvre coïncide avec une vague de suicides sans précédent, qui surviennent entre 2006 et 2011. Pour les seules années 2008 et 2009, 35 suicides sont recensés. Une plainte est déposée pour harcèlement moral par le syndicat SUD-PTT.

Celle-ci aboutit, en décembre 2019, en première instance, à la condamnation de l'entreprise et de ses principaux dirigeants de l'époque au motif d'un harcèlement moral institutionnel, de nature systémique. Les agents publics en place ont été contraints d'opter pour le nouveau statut – de droit privé –, ou de quitter l'entreprise, par des moyens de pression « visant à [les] déstabiliser, à créer un climat anxiogène et ayant eu pour objet et pour effet une dégradation des conditions de travail ».

Suite à l'éclatement du scandale, en 2010, le ministère du Travail a tenté d'instaurer un premier système relevant du *naming and shaming* (*cf.* chapitre 1) pour les entreprises de plus de 1 000 salariés. Il s'agissait de permettre une identification des entreprises n'ayant pas rempli leurs obligations d'initier la négociation d'un accord sur le stress au travail. Le dispositif, qui présentait des faiblesses, a fait l'objet de critiques et d'une importante contestation patronale, qui ont conduit le Gouvernement à le retirer.

Cependant, il s'agissait d'une étape dans un processus de reconnaissance progressive des risques psychosociaux (RPS) dans les politiques de la santé au travail. Ceux-ci occupent une place de plus en plus importante dans les attentes des travailleurs, et dans l'action des pouvoirs publics, qu'il s'agisse des législations sur les harcèlements moral et sexuel, mises en place progressivement à partir du début des années 2000, des actions de prévention des opérateurs (services de santé au travail, ANACT, INRS) ou de la progression, encore timide, de la couverture des RPS par l'assurance ATMP.

2 Les acteurs de la santé au travail

La politique de santé au travail est définie et mise en œuvre par des institutions placées sous le contrôle de l'État et des partenaires sociaux. Mais avant tout, elle relève des entreprises elles-mêmes.

2.1 Les acteurs publics et les partenaires sociaux

La caractéristique principale du champ de la santé au travail est son caractère bi-ministériel, partagé entre la sphère du ministère chargé du Travail d'une part, et la sphère Santé-affaires sociales d'autre part.

a Les acteurs relevant de la sphère du ministère du Travail

Les règles en matière de santé au travail relèvent pour l'essentiel de la loi, tout en étant fortement inspirées par le droit communautaire et complétées par les normes conventionnelles (*cf.* chapitre 1). Le ministère du Travail, et en son sein la direction générale du travail (DGT), joue un rôle déterminant dans la production normative. Les DREETS et les DDETS[17] accueillent en leur sein les services de l'inspection du travail, chargés de veiller au respect du droit dans les entreprises.

Quelques opérateurs relèvent de la sphère travail, en particulier l'Agence nationale pour l'amélioration des conditions de travail (ANACT) ou encore l'Organisme professionnel de prévention du bâtiment et des travaux publics (OPPBTP).

b Les acteurs relevant de la sphère du ministère des Solidarités et de la Santé

Les questions épidémiologiques et de veille relèvent de la direction générale de la santé (DGS), et de certaines agences placées sous sa tutelle. C'est le cas de l'Agence nationale de sécurité sanitaire de l'alimentation, de l'environnement et du travail (ANSES), qui a remplacé l'AFFSET en 2010 et qui assure à sa suite une mission de coordination de l'expertise en matière de sécurité sanitaire dans l'ensemble des milieux de vie, y compris le travail. C'est aussi le cas de Santé publique France, agence chargée de la veille, de la prévention et de la réponse aux urgences sanitaires, et qui compte une direction spécialisée en santé au travail.

En outre, les organismes de sécurité sociale interviennent pour la gestion du risque ATMP, sous la tutelle de la direction de la sécurité sociale. Dans le régime général et le régime agricole, la branche ATMP est gérée par les caisses gestionnaires du régime d'assurance maladie au niveau national : la caisse nationale d'assurance maladie (CNAM) et la caisse centrale de mutualité sociale agricole (CCMSA). Dans le régime général, la gestion locale est partagée entre les caisses d'assurance retraite et de la santé au travail (CARSAT), pour la prévention et la tarification, et les caisses primaires d'assurance maladie (CPAM), pour le traitement des demandes de reconnaissance et d'indemnisation. L'Institut national de recherche et de sécurité (INRS) est une agence d'expertise rattachée à la branche ATMP du régime général, et intégralement financée par elle.

....

17. Directions départementales de l'emploi, du travail et des solidarités.

c La place déterminante des partenaires sociaux

L'association des partenaires sociaux est quasiment systématique à tous les échelons du système. Les conseils d'administration de la plupart des institutions intervenant en santé au travail sont paritaires.

Afin de faciliter la coordination de leur action, les partenaires sociaux siègent au conseil d'orientation sur les conditions de travail (COCT), systématiquement consulté sur les projets de textes relatifs à la santé et à la sécurité au travail. L'instance exécutive du COCT, le CNPST (comité national prévention santé au travail[18]) peut formuler des propositions de sa propre initiative. Depuis la loi du 2 août 2021, il dispose d'un rôle d'approbation du plan santé au travail (*cf. infra*) et se voit confier la mission d'adopter le cahier des charges des services de santé au travail, dont il devient de fait une sorte de tête de réseau paritaire. Au niveau régional, les comités régionaux d'orientation des conditions de travail (CROCT) sont dotés selon les mêmes principes d'une instance exécutive, le CRPST (comité régional de prévention et santé au travail).

2.2 Les acteurs de la santé au travail dans l'entreprise

L'employeur est identifié par le Code du travail comme le premier responsable de la santé des salariés[19]. Cette obligation constituait, avec la jurisprudence de la Cour de cassation en 2002, une obligation dite de « sécurité de résultat », qui a été limitée par l'arrêt Air France de 2015 en obligation de moyens renforcée (*cf. supra*). Le règlement intérieur traduit le pouvoir de direction de l'employeur en matière de santé au travail et contient les consignes d'hygiène et de sécurité applicables au sein de l'entreprise.

Les instances représentatives du personnel continuent de jouer un rôle important d'analyse des risques, de veille et de proposition, malgré la disparition des CHSCT et leur remplacement par les CSE suite aux ordonnances du 22 septembre 2017. Les CSE assument les compétences de santé au travail pour les entreprises de 11 salariés plus, dont le droit d'alerte de l'employeur en cas de danger « grave et imminent », pouvant aller jusqu'à la saisine de l'Inspection du travail en cas de divergence d'appréciation. Mais l'existence d'une CSSCT n'est requise que pour les entreprises de plus de 300 salariés et les entreprises à risque industriel.

Le Code du travail prévoit que les salariés ont eux-mêmes une sphère de responsabilité, limitée en pratique, puisqu'ils ont l'obligation de « veiller à leur propre sécurité et à celle des autres personnes dans l'entreprise » (art. L. 4122-1 du Code du travail). Ils

....

18. Avant la loi du 2 août 2021, cette instance exécutive était dénommée « groupe permanent d'orientation » (GPO).

19. Il « prend les mesures nécessaires pour assurer la sécurité et protéger la santé physique et mentale des travailleurs » (art. L. 4121-1 du Code du travail).

disposent de prérogatives individuelles, comme le droit de retrait, qui leur permet de se retirer d'une situation de travail dangereuse, sans risquer de sanction de leur employeur.

Les services de santé au travail (rebaptisés services de prévention et de santé au travail – SPST– par la loi du 2 août 2021) se répartissent entre services dits « autonomes » (SPSTA), intégrés aux directions des ressources humaines des plus grandes entreprises[20], et services dits « interentreprises » (SPSTI), incarnés par des structures associatives auxquelles les autres entreprises adhèrent. On comptait en 2019 environ 500 SPSTA et 235 SPSTI[21]. La loi du 2 août 2021 a redéfini leurs missions et créé une obligation de certification au regard d'un référentiel adopté au niveau national par le CNPST. Les médecins du travail exercent leurs fonctions dans le cadre des services de santé au travail. Ils bénéficient du statut de salarié protégé et disposent de garanties d'indépendance. Ils assurent à la fois les missions de surveillance clinique des salariés, impliquant notamment la réalisation des traditionnelles visites médicales, et d'action de prévention collective en milieu de travail, représentant normalement un tiers de leur temps d'activité (*cf. supra*).

3 Les instruments de la politique de santé au travail aujourd'hui

Il est possible de classer sommairement les instruments des politiques de santé au travail en deux catégories : les instruments traditionnels que sont la réglementation et l'assurance ATMP, et les instruments plus récents que sont les plans d'action et la *soft law*, en plein renouveau depuis l'épidémie de Covid-19.

3.1 Les instruments traditionnels : le droit et le système d'assurances ATMP

a Le droit

Le droit relève de la responsabilité de l'État, en particulier du ministère du Travail, sous l'influence notable du droit communautaire. La préservation de la santé des travailleurs est en effet l'objectif premier du droit du travail, conçu pour protéger la partie faible au contrat, c'est-à-dire le salarié (*cf.* chapitre 1).

En matière de santé au travail, le droit intègre à la fois des principes généraux de prévention que les employeurs se doivent de respecter[22] et des règles précises s'appliquant

20. Cette possibilité est donnée aux entreprises de 500 salariés et plus.

21. Direction générale du travail, *Bilan des conditions de travail 2019*, édition 2020.

22. Fixés par les articles L. 4121-2 et L. 4121-3 du Code du travail : éviter les risques, évaluer les risques qui ne peuvent être évités, combattre les risques à la source, adapter le travail à l'homme, tenir compte de l'état de l'évolution de la technique, remplacer ce qui est dangereux, planifier la prévention, prendre des mesures de protection collective, donner des instructions appropriées aux travailleurs.

à des lieux ou des situations de travail particuliers, se traduisant par exemple par la détermination de valeurs limites d'exposition professionnelle (VLEP). Il faut en outre signaler le développement important de la normalisation dans le champ de la santé au travail, et notamment dans les domaines techniques des machines, des lieux de travail et des équipements de protection. L'État s'appuie sur des certifications AFNOR[23] pour disposer des assurances de qualité indispensables à la protection des travailleurs, tout en confiant au secteur privé (organismes de certification) le soin de garantir le respect des prescriptions.

b La couverture du risque ATMP par la sécurité sociale

L'assurance ATMP est un instrument essentiellement tourné vers la réparation des sinistres liés au travail : accidents du travail, maladies professionnelles et accidents de trajet[24]. Elle comprend aussi une dimension préventive, à la fois liée à la tarification des entreprises, modulée en fonction de leur sinistralité (ce qui doit avoir pour effet d'inciter les employeurs à réduire les risques – *cf. infra*) et du fait de l'action opérationnelle des CARSAT, largement positionnées dans des fonctions de conseil aux entreprises pour la gestion des risques professionnels.

Depuis 1898, le mécanisme est celui d'une responsabilité sans faute de l'employeur, si les conditions sont remplies (accident sur le lieu et au temps du travail, maladie répondant aux critères fixés dans les « tableaux », accident survenu entre le lieu de résidence et le lieu de travail), et en contrepartie d'une limitation des effets financiers de cette responsabilité. Fait exception à ce principe la situation d'une faute inexcusable de l'employeur, qui débouche sur la réparation de l'intégralité du préjudice par ce dernier (*cf. supra*).

Du point de vue du salarié, la couverture des ATMP est plus avantageuse que l'assurance maladie : prise en charge intégrale des soins liés au sinistre professionnel (dispense de l'avance de frais et du ticket modérateur), versement d'indemnités journalières plus élevées en cas d'arrêt de travail, rente d'incapacité dont les modalités de calcul sont plus favorables.

Le financement de l'assurance ATMP repose en totalité sur les cotisations des employeurs, ce qui résulte directement du principe de leur responsabilité en matière de santé des salariés. Les montants sont toutefois modestes à l'échelle de la protection sociale : en 2019, les régimes de base ont dépensé 11,3 milliards d'euros au titre du régime ATMP, soit moins de 3 % de l'ensemble des dépenses consolidées de l'ensemble de ces régimes.

....

23. Association française de normalisation.

24. Les accidents de trajet sont des accidents ayant causé des dommages corporels entre le lieu de résidence et le lieu de travail.

Les cotisations ont vocation à agir sur les comportements de prévention des employeurs. Le dispositif est toutefois différencié selon la taille de l'entreprise :

- la tarification est totalement individualisée pour les entreprises de 150 salariés et plus, et déterminée par la sinistralité passée de chacun de ses établissements ;
- la tarification est totalement collective pour les entreprises de moins de 20 salariés, et fonction de la sinistralité du secteur d'activité auquel chaque établissement peut être rattaché ;
- la tarification est mixte pour les entreprises comprises entre 20 et 149 salariés, avec une part croissante de l'individualisation tarifaire à mesure que les effectifs augmentent.

Les tableaux de maladie professionnelle permettent la prise en charge de pathologies au titre de la couverture du risque ATMP. Deux séries de tableaux coexistent pour le régime général et le régime agricole de sécurité sociale. Chaque tableau met en présence trois colonnes :

- une colonne qui décrit la pathologie et ses principaux symptômes ;
- une colonne qui prévoit le délai maximal entre la constatation de la maladie et la date à laquelle le travailleur a cessé d'être exposé ;
- une colonne qui décrit la liste des travaux pouvant donner lieu à l'affection ; cette liste peut être limitative ou indicative, et elle peut être dans certains cas augmentée d'une condition de durée d'exposition au risque[25].

Depuis 1993, le Code de la sécurité sociale prévoit de compléter la voie traditionnelle de la reconnaissance prévue par les tableaux : il a consacré une voie parallèle de reconnaissance des maladies professionnelles sur la base d'examens individuels effectués par des commissions médicales spécialisées, les comités régionaux de reconnaissance des maladies professionnelles (CRRMP[26]) :

- au titre de l'alinéa 6 de l'article L. 461-1 Code de la sécurité sociale : pour les pathologies reconnues par les tableaux mais lorsqu'un ou plusieurs paramètres prévus par le tableau ne sont pas vérifiés (délai réglementaire, durée d'exposition ou liste des tâches concernées) ;
- au titre de l'alinéa 7 de l'article L. 461-1 : pour les pathologies non reconnues par les tableaux mais « directement et essentiellement imputable à l'activité professionnelle habituelle » de la victime ; dans ce cas, la reconnaissance de la maladie professionnelle est assujettie à une incapacité permanente d'au moins 25 %.

....

25. Par exemple, dans le cas du tableau n° 30 du régime général « Affections professionnelles consécutives à l'inhalation de poussières d'amiante », la durée minimale d'exposition est de 2 ans pour l'asbestose et de 5 ans pour la pleurésie exsudative.

26. Les CRRMP sont composés du médecin-conseil régional de la sécurité sociale, du médecin-inspecteur régional du travail et d'un praticien qualifié. Ils instruisent les demandes individuelles des salariés sur la base des éléments matériels dont ils disposent. Il ne s'agit donc pas d'une imputabilité présumée, comme dans le système des tableaux, mais d'une imputabilité prouvée.

La mise en place de cette voie complémentaire de reconnaissance des maladies professionnelles était motivée par la nécessité d'ouvrir un dispositif perçu comme trop restrictif.

Enfin, les salariés du régime général et du régime agricole ne sont pas les seuls concernés par le régime de couverture par la sécurité sociale :

- les exploitants agricoles bénéficient d'une couverture des risques professionnels par la MSA au même titre que les salariés ;
- les indépendants non agricoles peuvent bénéficier de la couverture par le régime général sur la base d'une adhésion volontaire.

La reconnaissance de la Covid-19 comme maladie professionnelle

Le double système de reconnaissance par les tableaux et de reconnaissance complémentaire via le CRRMP a été utilisé par les pouvoirs publics pour apporter une réponse à la demande des professionnels exposés à la Covid-19 pendant la crise sanitaire.

Le décret du 14 septembre 2020 a créé deux nouveaux tableaux (un pour le régime général, l'autre pour le régime agricole) reconnaissant une présomption d'imputabilité au travail de la maladie (dispensant les intéressés d'en apporter la preuve) pour les seuls personnels des établissements sanitaire ou du médico-social, en présence d'une affection respiratoire aiguë causée par une infection au SARS COV2 ayant nécessité une assistance respiratoire (ou ayant causé le décès), à la condition que la maladie se soit déclarée dans un délai de 14 jours après l'exposition.

Pour les autres professionnels en contact avec le public, y compris pendant les phases de confinement (livreurs, caissiers de supermarchés, pompiers, etc.) et pour les soignants qui ont développé la maladie sans remplir l'intégralité des conditions prévues par le tableau, la voie parallèle de reconnaissance, sans présomption d'imputabilité, est la seule possible (sur le fondement de l'alinéa 6 de l'art. L. 461-1 du Code de la sécurité sociale). La procédure est cependant légèrement aménagée pour eux par rapport aux modalités habituelles de reconnaissance par les CRRMP : il est prévu de désigner un comité régional dédié à ces questions, dont la composition est simplifiée (sans le médecin inspecteur du travail, et donc uniquement composé du médecin-conseil régional et d'un praticien qualifié).

En ce qui concerne les fonctionnaires et agents des trois fonctions publiques, il revient à l'administration de se prononcer sous un mois sur l'imputabilité au service d'un accident et de deux mois pour une maladie. L'administration peut avoir recours à une expertise médicale ou diligenter une enquête administrative. En cas de validation, l'agent est placé en congé pour invalidité temporaire imputable au service (CITIS). L'intégralité du traitement indiciaire est alors maintenue, tandis que les primes et indemnités liées aux fonctions cessent d'être versées. En ce qui concerne les maladies professionnelles, les textes ne font pas directement référence aux tableaux de la sécurité sociale, qui peuvent néanmoins constituer une référence pour l'administration ou le juge administratif en cas de contentieux.

3.2 Les nouveaux instruments : planification opérationnelle et *soft law*

a Les plans de santé au travail au niveau communautaire et au niveau national

Les instruments juridiques et assurantiels sont apparus insuffisants pour promouvoir efficacement une logique de prévention ancrée dans la culture des acteurs de l'entreprise. De nouveaux instruments ont donc été mis en place, largement inspirés du modèle de la santé publique : les plans d'action.

Au niveau communautaire, la stratégie de santé au travail 2014-2020 priorise les axes de la simplification du droit et de la prise en compte du vieillissement. La Commission européenne présidée par Ursula von der Leyen a publié, en juin 2021, le cadre stratégique qui oriente sa politique en matière de santé et sécurité au travail pour la période 2021-2027. Elle repose sur trois axes majeurs : gérer les mutations des modes et lieux de travail, améliorer la prévention des accidents de travail et maladies professionnelles et, tirant les conséquences de l'épidémie de Covid-19, préparer l'Union à faire face aux futures crises. La Commission a indiqué son intention d'actualiser les directives portant sur les lieux de travail, l'amiante, les agents chimiques dangereux et les agents cancérigènes et mutagènes.

Au niveau national, le troisième plan de santé au travail (PST3), couvrant la période 2016-2020, a innové de plusieurs points de vue :

- d'abord par la manière dont il a été conçu. Pour la première fois, le PST est construit sur la base d'orientations adoptées de manière consensuelle par les partenaires sociaux nationaux. Ce consensus s'est exprimé au sein du groupe permanent d'orientation (GPO), le bureau du COCT (devenu CNPST en 2021), qui associe les partenaires sociaux et les pouvoirs publics ;
- sur le fond, la volonté de donner la priorité à la prévention dite primaire, c'est-à-dire le plus en amont possible, est le fil directeur du document. Le plan est axé sur l'objectif principal de favoriser la diffusion d'une culture de prévention, et fait donc une large place à la formation professionnelle et à la communication. Le plan initie en outre un premier décloisonnement, encore limité, entre santé au travail et santé publique. Par exemple, il prévoit des actions de rapprochement entre médecine de ville et médecine du travail. En outre, il opère une première convergence entre les

politiques de santé au travail applicables dans le secteur privé et dans la fonction publique. Le PST4 (2021-2025), présenté en décembre 2021, s'inscrit dans les mêmes priorités, et prévoit les modalités de mise en œuvre de l'ANI de 2020, repris par la loi du 2 août 2021.

Un premier plan de santé au travail spécifique à la fonction publique est entré en vigueur en 2021, pour la période courant jusqu'en 2026. Très largement inspiré par les principes du PST3, il prévoit de confier aux formations spécialisées des comités sociaux, qui doivent se substituer aux précédentes instances représentatives du personnel (*cf.* chapitre 3), des missions de veille et de suivi du plan, de promotion de la prévention primaire et de la qualité de vie au travail. Le plan prévoit en outre d'apporter des réponses aux problèmes d'attractivité de la médecine de prévention.

Enfin, les plans de santé au travail ne sont pas les seuls outils de planification publique en santé qui évoquent les questions relatives au milieu de travail : le plan national de santé publique (PNSP), adopté en 2018 sous l'égide du ministère de la Santé, en traitait largement et ambitionnait de coiffer l'ensemble des autres stratégies ministérielles. Le quatrième plan national santé-environnement (PNSE) du ministère de l'Environnement ou encore le plan Ecophyto du ministère de l'Agriculture comportaient également un volet consacré à la santé au travail.

b La nouvelle place prise par la *soft law* à l'occasion de la crise de la Covid-19

Depuis la refondation du droit de la santé au travail sous l'influence communautaire, le Code du travail énonce les principes généraux de prévention que les employeurs doivent respecter au titre de leur responsabilité particulière quant à la santé de leurs salariés (*cf. supra*).

Les institutions intervenant dans le champ de la prévention (branche ATMP, INRS, ANACT, OPPBTP, etc.) produisent des guides et documents permettant d'aiguiller l'action des employeurs.

La crise sanitaire de 2020 a incontestablement conféré une nouvelle dimension à l'exercice. La DGT a multiplié les outils destinés aux entreprises pour qu'elles adaptent leur comportement aux circonstances, très changeantes, de l'épidémie (guides pratiques, « questions/réponses », etc.). Ces outils se sont avérés relativement prescriptifs, sans pour autant avoir en eux-mêmes une valeur de réglementation.

Le protocole sanitaire en entreprise, régulièrement mis à jour sur le site Internet du ministère du Travail, à partir du printemps 2020, est l'aboutissement de cette logique : s'il n'a pas de valeur juridique contraignante en lui-même[27], ses recommandations indiquent aux employeurs, aux salariés et aux juges, s'ils devaient être saisis, les mesures de prévention que l'administration estime nécessaire à un moment donné.

27. Conseil d'État, 19 octobre 2020.

SECTION 2
Les problématiques

Plusieurs aspects des politiques de santé au travail posent des difficultés persistantes. En premier lieu, les indicateurs de résultats apparaissent relativement médiocres, qu'on considère la sinistralité, la pénibilité ou l'intensité du travail en France (1). La couverture des risques professionnels par la sécurité sociale présente des faiblesses (2). Le foisonnement du système d'acteurs n'a pas été corrigé (3). Enfin, la crise de la Covid-19 a remis en cause certains équilibres passés et appelle probablement de nouvelles réformes.

1 Des résultats médiocres en termes de sinistralité, de pénibilité et d'intensité du travail

Si les accidents du travail reculent régulièrement, les maladies professionnelles et les accidents de trajet ne diminuent pas, et la mortalité au travail demeure élevée. Les facteurs de maladies professionnelles que sont la pénibilité et l'intensité du travail progressent pour une partie importante de la population.

1.2 Sur longue période, le recul des accidents du travail et la progression des maladies professionnelles

Globalement, les accidents du travail régressent dans l'ensemble des pays industrialisés, sous l'effet de la tertiarisation des économies. En France, entre 2007 et 2019 la fréquence des accidents du travail a diminué de plus de 10 %, l'incidence (nombre d'accidents pour 1 000 salariés) passant de 39,4 % avant la crise financière à 33,5 % en 2019.

Le nombre et la fréquence des accidents du travail sont largement dépendants de la conjoncture économique, la croissance s'accompagnant généralement d'une progression de la sinistralité. Cependant, si la reprise économique enregistrée entre 2014 et 2019 s'est certes traduite par une augmentation du nombre d'accidents en valeur absolue (de 620 000 à 660 000), elle n'a pas eu pour conséquence une hausse de leur incidence[1].

....

1. La légère progression en 2018 s'explique par des question liées aux méthodes statistiques (prise en compte des effectifs décomptés dans la déclaration sociale nominative selon une méthodologie modifiée).

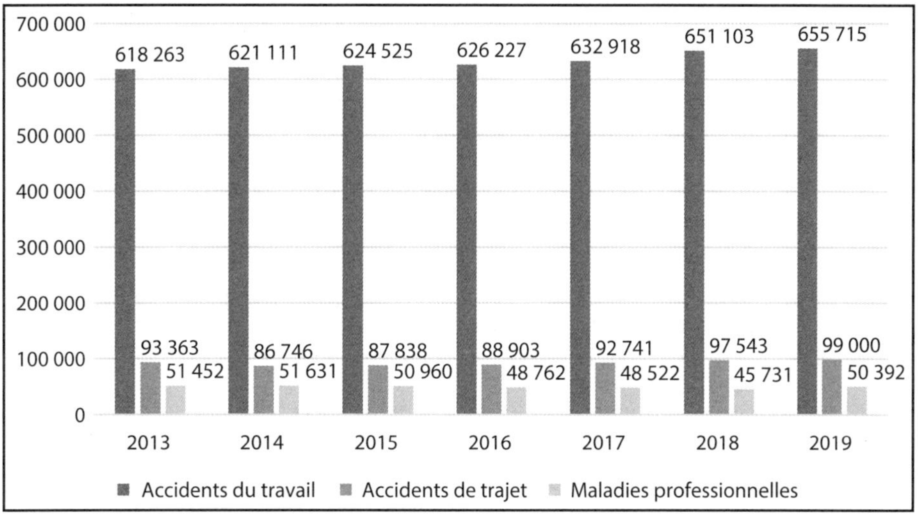

Nombre d'accidents du travail, d'accidents de trajet et de maladies professionnelles (régime général de sécurité sociale)

Source : CNAM.

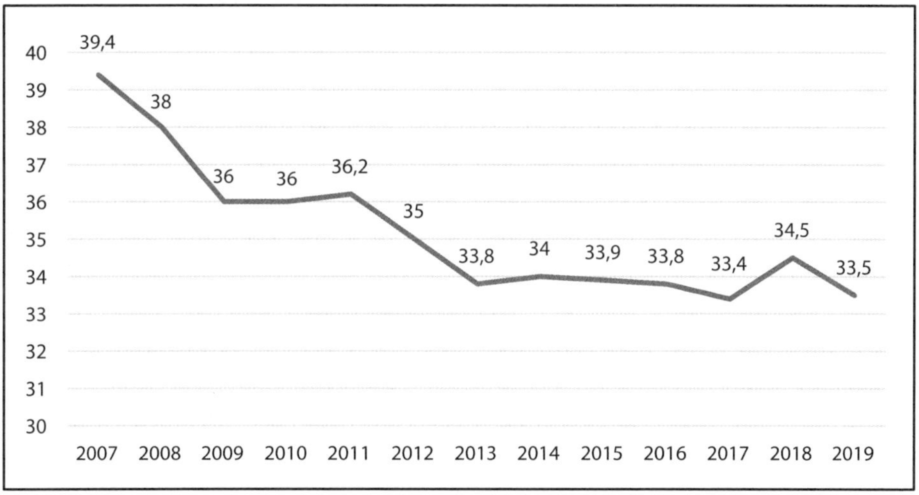

Nombre d'accidents du travail pour 1 000 salariés (régime général de sécurité sociale)

Source : CNAM.

Sur longue période, le nombre et l'incidence des accidents du travail diminuent sensiblement. On comptait 1,2 million d'accidents avec arrêt de travail en 1965, et environ moitié moins aujourd'hui. L'incidence a été divisée par quatre.

Ces évolutions sont dues en partie au transfert de la main-d'œuvre employée de secteurs à forte sinistralité (industries, agriculture) vers les services[2]. Des progrès significatifs ont toutefois été enregistrés, dans la période récente, dans le secteur du bâtiment et des travaux publics ainsi que dans la métallurgie.

Le secteur sanitaire, social et médico-social est particulièrement exposé aux accidents du travail, aux maladies professionnelles et aux contraintes physiques et psychiques. Il fait l'objet d'une attention soutenue des pouvoirs publics[3], d'autant plus prononcée que ces professionnels, le plus souvent des femmes, ont pris une part décisive à la réponse nationale au contexte de crise sanitaire de 2020-2021, et évoluent dans des secteurs qui éprouvent des difficultés de recrutement.

Les résultats sont moins favorables s'agissant de la gravité des accidents du travail. Le nombre de journées de travail perdues et le taux moyen d'incapacité permanente liés aux accidents du travail progressent depuis le début des années 2000.

Par ailleurs, certaines catégories de travailleurs demeurent particulièrement exposées : les intérimaires et les nouveaux embauchés (et par conséquent les jeunes) connaissent des taux d'accidents et un niveau de gravité bien plus élevés que les salariés stabilisés dans leurs entreprises.

Le nombre de maladies professionnelles avec arrêt de travail reconnues oscille, quant à lui, autour de 50 000 depuis le début des années 2010 (avec un pic observé en 2011 à plus de 55 000).

Les maladies professionnelles reconnues se concentrent sur les troubles musculo-squelettiques (TMS), qui représentent 88 % des cas. Ils ont doublé depuis 2001 et se stabilisent depuis 2010 entre 42 000 et 45 000 par an. Les maladies professionnelles liées à l'amiante refluent régulièrement, à mesure qu'on s'éloigne de la période pendant laquelle l'utilisation de ce matériau était encore autorisée. Ces maladies représentent cependant 75 % des cancers professionnels reconnus.

Les affections psychiques, reconnues uniquement par la voie complémentaire « hors tableaux alinéa 7 » (*cf. supra*), demeurent de ce fait marginales dans le total des reconnaissances des maladies professionnelles. La sinistralité se concentre sur trois secteurs en contact avec le public : le secteur médico-social, les transports de personnes et le commerce de détail.

....

2. Il faut noter cependant que la sinistralité est plus importante dans certains services (santé, nettoyage, etc. : 45 ‰) que dans les industries métallurgiques (31 ‰) ou chimiques (26 ‰).

3. Voir à ce sujet, sur le seul secteur de l'aide aux personnes âgées, le rapport de Myriam El Khomri, *Plan de mobilisation nationale en faveur de l'attractivité des métiers du grand âge,* rapport à la ministre des Solidarités et de la Santé, octobre 2019.

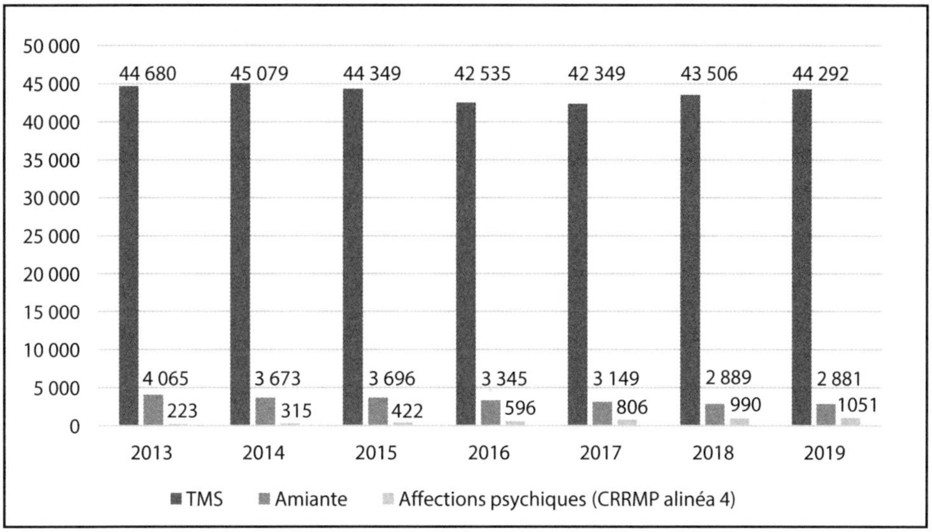

Maladies professionnelles avec arrêt, selon les pathologies, dans le régime général de sécurité sociale (troubles musculo-squelettiques, maladies liées à l'amiante et affections psychiques)

Source : CNAM.

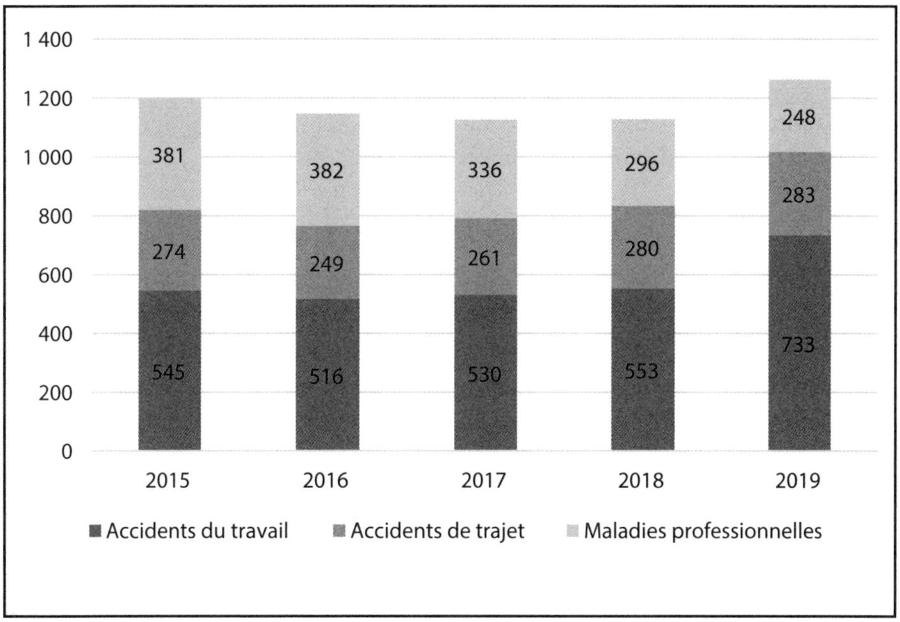

Nombre de décès à la suite d'accidents du travail, d'accidents de trajet et de maladies professionnelles (régime général de sécurité sociale)

Source : CNAM.

Les accidents de trajet progressent quant à eux nettement depuis 2014, notamment du fait de la reprise de l'activité. Ils font du risque routier professionnel un des tout premiers risques en termes de mortalité au travail (le risque routier concernant à la fois des accidents de trajet et des accidents du travail, lorsque le sinistre a lieu pendant le temps de travail du salarié et que ce dernier circulait au titre de ses activités professionnelles).

Le nombre de décès au travail, loin de refluer, se maintient à un niveau élevé, malgré la diminution des pathologies liées à l'amiante. Avec plus de 730 décès liés à un accident du travail, l'année 2019 correspond à un pic particulièrement inquiétant[4].

La mortalité au travail ne recule pas, et la France est mal placée en Europe sur ce plan.

Accidents du travail mortels pour 100 000 salariés

	2010	2017	Variation (en %)
France	2,36	2,64	+ 12
UE28	2,09	1,65	– 21
Allemagne	1,2	0,89	– 26
Royaume-Uni	0,62	0,88	+ 42
Suède	1,23	0,9	– 27

Source : Eurostat.

Les statistiques d'Eurostat sont peu flatteuses pour la France du point de vue de la mortalité par accident du travail, en progression entre 2010 et 2017, alors que leur niveau initial était déjà élevé. Ces résultats apparaissent plus mauvais que ceux de l'Allemagne, de la Suède, du Royaume-Uni et de la moyenne des pays membres de l'Union européenne. S'il faut observer ces éléments chiffrés avec une certaine prudence car les modes de décompte peuvent différer d'un pays à l'autre[5], d'un point de vue dynamique ces données doivent constituer des alertes : la fréquence des accidents mortels a augmenté entre 2007 et 2017, alors qu'elle a diminué ailleurs en Europe.

1.2 Une progression de l'intensité du travail et de la pénibilité du travail pour une partie significative de la population

Les enquêtes menées par la DARES (direction statistique du ministère du Travail) et Eurofound (la fondation européenne pour l'amélioration des conditions de vie et de

....

4. Toutefois la CNAM signale que cette augmentation est en partie l'effet d'une harmonisation des pratiques de son réseau sur le territoire en matière de déclaration d'accidents ayant provoqué le décès du salarié.

5. Ainsi, en Allemagne, toute mort accidentelle sur le lieu de travail n'est pas nécessairement considérée comme un accident du travail, alors que cette reconnaissance est systématique en France.

travail) permettent de documenter les questions relatives à l'intensité et à la pénibilité du travail :

- l'enquête « SUMER » repose sur l'interrogation des médecins du travail. Elle peut être complétée par d'autres enquêtes du même type pilotées par des universitaires (EVREST[6] notamment) ;
- l'enquête « Conditions de travail » repose sur une analyse du ressenti des salariés et des employeurs ;
- l'enquête Eurofound sur les conditions de travail en Europe (EWCS 2015[7]), est fondée sur des sondages réalisés auprès de 44 000 salariés dans 35 pays européens.

Ces enquêtes s'enrichissent régulièrement et comportent désormais des volets sur la fonction publique et sur les risques psycho-sociaux (RPS).

Leurs résultats tendent à mettre en évidence[8] :

- une pénibilité physique stable à un niveau assez élevé (35 % salariés déclarent cumuler 3 contraintes physiques au moins[9], et parmi eux 70 % des ouvriers non qualifiés) ; 4 salariés sur 10 estiment subir une charge de travail excessive ; l'enquête d'Eurofound montre que sur le plan de l'environnement physique du travail, la situation s'améliore en Europe mais se dégrade en France depuis 2005 ;
- des contraintes de rythme de travail stabilisées entre 2005 et 2019 (34 % des salariés déclarent être soumis à 3 contraintes de rythme minimum[10]), après une forte augmentation enregistrée lors de la période précédente ; l'utilisation de l'informatique s'accroît régulièrement[11] et le contrôle informatisé du travail s'est largement diffusé ;
- les risques psychosociaux apparaissent stables entre 2005 et 2019, mais le détail des contraintes décrites par les travailleurs invite à être très attentif à certains aspects de ceux-ci :
  - l'autonomie dans le travail a reculé depuis 2005, même si elle s'est stabilisée entre 2016 et 2019. L'autonomie réduite dans le travail est une caractéristique du management français, bien identifiée par les publications de l'ANACT ;
  - les conflits de valeurs dans le travail occupent une place considérable : 6 actifs sur 10 déclarent vivre de tels conflits dans leur emploi. Il s'agit de conflits éthiques

6. Évolution et relation en santé au travail.
7. Eurofound, *6th European working conditions survey*, 2017.
8. La plupart des données sont issues de DARES, *Quelles étaient les conditions de travail en 2019, avant la crise sanitaire ?* DARES Analyses, n° 44, août 2021.
9. Parmi les contraintes suivantes : rester longtemps debout, rester longtemps dans une posture pénible ou fatigante, effectuer des déplacements à pied longs ou fréquents, porter ou déplacer des charges lourdes, subir des secousses ou des vibrations.
10. Parmi : le déplacement automatique d'un produit ou d'une pièce, la cadence automatique d'une machine, d'autres contraintes techniques, la dépendance immédiate vis-à-vis des collègues, des normes de production à satisfaire en une journée, la réponse à une demande extérieure, les contrôles ou surveillance permanente exercée par la hiérarchie, le contrôle et le suivi informatisé.
11. Le recours à l'informatique concerne 79 % des salariés en 2019, contre 71 % en 2013 et 60 % en 2005.

(18 % des répondants), de manque de moyens pour réaliser les missions (12 %) ; 19 % estiment que leur travail manque de sens[12] ;
– en 2019, un salarié sur 4 déclare devoir cacher ses émotions au travail.

Les conditions de travail des salariés sont très variables d'un métier à l'autre : il existe un clivage entre les métiers impliquant à la fois une forte demande psychologique et une large autonomie (cadres), ceux qui imposent des horaires atypiques (employés du commerce et des services) et ceux imposant des contraintes physiques importantes (industrie, BTP, agriculture, santé). L'intensité du travail est la plus élevée dans la fonction publique hospitalière (43 % des travailleurs y subissent plus de 3 contraintes de rythme).

Sous l'effet probable des restructurations administratives continues depuis 30 ans, l'insécurité socio-économique perçue est paradoxalement plus forte parmi les agents publics que dans le secteur privé : en 2019, 26 % des fonctionnaires ou titulaires de CDI dans la fonction publique craignent une mutation contre leur volonté, contre 15 % des salariés en CDI du secteur privé.

2 L'efficacité préventive de la couverture ATMP reste questionnable

Plusieurs éléments tendent à réduire l'efficacité de la couverture ATMP par la sécurité sociale.

2.1 Quant au champ matériel des risques professionnels couverts

Le débat autour des modalités de reconnaissance des maladies professionnelles s'est posé dès l'origine, avant la Première Guerre mondiale, et jusqu'à l'adoption du système des tableaux par la loi de 1919, car les maladies résultent fréquemment d'expositions multiples, dans le cadre professionnel et personnel, et se déclenchent parfois plusieurs mois ou plusieurs années après la fin de l'exposition aux facteurs de risques.

Aujourd'hui, les troubles musculo-squelettiques (TMS) représentent l'essentiel des maladies professionnelles prises en charge par l'assurance ATMP. Si la fréquence des maladies professionnelles avec arrêt est en légère diminution depuis 2013 (2,6 pour 1 000 salariés en 2019), elle reste à un niveau deux fois supérieur à celui de 2001, principalement du fait de la croissance continue des reconnaissances de TMS. Leur place est prééminente dans le dispositif français et pose une question de principe :

12. DARES, *Conflits de valeurs au travail : qui est concerné et quels liens avec la santé ?* DARES Analyses n° 27, mai 2021.

la France a plus largement que ses voisins choisi d'indemniser les TMS par l'assurance ATMP[13]. Ce choix comporte une dimension financière car les cotisations des employeurs ainsi consommées ne bénéficient pas à la prise en charge, et donc à la prévention « tarifaire », d'autres pathologies montantes moins bien intégrées par le régime ATMP, comme les risques psychiques, les maladies cardiovasculaires, les cancers non liés à l'amiante[14], les affections liées à l'exposition aux pesticides et, plus récemment, à la Covid-19[15].

Le débat est récurrent sur les modalités de reconnaissance, et donc de prévention, du risque psychique. Les reconnaissances en tant que maladie professionnelle par la voie complémentaire (alinéa 7) n'ont permis d'indemniser qu'un millier de salariés en 2018 et 2019, la croissance forte et continue de ce nombre (peu élevé en valeur absolue) s'étant interrompue en 2019, marquant ainsi un palier. La CNAM souligne que les RPS font également l'objet de reconnaissances en tant qu'accidents du travail : elle dénombre annuellement environ 10 000 reconnaissances à ce titre suite à une agression et 10 000 autres reconnaissances hors agressions[16]. Il s'agit de reconnaissances liées à un événement exogène provoquant un choc ou un stress particulier, par exemple un accident sur la voie publique, ou d'un événement déclencheur révélateur de conditions de travail dégradées se soldant par des pathologies psychiques (dépression, anxiété). Ces chiffres restent toutefois très en deçà des proportions prises par les RPS dans le vécu des travailleurs recensé par les statistiques de la DARES notamment (*cf. supra*).

Les impacts du travail sur les maladies cardiovasculaires sont peu pris en charge aujourd'hui. Il est par exemple avéré que le travail de nuit est un facteur d'infarctus, mais le dispositif ATMP n'en intègre pas directement la prise en charge et donc la prévention.

C'est le dispositif de prise en charge de la pénibilité qui a finalement eu vocation à assumer ce rôle, en connectant, à l'origine du C3P, montant des cotisations versées par les employeurs et facteurs de pénibilité constatés pour les salariés. Mais la réforme de 2017 a retiré cet aspect essentiel du nouveau C2P, qui est désormais entièrement financé par les cotisations ATMP des entreprises, sans lien direct avec la pénibilité subie par les salariés d'une entreprise donnée.

Depuis 2015, 1,6 million de salariés ont été déclarés exposés au moins une fois à un des facteurs de pénibilité. Le travail de nuit est le facteur le plus fréquemment déclaré.

....

13. Globalement, pour 100 000 assurés, 258 maladies professionnelles sont reconnues en France contre 81 en Allemagne. Si on ne retient que les TMS, ce sont 227 cas reconnus en France contre 4 en Allemagne.

14. On estime entre 20 000 et 30 000 par an le nombre de cancers d'origine professionnelle, or moins de 2 000 sont pris en charge par l'assurance ATMP, essentiellement liés aux expositions l'amiante.

15. La Covid-19 a néanmoins fait l'objet de deux tableaux dans le régime général et le régime agricole, pour les seuls soignants (*cf.* encadré, p. 241).

16. Soit environ 3 % des accidents du travail avec arrêt au total.

Fin 2019, moins de 5 000 salariés avaient demandé à utiliser leurs points, ce qui traduit un impact réel très modeste du dispositif.

Le système ATMP a été conçu pour répondre aux risques d'une société industrielle, pensée selon le modèle fordiste. Il répond moins clairement aux exigences d'un travail tertiarisé et féminisé, contribuant à « invisibiliser » des tâches constituant pourtant de forts enjeux de santé au travail, comme le soulignent un certain nombre d'auteurs[17].

2.2 Quant aux effets réels de la tarification

La tarification différenciée en fonction de la sinistralité particulière des entreprises pèse pour l'essentiel sur les plus grandes entreprises, comptant 150 salariés et plus. Or, les travaux menés tant au niveau national qu'international ont longtemps conduit à douter des effets réels de ces modulations tarifaires sur les comportements de prévention. Les récentes études de l'IRDES[18] concluent toutefois à l'efficacité du système français pour les petites entreprises, du fait notamment de la réforme des modalités de tarification montée en charge entre 2010 et 2014, qui a eu pour finalité de renforcer sa dimension incitative, en particulier pour les entreprises comprises entre 20 et 149 salariés.

Si cette individualisation a progressé, la proportion de cotisations liées à la sinistralité n'est que de 69 %. Des incitations financières s'ajoutent à cette tarification, permettant aux CARSAT de récompenser les entreprises déployant des actions de prévention. La branche ATMP déploie en outre des programmes nationaux de prévention orientés vers les risques connaissant la plus forte sinistralité indemnisée (TMS, risques chimiques, chutes).

En outre, les mécanismes de tarification peuvent avoir des effets de sélection aboutissant à évincer des travailleurs âgés ou exposés par le passé à des facteurs de maladies professionnelles. L'intégralité des pénalités financières liées à une maladie professionnelle est en effet imputée au dernier employeur en date, y compris lorsqu'un salarié a pu être soumis à des facteurs de risques dans plusieurs entreprises successives. Le risque est aussi que les entreprises reportent la charge, et donc les risques associés, sur leurs sous-traitants[19].

Enfin, la tarification à l'expérience comporte un certain nombre d'effets pervers. Elle influe sur le niveau de sous déclaration des ATMP, qui est probablement élevé en France, quoique difficile à documenter précisément dans ses impacts financiers.

....

17. Voir à ce sujet : Annie Thébaut-Mony, Philippe Davezies, Laurent Vogel et Serge Volkoff (dir.), *Femmes et maladies professionnelles : une invisibilité construite*, in *Les risques du travail – pour ne pas perdre sa vie à la gagner*, La Découverte, 2015.

18. Pascale Lengagne (IRDES), *Dans les petites entreprises, la tarification à l'expérience contribue à diminuer les accidents du travail*, in *Questions d'économie de la santé*, n° 231, mars 2018.

19. Pascale Lengagne, *Inciter les entreprises à améliorer la santé au travail – la tarification à l'expérience dans les systèmes d'assurance des risques professionnels*, in *Regards*, n° 51, 2017.

Le phénomène de sous-déclaration des accidents du travail et maladies professionnels correspond à la situation dans laquelle un employeur et un salarié s'entendent pour ne pas déclarer un sinistre au titre des ATMP, afin de ne pas grever les finances de l'entreprise. Depuis plusieurs années, l'assurance ATMP doit verser à l'assurance maladie une « soulte » en compensation de cette sous déclaration (1,1 milliard d'euros en 2022). L'assurance ATMP fait fréquemment figure de variable d'ajustement budgétaire tant ses masses financières sont stables et ses budgets en excédent structurel. Le transfert d'une partie de ses cotisations a par exemple pu servir de contrepartie à un accord sur les retraites complémentaires en octobre 2015.

3 L'organisation institutionnelle du champ de la santé au travail demeure confuse

Le nombre d'acteurs intervenant en santé au travail est élevé et leur coordination reste difficile. Par ailleurs, les services de prévention et de santé au travail, qui en constituent le réseau principal, connaissent une crise continue depuis de nombreuses années, qui se matérialise notamment par la pénurie de temps médical.

3.1 Les services de santé au travail en mutation depuis plus de 15 ans

a Une crise de la démographie médicale

Entre 2000 et 2019, les effectifs médicaux sont passés de 7000 à 3700 équivalents temps plein, et la pyramide des âges est très défavorable. L'âge moyen des médecins du travail en France est de 55 ans, et 70 % des médecins du travail en activité ont plus de 50 ans (seulement 13 % ont moins de 40 ans[20]). La filière doit par ailleurs faire face à des enjeux d'attractivité, ce dont témoigne un taux de remplissage des postes ouverts à l'internat très inférieur à celui des autres spécialités. La pénurie de médecins du travail se concentre dans les zones géographiques qui sont par ailleurs des « déserts médicaux », où manquent également nombre de médecins généralistes et spécialistes.

Un médecin du travail suit en moyenne 3 500 salariés en service interentreprises et 1 500 en service autonome. Dans certaines portions du territoire, on risque de ne plus avoir accès à un médecin du travail. Un rapport d'inspection de 2017 a fait des propositions visant à relancer l'attractivité de la profession[21].

20. Direction générale du travail, *Bilan des conditions de travail 2019*, édition 2020.

21. IGAS et IGAENR, *Attractivité et formation des professions de santé au travail*, rapport établi avec le président Jean-Marc Soulat, expert associé, août 2017.

Les réformes de 2011, 2016 et 2021 ont entendu favoriser la constitution d'équipes pluridisciplinaires, devant permettre de libérer du temps médical, et d'apporter des réponses à la pénurie de médecins du travail (mise en place de stages d'internat dans les SPST, embauche de collaborateurs médecins[22], accueil de médecins étrangers, etc.). Or, ces dispositifs ont été inégalement mis en place, rencontrant parfois de fortes réticences locales[23].

b Une crise d'organisation interne

Le rapport de l'IGAS consacré en 2020 à la situation des services de santé au travail interentreprises (devenus SPSTI depuis la loi du 2 août 2021) souligne la grande complexité de leur gouvernance interne : conseil d'administration, commission de contrôle, commission médicotechnique forment un enchevêtrement d'instances liées à la nature paritaire et sanitaire de ces 235 associations recensées en 2019.

Les missions effectivement exercées par les services de santé au travail sont hétérogènes : les actions en milieu de travail, qui sont une composante essentielle du maintien en emploi des salariés, varient fortement d'un service à l'autre, les fiches d'entreprise[24] ne couvrent fin 2018 que 45 % des établissements et la mise en place de cellules de prévention de la désinsertion professionnelle est dépendante des ressources humaines disponibles et des décisions propres à la gouvernance de chaque service. Le rapport IGAS de 2020 souligne que si leur image est positive lorsqu'ils sont connus, les services demeurent mal identifiés par les employeurs et les salariés.

Enfin, les services de santé au travail souffrent d'un défaut de pilotage. Le rôle de la DREETS et de la CARSAT, matérialisé par l'agrément et le CPOM, ne porte pas sur la gestion administrative et financière et ne favorise pas une réelle mutualisation des moyens et expertises médicotechniques. Au niveau national, l'organisation patronale de branche des SPSTI, PRESANSE, assure un soutien technique auprès des services mais ne peut pas jouer le rôle d'une véritable tête de réseau car sa légitimité est contestée par les partenaires sociaux.

....

22. Un collaborateur médecin est un médecin recruté par un service de santé au travail, engagé dans une formation pour devenir spécialiste en médecine du travail, et qui peut, sous la responsabilité d'un médecin du travail, exercer les missions s'attachant à cette spécialité.

23. IGAS, *Évaluation des services de santé au travail interentreprises (SSTI)*, rapport, février 2020.

24. Les fiches d'entreprise sont élaborées par le médecin du travail qui doit consigner pour chaque entreprise, quel que soit le nombre de salariés, les risques professionnels et les effectifs qui y sont exposés : elles doivent, en complément du document unique d'évaluation des risques professionnels (DUERP), réalisé par l'employeur, permettre d'anticiper les risques et de les traiter.

3.2 La difficile coordination des acteurs de la santé au travail

Le panorama des acteurs de la santé au travail révèle un nombre extrêmement élevé de donneurs d'ordres et d'opérateurs, dont les missions sont souvent redondantes, relevant de sphères dominées par les logiques administratives, et « collant » aux régimes de sécurité sociale (régime général, agricole, de fonctionnaires) et aux ministères qui leur sont liés.

Les acteurs de la sphère travail et de la sphère santé peinent à s'articuler. Or, la distinction entre les uns et les autres est moins claire aujourd'hui qu'hier. Les analyses d'experts tendent à montrer que nombre de risques sont multifactoriels : ils résultent à la fois d'expositions professionnelles et extra-professionnelles (cancers, maladies cardiovasculaires, addictions).

En outre, les réseaux ont tous leurs propres logiques d'action, difficiles à coordonner dans un cadre transversal. Les réseaux de la sécurité sociale (régime général et MSA) sont pilotés au moyen de conventions d'objectifs et de gestion (COG) et de conventions pluriannuelles de gestion (CPG), et l'ANACT par un contrat d'objectif et de performance passé avec l'État. Coexiste avec cette logique verticale une logique de partenariats régionaux : les SPSTI sont agréés par les DREETS et passent un contrat pluriannuel d'objectif et de moyens (CPOM) avec la DREETS et la CARSAT. Dans cette organisation en tuyaux d'orgue, la mise en œuvre d' actions coordonnées issues d'un plan transversal (PST au niveau national et PRST au niveau régional) est une gageure, d'autant que ces documents n'emportent pas de moyens financiers dédiés.

C'est dans ce contexte que plusieurs rapports ont entendu apporter des réponses, parfois radicales, à la problématique de la dispersion du système d'acteurs :

- le rapport dit Lecocq[25] préconisait en 2018 la création d'une agence nationale dénommée « France santé travail » : il s'agissait d'une simplification radicale du paysage par la mise en place, au niveau national, d'une entité fusionnant ANACT, OPPBTP, INRS et direction des risques professionnels de la CNAM, sous la double tutelle du ministère de la Santé et du ministère du Travail. Au niveau régional, le rapport prônait la création d'agences régionales fusionnant CARSAT, ARACT[26], agences régionales de l'OPPBTP et services de santé au travail interentreprises, assurant aux employeurs le contact avec un guichet unique territorial. La MSA, elle-même

....

25. Charlotte Lecocq, Bruno Dupuis et Henri Forest, *Santé au travail : vers un système simplifié pour une prévention renforcée*, rapport fait à la demande du Premier ministre, août 2018.

26. Les associations régionales pour l'amélioration des conditions de travail (ARACT) sont les associations partenaires de l'ANACT au niveau national. Depuis le rapport, les pouvoirs publics ont décidé de fusionner ces instances avec l'ANACT.

structurée en guichet unique, demeurait autonome dans ce schéma, et les fonctions publiques n'y étaient pas intégrées. Ce rapport a soulevé l'hostilité du patronat, qui y a vu une tentative de nationalisation de services de santé au travail financés par les contributions des employeurs, et de l'assurance maladie, réticente face à la perspective d'un démembrement des CARSAT ;

- un « contre-rapport » sénatorial, présenté en 2019 par Pascale Gruny et Stéphane Artano[27], préconisait la création, par fusion de l'ANACT et de l'INRS, d'une agence nationale de santé au travail tournée vers des missions de coordination, de certification des services de santé au travail et de mise en place d'un système d'information commun. Il s'agissait d'une proposition moins radicale, et plus facilement acceptable par les parties prenantes : les services de santé au travail interentreprises demeuraient privés et étaient coiffés de manière souple par une agence nationale, qui devait s'assurer de la qualité de leurs prestations ; les services de prévention des CARSAT subsistaient et la distinction était maintenue entre assurance ATMP et médecine du travail ;
- le rapport de l'IGAS de 2020 sur les services de santé au travail interentreprises[28] (devenus SPSTI depuis la loi du 2 août 2021) préconisait la création d'une simple instance de coordination nationale, l'« alliance pour la santé au travail » associant l'État, la CNAM, les opérateurs nationaux de la santé au travail et représentation des services de santé au travail interentreprises, dont un organe exécutif devait produire des objectifs et indicateurs d'activité pour les services de santé au travail.

4 Certains équilibres passés boulversés par la crise de la Covid-19

La crise sanitaire a modifié les conditions de mise en œuvre des politiques de santé au travail. Il est difficile de se prononcer de manière certaine sur le caractère durable de ces changements. Si l'altération de la santé mentale des travailleurs est un phénomène probablement transitoire, les évolutions du rôle de l'entreprise dans la santé publique pourraient perdurer, tandis que le télétravail est sans doute véritablement installé.

4.1 Une dégradation brutale de la santé psychique des travailleurs

La généralisation du télétravail a souligné une césure de fait entre les travailleurs à distance, largement protégés de l'épidémie, et les travailleurs « ancrés » à leurs lieux de travail, qu'ils appartiennent à la « première ligne » (professionnels de santé) ou à

....

27. Sénat, *Pour un service universel de santé au travail*, rapport d'information du Sénat de Pacale Gruny et Stéphane Artano, sénateurs, synthèse, octobre 2019.

28. IGAS, *Évaluation des services de santé au travail interentreprises (SSTI)*, rapport, février 2020.

la « deuxième » (les autres professions indispensables à la vie quotidienne, qui ont continué à travailler sur site pendant la crise sanitaire, dans le commerce, les transports, les services aux particuliers, etc.[29]). Or, ces métiers sont fréquemment pénibles et mal rémunérés[30]. La reconnaissance nécessaire des premiers a été assurée par le processus dit du « Ségur de la santé », qui a notamment assuré une revalorisation des rémunérations des professionnels du champ sanitaire et médico-social. En revanche, pour les seconds, aucun processus comparable n'a été mis en œuvre[31], et leur situation se trouve intégrée dans un débat national plus global sur l'attractivité des métiers en situation de pénurie de main-d'œuvre et le niveau des salaires (*cf.* chapitre 5).

En 2021, l'état de santé psychique général des salariés s'est brutalement, et espérons-le provisoirement, dégradé, avec un doublement des risques dépressifs et une forte détérioration de la santé perçue. Cette détérioration des conditions de travail est proportionnelle à l'exposition des travailleurs aux impacts de la crise sanitaire[32]. Pour un travailleur sur dix, la dégradation est particulièrement forte : y sont surreprésentés les femmes, les secteurs de l'enseignement et des services et les cadres et professions intermédiaires.

4.2 Une plus forte implication de l'entreprise en matière de santé publique

La santé au travail et la santé publique sont traditionnellement séparées. La santé publique s'est structurée autour du système de soins, en particulier de l'hôpital, et n'a identifié que récemment la place de la prévention comme prioritaire[33]. À l'inverse, c'est dès 1946 que la prévention est considérée comme prééminente en santé au travail, mais avec un périmètre d'action restreint à l'entreprise.

De longue date s'expriment des souhaits de faire de l'entreprise un relai des politiques de santé publique, pour véhiculer les actions de prévention en matière d'hygiène de vie, d'alimentation, de dépistage des pathologies. Si ces velléités sont conformes à une

....

29. Soit 4,6 millions de travailleurs du secteur privé, appartenant à 17 professions.

30. DARES, *Quelles sont les conditions de travail des métiers de la « deuxième ligne » de la crise Covid* ? DARES Analyses, n° 23, mai 2021.

31. Une reconduction de la prime exceptionnelle de pouvoir d'achat (PEPA) de 1000 euros, exonérée de cotisations sociales et d'impôt sur le revenu, a été décidée pour 2021, ainsi que la possibilité de son doublement par les employeurs appartenant aux secteurs de la « deuxième ligne » couverts par un accord d'entreprise ou de branche prévoyant la valorisation des métiers qui ont contribué directement à la continuité de l'activité économique et sociale pendant les périodes d'état d'urgence sanitaire (cette condition n'est pas nécessaire pour verser une PEPA exonérée dans la limite de 2000 euros pour les entreprises de moins de 50 salariés, les associations ou fondations d'utilité publique et les entreprises couvertes par un accord d'intéressement).

32. DARES, *Quelles conséquences de la crise sanitaire sur les conditions de travail et les risques psycho-sociaux ?* DARES Analyses n° 28, mai 2021.

33. Loi du 9 août 2004 relative à la politique de santé publique.

certaine évolution des politiques du travail, de plus en plus orientées par les questions sociétales (*cf.* chapitre 1), elles se heurtent aux réticences des employeurs, soucieux de ne pas voir leurs responsabilités s'étendre au-delà de leurs fonctions économiques. De fait, les remises en cause de cette frontière étaient jusqu'en 2020 relativement circonscrites.

Le contexte de la crise sanitaire a totalement modifié cet équilibre. Les protocoles sanitaires, de portée juridique limitée (*cf. supra*), ont conduit l'employeur à vérifier les obligations de port de masques, de respect des gestes barrières, de télétravail, de réalisation de tests, d'administration de vaccins et de vérification du passe sanitaire, puis vaccinal.

Les services de santé au travail ont vu le champ de leurs compétences s'étendre à la possibilité de prescrire des arrêts de travail et à la vaccination des salariés.

4.3 Le télétravail : une nouvelle norme d'emploi boulversant le management

Le cadre législatif du télétravail a été sensiblement simplifié par les ordonnances du 22 septembre 2017. Il était auparavant assujetti à l'existence d'une mention explicite dans le contrat individuel de travail. Depuis 2017, il peut être mis en place dans une entreprise sur la base d'un accord collectif, et à défaut par une charte de l'employeur ou un simple accord de volonté entre employeur et salarié, y compris au moyen d'un courriel.

Pour autant, il ne s'est pas véritablement développé avant la crise de la Covid-19. En 2019, avant la crise sanitaire, seuls 4 % des salariés pratiquaient le télétravail au moins une fois par semaine, et 9 % le pratiquaient occasionnellement. Ces proportions avaient peu changé depuis 2017, les cadres étant beaucoup plus fréquemment en télétravail que le reste de la population salariée (14 % le pratiquaient régulièrement et 28 % occasionnellement).

La crise sanitaire a provoqué une généralisation du télétravail à l'ensemble des métiers pouvant être concernés, modifiant profondément les conditions de travail. Les défis qui y sont liés sont analysés de longue date par l'ANACT ou par une organisation comme la CFDT, qui prônent une mise en œuvre du télétravail sur deux ou trois jours par semaine, afin d'éviter le « décrochage » de salarié et l'étiolement des collectifs de travail, tout en favorisant une autonomie qui peine à s'installer dans le modèle de management français (*cf. supra*). Les partenaires sociaux se sont saisis de la question en adoptant un accord national interprofessionnel (ANI) du 26 novembre 2020 « pour une mise en œuvre réussie du télétravail », qui ne porte aucune mesure prescriptive mais entend accompagner les entreprises et les représentants des salariés par des recommandations de bonnes pratiques.

SECTION 3

Les perspectives

Les perspectives de la politique de santé au travail apparaissent très incertaines, tant le contexte sanitaire a bouleversé les équilibres précédents. Une modification réelle des conditions de prise en charge de la santé au sein de l'entreprise est néanmoins plausible (1). L'assurance ATMP devrait quant à elle probablement mieux couvrir certaines pathologies liées au travail encore rarement reconnues comme des maladies professionnelles (2). Le paysage institutionnel devrait commencer par intégrer les effets de la loi du 2 août 2021, qui cible essentiellement le fonctionnement des SPSTI, et pourrait connaître des bouleversements encore plus significatifs à l'avenir (3).

1 Une modification probablement durable de la prise en charge de la santé en entreprise

Le contexte né de la crise de la Covid-19 a sensiblement bouleversé les équilibres existants (*cf. supra*). Pour l'avenir, un rapprochement entre santé au travail et santé publique, l'installation du télétravail comme une modalité durable d'exercice professionnel et, dans l'entreprise, une réactivation du dialogue social consacré à la santé au travail sont évoqués dans le débat public et font l'objet de propositions.

1.1 Un probable rapprochement de la santé au travail et de la santé publique

Le quatrième plan santé au travail (PST4) adopté en décembre 2021, couvre la période 2021-2025. Ses priorités s'inscrivent dans la continuité du PST3 : diffusion d'une culture de prévention, articulation de l'action des institutions de la santé au travail, appui sur le dialogue social. Il approfondit en outre l'intégration santé publique/santé au travail par une meilleure articulation entre le PST et les planifications émises par le ministère de la Santé (plan national de santé publique) et le ministère de l'Environnement (plan national santé-environnement), par un partage de données plus abouti et par la coordination des réponses aux crises sanitaires.

Une des questions pour l'avenir serait d'aller plus loin dans l'intégration des planifications sanitaires. Le rapport IGAS/IGAENR de 2017[1] suggère la création d'un comité interministériel associant santé, travail et environnement, responsable de la mise en place d'un plan national de prévention regroupant l'ensemble des plans existants.

Au-delà, c'est bien la question de l'articulation entre ministère du Travail et ministère de la Santé qui est posée. La place conférée aux partenaires sociaux est évidemment très liée à cette problématique : très présents dans le fonctionnement actuel sous l'égide du ministère du Travail, ils sont beaucoup moins impliqués dans la gestion des organismes dépendant du ministère de la Santé, et notamment dans les organismes de sécurité sociale. Néanmoins, si des ajustements sont toujours possibles, il ne paraît pas envisageable de se passer de leur relais pour diffuser les messages et pratiques de prévention auprès des travailleurs et des chefs d'entreprise.

C'est donc plus probablement sur le front des réalisations concrètes que les convergences santé publique/santé au travail devraient s'opérer :

- la prévention de la désinsertion professionnelle des travailleurs malades ou en situation de handicap est un domaine dans lequel le rapprochement entre médecin du travail et médecin traitant serait particulièrement bénéfique. Il s'agit d'organiser les connexions entre les professionnels de santé pour éviter qu'un salarié doive quitter son emploi, et permettre un retour adapté dans l'entreprise après un arrêt de travail prolongé ;
- l'intégration du dossier médical de santé au travail et du dossier médical partagé (DMP) devrait permettre aux professionnels de santé d'échanger les données utiles à une prise en charge mieux adaptée des personnes ;
- la loi du 2 août 2021 pour renforcer la prévention en santé au travail s'inscrit dans cette logique, en conférant aux SPST, pour la première fois, la mission de contribuer « à la réalisation d'objectifs de santé publique afin de préserver, au cours de la vie professionnelle, un état de santé du travailleur compatible avec son maintien en emploi[2] », et en prévoyant que le médecin du travail puisse avoir accès au dossier médical partagé et l'alimenter, sous réserve du consentement préalable du salarié. De même, le salarié peut autoriser l'intégration des données de son dossier médical en santé au travail au sein du DMP.

Le contexte de la Covid-19 est exceptionnel, et la place de l'entreprise dans les politiques de santé publique devrait globalement refluer avec le contrôle de l'épidémie. Si le cadre de gestion des crises devrait impliquer davantage les acteurs de l'entreprise à l'avenir,

....

1. IGAS et IGAENR, *Attractivité et formation des professions de santé au travail*, rapport établi avec le président Jean-Marc Soulat, expert associé, août 2017.

2. Article L. 4622-2 du Code du travail. Il est ajouté qu'ils « participent à des actions de promotion de la santé sur le lieu de travail, dont les campagnes de vaccination et de dépistage, des actions de sensibilisation aux bénéfices de la pratique sportive et des actions d'information et de sensibilisation aux situations de handicap au travail, dans le cadre de la stratégie nationale de santé [...] ».

la participation des entreprises aux politiques de santé publique devrait retrouver une place plus habituelle, c'est-à-dire relativement secondaire par rapport aux enjeux de développement économique.

La mobilisation des outils de responsabilité sociale des entreprises (RSE), animés notamment par le Conseil économique, social et environnemental et par France stratégie, devrait permettre d'associer dans la durée les entreprises aux efforts de prévention relevant de la santé publique (hygiène de vie, addictions, comportements à risque dans le cadre de la vie privée, etc.).

1.2 Une probable évolution du droit du travail sous l'effet de la pérennisation d'un niveau élevé de télétravail

Durant les confinements liés à la crise sanitaire, le télétravail a concerné, selon les études entre 25 % et 44 % des salariés. En août 2021, deux tiers des salariés du secteur privé appartiennent à une entreprise où la possibilité de télétravailler est offerte[3]. Par ailleurs, le retour des télétravailleurs sur site pose des difficultés liées à la reprise de la vie collective et aux contraintes de transports[4].

Les DRH estiment que le modèle d'organisation de l'avenir sera hybride, 60 % d'entre eux prévoient qu'un quart de leurs collaborateurs fonctionneront à terme avec deux jours de télétravail par semaine[5]. Selon une consultation menée par l'ANACT en avril 2021, 36 % des salariés souhaitent travailler à distance plus de 3 jours par semaine et 56 % à hauteur d'un ou deux jours[6]. Une vaste enquête menée par la CGT auprès de 15 000 salariés met en évidence une adhésion quasi totale au télétravail (98 % des répondants souhaitent continuer à télétravailler[7]).

Les avantages sociaux et environnementaux plaident pour un maintien de cette modalité à un niveau soutenu. Pour autant, les risques induits militent pour une certaine prudence. Si la conciliation entre vie personnelle et vie professionnelle et les conditions de transport des salariés sont facilitées, les conditions de travail peuvent être affectées par les risques de délitement des collectifs de travail et d'un alourdissement des horaires et de la charge de travail. En outre, l'ergonomie du poste de travail à domicile est souvent défaillante et des troubles neurosensoriels peuvent survenir. 45 % des télétravailleurs ayant répondu à l'enquête de la CGT se disent en risque de dépression,

....

3. DARES, *Activité et conditions d'emploi de la main-d'œuvre pendant la crise sanitaire Covid-19 – vue d'ensemble des résultats de l'enquête flash*, septembre 2021. Le mois d'août étant peu travaillé, ces données peuvent être atypiques par rapport au reste de l'année.
4. Voir à ce sujet : ANACT, *Covid-19 : comment accompagner le retour en entreprise des télétravailleurs ?* juin 2021.
5. ANDRH-BCG, *Covid : le futur du travail vu par les DRH*, juin 2020.
6. ANACT, *Télétravail de crise en 2021 : quelles évolutions ? Quels impacts ?* mai 2021.
7. UGICT-CGT, *Enquête nationale sur le télétravail*, septembre 2021.

et 40 % souffrent de TMS. L'Académie nationale de médecine demande une meilleure documentation des effets du télétravail sur la santé, dans le contexte de sa massification[8].

Les effets socio-environnementaux du télétravail sont tangibles de plusieurs points de vue :

- les inégalités entre femmes et hommes sont accentuées par le télétravail, qui aggrave les déséquilibres de charges dans la sphère domestique[9] ;
- l'autonomie renforcée des télétravailleurs explique largement le souhait des salariés de continuer à bénéficier de cette modalité d'organisation, impliquant un changement radical des modes de management[10] ;
- les inégalités spatiales en lien avec le marché du travail pourraient être réduites sur le territoire national[11] ;
- la productivité du travail serait améliorée dans une proportion de 22 %, et la réduction des émissions de carbone générerait un gain de 200 euros par an et par actif selon les estimations d'un cabinet de consultants[12] ;
- la direction générale du Trésor met en évidence des impacts plus ambigus tant sur la productivité que sur les émissions de gaz à effet de serre[13].

La question posée par le télétravail aux pouvoirs publics et aux partenaires sociaux est redoutable tant les mutations induites paraissent importantes. Les modalités de calcul de la durée du travail, le périmètre de la responsabilité de l'employeur et d'intervention des services de santé au travail et de l'inspection du travail, la législation sur les trajets domicile-travail, la prise en charge des équipements de travail par l'employeur, les conditions d'exercice du pouvoir de direction sont autant de thématiques susceptibles d'être bouleversées dans un avenir proche par ce nouveau contexte.

1.3 La question d'une réactivation du CHSCT

L'intégration des CHSCT dans les CSE est considérée par les organisations syndicales comme un recul pour la santé au travail dans l'entreprise (*cf.* chapitre 3) : l'obligation de constituer une commission santé, sécurité et conditions de travail (CSSCT) auprès du CSE est cantonnée aux seules entreprises de plus de 300 salariés et à celles présentant des risques industriels particuliers. Il n'existe aucun temps réservé pour les CSSCT dans le fonctionnement du CSE.

....

8. Académie nationale de médecine, *Santé et télétravail*, communiqué du 3 mai 2021.
9. BCG-IPSOS, *Crise de la Covid-19 : un retour en arrière pour la parité hommes-femmes au travail ?* février 2021.
10. UGICT-CGT, *Enquête nationale sur le télétravail*, septembre 2021.
11. Direction générale du Trésor, *Que savons-nous aujourd'hui des effets économiques du télétravail ?* Trésor-Éco, n° 270, novembre 2020.
12. Institut Sapiens, *Quel avenir pour le télétravail ? Pérenniser et sécuriser une pratique d'avenir*, note, mars 2021.
13. Direction générale du Trésor, *Que savons-nous aujourd'hui des effets économiques du télétravail ?* Trésor-Éco, n° 270, novembre 2020.

Le contexte de la Covid-19 a ranimé cette question, les organisations syndicales se montrant particulièrement critiques sur cet aspect de la réforme de 2017. À défaut de rétablir le CHSCT, les seuils d'obligation de mise en place d'une CSSCT pourraient être revus de manière à être alignés sur ceux qui préexistaient (seuil de 50 salariés au lieu de 300).

2 Un possible élargissement de la couverture des maladies professionnelles

Les limites de la couverture par l'assurance ATMP tiennent pour l'essentiel à la question des maladies professionnelles, dont la reconnaissance devrait évoluer et la prévention s'étoffer, notamment au moyen de dispositifs plus effectifs de lutte contre la pénibilité du travail.

2.1 Les nombreux débats autour d'une meilleure reconnaissance des maladies professionnelles

Les propositions portent sur certaines affections particulières, et notamment le burn-out, les maladies liées à l'exposition aux pesticides et la Covid-19.

a La question de l'évolution des modes de reconnaissance des maladies psychiques dans le contexte d'une forte demande sociale relative au burn-out

Le burn-out, ou syndrome d'épuisement professionnel, n'a pas fait l'objet d'une reconnaissance officielle dans la nomenclature des maladies. Il correspond d'un point de vue clinique à une dépression sévère liée à des motifs professionnels[14], même si des facteurs personnels peuvent également intervenir. Le burn-out suscite de nombreuses controverses et une abondante littérature, traduisant une demande sociale de reconnaissance de plus en plus affirmée. Or, les maladies psychiques sont peu et mal reconnues par l'assurance ATMP (*cf. supra*).

La loi Rebsamen du 17 août 2015 a fait un premier pas modeste en inscrivant très symboliquement dans le Code du travail que les maladies psychiques pouvaient avoir une origine professionnelle et en prévoyant la possibilité pour les CRRMP d'avoir recours à l'expertise d'un médecin psychiatre.

....

14. Le burn-out peut aussi provoquer troubles anxieux généralisés et stress post-traumatique.

Des propositions de loi, portées par les députés Benoît Hamon en 2016[15] puis François Ruffin en 2017[16], ont eu pour objectif de faciliter les conditions de cette reconnaissance, au moyen d'une suppression du taux d'incapacité permanente de 25 % aujourd'hui nécessaire pour une indemnisation au titre de « l'alinéa 7 » (*cf. supra*), pour la première, et au moyen de la création d'un tableau spécifique pour la seconde.

b La question de l'exposition aux pesticides

La couverture des pathologies liées à l'exposition professionnelle aux pesticides est jusqu'à présent très faible. Une mission d'inspection interministérielle a mis en regard, en 2018, les quelques centaines de reconnaissances, exclusivement assumées par le régime agricole de sécurité sociale, et un nombre de victimes potentielles estimé par la mission à 10 000 environ[17].

Si le régime agricole a mis en place en 2015 un tableau spécifiquement dédié à la prise en charge des hémopathies malignes provoquées par les pesticides[18], cette réponse n'est pas apparue suffisante et les débats parlementaires ont poussé les pouvoirs publics à envisager un dispositif de plus vaste ampleur.

C'est ainsi que la loi de financement de la sécurité sociale pour 2020 a créé le fonds d'indemnisation des victimes de pesticides, qui simplifie les modalités de reconnaissance de maladies professionnelles en centralisant toutes les demandes formées par les salariés du régime général et les assurés (salariés et non-salariés) du régime agricole. Par ailleurs, le fonds permet d'étendre les possibilités d'indemnisation pour des personnes non couvertes par les régimes ATMP (non-salariés agricoles retraités, enfants dont la pathologie est liée à une exposition prénatale du fait de l'activité professionnelle des parents). Le dispositif est financé par la taxe sur les produits phytopharmaceutiques.

Par ailleurs, un décret du 22 décembre 2021 a créé un nouveau tableau relatif au cancer de la prostate, devant permettre l'indemnisation des travailleurs agricoles, et particulièrement ceux exposés au chlordécone aux Antilles.

c La question de la reconnaissance de la Covid-19

La Covid-19 a été reconnue comme une maladie professionnelle par deux tableaux adoptés en septembre 2020 pour le régime général et le régime agricole, en ciblant les personnels soignants et assimilés ayant développé une forme grave de la maladie

15. Assemblée nationale, proposition de loi visant à faciliter la reconnaissance du syndrome d'épuisement professionnel en tant que maladie professionnelle, déposée le 16 février 2016.
16. Assemblée nationale, proposition de loi sur le burn-out visant à faire reconnaître comme maladies professionnelles les pathologies psychiques résultant de l'épuisement professionnel, déposée le 20 décembre 2017.
17. IGAS-IGF-CGAAER, *La création d'un fonds d'aide aux victimes de produits phytopharmaceutiques*, janvier 2018.
18. Tableau 59 du régime agricole, permettant l'indemnisation de salariés et non-salariés agricoles ayant accompli des travaux exposant habituellement aux pesticides.

(*cf.* encadré, p. 241). La reconnaissance est limitée à la seule voie complémentaire, via un CRRMP spécifiquement calibré, pour les autres professions au contact du public ou pour les soignants n'ayant pas dû être placés sous assistance respiratoire, ce qui est contesté tant par les organisations syndicales que par l'Académie nationale de médecine.

Un des débats autour du dispositif concerne les modalités d'un éventuel élargissement de ces indemnisations : par une extension du champ couvert par les tableaux de maladies professionnelles, par un aménagement supplémentaire des modalités de reconnaissance en CRRMP ou par la création d'un fonds dédié comme les pouvoirs publics l'ont décidé pour l'amiante et plus récemment pour les pathologies professionnelles liées aux pesticides.

Sur le fond, il convient de s'interroger sur les conditions d'indemnisation et les financements qui leur sont liés : soit une prise en charge au titre des ATMP, reposant sur un financement patronal traduisant la responsabilité de l'employeur, soit une couverture plus complète[19] par l'assurance maladie, dont le financement est universel et se situe dans une logique de solidarité nationale. Si les employeurs avaient des responsabilités dans le contexte de la crise sanitaire, matérialisées notamment par l'application du protocole sanitaire (*cf. supra*), la présence sur site et au contact du public des travailleurs de la première et de la deuxième ligne était largement la conséquence de décisions publiques prises au titre de la continuité de la vie de la nation.

2.2 La nécessité d'apporter des réponses transversales

La multifactorialité des maladies est un défi pour la conception et l'utilisation des tableaux de maladies professionnelles. Par exemple, il est avéré que les conditions de travail de nuit ou le stress ont des effets sur les maladies cardio-vasculaires ou les cancers hormonaux. Il ne s'agit néanmoins pas de causes exclusives, et surtout pas de causes liées spécifiquement à tel ou tel type de poste : dès lors, l'inscription dans un tableau est difficilement envisageable.

De fait, les tableaux évoluent peu et peinent à être adaptés aux enjeux contemporains du monde du travail. Les discussions autour de leur évolution, qui font appel à une commission spécialisée paritaire au sein du COCT, se heurtent à des réticences liées au risque d'alourdir les charges supportées par les entreprises[20].

....

19. Ainsi a-t-il pu être question de faire du « Covid long » une affection de longue durée, dont les soins sont couverts à 100 % par l'assurance maladie.

20. La Cour des comptes préconise de faire évoluer cette organisation et de confier la conception des tableaux de maladies professionnelles à la CNAM : Cour des comptes, *La sécurité sociale – rapport sur l'application des lois de financement de la sécurité sociale*, chapitre 9 « La reconnaissance et la réparation des accidents du travail et maladies professionnelles : un dispositif complexe à moderniser », octobre 2021.

Mais c'est surtout la voie complémentaire qui pose aujourd'hui question. Elle n'a pas été dimensionnée pour répondre à des demandes massives. Les CRRMP doivent pour fonctionner faire appel à trois médecins spécialistes dont les postes ne sont pas systématiquement pourvus et dont les réunions apparaissent souvent difficiles à organiser. Les CRRMP sont aujourd'hui tellement encombrés par les dossiers que la CNAM évalue à 5 ans le délai d'instruction qu'impliquerait une suppression de la condition de taux d'incapacité de 25 % dans la prise en charge au titre de « l'alinéa 7[21] ».

Les pouvoirs publics pourraient apporter des réponses en termes de moyens d'instruction pour les demandes individuelles d'indemnisation : renforcement des ressources des actuels CRRMP, aménagement des conditions de leur composition ou même remplacement des CRRMP par une instance nationale professionnalisée, qui permettrait à la fois une rationalisation de l'approche et une meilleure équité de traitement sur le territoire.

Au-delà de la problématique des pesticides, la réparation intégrale de certains préjudices couverts par l'assurance ATMP se pose, et s'accompagne évidemment des coûts potentiellement associés à ces évolutions. L'amélioration incrémentale du dispositif, focalisée sur certaines maladies, ou certains mécanismes (fonctionnement des CRRMP, imputation des maladies professionnelles aux employeurs concernés et non uniquement au dernier en date, connexions avec la pénibilité) est beaucoup plus probable qu'une bascule totale du dispositif dans la réparation intégrale, qui bouleverserait par ailleurs l'équilibre de 1898. D'un autre côté, l'extension sans fin de la couverture des TMS par l'assurance ATMP pourrait probablement justifier un rééquilibrage au profit de maladies professionnelles jusqu'à présent mal couvertes, comme les maladies psychiques ou les cancers autres que ceux liés à l'amiante.

Sur le champ de la responsabilisation des entreprises, il demeure probablement des marges de manœuvre dans le sens d'une individualisation des taux de cotisations en fonction de la sinistralité passée. Aux Pays-Bas et en Finlande, la tarification à l'expérience, c'est-à-dire issue de la sinistralité passée pour les salariés, s'étend non seulement aux accidents du travail et maladies professionnelles, mais également à l'invalidité[22].

21. *Cf.* Morane Keim-Bagot, *Faut-il élargir le champ des maladies professionnelles ?* in *Droit social*, Dalloz, novembre 2017.

22. Prise en charge en France, selon les cas, par les prestations d'invalidité de l'assurance maladie ou les prestations dédiées aux personnes en situation de handicap.

2.3 Une possible relance des dispositifs de prévention et de réparation de la pénibilité du travail

La réforme du compte personnel de prévention de la pénibilité (C3P) en compte professionnel de prévention (C2P) par les ordonnances du 22 septembre 2017 a conféré un nouveau périmètre au dispositif, qui demeure limité dans son champ d'application et ses effets. Il pourrait néanmoins faire l'objet de relances à l'avenir :

- la question de l'emploi des seniors est un défi pour la France, qui présente des résultats largement perfectibles en la matière[23] et qui implique de réfléchir à des conditions de travail moins pénibles lorsque les carrières se prolongent, sous peine de voir le recours aux dispositifs d'invalidité et de prise en charge du handicap progresser sensiblement[24] ;
- la prévisible réforme des retraites devrait se traduire par un nouvel allongement des carrières professionnelles, et justifier des mesures d'accompagnement des travailleurs dont les conditions de travail sont les plus usantes. La réforme des retraites interrompue par la crise sanitaire en cours d'examen au Parlement en mars 2020 prévoyait d'ailleurs une extension du C2P aux agents publics et salariés des régimes spéciaux (200 000 nouveaux bénéficiaires estimés) et une amélioration des conditions de décompte de la pénibilité liée au travail de nuit et au travail en équipes alternées. Il était par ailleurs prévu dans ce projet de loi que les agents des services publics pourraient bénéficier de la retraite anticipée pour incapacité permanente d'origine professionnelle[25].

Des changements plus radicaux pourraient être imaginés à l'avenir, comme le rétablissement de l'ensemble des dix critères de pénibilité au sein du C2P, voire la reconnaissance de critères supplémentaires.

La crise sanitaire a mis en exergue la situation des travailleurs en contact avec le public, qui se sont exposés à des risques de contamination par le virus, et qui s'exposent de manière plus structurelle à des risques psychosociaux majorés, et ne peuvent pas bénéficier d'un télétravail probablement installé dans la durée. La définition d'un tel critère répondrait en outre à un nécessaire rééquilibrage de la conception de la pénibilité qui a prévalu jusqu'à présent, priorisant des métiers ouvriers majoritairement masculins et

....

23. Si le taux d'emploi des plus de 55 ans s'est redressé en France depuis les années 2000 (52,1 %), il reste faible pour les 60-64 ans (31 %) par comparaison avec les autres pays européens (44,4 %) et de l'OCDE (51,4 %) – données de 2018.

24. Voir à ce sujet : Sophie Bellon, Olivier Mériaux et Jean-Manuel Soussan, *Favoriser l'emploi des travailleurs expérimentés*, rapport remis au Gouvernement le 14 janvier 2020.

25. À partir de seuils d'incapacité de 10 % pour les salariés exposés aux quatre facteurs de pénibilité exclus du dispositif de C2P en 2017 – manutention manuelle de charges, postures pénibles, vibrations mécaniques et agents chimiques dangereux –, et de 20 % pour les autres, comme pour les salariés du secteur privé.

négligeant la situation des métiers majoritairement féminins, comme le sont souvent les métiers en contact avec le public.

Plus généralement, les critères et seuils retenus pour le C2P et plus généralement les obligations prévues par le droit du travail ne permettent pas d'intégrer de manière satisfaisante les tâches de professionnels pourtant largement confrontés à une sinistralité élevée (TMS, RPS) du fait de conditions de travail usantes (services à la personne, secteur sanitaire et médico-social, etc.[26]). Une remise à plat de ces seuils et critères serait probablement salutaire.

3 Les évolutions de la gouvernance de la santé au travail

Le PST4 tient compte du contexte lié à l'adoption de la loi du 2 août 2021 qui est centrée sur l'offre de services des SPST, conformément à l'ANI adopté par les partenaires sociaux en novembre 2020. À l'avenir, d'autres réformes institutionnelles pourraient intervenir pour simplifier davantage une gouvernance qui demeure complexe.

3.1 La réforme portée par la loi du 2 août 2021 : centrée sur les missions des services de santé au travail

a La réforme se concentre sur le contenu des services offerts par les services de santé au travail

Le rapport IGAS de 2020[27] proposait la définition d'un socle de services de base pour tous les services de santé au travail défini par un référentiel validé par l'État et les partenaires sociaux. Il suggérait en outre la mise en place systématique d'une cellule de prévention de la désinsertion professionnelle (PDP) au sein des services de santé au travail, et la recherche d'une qualité plus homogène en prévoyant leur certification par des organismes accrédités.

L'ANI sur la santé au travail conclu par les partenaires sociaux le 9 novembre 2021[28], intervenu dans le contexte de l'épidémie de Covid-19, est également centré sur les missions des services de santé au travail. Il préconise de les rebaptiser services de prévention

26. Voir à ce sujet : Conseil supérieur de l'égalité professionnelle, *Les femmes seniors dans l'emploi – état des lieux*, en coopération avec l'ANACT et la DGEFP, juin 2019.
27. IGAS, *Évaluation des services de santé au travail interentreprises (SSTI),* rapport, février 2020.
28. Ce texte consensuel a été validé par toutes les organisations représentatives sur le plan interprofessionnel, à l'exception de la CGT.

et de santé au travail (SPST), et de mettre en œuvre les procédures visant à améliorer et à harmoniser la qualité de leurs prestations.

Les parlementaires Charlotte Lecocq et Carole Grandjean ont rapidement annoncé leur intention de déposer une proposition de loi reprenant les principes de l'ANI. Ce texte a finalement été promulgué le 2 août 2021.

La loi du 2 août 2021 pour renforcer la prévention en santé au travail prévoit que désormais, l'agrément des SPSTI sera réalisé sur la base d'un cahier des charges national et devra tenir compte des résultats d'une procédure de certification. La certification des SPSTI doit être prononcée par un organisme indépendant, sur la base d'un référentiel de qualité défini par décret sur proposition du bureau du COCT, le CNPST.

La loi dispose en outre que les SPSTI doivent tous proposer un ensemble socle de services, dont la PDP et le conseil en matière de qualité de vie et de conditions de travail (QVCT), dont la liste et les modalités sont définies par le CNPST. En outre, la loi ouvre la voie au développement des nouveaux outils de la prévention (document unique d'évaluation des risques professionnels électronique, passeport prévention, etc.).

La loi du 2 août 2021 prévoit la possibilité pour les SPST d'avoir recours à des médecins praticiens correspondants, disposant d'une formation en médecine du travail sans avoir la qualité de spécialiste. Ces derniers pourront, sur la base d'un protocole de collaboration, appuyer l'action médicale des SPST. La loi donne en outre un socle légal à l'intervention des médecins collaborateurs (*cf. supra*). Elle conforte et précise les rôles de l'infirmier en santé au travail et de l'auxiliaire médical disposant de compétences en santé au travail.

b La gouvernance générale de la santé au travail peu modifiée par la réforme

L'ANI de 2020 et la loi du 2 août 2021 ne modifient que partiellement la gouvernance interne des SPSTI en prévoyant de réserver la vice-présidence des associations à un représentant des salariés, en plus du rôle de trésorier. Le paritarisme intégral n'est pas rendu obligatoire, puisque la présidence des conseils d'administration des SPSTI demeure réservée aux représentants des employeurs. Toutefois, les membres patronaux des conseils d'administration des SPSTI sont désormais désignés par les organisations représentatives au niveau national, et non plus parmi les entreprises adhérentes.

Dans l'ANI de 2020, peu de stipulations concernent la gouvernance transversale du système de santé au travail. La loi du 2 août 2021 ne va pas plus loin. Le groupe permanent d'orientation du COCT devient CNPST (comité national prévention santé au travail), avec un rôle plus clair d'approbation du plan santé au travail, et un rôle de proposition quant au socle de services et au référentiel de certification des SPSTI. Au niveau régional, les CRPST, au sein des CROCT, connaissent la même évolution. Les CARSAT sont maintenues. Seules les ARACT devront fusionner avec l'ANACT au sein d'une entité unique.

3.2 Les possibles rationalisations de la gouvernance de la santé au travail

a Les SPSTI pourraient se voir coiffer d'une véritable tête de réseau politique et technique

La loi du 2 août 2021 n'a pas modifié fondamentalement l'ordre des choses quant au pilotage des SPSTI :

- ils dépendent au niveau régional de l'agrément des DREETS et de CPOM cosignés par les DREETS et les CARSAT ;
- au niveau national, le CNPST fait figure de tête de réseau politique, associant étroitement l'État et les partenaires sociaux, et PRESANSE demeure la tête de réseau technique, susceptible d'outiller les SPSTI pour la réalisation de leurs missions.

La dichotomie entre pilotage politique et pilotage technique n'est pas optimale et leur regroupement pourrait être utile. Le CNPST est une structure légère du point de vue administratif. PRESANSE demeure handicapée par son manque de légitimité politique et ne peut pas disposer de l'autorité suffisante pour harmoniser les outils des SPSTI. L'interopérabilité des systèmes d'information est à cet égard à la fois emblématique et fondamentale : prévue par la loi, sa mise en œuvre indispensable à la qualité globale de la politique de santé au travail ne pourra probablement entrer dans la réalité qu'à la condition d'un rapprochement entre les deux têtes de réseau.

b La rationalisation du système de santé au travail : vers une coordination renforcée

Le rapport Lecocq de 2018, qui proposait la création d'une agence nationale « France santé travail » par fusion de l'ANACT, de l'INRS et la direction des risques professionnels de la CNAM, et la création d'agences régionales fusionnant CARSAT et services de santé au travail interentreprises, a soulevé de fortes oppositions. Le rapport sénatorial de Pascale Gruny et Stéphane Artano, en 2019, allait un peu moins loin. Il proposait la création d'une agence nationale de coordination, chargée de la certification de services de santé au travail demeurant privés. Cette agence devait s'assurer de la qualité de leurs prestations via notamment la constitution d'un système d'information commun.

Ces deux schémas restent des possibilités pour l'avenir, porteuses de simplifications dont il conviendra de mesurer les avantages et les risques.

Les regroupements de structures seront probablement fonction de la réalisation d'autres réformes susceptibles d'intervenir dans le champ de la protection sociale :

- la réforme des retraites, engagée fin 2019 et stoppée lors du premier confinement en mars 2020, aurait pour conséquence, si elle était reprise un jour, la création d'une caisse nationale de retraite universelle et, sur le plan territorial, de caisses régionales qui intégreraient notamment les compétences retraites des CARSAT. Les services chargés de la prévention et de la tarification des CARSAT n'auraient probablement pas la taille critique pour se maintenir en l'état, ce qui pourrait reposer la question de la création d'agences régionales de santé au travail, regroupant les acteurs territoriaux, sur le modèle des propositions portées par le rapport Lecocq de 2018 ;
- par ailleurs, la Cour des comptes soulignait en 2020[29] que le pilotage de l'assurance maladie gagnerait à être rationalisé sur le plan territorial, notamment pour tirer bénéfice du pilotage national des deux risques maladie et ATMP par la CNAM. Sur le plan territorial, cette logique pourrait conduire à une intégration de la fonction prévention-tarification des ATMP, assurée par les CARSAT, avec la fonction d'indemnisation assurée par les CPAM.

La place des partenaires sociaux pourrait, selon les options politiques, être accentuée ou limitée. Les préférences collectives peuvent conduire, selon les cas, à diminuer ou à renforcer la place des partenaires sociaux dans les politiques de santé au travail. Si l'on considère la santé au travail comme un sous-ensemble de la santé publique, c'est évidemment l'État qui doit définir les priorités. En revanche, si l'on considère la santé au travail comme un prolongement naturel du travail, ce sont les représentants légitimes des salariés et des employeurs qui doivent en fixer les orientations. En pratique, le dispositif restera mixte car les deux éléments ne sont pas exclusifs. Mais les priorités peuvent évidemment évoluer dans le temps.

29. Cour des comptes, *La sécurité sociale – rapport sur l'application des lois de financement de la sécurité sociale*, octobre 2020.

CHAPITRE 5
LES POLITIQUES DU TEMPS ET DES RÉMUNÉRATIONS DU TRAVAIL

SOMMAIRE

SECTION 1 ■ Les jalons et principes généraux des politiques du temps et des rémunérations du travail ➤ p. 276
1 La construction des politiques du temps et des rémunérations du travail ➤ p. 276
2 Les notions et principes généraux ➤ p. 280

SECTION 2 ■ Les problématiques ➤ p. 284
1 Augmenter ou diminuer la durée effective du travail ? ➤ p. 284
2 Comment conjuguer augmentation du revenu disponible et modération du coût du travail ? ➤ p. 286
3 Faut-il décentraliser davantage la négociation sur le temps et les rémunérations du travail ? ➤ p. 293
4 Les questions liées au numérique (rappels) ➤ p. 296

SECTION 3 ■ Les perspectives ➤ p. 297
1 Une probable augmentation de la durée du travail, combinée avec la recherche de temps choisi ➤ p. 297
2 L'articulation entre les politiques de modération du coût du travail et d'amélioration du pouvoir d'achat ➤ p. 301

Pourquoi traiter ensemble rémunérations et temps de travail ?

L'idée est ici d'aborder les deux thématiques au sein d'un même chapitre car nombreux sont leurs objectifs et leurs instruments communs d'une part, et parce qu'il est parfois difficile de faire une distinction nette entre leurs effets d'autre part :

- ainsi, les effets sur l'emploi d'une réduction du temps de travail sont difficiles à isoler de ceux de la réduction de cotisations sociales qui généralement l'a accompagnée. De même, l'instrument de l'exonération de prélèvements socio-fiscaux des heures supplémentaires a été le principal levier, ces dernières années, de l'augmentation de la durée du travail effectif pour les salariés à temps plein, et cet instrument relève tant de la politique du temps de travail que de celle des rémunérations ;
- par ailleurs, le débat sur le niveau excessif du coût du travail pénalisant la compétitivité suscite fréquemment des propositions consistant à allonger la durée d'activité (par exemple en supprimant des jours fériés). De même, la revendication d'une semaine de quatre jours ne peut pas être séparée de la question de l'augmentation des rémunérations car il ne s'agit jamais de réduire à due proportion le salaire servi aux travailleurs concernés.

Si on s'attarde sur les objectifs et instruments de chacune de ces deux politiques, on constate qu'elles répondent à des objectifs parfois convergents, et parfois divergents. Entre eux, certains de ces objectifs peuvent être partiellement contradictoires.

La politique du temps de travail vise :

- d'abord à préserver la santé des travailleurs : c'est l'objectif initial de la réglementation de la durée du travail, celle de la loi sur le travail des enfants de 1841. Elle passe par des règles légales comme la fixation d'une durée maximale de travail et d'une durée minimale de repos ;
- à permettre les adaptations de l'appareil de production : ce sont toutes les possibilités, recherchées par le législateur depuis 40 ans, pour permettre aux entreprises d'aménager le temps et l'organisation du travail ;
- à développer l'emploi : la durée du travail a été abaissée dans les années 1990 avec l'objectif de partager le travail ; depuis les années 2000, les pouvoirs publics ont plutôt cherché à allonger la durée du travail effectif pour soutenir la croissance économique et *in fine* développer le niveau de l'emploi ;
- plus indirectement, à assurer un niveau de revenu suffisant et incitatif, et à lutter contre les inégalités : on peut retrouver cet objectif dans les tentatives d'encadrement du travail à temps partiel (de peu d'effet en réalité – *cf.* chapitre 2).

La politique des rémunérations du travail vise quant à elle :

- à assurer un niveau de revenu suffisant et incitatif à l'activité : c'est la logique du SMIC[1], qui doit être suffisamment élevé pour éviter la pauvreté d'une part, et pour

1. Salaire minimum interprofessionnel de croissance.

inciter financièrement les bénéficiaires de minima sociaux ou de l'assurance chômage à la reprise du travail d'autre part ;

- à développer l'emploi : il s'agit de faire en sorte que les travailleurs soient incités à travailler et que le niveau de leurs rémunérations ne dissuade pas les offreurs de travail d'embaucher (d'où les politiques de modération salariale et surtout depuis les années 1990 de réduction massive des cotisations sociales pour faire baisser le coût du travail, en particulier au voisinage du SMIC ; mais également les réflexions actuelles sur les nécessaires revalorisations des rémunérations servies dans les professions souffrant d'une faible attractivité) ;
- à permettre les adaptations nécessaires du facteur de production qu'est le travail : il s'agit de faire en sorte que la structure des rémunérations soit propice à la motivation des travailleurs (flexibilité des primes, intéressement et participation) et aux variations de la demande adressée à l'entreprise (majoration des rémunérations des heures supplémentaires, prise en charge publique de l'indemnisation de l'activité partielle) ;
- à lutter contre les inégalités : il s'agit par exemple de faire en sorte que les grilles des rémunérations servies progressent à un rythme homogène pour éviter des effets de décrochage de telle ou telle catégorie professionnelle, de limiter le niveau des rémunérations les plus hautes (dirigeants d'entreprises), ou encore d'organiser le rattrapage des métiers majoritairement féminins, généralement moins bien rémunérés, au moyen d'une renégociation des classifications de branches.

Plus globalement, le temps et la rémunération du travail renvoient aux conceptions qu'une société a d'elle-même et de la place qu'elle attribue au travail. Ainsi, la réglementation du travail peut avoir des objectifs de préservation de la vie familiale et sociale (d'où par exemple la réglementation sur le travail dominical, intégrant des surrémunérations qui compensent les dérogations à l'interdiction de principe – *cf.* encadré, p. 299). Ces conceptions, qui engagent la société, sont variables dans l'espace et dans le temps.

Enfin, politiques du temps et des rémunérations du travail font appel à des leviers communs, notamment par la recherche croissante de normes définies au plus près des salariés et des employeurs en privilégiant la négociation d'accords d'entreprise, et par des questionnements à la fois fondamentaux et très symboliques sur le socle légal du SMIC et de la durée légale du travail, fixée à 35 heures.

Dans un premier temps, on décrira les jalons historiques et les principes généraux qui s'appliquent aux politiques du temps et des rémunérations du travail (1). Dans un deuxième temps, les principales problématiques se rapportant aux deux thématiques seront évoquées (2). Enfin, la présentation des perspectives montrera qu'il s'agit probablement des politiques les débattues parmi l'ensemble des politiques du travail, pouvant potentiellement donner lieu à des réformes de philosophies diamétralement opposées (3).

SECTION 1

Les jalons et principes généraux des politiques du temps et des rémunérations du travail

1 La construction des politiques du temps et des rémunérations du travail

1.1 Les réformes du XIXe et du XXe siècles : réduction de la durée du travail et acroissement des rémunérations des salariés

La loi du 22 mars 1841 est très symbolique : elle constitue le tout premier jalon de la construction du droit du travail. Interdisant le travail des enfants de moins de 8 ans et limitant la durée maximale de travail pour les seuls moins de 16 ans, cette réforme constitue une étape décisive : l'État intervient par dérogation aux principes du droit civil en définissant un cadre aux relations de travail dans les manufactures. Cinquante ans plus tard, la loi du 2 novembre 1892 créant l'inspection du travail vise à faire respecter ces règles. Elle limite en outre la durée du travail pour les femmes et les enfants. La loi du 13 juillet 1906 institue la règle d'un repos hebdomadaire de 24 heures, en principe donné le dimanche, dans la foulée des lois sociales des années 1890.

Les réformes du Front populaire, en 1936, apportent des améliorations au statut des travailleurs en abaissant la durée du travail à 40 heures par semaine et en instituant les congés payés (deux semaines).

Après la Seconde Guerre mondiale, la loi du 11 février 1950 libéralise les salaires et crée le SMIG[1]. Les accords de Grenelle en 1968 prévoient de fortes augmentations de salaires et un engagement à réduire progressivement le temps de travail. À leur suite, la loi du 2 janvier 1970 crée le SMIC[2].

En 1982, les ordonnances et lois Auroux réduisent à nouveau la durée du travail (semaine de 39 heures, cinquième semaine de congés payés) et portent l'âge légal de liquidation de la retraite à 60 ans. Elles mettent en place la négociation annuelle obligatoire (NAO) dans les entreprises et les branches, qui doit porter sur les salaires et l'organisation du travail.

La législation sur le travail marque une pause après les réformes Auroux. Des ajustements techniques ont lieu, notamment sous l'influence d'accords nationaux interprofessionnels, mais le droit n'est plus utilisé comme instrument privilégié de la promotion des conditions de vie des travailleurs. Il s'agit désormais de permettre une adaptation de l'appareil productif aux conditions de la concurrence internationale, sous l'influence des doctrines portées par l'OCDE, le Fonds monétaire international et l'Union européenne. Ces principes n'induisent plus une réduction de la durée du travail mais, au contraire, son allongement et une modération des coûts salariaux des entreprises.

Seules les législations sur la réduction négociée du temps de travail[3], au cours des années 1990, demeurent dominées par les ambitions historiques d'amélioration des conditions de travail des salariés, tout en faisant déjà figure de compromis : si elles diminuent la durée du travail, d'abord de manière négociée puis sous la forme d'un abaissement de la durée légale hebdomadaire à 35 heures, elles prévoient d'importantes diminutions des cotisations sociales et une plus grande latitude d'organisation interne des entreprises notamment par l'annualisation de la durée du travail, afin de préserver la compétitivité de l'économie.

1.2 À partir des années 2000, les réformes visent à allonger la durée du travail et à modérer son coût

Les réformes menées depuis le début des années 2000 poursuivent concurremment plusieurs objectifs : les ambitions de protection et d'amélioration des conditions de vie des travailleurs demeurent mais laissent une place plus importante à l'impératif de compétitivité des entreprises.

....

1. Salaire minimum interprofessionnel garanti, ancêtre de notre SMIC.
2. Salaire minimum interprofessionnel de croissance.
3. Loi quinquennale pour l'emploi du 20 décembre 1993 ; loi du 11 juin 1996 tendant à favoriser l'emploi par l'aménagement et la réduction conventionnels du temps de travail, dite loi Robien, et lois des 13 juin 1998 et du 19 janvier 2000 dites lois Aubry.

Les heures supplémentaires, fortement encadrées dans la législation précédente, voient leur régime juridique progressivement assoupli. La loi en faveur du travail, de l'emploi et du pouvoir d'achat dite TEPA du 21 août 2007 parachève ce processus, en défiscalisant et en supprimant les cotisations sociales sur les heures supplémentaires. L'objectif est à la fois d'allonger la durée du travail et d'augmenter le revenu des salariés. Ce dispositif est abrogé par la loi de finances du 16 août 2012, puis rétabli pour l'essentiel par la loi de financement de la sécurité sociale pour 2019 et la loi du 24 décembre 2018 portant mesures d'urgence économiques et sociales, promulguée à la suite du mouvement des « gilets jaunes ».

Parallèlement, les pouvoirs publics cherchent à conforter la place de la négociation d'entreprise dans l'organisation du travail. La négociation dérogatoire en entreprise (*cf.* chapitre 3) trouve en priorité à s'appliquer aux règles relatives au temps de travail :

- la loi du 4 mai 2004 relative à la formation professionnelle tout au long de la vie et au dialogue social, dite Fillon, prévoit plusieurs possibilités de déroger à la loi par accord d'entreprise, en matière de durée du travail et de temps partiel ; elle ouvre en outre les possibilités de dérogation à l'accord de branche par accord d'entreprise, dans un sens moins favorable aux salariés en matière de temps de travail, mais l'exclut en ce qui concerne les minima salariaux ;
- la loi du 20 août 2008 portant rénovation de la démocratie sociale et réforme du temps de travail, dite Bertrand, dispose que les accords d'entreprise prévalent désormais systématiquement sur les accords de branche en matière de temps de travail (sur les contingents d'heures supplémentaires, les repos compensateurs, les conventions de forfait, le compte épargne temps, etc.) ;
- la loi du 6 août 2015 pour la croissance, l'activité et l'égalité des chances économiques, dite Macron, étend les possibilités de dérogation par accords collectifs au principe du repos dominical ;
- la loi du 17 août 2015 relative au dialogue social et à l'emploi, dite loi Rebsamen, rationalise la NAO en entreprise ;
- la loi du 8 août 2016 relative au travail, à la modernisation du dialogue social et à la sécurisation des parcours professionnels, dite loi Travail ou El Khomri, prévoit une recomposition du Code du travail en distinguant, matière par matière, ce qui relève de la loi, de l'accord de branche et de l'accord d'entreprise, afin de rationaliser le système de dérogations au principe de faveur. Elle complète en outre le dispositif de la loi Bertrand de 2008 en étendant ce principe de dérogation au niveau de sur rémunération des heures supplémentaires effectuées, avec un minimum de 10 % ;
- Les ordonnances du 22 septembre 2017, enfin, organisent les matières relevant de la négociation collective en trois blocs. Les salaires minima hiérarchiques font partie du premier bloc, pour lequel le principe de faveur continue à s'appliquer. En revanche, les règles relatives au temps de travail relèvent toutes des matières du troisième bloc, pour lesquelles l'accord d'entreprise prime toujours.

En outre, les pouvoirs publics souhaitent modérer le coût du travail et poursuivent une politique continue de réduction des charges sociales depuis la mise en place des allègements généraux de cotisations sociales en 1993 :

- il s'agit de dispositifs consistant pour l'État à se substituer aux entreprises pour le financement de la protection sociale liée au versement des premiers niveaux de salaires, proches du SMIC ;
- les allègements sont progressivement étendus à de nouveaux types de cotisations et revalorisés en 1996, 2000 (pour compenser l'impact du passage aux 35 heures), 2003-2005 (sous la forme d'une simplification des dispositifs d'exonération en un dispositif unique, entre 1 et 1,6 SMIC, dit exonération Fillon), 2007, 2015 (« pacte de responsabilité et de solidarité », portant les exonérations jusqu'à un point de sortie fixé à 3,5 SMIC) ;
- en 2013, un crédit d'impôt pour la compétitivité et l'emploi (CICE) permet aux entreprises de bénéficier d'une réduction de leurs charges fiscales à proportion des salaires versés jusqu'à 2,5 SMIC. En 2019, ce dispositif est remplacé par une nouvelle baisse des cotisations de sécurité sociale, et pour la première fois des cotisations de retraites complémentaires obligatoires et d'assurance chômage. Au final, en 2021, la réduction du coût du travail atteint 40 % au niveau du SMIC[4].

La diminution du coût du travail pour les employeurs implique une politique de modération du SMIC. Celle-ci succède aux importantes revalorisations opérées entre 1997 et 2005, dans la foulée de la réduction du temps de travail.

Les revenus des travailleurs à bas salaires sont soutenus par d'autres moyens. La loi du 14 juin 2013 de sécurisation de l'emploi prévoit une durée minimale d'activité de 24 heures par semaine pour les salariés à temps partiel, afin de réduire les situations de pauvreté au travail. Surtout, des compléments de revenus sont institués sous forme de transferts publics :

- la prime pour l'emploi en 2001, puis le revenu de solidarité active d'activité (RSA-activité) en 2009 ;
- les deux dispositifs sont fusionnés en un instrument unique, la prime d'activité, par la loi Rebsamen du 17 août 2015. C'est cet instrument qui est utilisé prioritairement pour répondre à la crise des « gilets jaunes » fin 2018[5], aboutissant à une augmentation de rémunérations équivalant à 100 euros par mois au niveau du SMIC ;
- des dispositifs de primes ponctuelles sont institués pour répondre aux revendications de pouvoir d'achat, sous la forme d'exonération fiscale et sociale sur les primes pouvant être accordées par les employeurs (prime exceptionnelle de pouvoir d'achat, en 2020 et 2021) ou de « l'indemnité inflation » de 100 euros, en totalité prise en charge par le budget de l'État en 2022.

....

4. Projet de loi de financement de la sécurité sociale pour 2022, rapport d'évaluation des politiques de sécurité sociale – financement, octobre 2021.

5. La revalorisation de la prime d'activité au 1er janvier 2019 représente 90 % de la revalorisation des salaires annoncée par le président de la République, de 100 euros au niveau du SMIC.

2 Les notions et principes généraux

2.1 En matière de temps de travail

Trois notions doivent être impérativement distinguées en droit du travail.

- La durée légale du travail (35 heures hebdomadaires, 151,67 heures par mois et 1 607 heures par an) : il s'agit du nombre d'heures au-delà duquel un salarié effectue des heures supplémentaires. Ces heures supplémentaires sont accomplies à la demande de l'employeur et ouvrent droit à une rémunération majorée ou à un repos compensateur (et dans certaines hypothèses aux deux formes de compensation).
- La durée de travail effectif : il s'agit du nombre d'heures de travail effectivement réalisées par le salarié, pendant lesquelles il se trouve à la disposition de son employeur[6].
- Les durées maximales du travail : il s'agit du nombre d'heures que la durée de travail effectif ne doit pas dépasser, afin de préserver la santé des salariés. Deux seuils existent :
  - un seuil quotidien, fixé à 10 heures par jour, sauf dérogation par accord d'entreprise (dans une limite de 12 heures par jour), justifiée par l'urgence ou accordée par l'inspecteur du travail à la demande de l'employeur ;
  - un seuil hebdomadaire, fixé à 48 heures de travail pour une même semaine ou 44 heures par semaine en moyenne sur une période de 12 semaines consécutives. Là encore, des dérogations sont possibles par voie conventionnelle ou sur autorisation de l'inspecteur du travail.

S'ajoutent à ces durées maximales de travail des durées minimales de repos :

- un temps de pause minimal de 20 minutes doit être accordé au salarié toutes les 6 heures de travail effectif ;
- un repos quotidien minimum de 11 heures par jour ;
- un repos hebdomadaire minimum de 35 heures, comprenant en principe le dimanche. De nombreuses dérogations existent sur ce dernier point (*cf.* encadré, p. 299).

Les trois fonctions publiques appliquent des règles très proches de celles exposées *supra*, qui sont imposées au droit national, public et privé, par la directive du 4 novembre 2003[7]. Certains aménagements existent cependant : par exemple, la durée annuelle du travail peut être réduite pour tenir compte de sujétions particulières, notamment le travail de nuit ou en horaires décalés, le dimanche, en équipe, ou dans le cadre de travaux pénibles ou dangereux, ou d'une modulation importante du cycle de travail. En outre, certaines catégories de personnels sont soumises à des régimes d'obligation de service pouvant différer du cas général. En particulier, dans la fonction

....

6. Article L. 3121-1 du Code du travail : « La durée du travail effectif est le temps pendant lequel le salarié est à disposition de l'employeur et se conforme à ses directives sans pouvoir vaquer librement à ses occupations personnelles. »

7. Directive 2003/88/CE du Parlement européen et du Conseil du 4 novembre 2003 concernant certains aspects de l'aménagement du temps de travail.

publique hospitalière, les contraintes de continuité de service imposent des rythmes spécifiques en cas de travail continu (par exemple une durée maximale quotidienne de 9 heures pour les équipes de jour, de 10 heures pour les équipes de nuit, et un repos quotidien de 12 heures minimum). Dans la fonction publique territoriale, les employeurs avaient jusqu'à la loi du 6 août 2019 la possibilité de maintenir des régimes antérieurs permettant à leurs agents de travailler sur une durée annuelle inférieure à 1 607 heures, notamment du fait de jours d'absence spécifiques. La suppression de ces dérogations doit s'opérer progressivement en 2021 et 2022.

2.2 En matière de rémunérations du travail

La notion de salaire doit être distinguée de la notion plus large de rémunération.

Le salaire est complété par les primes et indemnités (individuelles ou collectives) et les avantages en nature accordés par l'employeur. L'ensemble de ces versements forme **la rémunération au sens de l'article L. 242-1 du Code de la sécurité sociale**, qui désigne les « sommes versées aux travailleurs en contrepartie ou à l'occasion du travail ». Les cotisations sociales s'appliquent à cette base.

Le Code exempte certaines rémunérations et les retire de l'assiette des cotisations sociales (ce sont des exemptions d'assiette, qui se distinguent des allègements et exonérations de cotisations qui, elles, portent sur le taux des cotisations). Il s'agit de la participation et de l'intéressement, de l'actionnariat salarié, de la protection sociale complémentaire en entreprise, des aides directes aux salariés (tels les tickets restaurant, les chèques vacances ou les chèques emploi-service universels préfinancés) et des indemnités de rupture du contrat de travail.

En tant qu'élément essentiel du contrat de travail (*cf.* chapitre 2), la rémunération ne peut être modifiée unilatéralement par l'employeur. Son montant est librement déterminé par la négociation de l'employeur et du salarié, sous réserve de respecter les normes supérieures : légales (plancher horaire constitué par le SMIC, règles applicables à la participation et à l'intéressement, etc.) et conventionnelles (au niveau de la branche et de l'entreprise, sachant que cette matière relève du « premier bloc » de matières du droit du travail pour lesquelles le principe de faveur s'applique – *cf. infra*).

Le SMIC est un minimum salarial horaire[8] et pas davantage. Lorsqu'on parle de SMIC mensuel, ce n'est que la multiplication de ces montants par le nombre moyen d'heures qu'effectue un salarié à temps plein au cours du mois (soit 151,67 heures[9]). Son objectif principal est de préserver les travailleurs salariés de la pauvreté mais ce n'est en aucun cas une garantie absolue : les travailleurs pauvres (c'est-à-dire les travailleurs qui appartiennent à un ménage dont les revenus sont en dessous du seuil de pauvreté)

....

8. Au 1er janvier 2022, 10,57 euros bruts et 8,37 euros nets.
9. Le SMIC s'élève ainsi à 1 603 euros bruts mensuels ou, sur l'année, à 19 237 euros.

se concentrent parmi les titulaires de contrats de travail à temps partiel ou d'emplois temporaires de courte durée (*cf.* chapitre 2). Le SMIC est revalorisé chaque année au 1er janvier[10]. Le Gouvernement a la possibilité de décider d'une augmentation supplémentaire du SMIC (souvent dénommée « coup de pouce »). Un groupe d'experts est chargé de formuler des recommandations en la matière.

Ce minimum horaire s'impose à tous et à toutes les conventions collectives de branches :

- cela signifie que les branches qui n'actualisent pas assez régulièrement leurs minima se voient dépasser par le SMIC. Concrètement, les salariés concernés sont payés au SMIC, mais leur progression est écrasée dans les rémunérations de branche, et ils peuvent de ce fait rester de nombreuses années au même niveau de salaire malgré leur progression dans les classifications de la branche ;
- par exception, un salarié de moins de 18 ans qui n'a pas encore 6 mois de pratique professionnelle dans sa branche d'activité peut percevoir un SMIC minoré (de 10 % s'il a 17 ans, de 20 % s'il a 16 ans).

Depuis les ordonnances du 22 septembre 2017, les « salaires minima hiérarchiques » font partie des matières dites du « premier groupe », c'est-à-dire du nombre de celles pour lesquelles le principe de faveur s'applique encore : un accord de branche ne pourra faire l'objet d'une dérogation par accord d'entreprise que dans un sens plus favorable au salarié. Une controverse juridique a longtemps opposé le Gouvernement et les syndicats autour de cette notion de salaires minima hiérarchiques, le premier considérant qu'elle ne renvoyait qu'au salaire de base à l'exclusion de tout complément ou prime, les seconds estimant que les branches pouvaient définir des primes s'imposant aux entreprises. C'est cette seconde conception qui a finalement été confirmée par le Conseil d'État en octobre 2021 : les salaires minima hiérarchiques peuvent intégrer des primes[11].

Dans la fonction publique, la rémunération est principalement constituée du traitement indiciaire, dont le montant brut résulte de la multiplication du nombre de points lié au grade et à l'échelon du fonctionnaire par la valeur du point d'indice. S'y ajoutent des primes et indemnités, dont le régime juridique a été rationalisé[12], dans l'objectif d'homogénéiser le droit applicable aux différents statuts particuliers et de renforcer l'individualisation des rémunérations. Les fonctionnaires ont en outre droit au

....

10. Il est indexé sur l'inflation mesurée pour les 20 % des ménages ayant les revenus les plus faibles et sur la base de la moitié du gain de pouvoir d'achat du salaire horaire moyen des ouvriers et des employés. Par ailleurs, le SMIC est revalorisé en cours d'année lorsque l'indice des prix à la consommation connaît une augmentation de plus de 2 % par rapport à l'indice pris en compte pour l'établissement du dernier montant du SMIC. C'est cette circonstance qui a amené la revalorisation du SMIC au 1er octobre 2021, l'indice des prix ayant connu une progression de 2,2 % entre novembre 2020 et septembre 2021.

11. Conseil d'État, Sect., 7 octobre 2021, Fédération des syndicats CFTC commerce, services et force de vente.

12. Pour la seule fonction publique d'État : prime de fonction et de résultat créée en 1998, régime indemnitaire tenant compte des fonctions, des sujétions, de l'expertise et de l'engagement professionnel (RIFSEEP) créé en 2014.

versement complémentaire d'une indemnité de résidence lorsqu'ils occupent un poste situé dans des zones géographiques où le coût de la vie est élevé, et d'un supplément familial de traitement, lié au nombre de leurs enfants.

Le droit au salaire minimum est un principe général du droit qui s'applique à la fonction publique[13] : tout fonctionnaire doit être rémunéré au moins au niveau du SMIC. Les grilles de rémunérations sont ainsi régulièrement revues afin de faire en sorte que le traitement minimal suive ses évolutions. À défaut, une indemnité différentielle est versée pour compenser l'écart entre le traitement mensuel et le SMIC.

13. Conseil d'État, Sect., 23 avril 1982, ville de Toulouse contre Aragnou.

SECTION 2

Les problématiques

Les questions autour de la durée et des rémunérations du travail sont les thématiques qui apparaissent de loin les plus débattues parmi les politiques du travail, et le champ des « futurs désirables » est très large, qu'il s'agisse de la durée effective du travail (1) ou du niveau des rémunérations servies aux salariés (2). La question du niveau souhaité de décentralisation de la négociation collective (3) et des impacts du numérique (4), abordée dans les chapitres précédents, apparaît majeure et traverse les deux thématiques.

1 Augmenter ou diminuer la durée effective du travail ?

1.1 La durée du travail des salariés augmente depuis le début des années 2000, mais elle demeure relativement basse en France

Depuis 1950, la durée du travail a connu trois grandes phases : jusqu'au milieu des années 1960, elle se situe à un niveau élevé (avec un maximum de 1912 heures annuelles en 1951) ; entre 1967 et 2003, elle diminue, à des rythmes différents mais de manière constante, et elle atteint son point bas en 2003 (1 386 heures, soit 28 % de moins qu'en 1951) ; depuis 2003, on assiste à une évolution contrastée, analysée plus loin.

Le temps de travail des non-salariés, traditionnellement très supérieur à celui des salariés, diminue nettement, opérant ainsi un rapprochement progressif avec ces derniers. Du côté des salariés, le temps de travail annuel s'élève légèrement, de 1 500 à 1 550 heures, suivant étroitement les évolutions du temps de travail des salariés à temps complet, largement majoritaires.

En 2020, du fait de la crise sanitaire, la durée effective du travail s'est considérablement réduite (1 506 heures) mais ces données sont liées à la situation épidémique et ne permettent pas de tirer des conclusions de moyen terme. Le pouvoir d'achat des ménages s'est globalement maintenu au cours de la même période[1].

....

1. Si les salaires bruts ont diminué de 4,1 %, les transferts sociaux ont compensé ces effets liés à la réduction de la durée effective du travail. Dans ce contexte, le recul de la consommation lié aux périodes de confinement s'est traduit par de l'épargne supplémentaire : *cf.* Insee, *France, portrait social*, Insee références, novembre 2021.

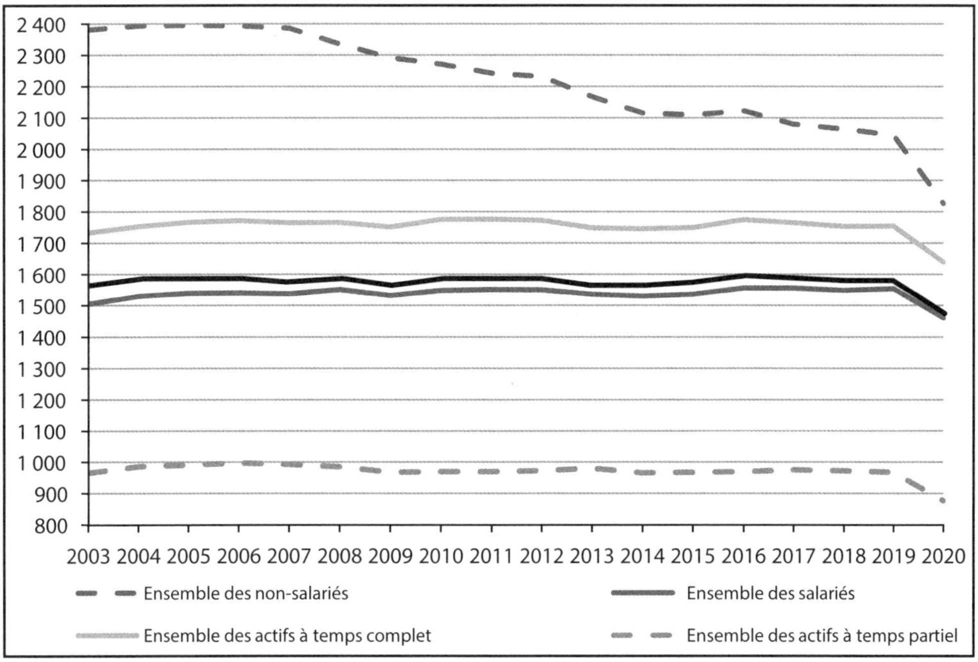

La durée effective du travail en France (en heures)

Source : Insee, enquête emploi.

Les comparaisons internationales sont fréquemment controversées. Si on retient les données présentées par l'OCDE[2] :

- le nombre d'heures travaillées dans l'année en France est nettement inférieur à celui de la moyenne de l'OCDE (mais supérieur à celui de l'Allemagne) ; en 2016, les travailleurs français effectuaient en moyenne 1 526 heures de travail par an, contre 1 751 heures en moyenne dans l'OCDE ;
- ce sont pour l'essentiel les jours non travaillés qui expliquent ces écarts : congés, jours fériés, absences, chômage, inactivité ;
- en revanche, le nombre d'heures effectuées par les salariés français au cours d'une semaine habituelle (sans les congés ni les absences) se situe dans la moyenne des autres pays de l'OCDE (37,2 heures contre 37,3 heures) : si les salariés à temps plein travaillent un peu moins longtemps en France (38,9 heures contre 40,1 heures), les salariés à temps partiel sont moins nombreux et travaillent davantage ;
- surtout, il est important de garder en tête dans ce débat que la proportion des personnes au chômage ou inactives est plus importante en France que dans les autres pays de l'OCDE, ce qui contribue à diminuer le nombre total d'heures de travail enregistrées au niveau macroéconomique. L'emploi est tiré à la baisse par le taux

2. OCDE, *Le temps de travail en France : comment expliquer sa faiblesse relative ?* Ecoscope par Antoine Goujard (Bureau France, département économique de l'OCDE), juin 2019.

de chômage élevé, le faible taux d'emploi des jeunes et des séniors ainsi que par les départs plus précoces en retraite.

1.2 Le débat sur les effets d'une augmentation ou d'une réduction de la durée du travail sur l'emploi

L'augmentation de la durée du travail est recherchée par le tranchement des politiques visant à favoriser les heures supplémentaires. L'objectif est de favoriser la croissance économique par l'augmentation de la quantité de travail dans l'économie.

À partir de la fin des années 2000, les réformes vont plutôt favoriser un allongement de la durée effective du travail (loi TEPA du 21 août 2007, loi de financement de la sécurité sociale pour 2019 ; *cf. supra*). Le plafond d'exonération totale des heures supplémentaires d'impôt sur le revenu a été porté à 7 500 euros, dans le contexte de crise sanitaire, en 2020.

Les effets sur l'emploi de la réduction du temps de travail menée au cours de la période précédente, jusqu'au début des années 2000, ont largement divisé les analystes, car ces opérations ont été connectées avec des baisses du coût du travail et parce qu'il est difficile de faire le départ entre les effets de chacune de ces deux politiques. La plupart des études s'accordent à dire que la réduction du temps de travail opérée par les réformes Aubry, conjuguées à la flexibilisation de l'organisation du travail et à la réduction des cotisations sociales, aurait créé ou préservé 350 000 emplois.

On retrouve les débats et controverses précitées entre partisans d'une augmentation de la durée effective du travail et ceux qui privilégient les politiques de partage du travail. Ces débats ont été relancés dans le cadre des réflexions post-Covid-19.

2 Comment conjuguer augmentation du revenu disponible et modération du coût du travail ?

2.1 La politique continue d'abaissement du coût du travail a reposé sur la baisse des prélèvements sociaux depuis 30 ans

Les mesures de réduction du coût du travail, concentrées sur les premiers niveaux de qualification, ont largement prospéré depuis la création des allégements généraux de cotisations sociales en 1993 (*cf. supra*). Les étapes les plus récentes ont été :

- la mise en place du CICE en 2013 dont le taux, initialement fixé à 4 %, est passé à 6 % en 2014, à 7 % en 2017 avant d'être ramené à 6 % en 2018 ;

- l'adoption des mesures du pacte de responsabilité et de solidarité à partir du 1er janvier 2015 : renforcement des allégements généraux de cotisation et baisse de la cotisation famille de 1,8 point pour les salaires inférieurs à 1,6 SMIC, étendue aux salaires inférieurs à 3,5 SMIC à compter du 1er avril 2016 ;
- la transformation en 2019 du CICE en baisse pérenne de cotisations sociales : baisse de 6 points de la cotisation maladie et extension des allègements généraux aux cotisations de retraites complémentaires obligatoires et aux cotisations chômage en 2019.

Ces politiques ont eu pour effet de réduire le coût horaire de la main-d'œuvre en France, même si le niveau des rémunérations reste globalement relativement élevé (37,50 euros contre 32,30 euros en zone euro et 28,50 euros dans l'UE27[3]). Surtout, le salaire net ne représente en France que deux tiers du total du coût du travail, quand il en représente au moins trois quarts dans la plupart des pays comparables. Cela résulte du choix, qui est encore réel, de financement de la protection sociale par des cotisations patronales, alors que les autres pays privilégient le plus souvent l'impôt, dont l'assiette n'est pas exclusivement salariale.

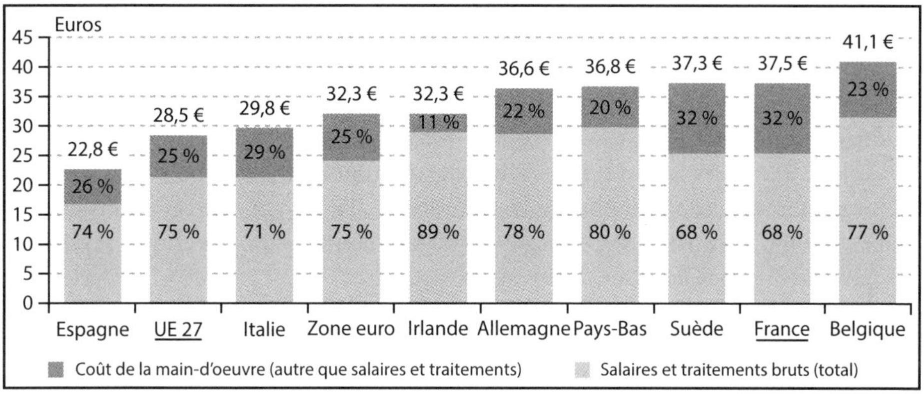

Coût horaire moyen de la main-d'œuvre en 2020 dont part des salaires et traitements bruts

Source : Insee, Eurostat.

On observe cependant un rattrapage depuis 2009 : le coût horaire progresse moins vite en France que dans la moyenne des pays européens, et parmi les sources de financement, les cotisations patronales assises sur la masse salariale occupent une place de moins en moins prépondérante. L'indice de coût horaire du travail montre que les rémunérations ont été moins dynamiques en France que dans la moyenne des pays européens, matérialisant les efforts de modération des salaires et des prélèvements publics sur le travail.

....

3. Rapport d'évaluation des politiques de sécurité sociale, financement, annexes du projet de loi de financement de la sécurité sociale pour 2022. Les trois graphiques et la plupart des données de cette partie sont issus de ce document.

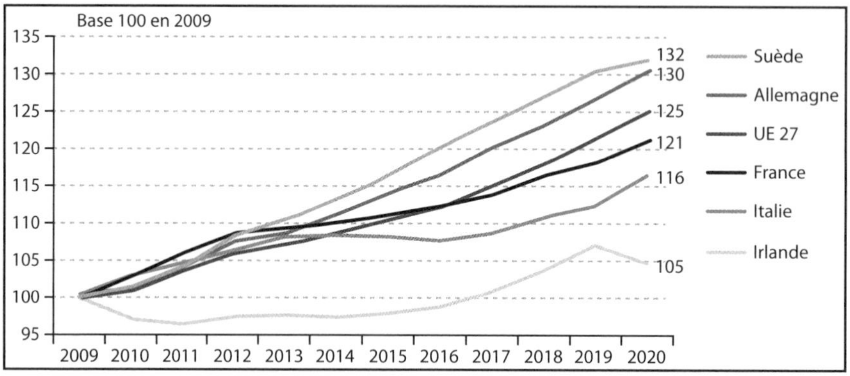

Indice du coût horaire du travail

Source : Insee, Eurostat.

2.2 Le SMIC a fait l'objet d'une politique de modération continue

La dernière tentative politique de réduction du SMIC remonte à 1993. Elle s'est soldée par un échec cinglant[4]. La première étape de mise en place des allègements généraux de cotisations sociales date de la même année. Depuis, les pouvoirs publics n'ont jamais cherché à abaisser le niveau du SMIC, tout en limitant sa progression aux règles de revalorisation automatique et en concentrant les allègements de cotisations sur les plus bas salaires. L'instrument privilégié de la lutte contre la pauvreté des travailleurs est dans cette logique la prime d'activité (*cf. supra*).

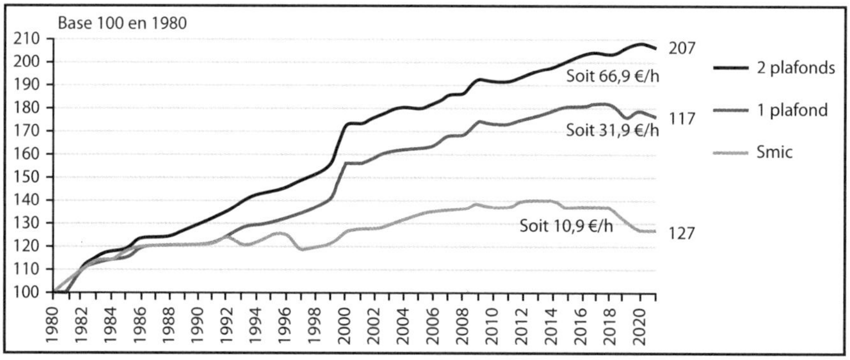

Coût horaire du travail pour un salarié passé aux 35 heures en 2000, dans une entreprise de plus de 20 salariés

Source : calculs DSS.

4. Il s'agissait du CIP (contrat d'insertion professionnelle), proposé pour les moins de 26 ans, avec une rémunération à hauteur de 80 % du SMIC. Le projet a soulevé une forte protestation populaire et a été retiré.

Ainsi, le coût du travail des salariés rémunérés à hauteur d'un ou deux plafonds de sécurité sociale[5] s'est-il considérablement écarté de celui d'un salarié au SMIC.

À l'échelle des pays de l'OCDE comme à celle de l'Union européenne, l'existence d'un SMIC national est largement majoritaire (28 pays de l'OCDE sur 35 et 21 pays de l'UE sur 27). Si le principe de l'existence d'un SMIC est quasi généralisé, le niveau de ce salaire minimum apparaît très variable. Le coût du travail au SMIC demeure élevé en France.

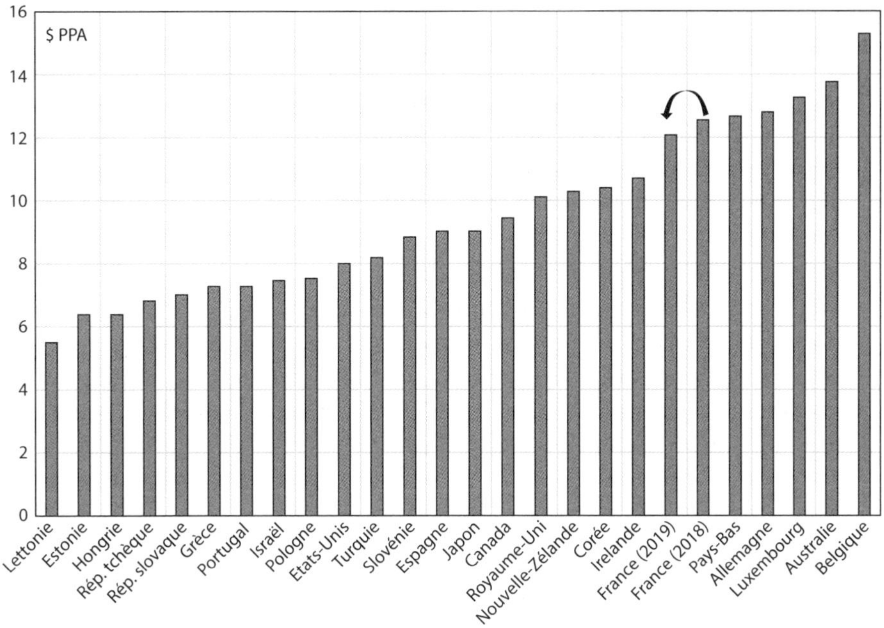

Coût horaire du travail au niveau du salaire minimum en parité de pouvoir d'achat en 2018 et simulations 2019 pour la France

Source : OCDE, pour le groupe d'experts sur le SMIC.

Le SMIC est à la fois un facteur important de compétitivité et un outil de politique sociale, destiné à protéger les salariés de la pauvreté. Il s'agit cependant d'un point controversé :

- les rapports de l'observatoire national de la pauvreté et de l'exclusion sociale (ONPES[6]) mettaient en évidence la contribution de cet instrument à la prévention des situations de pauvreté, promouvant la notion de salaire minimum décent[7] ;

5. Le plafond de la sécurité sociale est utilisé comme base de calcul de certaines prestations sociales. Il est réactualisé chaque année par les pouvoirs publics pour une date d'effet au 1er janvier. En 2022, il atteint le niveau mensuel de 3 428 euros (soit 6 856 euros pour deux plafonds).

6. Organisme consultatif supprimé en 2020, dont les attributions ont été reprises par le conseil national des politiques de lutte contre la pauvreté et l'exclusion sociale.

7. Voir Pierre Concialdi, *Le salaire minimum en France : historique et débats*, revue de l'IRES, n° 100, 2020.

- de leur côté, les analyses des économistes du groupe d'experts sur le SMIC insistent sur ses effets négatifs d'exclusion des travailleurs les moins qualifiés, du fait du renchérissement des premiers niveaux de salaires[8].

L'existence du SMIC protège par ailleurs de situations de concurrence potentiellement liées au détachement de travailleurs : depuis la directive dite « Bolkestein » de 2006[9], la libre prestation de service internationale implique de permettre aux États de l'Union européenne de détacher des salariés dans un pays tiers, en leur appliquant le principe dit du « pays d'origine », c'est-à-dire en leur appliquant la législation de l'État d'enregistrement de la société qui les emploie. Or, cette directive, aménagée par des textes ultérieurs, prévoit qu'un « noyau dur » de règles du pays de destination doit être appliqué par exception au principe du pays d'origine, et les minima de rémunération (légaux ou de branches) en font partie : s'il n'y avait par le SMIC, les salariés français souffriraient de la concurrence de salariés détachés par des entreprises enregistrées à l'étranger dont les conditions minimales de rémunération sont moins favorables. Au niveau du SMIC, le coût d'un travailleur détaché en France n'est pas inférieur à celui d'un salarié français[10]. En revanche, quand on s'élève dans l'échelle des rémunérations, ces constats ne s'appliquent plus, du fait de la dégressivité des allégements de cotisations sociales et du caractère plus disparate des grilles de rémunérations pour des qualifications supérieures. En outre, les pratiques d'optimisation sociale, ainsi que la fraude, peuvent permettre d'atteindre des coûts inférieurs (*cf.* encadré, p. 117).

2.3 Les politiques d'encouragement de l'intéressement et de la participation visent à conforter le revenu des salariés

La question du partage de la valeur ajoutée est fréquemment mise en avant dans le débat autour du pouvoir d'achat des travailleurs. Depuis une trentaine d'années, la répartition de la valeur ajoutée des entreprises entre les salariés et la rémunération du capital apparaît relativement stable, la crise de 2008 ayant coïncidé avec une légère remontée de la part salariale.

....

8. Rapport du groupe d'experts sur le salaire minimum interprofessionnel de croissance pour 2020, novembre 2020.
9. Directive du 12 décembre 2006 relative aux services dans le marché intérieur, dite « directive Services » ou « directive Bolkestein ».
10. Direction générale du Trésor, *Concurrence sociale des travailleurs détachés en France : fausses évidences et réalités*, Trésor-Éco n° 171, juin 2016.

Partage de la valeur ajoutée en France (en %)

	1990	2000	2008	2018
Rémunération des salariés	56,6	56,7	56,3	58,9
Dont salaires et traitements bruts	41,1	41,6	41,6	43,2
Dont cotisations sociales à la charge des employeurs	15,5	15,1	14,7	15,7
Excédent brut d'exploitation	31,6	31,9	33,2	32,4
Impôts sur la production	3,7	4,5	4,6	5,2
Subventions d'exploitation	–1	–1	–1,4	–2,3
Revenu mixte brut des entrepreneurs individuels	9,1	7,9	7,3	5,8
Ensemble	100	100	100	100

Source : Insee.

Le développement de l'intéressement, de la participation et de l'épargne salariale est un moyen de dépasser le clivage traditionnel entre l'employeur et les salariés au profit d'une conception de l'entreprise comme une institution d'intérêts partagés :

- la participation des salariés aux résultats a été créée par l'ordonnance du 17 août 1967. Elle est obligatoire dans les entreprises de 50 salariés et plus, et ses modalités sont prévues par un accord collectif[11] ;
- l'intéressement des salariés aux résultats et aux performances est au contraire un dispositif d'application volontaire. Il n'est pas nécessairement indexé sur le bénéfice de l'entreprise mais peut être lié à des objectifs qualitatifs ;
- les salariés peuvent percevoir immédiatement le bénéfice de versements au titre de la participation ou de l'intéressement, ou choisir de bloquer ces sommes dans des produits financiers longs, favorisés par un régime social et fiscal avantageux. Ils peuvent également intégrer ces dispositifs dans des plans d'épargne salariale (plan d'épargne entreprise – PEE – ou plan d'épargne retraite collectif – PERCO), sous la forme d'un portefeuille de valeurs mobilières.

Ces outils sont conçus pour améliorer le pouvoir d'achat des salariés tout en favorisant la flexibilité interne des entreprises. Il n'y a pas véritablement de frein au développement de ces parts variables, pourvu que les rémunérations obtenues *in fine* soient conformes aux minima légaux et conventionnels. Le principe est en outre que ces rémunérations complémentaires ne doivent pas se substituer à ses éléments

11. À défaut d'accord, la participation est versée aux salariés des entreprises se trouvant dans le périmètre de l'obligation par l'application d'un régime par défaut, dit « d'autorité ».

principaux. L'incitation à cette substitution est cependant forte car l'intéressement, la participation et l'épargne salariale ne sont pas assujettis au prélèvement de cotisations sociales. À partir de 2009, les pouvoirs publics leur ont appliqué un prélèvement spécifique, le forfait social, afin de compenser partiellement ce déséquilibre et la baisse de ressources pour la protection sociale.

Depuis 2015, les réformes menées sont clairement orientées vers le développement de ces rémunérations complémentaires : la loi Macron du 6 août 2015, la loi de financement de la sécurité sociale pour 2019, la loi PACTE du 22 mai 2019 et la loi ASAP[12] du 7 décembre 2020 ont successivement allégé le forfait social et l'ont supprimé dans les PME pour toutes les primes d'intéressement et de participation.

Pour autant, les masses financières et la proportion de salariés concernés progressent peu. Les montants bruts distribués représentent environ 4 % de la masse salariale et le nombre de salariés concernés par l'un ou l'autre de ces dispositifs stagne à 60 % dans les entreprises de plus de 10 salariés, et 14 % dans les entreprises en dessous de ce seuil. En 2018, la prime moyenne versée aux bénéficiaires atteint 2 561 euros[13].

Intéressement, participation et épargne salariale dans les entreprises de 10 salariés et plus

	2006	2010	2015	2019
Montants bruts distribués, intéressement, participation et épargne salariale (en millions d'euros)	14 755	16 194	16 373	20 255
Nombre de salariés couverts par un dispositif au moins (en milliers)	8 189	8 412	8 191	8 806
Masse salariale totale (en millions d'euros)	337 020	377 733	421 972	498 408
Nombre total de salariés (en milliers)	12 258	12 327	12 563	14 718
Proportion des montants distribués dans la masse salariale (en %)	*4,4*	*4,3*	*3,9*	*4,1*
Proportion des salariés (en %)	*66,8*	*68,2*	*65,2*	*59,8*

Source : DARES, secteur privé non agricole.

12. Loi du 7 décembre 2020 d'accélération et de simplification de l'action publique.
13. DARES, *Participation, intéressement et épargne salariale en 2018*, DARES Résultats, n° 44, décembre 2020.

3 Faut-il décentraliser davantage la négociation sur le temps et les rémunérations du travail ?

La technique de la dérogation au principe de faveur, permettant de conférer une prééminence aux accords d'entreprise, a été le levier d'une adaptation des règles en matière de durée du travail depuis près de 40 ans. Cette méthode est utilisée également en matière de rémunérations mais dans une proportion moindre et de manière bien plus récente. Une accentuation de cette logique est envisageable mais elle est interrogée par les débats récents autour du pouvoir d'achat et du partage du travail.

3.1 Une décentralisation progressive et désormais très poussée en matière de temps de travail

La décentralisation de la négociation collective au niveau de l'entreprise est quasi achevée en matière de durée du travail. Seule la durée légale du travail fait aujourd'hui exception à la prééminence de la négociation collective, et singulièrement à l'accord d'entreprise.

L'idée d'utiliser le temps de travail comme **un instrument de flexibilité interne dans la gestion de la main-d'œuvre** est présente dès les années 1980 et se perpétue depuis lors. La loi du 20 août 2008 érige en principe la négociation collective d'entreprise et les accords dérogatoires au principe de faveur en matière de temps de travail. Ce processus a été parachevé par la loi El Khomri du 8 août 2016 et par les ordonnances du 22 septembre 2017 (*cf. supra*).

Les 35 heures relèvent de la loi et constituent le seuil de déclenchement des heures supplémentaires. Une durée inférieure peut être prévue par convention de branche ou d'entreprise.

L'individualisation du temps de travail est en outre de plus en plus forte. Si l'horaire de travail reste en principe collectif et hebdomadaire, les horaires variables, autorisés initialement par la loi du 27 décembre 1973, se sont développés de manière spectaculaire, donnant lieu à une organisation du travail plus flexible et plus personnalisée, renforcée par la modulation annuelle du travail au sein de l'entreprise et l'extension du régime du forfait[14] aux non-cadres par la loi du 20 août 2008.

....

14. Une convention de forfait est une stipulation du contrat de travail qui prévoit une durée différente de la durée légale ou conventionnelle, sur la base d'un forfait en heures ou en jours. Ses conditions doivent être prévues par un accord d'entreprise ou d'établissement, et à défaut par une convention de branche. Seuls les salariés ayant un degré élevé d'autonomie, dont les cadres, peuvent être concernés. En contrepartie, le salarié bénéficie de jours de repos supplémentaires. La rémunération est réputée faire masse des heures effectuées au taux normal et des heures supplémentaires. Il revient à l'employeur de s'assurer du caractère raisonnable de la charge de travail des salariés sous le régime du forfait et de garantir le respect des durées maximales de travail et des durées minimales de repos.

La diversification des durées de travail au sein de l'entreprise a été favorisée notamment par le développement du travail à temps partiel. En outre, le travail en horaires atypiques (le dimanche, le soir ou la nuit) se développe nettement, ce qui peut majorer certains risques professionnels (risques psychosociaux, risques cardiovasculaires). Les organisations sont diverses et complexes à contrôler par l'inspection du travail. Le développement du télétravail depuis le déclenchement de la crise sanitaire liée à la Covid-19 renforce cette individualisation et, en partie, ces risques (*cf.* chapitre 4).

3.2 Une décentralisation encore récente en matière de rémunérations

Si les éléments relatifs à la rémunération sont de longue date un objet privilégié de la négociation collective d'entreprise, notamment par la NAO, leur entrée dans la catégorie des normes conventionnelles dérogatoires au principe de faveur est relativement récente.

Les ordonnances de 2017 ont prévu que les salaires minima hiérarchiques et les classifications relevaient du « premier bloc » des matières conventionnelles, auxquelles le principe de faveur continue de s'appliquer. Les primes pour travaux dangereux ou insalubres relèvent quant à elles du « deuxième bloc » de matières, pour lesquelles l'accord de branche peut primer sur l'accord d'entreprise s'il le prévoit explicitement. L'ensemble des autres éléments de rémunération relèvent du « troisième bloc », pour lequel l'accord d'entreprise l'emporte, sans verrou possible au niveau de la branche.

Dans ce contexte, les périmètres respectifs des matières visées par la répartition effectuée par le Code du travail sont décisifs. L'arrêt du 7 octobre 2021 du Conseil d'État, qui entend par « salaires minima hiérarchiques » non seulement le salaire de base, mais également de possibles compléments et primes, est de ce point de vue d'une importance considérable, puisqu'il permet aux branches de déterminer les conditions de rémunération socle des salariés de l'ensemble des entreprises se trouvant dans leur champ d'intervention (*cf. supra*).

3.3 Les accords de performance collective : renouveau de la décentralisation des normes conventionnelles

L'une des ordonnances du 22 septembre 2017 a créé l'accord de performance collective (APC), qui s'est substitué à quatre formes d'accords d'entreprise préexistants (l'accord de mobilité interne, l'accord de maintien en emploi, l'accord de préservation et de développement de l'emploi et l'accord de réduction du temps de travail). L'APC a la même **finalité de permettre l'adaptation des entreprises aux mutations économiques par des mesures de flexibilité interne**.

Il nécessite, comme l'ensemble des autres accords d'entreprise, une validation majoritaire. Mais l'APC doit également se conformer à des conditions de forme particulières : il doit comporter un préambule qui en expose les finalités, ainsi que des précisions sur les modalités d'information des salariés, l'équilibre des efforts demandés aux salariés et à la direction, les modalités de conciliation qu'il opère entre vie personnelle et vie professionnelle et les modalités d'accompagnement des salariés. En outre, le CSE a le pouvoir de mandater un expert-comptable qui lui apportera son concours pour préparer la négociation de l'accord.

Les particularités les plus considérables de l'APC tiennent à ses effets juridiques, potentiellement très lourds pour les salariés. L'APC peut avoir pour conséquence de modifier des éléments essentiels du contrat individuel de travail : « Les stipulations de l'accord se substituent de plein droit aux stipulations contraires et incompatibles du contrat de travail, y compris en matière de rémunération, de durée du travail et de mobilité professionnelle ou géographique interne à l'entreprise[15] ».

Le salarié peut refuser la modification de son contrat de travail dans un délai d'un mois. À défaut, un régime d'acceptation tacite s'applique. En cas de refus, le salarié peut faire l'objet d'un licenciement spécifique dans un délai de deux mois, licenciement *sui generis*, pour cause réelle et sérieuse, mais non rattachable aux catégories des licenciements économiques ou pour motif personnel. Les dispositions applicables aux licenciements collectifs ne sont pas applicables. L'employeur devra simplement abonder le CPF du salarié concerné à hauteur de 3 000 euros minimum. Contrairement aux procédures de PSE et de rupture conventionnelles collectives, les APC ne réclament pas de contrôle préalable par l'administration.

Ces accords connaissent un grand succès. Les rapports d'évaluation des ordonnances de 2017, publiés en juin 2020 et décembre 2021[16], montrent que le nombre d'APC conclus s'est fortement développé à la faveur de l'épidémie de Covid-19. Ils s'interrogent sur le caractère équilibré de ces opérations, eu égard aux sacrifices importants consentis par les salariés, dont les représentants acceptent des augmentations de la durée du travail, des mobilités géographiques et/ou des baisses de rémunérations, et eu égard aux concessions très limitées des directions des entreprises concernées.

....

15. Article L. 2254-2 du Code du travail.

16. France stratégie, *Évaluation des ordonnances relatives au dialogue social et aux relations de travail – Rapport intermédiaire*, juillet 2020 et Comité d'évaluation des ordonnances travail, *Rapport 2021*, décembre 2021. Au 1er juillet, on dénombrait 809 APC cumulés depuis l'origine, avec une notable accélération depuis la crise sanitaire (355 APC signés en 2020, 236 au premier semestre 2021).

4 Les questions liées au numérique (rappels)

Enfin, la révolution numérique emporte des conséquences très notables sur l'organisation du travail, sa durée et sa rémunération :

- le télétravail, qui s'est considérablement développé dans le contexte de la crise sanitaire et qui ne devrait probablement pas retrouver la place marginale qu'il avait avant celle-ci, est une donnée absolument fondamentale qui bouleversera les normes applicables à la durée du travail. Les temps et les lieux de la vie professionnelle et de la vie privée sont désormais intimement mêlés, et le droit à la déconnexion prévu par la loi El Khomri du 8 août 2016 apparaît en retrait au regard de ces nouveaux enjeux[17]. Pour le reste, le cadre issu des ordonnances du 22 septembre 2017 apparaît très souple, et l'accord national interprofessionnel adopté par les partenaires sociaux en novembre 2020 ne porte aucune stipulation contraignante pour les entreprises (*cf.* chapitres 2 et 4) ;
- en ce qui concerne les rémunérations, le numérique induit de nouveaux développements du travail indépendant en situation de subordination économique, notamment pour les travailleurs des plateformes. La question de la définition de rémunérations minimales fait partie de problématiques plus vastes se rattachant au statut de ces derniers, qui n'ont pas à ce stade trouvé de réponse satisfaisante (*cf.* chapitre 2).

17. Il s'agit d'une obligation prévue par l'article L. 2242-17 du Code du travail, intégrée à la négociation annuelle obligatoire portant sur l'égalité professionnelle et la qualité de vie au travail. Cette négociation doit être engagée tous les ans dans les entreprises pourvues de délégués syndicaux, étant entendu qu'il est possible de déroger à cette périodicité de référence par accord d'entreprise, dans la limite de trois ans. À défaut d'accord, l'employeur élabore une charte définissant les modalités du droit à la déconnexion et prévoit la mise en œuvre d'actions de formation et de sensibilisation à un usage raisonnable des outils numériques.

SECTION 3

Les perspectives

Outre la constitution d'un socle de droits plus à même de protéger les intérêts des travailleurs dans le contexte de la révolution numérique (*cf.* chapitre 2), les perspectives apparaissent relativement ouvertes et dépendantes des options politiques qui seront retenues par les pouvoirs publics.

Une augmentation de la durée effective du travail est probable à l'échelle de la totalité du cycle de vie des travailleurs, mais elle peut être combinée avec des mesures de recherche de temps choisi et de préservation de la santé potentiellement porteuses d'une amélioration des conditions de vie (1). En ce qui concerne la rémunération du travail, les politiques de modération du coût du travail non qualifié devraient se poursuivre tout en se combinant avec de nécessaires revalorisations, au bénéfice notamment des métiers exposés dans le cadre de la crise sanitaire et des secteurs les plus touchés par des pénuries de main-d'œuvre (2).

1 Une probable augmentation de la durée du travail, combinée avec la recherche de temps choisi

1.1 La crise de la Covid-19 n'a pas bouleversé durablement les termes du débat

Le ralentissement considérable de l'économie en 2020, conjugué aux enjeux écologiques, a suscité des **débats publics sur le caractère durable d'une organisation collective fondée sur la croissance économique**. Dans le document de synthèse des contributions reçues par France stratégie pour préparer le monde « d'après-Covid », il est écrit : « Il y a une forme de consensus sur la nécessité de ralentir l'économie comme nos vies et de repenser notre rapport au temps ; réduire le temps dévolu au travail est la voie privilégiée dans les contributions pour libérer du temps qui peut alors être consacré à ses proches, à des activités sociales mais aussi à réparer, construire, se nourrir…

dans une perspective visant à la fois à moins produire et consommer, et à participer à la gouvernance de la cité (via les communs notamment)[1]. »

Néanmoins, **la question du chômage et de la pauvreté est rapidement revenue au centre des débats**, l'objectif prioritaire étant de maximiser la croissance pour créer des emplois. La question du temps de travail s'est ainsi replacée dans des termes plus classiques. L'institut Montaigne[2] recommandait, par exemple, en mai 2020, une série de mesures d'augmentation de la durée du travail pour accélérer la reprise économique : déroger au repos quotidien de 11 heures par accord sur le droit à la déconnexion, différer la rémunération des temps de travail majorés (en les intégrant à l'épargne salariale par exemple), ne pas décompter le temps de formation dans le temps de travail (avec l'accord du salarié), supprimer le jeudi de l'Ascension, diminuer les jours de congés dans la fonction publique ou encore supprimer la seconde semaine des vacances scolaires au moment de la Toussaint.

Le plus probable est que les politiques menées par les pouvoirs publics iront à l'avenir dans le sens d'une maximisation du taux de croissance économique, tout en veillant à en limiter les impacts écologiques. Sur le front du temps de travail, cette politique devrait se traduire par la volonté d'augmenter, globalement, le temps collectivement consacré aux activités professionnelles.

1.2 Derrière la recherche d'une augmentation du temps travaillé, des logiques potentiellement très diverses

Les leviers permettant d'augmenter le nombre d'heures travaillées au niveau national peuvent être très divers, et se rattacher à des options politiques, économiques et sociales radicalement différentes. Parmi ceux-ci, il est possible de mentionner :

- la suppression de journées de congés ou de jours fériés[3] ;
- le renforcement des exceptions à la règle du repos dominical (*cf.* encadré, ci-contre) ;
- l'allongement de la durée des carrières professionnelles par une réforme des retraites repoussant l'âge de départ moyen[4].

....

1. France stratégie, *Covid-19 : pour un « après » soutenable*, juillet 2020.
2. Institut Montaigne, *Rebondir face au Covid-19 – l'enjeu du temps de travail*, note, mai 2020.
3. Il a été question, par exemple, en 2019, de créer une seconde journée de solidarité pour financer les dépenses liées à la perte d'autonomie des personnes âgées.
4. *Cf.* Direction générale du Trésor, *La durée du travail tout au long de la vie*, Trésor-Éco n° 239, juin 2019 : les réformes des retraites, qui reculent l'âge de départ, ont des effets tangibles sur la durée réelle du travail (la durée relativement moins élevée en France étant analysée comme provenant du nombre élevé de jours de congés et d'une sortie précoce du marché du travail).

La règle du repos dominical et ses exceptions

Tout salarié doit bénéficier d'un repos d'au moins 35 heures chaque semaine, addition des temps minima de 11 heures de repos quotidien et de 24 heures de repos hebdomadaire. L'article L. 3132-3 du Code du travail précise que, « dans l'intérêt du salarié, le repos hebdomadaire est donné le dimanche ».

Le nombre d'exceptions à ce principe s'est considérablement étendu au cours des dernières années, au point de confiner à une totale illisibilité. Ces dérogations sont soit permanentes (secteur sanitaire et social, production alimentaire, hôtels et restaurants, spectacle, commerce de détail alimentaire jusqu'à 13 heures, etc.), soit provisoires. Dans ce dernier cas, elles peuvent être fondées sur un accord collectif (dans l'industrie) ou sur une décision administrative prise par le préfet ou le maire (surtout dans le commerce).

Il existe en outre des dérogations géographiques, considérablement élargies par la loi du 6 août 2015, dans les zones touristiques internationales (ZTI) et dans les gares (définies par arrêtés ministériels), et les zones touristiques et les zones commerciales (définies par arrêté préfectoral).

Les conditions de procédure, la nature de l'obligation et les contreparties associées pour les salariés forment un ensemble très hétérogène. Les dérogations permanentes constituent généralement des obligations sans contrepartie pour les salariés, si le travail dominical est prévu par le contrat de travail, tandis que les dérogations fondées sur une autorisation administrative et les dérogations géographiques sont assujetties au volontariat du salarié, et impliquent une majoration des rémunérations et/ou des droits à repos compensateur, très variables d'un régime de dérogation à l'autre.

Mais peuvent également être mentionnés :

- l'amélioration de l'insertion professionnelle des jeunes, en luttant plus efficacement contre les discriminations et en dissuadant l'utilisation des contrats de travail les plus courts[5] (en ce qui concerne le travail à temps partiel, les marges de manœuvre apparaissent limitées car il est quantitativement peu développé en France[6]) ;
- l'amélioration de l'insertion professionnelle et de la qualité d'emploi des femmes, en facilitant leur participation au marché du travail (rééquilibrage des rôles familiaux,

5. L'OCDE insiste dans ses analyses sur les difficultés d'insertion des jeunes, les discriminations à l'emploi, le temps partiel subi, et préconise, en plus des solutions préconisées par la direction générale du Trésor (*cf. supra*), d'investir dans la formation professionnelle des jeunes et de dissuader l'utilisation des contrats de courte durée, pour éviter les phénomènes de récurrence du chômage.
6. Seuls 19 % des salariés travaillent à temps partiel en France en 2016, contre 20 % dans l'UE 28, mais avec un clivage Nord-Sud très net : l'Allemagne, le Danemark, le Royaume-Uni et les Pays Bas atteignent des niveaux largement supérieurs. La durée moyenne de travail des travailleurs à temps partiel en France est par ailleurs considérablement plus élevée que dans les pays précités (23,7 heures).

suppression des freins dans les carrières, etc.) et en revalorisant les rémunérations des métiers majoritairement féminins ;
- l'amélioration de l'insertion professionnelle des séniors, en réduisant la pénibilité, en créant des possibilités plus larges d'activité en temps choisi (cumul emploi-retraite, mécénat de compétences), etc.

Les propositions tendant à allonger la durée du travail effectif ne doivent évidemment pas conduire à perdre de vue le but premier de la réglementation de cette matière, qui est la préservation de la santé des travailleurs.

1.3 La question de la durée légale du travail est à la fois symbolique et technique

La durée légale du travail, fixée à 35 heures en 2000, est devenue depuis cette date un point de fixation du débat public, faisant l'objet de propositions fréquemment polarisées :

- en 2015, l'Institut Montaigne[7] proposait de limiter strictement les matières relevant de la loi et entendait placer dans le champ de la négociation collective d'entreprise l'ensemble des questions ayant trait à la durée du travail[8], y compris le seuil de décompte des heures supplémentaires. Dans le même ordre d'idée, l'exemple allemand a souvent été utilisé dans le débat public pour plaider le remplacement de la durée légale du travail par une durée conventionnelle fixée par les branches ;
- en 2021, la CGT a réactivé sa revendication de réduire la durée légale du travail à 32 heures par semaine, pour perpétuer la tendance historique de baisse du temps de travail effectif (interrompue à partir de 2003) et créer des emplois par partage du travail et réduction du volume des heures supplémentaires. Inspirée par des expérimentations menées localement en France et en Espagne, cette mesure poursuit également l'objectif de réduire l'empreinte écologique globale. Par ailleurs, le président et le vice-président du Centre des jeunes dirigeants ont pris position en faveur d'une semaine de quatre jours[9].

Au-delà de la dimension très symbolique et politique de ce débat, il convient de rappeler que la durée légale du travail n'est en aucun cas une limite, et que la durée effective du travail a finalement peu évolué après l'adoption des 35 heures, puisque les salariés à temps complet effectuent environ 39 heures par semaine. La question soulevée par la durée légale du travail réside en réalité pour l'essentiel dans le niveau des rémunérations servies au-delà de ce seuil : c'est une question salariale.

7. Institut Montaigne, *Sauver le dialogue social – priorité à la négociation d'entreprise*, septembre 2015.
8. À l'exception des durées maximales de travail et des durées minimales de repos, relevant des impératifs de santé au travail, et par ailleurs encadrés par la législation communautaire.
9. Emeric Oudin et Julien Leclercq, *Généralisons la semaine de travail de quatre jours*, Le Journal du Dimanche, 16 novembre 2021.

2 L'articulation entre les politiques de modération du coût du travail et d'amélioration du pouvoir d'achat

2.1 Une généralisation du salaire minimum dans les pays de l'OCDE

L'existence du SMIC s'est répandue au sein des pays de l'OCDE. Seuls l'Autriche, le Danemark, la Finlande, l'Italie, la Suède, la Norvège, l'Islande et de la Suisse n'en disposent pas. Mais les niveaux fixés pour ces rémunérations horaires minimales sont très hétérogènes : au sein de l'Union européenne, le salaire minimum mensuel s'étage de 467 euros en Roumanie à 2 200 euros au Luxembourg, la France comptant parmi les pays dans lesquels le SMIC est le plus élevé[10]. Cette diversité est problématique tant du point de vue de l'équité sociale que des conditions de concurrence. C'est pourquoi la Commission européenne, présidée par Ursula von der Leyen, tente depuis 2020 de mettre en place des règles communes en matière de salaire minimum. L'échelon communautaire ne dispose pas de la compétence pour fixer le niveau de rémunération des travailleurs et ne peut donc ni établir un revenu minimum légal, ni imposer un mécanisme uniforme de fixation du SMIC. La Commission s'efforce donc de proposer des mesures conformes aux traités, qui permettraient d'opposer un encadrement aux stratégies individualistes des États-membres soucieux de préserver leurs avantages concurrentiels. L'harmonisation envisagée devrait donc être d'une portée limitée, et se cantonner à la définition de critères à respecter dans les modalités de fixation des SMIC nationaux (clause de rendez-vous annuelle, association des partenaires sociaux, lien avec l'évolution des salaires moyens, etc.), tout en visant sa fixation à un niveau « adéquat ». En février 2021, le Parlement européen a adopté un rapport demandant que ce niveau « adéquat » soit situé au-dessus du taux de pauvreté, soit 60 % du revenu médian, mais ce souhait n'a pas de valeur contraignante.

S'agissant des travailleurs indépendants utilisant des plateformes numériques, la définition de revenus minima est également une question relevant à la fois de l'équité sociale entre travailleurs et de la recherche d'une concurrence non faussée avec les entreprises qui emploient des salariés. Elle devrait être un des sujets de négociation des instances de dialogue social créées par l'ordonnance du 21 avril 2021 fixant les modalités de désignation des représentants des travailleurs du secteur de la livraison à deux ou trois-roues et du secteur des véhicules de transport avec chauffeur[11].

10. Données Eurostat, second semestre 2021.

11. Voir les propositions de : Sénat, L'*ubérisation de la société : quel impact des plateformes numériques sur les métiers et l'emploi ?* rapport d'information de Pascal Savoldelli, septembre 2021.

2.2 Le maintien probable de l'objectif de modération du coût du travail non qualifié

Si on se fonde sur les comparaisons internationales, c'est bien le niveau des cotisations obligatoires assises sur les salaires qui pèse sur le coût du travail, malgré l'inflexion apportée depuis plus de 30 ans par les allègements généraux et la substitution de ressources fiscales (contribution sociale généralisée, en particulier) aux cotisations sociales. Dans cette logique, ces politiques de fiscalisation du financement de la protection sociale devraient probablement être poursuivies.

Le groupe d'experts sur le SMIC souligne chaque année le niveau élevé du salaire minimum en France et plaide pour des revalorisations cantonnées à l'application des règles légales (*cf. supra*), recommandations auxquelles les pouvoirs publics se conforment en règle générale. Ces derniers préfèrent soutenir le revenu des travailleurs à bas salaire par le biais de compléments de revenus liés au travail (prime d'activité, prime exceptionnelle de pouvoir d'achat – *cf. infra*) ou non (chèque énergie, aides au logement, prestations familiales modulées en fonction des ressources, indemnité d'inflation de 2022).

2.3 La prise en compte des revendications autour du pouvoir d'achat

Les débats post-Covid-19 se sont focalisés, dans un premier temps, sur la nécessaire revalorisation des métiers exposés dans le cadre de la crise sanitaire. Les rémunérations des personnels du champ sanitaire et médico-social ont été améliorées par les mesures dites du « Ségur de la santé » (juillet 2020). En ce qui concerne les travailleurs de la « deuxième ligne », la revalorisation ne s'est concrétisée que par la possibilité pour les entreprises des secteurs concernés de doubler le montant de la prime exceptionnelle de pouvoir d'achat (PEPA), exonérée de cotisations sociales et d'impôt sur le revenu, en la portant de 1 000 à 2 000 euros. Les branches se sont à ce stade peu saisies en 2021 de l'enjeu de ces revalorisations salariales[12].

Dans un deuxième temps, le débat s'est porté sur les secteurs d'activité confrontés à d'importantes pénuries de main-d'œuvre, dans le contexte de la reprise économique de 2021 : hôtellerie et restauration, services à la personne, commerce et grande distribution, etc.

La puissance publique s'est efforcée de faire pression sur les branches concernées afin que celles-ci négocient des revalorisations salariales à mêmes de relancer l'attractivité

....

12. Christine Erhel et Sophie Moreau-Follenfant, *Rapport de la mission d'accompagnement des partenaires sociaux dans la démarche de la reconnaissance de travailleurs de la deuxième ligne*, décembre 2021.

de ces métiers souvent mal rémunérés, et d'orienter les financements de la formation professionnelle vers ces débouchés[13].

Le faisceau de ces contraintes rendra délicate cependant, à l'avenir, l'articulation entre les nécessaires augmentations de rémunérations des métiers en pénurie de main-d'œuvre et les objectifs de limitation des coûts du travail car les réponses ciblées auront nécessairement des limites.

- Les négociations de branche ne pourront pas spontanément aboutir à des transferts financiers massifs, à moins d'engager des augmentations de tarifs susceptibles de peser sur le niveau de la demande.
- Les instruments publics d'intervention, sous forme de subvention, se heurtent à la contrainte budgétaire et sont difficiles à cibler sur tel ou tel secteur d'activité car les mesures différenciées peuvent être remises en cause au niveau européen au titre de l'encadrement des aides d'État.
- L'ouverture des seuls métiers en tension à l'immigration se heurte à des difficultés techniques et se trouve perturbée par les débats plus généraux sur les questions migratoires.
- La demande sociale ne se cantonne généralement pas à un secteur d'activité et s'étend naturellement aux métiers et statuts connexes :
  - les revalorisations de rémunérations décidées dans le cadre du « Ségur de la santé », initialement limitées au secteur public et au secteur privé non lucratif du champ hospitalier et médico-social, ont été progressivement étendues aux interventions à domicile et font l'objet de discussions pour les établissements du champ privé lucratif ;
  - dans la fonction publique, l'absence quasi totale de revalorisation du point d'indice depuis 10 ans est contestée par les organisations syndicales, même si les grilles de rémunérations catégorielles ont été pour certaines revalorisées (nouvel espace indiciaire de la catégorie B, passage à la catégorie A des professions paramédicales et sociales, protocole sur les parcours professionnels, les carrières et les rémunérations, etc.). Les syndicats indiquent ne pas se satisfaire pas de revalorisations passant le plus souvent par le régime de primes et indemnités et non par le traitement ;
  - un large spectre d'activités privées est potentiellement concerné par les revendications salariales ; 46 % des directeurs des ressources humaines interrogés par l'ANDRH en octobre 2021 envisageaient des évolutions dans leur politique de rémunération individuelle et collective dans les prochains mois[14] ;
  - les demandes relatives au pouvoir d'achat touchent toutes les catégories de population et s'accentuent dans le contexte de reprise de l'inflation au second semestre 2021, et en particulier de la forte progression des prix des consom-

....

13. La CFDT a demandé d'assujettir le bénéfice des aides aux entreprises à la signature d'accords de branche sur les rémunérations. Les organisations patronales insistent sur la nécessité de veiller à maintenir des prix suffisants lors de la passation de commandes publiques.

14. ANDRH, *Agenda social : les (D)RH ont la parole !* enquête de l'Association nationale des DRH, octobre 2021.

mations d'énergie (gaz, carburant). Ce contexte a conduit à l'adoption d'une mesure de compensation, l'indemnité d'inflation de 100 euros, versée en 2022 à l'ensemble des personnes dont les revenus mensuels n'excèdent pas 2 000 euros.

2.4 Le développement de la participation et de l'intéressement apparaît consensuel

Après le premier confinement décidé par la Gouvernement dans le contexte épidémique, une conférence du dialogue social organisée en juillet 2020 a permis d'identifier des thèmes de concertation entre les pouvoirs publics et les partenaires sociaux, destinés à préparer les conditions du retour à un fonctionnement normal de l'économie. Parmi les volets retenus figuraient les conditions de partage de la valeur ajoutée. La participation et l'intéressement sont les outils qui apparaissent les plus consensuels pour la réalisation de cet objectif, alors même que la France se distingue en Europe par un des plus hauts taux de diffusion de ces instruments de partage de la valeur ajoutée[15].

Environ 60 % des salariés sont couverts par un dispositif d'intéressement, de participation ou d'épargne salariale dans les entreprises de plus de 10 salariés, et 14 % dans les entreprises inférieures à ce seuil (mais 87 % dans les entreprises de plus de 1 000 salariés[16]). Si la loi PACTE de 2019 et la loi ASAP de 2020 ont renouvelé l'obligation pour les branches de se doter d'un dispositif de participation, il demeure des marges de manœuvre pour étendre ces mécanismes aux entreprises de moins de 50 salariés, qui n'ont pas d'obligation en la matière[17].

La plupart des organisations syndicales préconisent par ailleurs la mise en place d'un rapport maximal d'écart de rémunérations à l'intérieur des entreprises, avec le même objectif d'assurer un partage plus équitable de la valeur ajoutée.

....

15. Direction générale du Trésor, *Les dispositifs de partage de la valeur en France et en Europe*, Trésor-Éco, n° 286, juin 2021.

16. DARES, *Participation, intéressement et épargne salariale en 2018*, DARES Résultats, n° 44, décembre 2020.

17. Jacques Barthélémy et Gilbert Cette préconisent par exemple de supprimer le seuil de 50 salariés pour la participation obligatoire et d'améliorer son statut fiscal et social : Jacques Barthélémy et Gilbert Cette, *Il faut généraliser la participation des salariés*, tribune dans *Les Echos*, 3 novembre 2020.

CONCLUSION

L'idée générale de cet ouvrage, qui est largement reprise des enseignements dispensés dans le cadre des cycles de préparation à l'ENA (et l'INSP en 2022) de Sciences Po Paris et de l'IGPDE, est que les politiques du travail forment une « brique » importante au sein d'un système plus vaste, destiné à protéger les individus contre les risques sociaux. Elles s'insèrent dans les politiques sociales, au sens large, qui associent également des mécanismes d'assurance sociale (au premier chef la sécurité sociale) et des mécanismes d'aide et d'action sociales pris en charge par de nombreux acteurs publics et privés.

L'ensemble de ces dispositifs se combine, et évolue, pour assurer la protection des personnes, en tenant compte des contraintes démographiques et économiques. Ces éléments sont évidemment affaire de choix, décidés dans le cadre démocratique de nos institutions.

Au-delà des dimensions techniques relevant du droit et de la gestion publique, c'est un aspect essentiel de la vie concrète des personnes qui se joue au travail. Et c'est probablement à cette aune que devraient être évalués les projets de réformes, petites ou grandes, qui surgissent dans le débat public : vont-elles ou non permettre aux personnes d'être épanouies et fières de leur travail ? … de valoriser leurs compétences et de les développer ? … de disposer de moyens matériels satisfaisants pour vivre ? … de pouvoir profiter des plaisirs de l'existence en dehors du travail, dans leur vie familiale, amicale, amoureuse ? … de profiter de loisirs ? … de s'inscrire dans des relations respectueuses et même, souhaitons-le, agréables et conviviales avec leurs collègues ? … de prendre une place riche de sens et durable dans la société et dans le monde ?

Aucune de ces questions n'est en totalité du ressort des politiques du travail, mais aucune ne leur est tout à fait étrangère. L'action des institutions peut permettre de tendre vers ces idéaux, de progresser dans une quête qui ne pourra pas s'achever. C'est lorsque les politiques du travail empruntent ces chemins exigeants qu'elles contribuent à construire un avenir désirable.

83209 - (I) - OSB 80° - LUM - LGT
Imprimerie CHIRAT - 42540 Saint-Just-la-Pendue
Dépôt légal : mars 2022
Imprimé en France